투자자산
운용사

2

금융투자협회
Korea Financial Investment Association

자격시험 안내

1. 투자자산운용사의 정의
집합투자재산, 신탁재산 또는 투자일임재산을 운용하는 업무를 수행하는 인력

2. 응시자격
금융회사 종사자, 학생, 일반인 등

3. 시험과목 및 문항수

시험과목		세부 교과목	문항수
제1과목	금융상품 및 세제	세제관련 법규 · 세무전략	7
		금융상품	8
		부동산관련 상품	5
소 계			20
제2과목	투자운용 및 전략 Ⅱ	대안투자운용 · 투자전략	5
		해외증권투자운용 · 투자전략	5
	투자분석	투자분석기법	12
		리스크관리	8
소 계			30
제3과목	직무윤리 및 법규	직무윤리	5
		자본시장 관련 법규	11
		한국금융투자협회규정	3
	투자운용 및 전략 Ⅰ	주식투자운용 · 투자전략	6
		채권투자운용 · 투자전략	6
		파생상품투자운용 · 투자전략	6
		투자운용결과분석	4
	거시경제 및 분산투자	거시경제	4
		분산투자기법	5
소 계			50
시험시간		120분	100 문항

* 종전의 일임투자자산운용사(금융자산관리사)의 자격요건을 갖춘 자는 제1, 3과목 면제
* 종전의 집합투자자산운용사의 자격요건을 갖춘 자는 제2, 3과목 면제

4. 시험 합격기준

70% 이상(과목별 40점 미만 과락)

contents

part 02

해외 증권 투자운용 및 투자전략

part 01

대안투자운용 및 투자전략

certified investment manager

chapter 01

대안투자상품

대안투자상품의 개요

투자상품을 분류하는 다양한 방법 중 투자대상 자산군(asset class)에 따라 전통투자대상 자산군(traditional asset class)과 대안투자대상 자산군(alternative asset class)으로 분류할 수 있다. 전통투자는 투자자들에게 친숙한 자산인 주식, 채권, 환율 등에 투자하는 것을 말하고, 구체적인 펀드형태로는 주식형, 채권형, 혼합형 그리고 MMF 등이 있다.

이에 반해 대안투자는 새롭게 등장한 투자대상을 통칭한다. 대안투자대상으로는 부동산(real estate), 원자재 등 일반상품(commodity), 사회간접시설 등 인프라스트럭처, 선박, relative value, event driven, Long/Short equity, global macro 등의 차익거래 혹은 헤지전략 등이 있다. 이러한 대상에 투자하는 펀드로는 헤지펀드, 부동산펀드, 일반상품펀드, 인프라스트럭처펀드, PEF(Private Equity Fund), Credit Structure 등이 있다.

우리나라에서도 자본시장법 시행 이후 다양한 대안투자펀드로의 상품이 본격적으로 개발되어 오고 있다. 대안투자펀드는 그동안 기관투자가 및 부유층(high-net worth individual)이 주로 투자하여 왔으나 최근 들어 일반투자자까지 확대되어 가는 추세를 보이고 있다.

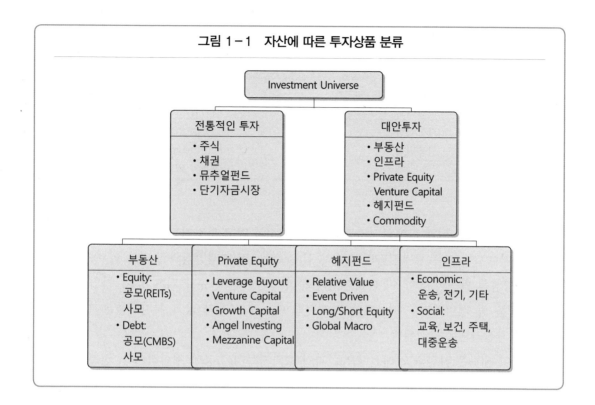

그림 1-1 자산에 따른 투자상품 분류

Investment Universe

전통적인 투자
- 주식
- 채권
- 뮤추얼펀드
- 단기자금시장

대안투자
- 부동산
- 인프라
- Private Equity
  Venture Capital
- 헤지펀드
- Commodity

부동산	Private Equity	헤지펀드	인프라
• Equity: 공모(REITs) 사모 • Debt: 공모(CMBS) 사모	• Leverage Buyout • Venture Capital • Growth Capital • Angel Investing • Mezzanine Capital	• Relative Value • Event Driven • Long/Short Equity • Global Macro	• Economic: 운송, 전기, 기타 • Social: 교육, 보건, 주택, 대중운송

section 02 대안투자상품의 특징

대안투자상품은 전통적인 투자상품과 낮은 상관관계를 가지고 있어 전통투자와 포트폴리오를 구성하면 효율적인 포트폴리오 구성이 가능하다.

그러나 최근에는 낮은 상관관계에서 벗어나 차츰 동조화 및 상관관계가 높아지는 새로운 형태가 나타나고 있다. 따라서 과거처럼 단순하게 상관관계가 낮다는 생각에서 벗어나 새로운 형태의 상관관계가 형성되고 있음에 유의해야 한다.

따라서 효율적인 포트폴리오를 구성할 수 있다는 것은 기존의 전통투자만으로 구성된 포트폴리오에 대안투자를 포함하면 위험은 작아지고 기대수익은 높아진다는 기존 개념에서 벗어나 새로운 근본적 변화에 대응하는 투자전략 및 포트폴리오 전략을 새로 세워야 할 것이다.

대안투자에서 거래하는 자산은 대부분이 장외시장에서 거래되는 자산으로 환금성(liquidity)이

표 1-1 **전통투자와 대안투자의 수익/위험요소 비교**

구분	전통투자방식	대안투자방식
수익요소	• Market performance • 자산배분이 관건	• 운용자의 운용능력 • 위험관리
위험요소	• 시장위험 • 신용위험	• 유동성 위험 • Mark to market risk • 운용역 위험

떨어지게 되고 이로 인해 환매금지기간(lock up period)이 있고 투자기간이 길다.

대안투자에서는 기존 투자전략의 매수 중심(long only)의 거래방식과 달리 차입, 공매도의 사용 및 파생상품 활용이 높아 이에 대한 위험관리가 중요한 이슈가 되고 있다. 차입과 공매도 및 파생상품 등 레버리지를 이용하는 거래전략 때문에 규제가 많고 투자자들은 기관투자가 혹은 거액자산가들로 구성된다.

대부분이 새로운 자산과 거래전략으로 과거 성과자료의 이용이 제한적이다. 전통투자에 비해 운용자의 스킬이 중요시되고 이 때문에 보수율은 높은 수준이며, 성공보수가 함께 징구되는 경우가 많다.

최근 대안투자상품은 환금성이 높아지고, 투자자들의 인식이 높아져, 투자자가 기존의 기관투자가와 거액자산가에서 일반투자자들로 그 범위를 확대해 가고 있다.

chapter 02

부동산 투자

부동산 금융과 부동산 투자의 평가

1 부동산 금융

부동산 금융이라 함은 부동산을 대상으로 한 금융을 말한다. 부동산 금융은 주택금융과 수익형 부동산에 대한 금융으로 나눌 수 있으며, 주택금융은 담보대출이 대표적이며, 수익형 부동산에 대한 금융은 부동산이 창출하는 현금흐름을 전제로 하여 자금을 조달하는 부동산 증권과 부동산 개발금융으로 구분되고 있다.

(1) 자산담보부증권(Asset Backed Securities)

보유하고 있는 자산을 담보로 증권화하는 것을 말한다. ABS(Asset Backed Securities : 자산담보부증권)는 자산 자체의 현금흐름(cash flow)에 착안하여 이를 자산의 소유자로부터 분리하여 특수목적회사(Special Purpose Vehicle : SPV)인 유동화전문회사에 양도하고 유동화전문회사는 그 자산을 담보로 ABS증권을 발행한다. ABS증권의 발행을 통해 조달된 자금을 자산보유자에게 전달함으로써 자산의 증권화를 통한 유동화가 이루어지게 되는 것이다. 자산유동화는 금융기관이

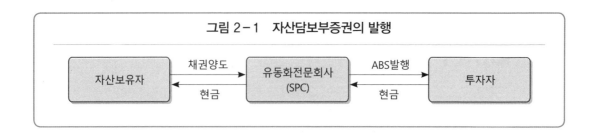

그림 2-1 자산담보부증권의 발행

나 일반기업이 외상매출금, 대출채권, 부동산 저당채권 등 업무상 가지고 있는 보유자산을 기초로 채권과 주식을 발행하는 것이다. 유동화 과정을 통해 자산보유자는 조기에 현금흐름을 창출시켜 유동성 위험을 회피할 수 있으며, 투자자는 다양한 상품에 대한 투자가 가능함에 따라 다양한 포트폴리오를 구성할 수 있어 분산투자를 할 수 있다.

(2) 주택저당증권(Mortgage Backed Securities)

주택자금으로부터 발생하는 채권과 채권의 변제를 위해 담보로 확보하는 저당권을 기초자산으로 MBS(Mortgage Backed Securities : 주택저당증권)를 발행한다. MBS는 ABS의 일종이며 차이점은 주택저당채권을 전문적으로 유동화하는 기관으로 유동화 중개기관이 있다는 점이다. 자산보유자, 즉 주택저당대출을 수행하는 기관은 자금대출을 통한 채권과 담보로 확보된 저당권을 유동화회사 혹은 유동화 중개기관에 매각하고 유동화전문회사나 유동화 중개기관은 MBS를 발행하여 투지자로부터 자금을 조달한다.

그 밖에도 부동산금융 관련 기관으로는 신탁회사, 신용보강기관, 증권회사, 자산평가기관 등이 있다. 신용보강기관은 원채무자의 신용도를 보강하거나 저당권의 대상이 되는 주택에 대한 보증을 제공한다. 유동화기관은 유동화전문회사가 발행하거나 스스로 발행한 MBS에 대한 원리금 지급보장을 제공하여 MBS의 안정성을 제고하는 역할을 한다.

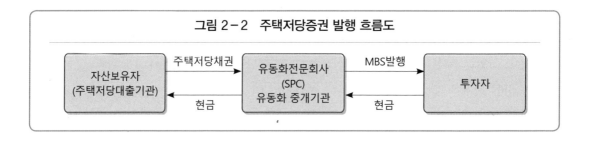

그림 2-2 주택저당증권 발행 흐름도

(3) 부동산투자회사(REITs, Real Estate Investment Trusts)

REITs란 다수의 투자자로부터 자금을 모아서 이 자금을 부동산 및 관련 사업에 투자한 후 투자자에게 배당을 통해 이익을 분배하는 부동산투자회사이며, 「부동산투자회사법」에 근거하여 설립된다. 부동산 소유지분(real estate equity ownership)이나 주택저당담보증권에 투자하거나, 부동산 관련 대출(mortgage loan) 등으로 운영하여 얻은 수익을 투자자에게 되돌려 주는 방식으로 운영된다. REITs의 주권은 증권시장에 상장됨으로써 유동성이 확보되고 일반투자자들도 소액의 자금으로 부동산 투자가 가능하다.

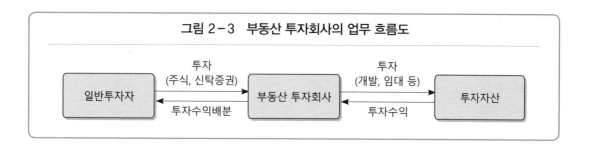

그림 2-3   부동산 투자회사의 업무 흐름도

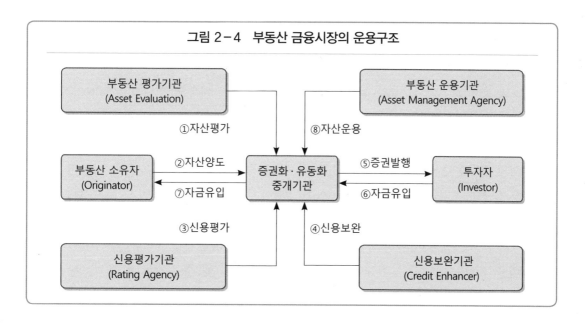

그림 2-4   부동산 금융시장의 운용구조

(1) 부동산 투자의 수익률 평가

일반적으로 부동산 투자분석이라 함은 특정한 부동산에 대한 투자성과를 평가·분석하는 것을 의미한다. 투자성과를 측정하는 일반적인 방법으로서 비율방식과 현금흐름 예측에 의한 성과분석 등이 있다. 단위면적당 가격, 수익 환원율, 지분 배당률, 부채 부담능력 비율 등 비율방식은 간편하다는 장점이 있어 분석의 출발점이 된다.

현금흐름 예측을 바탕으로 하는 순현재가치법, 수익성 지수법, 내부수익률법 등은 좀 더 엄밀한 투자성과의 분석을 제공한다.

(2) 비율을 사용한 투자성과 측정

❶ 단위면적당 가격 : 특정 부동산에 대한 투자의 타당성을 평가하는 가장 쉬운 방법은 단위면적당 가격을 다른 부동산과 비교하는 것임. 물론 단위면적당 비교를 위해서는 비교 대상 건물이 동질성이 있고 동일한 수익창출 및 재매각 가능성을 갖고 있다는 가정이 전제되어야 함. 다른 방법은 유사한 건물을 신축할 경우 단위 면적당 단가를 비교하는 것

❷ 수익 환원율(Capitalization Rate : Cap Rate) : 수익 환원율은 초년도 NOI(Net Operation Income)와 매도호가 간의 비율로 측정되는 수치. 예를 들어 인근 건물이 100억 원에 매각되었는데 매각된 건물의 NOI가 약 11억 원 이었다면, 그 Cap Rate는 11%. Cap rate는 미래의 임대수입 또는 매각 가격의 상승 잠재력을 충분히 반영하지 않는다는 약점이 있음에도 불구하고 최근에 매각된 비교 가능한 건물에서의 비율과 비교하여 매입 가격의 적정성을 평가하는 데 많이 사용되는 지표

❸ Equity 배당률 : Equity 배당률은 초년도 세전 현금흐름을 최초 equity 투자액으로 나눈 비율. Equity 배당률은 현재 자본 이익률의 개략치가 됨. 투자가의 최초 equity 투입액은 건물 매입가에서 차입금을 뺀 금액. 예를 들어 매입 가액이 100억 원, 차입금 50억 원, 초년도 세전 현금흐름이 5억이라면, Equity 배당률은 10%[=5억÷(100억−50억)]

❹ 부채 부담능력 비율(Debt Coverage Ratio : DCR) : NOI와 차입상환액과의 비율을 DCR이라고 하며, 대출의 위험을 측정하기 위해 널리 쓰이는 지표. NOI가 시간 경과에 따라

변동할 때는 투자자는 일반적으로 초년도 NOI를 사용. 예를 들어 NOI가 5억, 차입 상환액이 4억이라면 DCR은 1.25[=5억÷4억]

(3) 현금흐름 예측에 의한 투자성과 측정

이는 투자보유기간 전체에 걸쳐서 현금흐름을 고려한 투자성과 측정이다.

❶ 순현재가치(Net Present Value : NPV) : 미래 현금흐름으로부터 NPV를 계산한 후 최초 equity 투자액을 공제. 따라서 투자로부터의 현금흐름의 현가가 투입된 equity를 초과하는 금액을 측정한 결과 NPV에서 equity 투자액을 공제한 금액이 (+)인 경우는 투자의 현재가치가 equity 투자액을 상회한다는 의미. 부동산 투자의 순현재가치는 할인율에 의해 결정. 할인율은 부동산 투자의 위험을 반영하여 투자자가 요구하는 최소 수익률(hurdle rate) 이상이어야 함. 즉, NPV는 기회비용개념으로 당해 투자안이 최소한 비교 가능한 다른 투자만큼은 성과를 달성해야 한다는 것을 의미

❷ 수익성지수(Profitability Index) : 수익성지수는 현재가치를 최초 equity 투자액으로 나눈 것으로 수익성지수가 1보다 크면 NPV가 최초 equity 투자액보다 크다는 의미

❸ 내부수익률(Internal Rate of Return:IRR) : 내부수익률은 미래 현금흐름의 현가를 최초 현금투입과 일치시키는 할인율을 의미. 일반적으로 부동산 수익률이 저당 차입의 실질 금리보다 높을 것으로 기대되는데 그 이유는 자본투자가가 대출자보다 더 많은 위험을 부담하기 때문임

❹ 조정된 내부수익률(Adjusted IRR) : 조정된 내부수익률은 단순 IRR과 달리 현금유입액을 재투자하는 것을 가정하여 구함. 가정한 재투자 수익률이 IRR보다 낮을 때는 항상 조정된 IRR이 단순 IRR보다 낮게 됨. 조정된 IRR은 매각까지 투자의 전 기간을 고려한 평균 수익률로서, IRR과 재투자 수익률과의 가중평균값이라고 할 수 있음

1 부동산 개발금융의 개념과 특징

프로젝트 금융(Project Financing : PF)이란 사업자와 법적으로 독립된 프로젝트로부터 발생하는 미래 현금흐름을 상환재환으로 자금을 조달하는 금융기법을 의미한다. 프로젝트 금융에서는 모기업(차주)의 담보 혹은 신용에 근거하는 기존의 기업금융(corporate financing)과는 달리 사업에서 발생하는 미래 현금흐름을 분석하고 평가하여 이를 담보로 대출 혹은 투자를 시행하게 된다.

프로젝트 금융에서는 기존의 일반적인 대출과 달리 프로젝트의 출자자(corporate financing에서는 주주)나 차주에 대하여 상환청구권을 가지지 않는 대신 프로젝트 관련 자산 및 미래 현금흐름에 원리금 회수의 대부분을 의존하게 된다. 프로젝트 금융의 투자를 위해서는 프로젝트 관련 전문가들의 기술적·경제적 평가가 선행되어야 하며, 대출 혹은 투자계약 이후에도 전문가들에 의한 지속적인 사후관리가 필요하다. 프로젝트 금융은 대부분 장기의 만기구조를 가지며, 프로젝트와 관련된 계약서 종류가 많고 복잡하여 투자 시 이에 대한 세심한 검토와 법적인 안전장치 및 구속력에 신경을 씨야 한다. 또한, 프로젝트 관련하여 차주와 대주, 재무조언자(financial advisor), 법무법인(law firm), 기술자문(technical advisor), 시공사, 자재공급자, 상품구매자 등 프로젝트 관련 당사자가 많아 이들에 대한 관리가 필수적으로 동반된다.

2 부동산 개발금융의 기본구조

(1) 시행사

시행사는 토지를 매입하는 등 해당 사업의 주체가 되어 시행하는 업체를 말한다. 대부분의 시행사가 자본금이 작은 중소업체들로 신용등급이 높지 않아 일반적인 관점에서 신용등급을 바탕으로 대출을 시행하려면 대출이 어렵다. 그러나, 추진하고자 하는 부동산 사업이 충분한 가치를 보유하고 있을 경우, 매입이 예정되어 있는 토지와 부동산 사업이 가지는 현금흐름을 바탕으로 프로젝트 금융을 실시할 수 있다. 프로젝트 금융이 시작되게 되면, 매입된 토지를 자산신탁사에 처분신탁한 후에 발급받는 수익권 증서와 에스크로 계좌(escrow account)에 대한 1순위 저당권자로 하여 매입한 토지에 대한 채권확보를 실시한다. 또한 사업이 진행될 수 있도록 관련 관청과 인허가 작업을 수행한다.

시행사는 사업을 진행하는 주체로서 사업에 대한 전반적인 위험을 부담하게 되고, 이에 따라 사업 참여자 중에서 가장 많은 수익을 가지게 된다. 부동산 개발사업에서 발생하는 수익에 대해 가장 늦은 후순위에 해당하는 청구권을 가지게 되지만, 그만큼 분양이 잘되어 사업이 잘 진행되었을 경우에는 잔여재산에 대한 청구권에 대해 우선권이 있기 때문에, 가장 높은 수익을 올릴 수 있는 기회를 가지게 된다.

(2) 시공사

시공사는 부동산 개발사업에서 부동산을 건축하는 역할을 담당한다. 이때 부동산 완공에 대한 책임이 발생하는데, 이에 대해 대주단 및 부동산펀드에 대해 시행사가 사업을 진행함에 있어 공급받은 자금에 대해 필요시 일정 부분 보증을 하게 된다. 이때 보증은 이사회 결의사항으로 이를 확인하려면 이사회 의사록을 청구하여 검토한다. 인허가 후에 발생하는 공사비

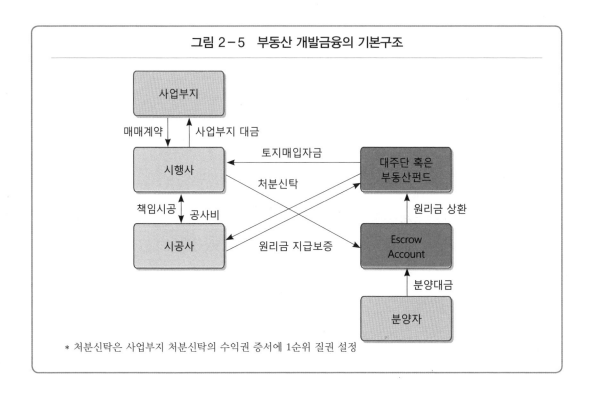

그림 2-5 부동산 개발금융의 기본구조

* 처분신탁은 사업부지 처분신탁의 수익권 증서에 1순위 질권 설정

는 기성 혹은 분양률에 따라 지급받게 된다. 아파트 사업의 경우 2년 6개월에서 3년 정도의 시간이 소요가 되며, 완공까지 6회에서 8회 정도에 나누어 공사의 진척률에 따라 공사비를 지급받게 된다.

(3) 대주단 혹은 부동산펀드

부동산 개발금융에서 자금을 공급하는 역할을 하며, 일반적으로 재무적 조언자(financial advisor) 및 자산관리, 에스크로 계좌 관리 업무도 함께 수행하는 경우가 많다. 대부분의 큰 사업의 경우, 선순위와 중순위, 후순위로 구분하여 원리금을 상환하는 구조를 만들게 되는데, 이에 대해 선순위는 주로 은행이, 중순위는 부동산펀드가, 후순위는 시행사 혹은 시공사가 투자하게 된다.

(4) 에스크로 계좌(escrow account)

부동산 개발사업에 있어 발생하는 수익금인 분양수입금 관리계좌로서 부동산 개발사업의 참여자 전원의 동의가 있을 경우에만 자금이 인출되는 계좌를 에스크로 계좌라고 한다. 에스크로 계좌는 사업을 위해 입금된 분양수입금이 사업에만 사용될 수 있도록 관리하는 업무를 담당하게 되며, 이를 위해 분양수입금을 정해진 방법에 의해서만 에스크로 계좌에 입금될 수 있도록 한다. 출금은 제세공과금, 필수경비, 대출원리금, 공사비, 사업이익의 순으로 집행하게 된다.

---

3   **부동산 개발금융 투자 프로세스**

(1) 투자대상 후보수집(deal sourcing)

부동산 개발금융의 프로세스에서 시작은 투자대상 후보의 수집으로부터 시작한다. 시행사로부터 직접 들어오거나, 대형 금융기관의 투자금융 혹은 부동산 금융, 건설사 등을 통해 들어오는 경우가 많다.

(2) 투자대상 선정(screening)

Sourcing된 deal 중에서 거시적인 분석(macro analysis)과 미시적인 분석(micro analysis)을 통해

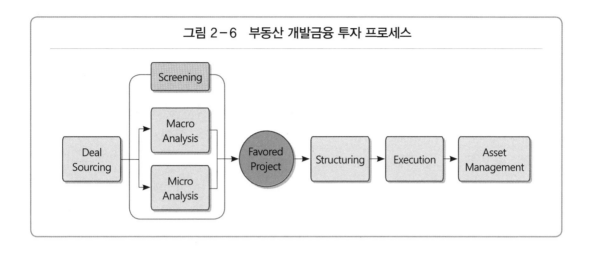

그림 2-6 부동산 개발금융 투자 프로세스

투자대상을 선정하는 단계를 투자대상 선정단계라 한다. 여러 가지 투자의사 결정에 영향을 미치는 평가요소와 가중치를 설정하고 실사를 통해 얻어진 정보들을 데이터베이스에 축적하고 각각의 항목을 평가하고 점수화하여 스코어링 시스템(Scoring System)에 의해서 투자의사를 결정하는 경우가 많다.

거시적인 분석에서는 경제환경, 정책환경, 인구통계적 환경 분석으로 나누어진다. 경제환경 분석에서는 국내외 거시경제여건, 지역별 경제여건, 부동산 경기 등의 현황과 변동 가능성에 대해 분석한다. 정책환경 분석에서는 경제, 금융, 부동산, 조세환경 관련 정책 및 제도의 변경 가능성을 분석하고, 인구통계적 환경 분석에서는 인구구조, 소득, 세대당 인구수, 소비지출구조, 선호활동 등의 변화에 따른 영향을 분석한다.

미시적인 분석에서는 사업타당성 분석, 법률적 타당성 분석, 시행·시공사 분석, 신용보강안 검토로 나누어 분석을 수행한다. 사업타당성 분석에서는 사업대상지역(서울, 수도권, 택지개발지구 등의 분류), 대상물건(아파트, 주상복합, 상가 등의 분류), 분양가의 적정성, 평형구성, 사업이익률, LTV비율, 최소 요구분양률, 전체적인 사업의 수익률 등을 분석하고, 법률적 타당성 분석에서는 사업부지의 확보와 관련한 명도 지연 가능성에 대한 분석, 인허가와 관련한 사항과 진척률을 분석한다. 시행·시공사 분석에서는 시행사의 인적구성 재무구조, 시장평판 등을 분석하고, 시공사의 시공위험, 완공위험, 관리능력, 신용등급 및 재무적 안정성을 분석한다. 신용보강안 검토에서는 책임준공, 지급보증, 자금통제, 보험, 근저당권 설정, 자금보충의무 등 채권보전 안전장치에 대해서 전체적으로 검토한다.

(3) 사후관리 업무(asset management)

부동산 개발사업에 대한 자금이 집행된 이후에도 정기적으로 진행상황에 대해서 모니터링해야 한다. 정기적으로 점검해야 하는 사항은 공정률, 분양률, 현금흐름, 시행사 및 시공사의 재무상태 및 신용도, 사업부지의 명도 및 인허가 진행 정도, 계약의 준수 여부, 담보가치의 변동내역 및 자산건전성 분류 등이다. 수시로 점검해야 하는 사항은 사업시행자 및 주요 주주의 경영상 주요 변동사항, 중대한 분쟁의 발생, 채무불이행의 발생, 제반 계약의 위반 등이 있다. 자료는 대리사무업체 혹은 공시되는 자료들을 이용하여 데이터베이스에 축적하여 두고 이를 장기적으로 관리하면서, 이상 징후의 발견 시 신속히 정확한 사실관계를 확인하고, 위험요소 발견 시 대처방안을 강구한다.

(4) 단계별 위험관리

부동산 개발사업은 토지를 매입하고 관련 관청으로부터 사업 관련 인허가 절차가 완료된 후에 분양을 하고 착공을 하여 준공·입주하면서 마무리되는 단계로 진행이 된다. 이때 프로젝트 금융은 사업인허가를 획득한 단계부터 투입되어 준공과 함께 마무리되는 것이 일반적이지만, 상황에 따라서 분양이 잘 이루어지지 않은 경우에는 준공 후까지 연장되는 경우가 있다.

결국 부동산 금융에 있어 가장 중요한 것은 분양이 얼마나 원활하게 이루어지는지, 그리고 이에 따른 분양수입금이 어느 정도 수준이 되는지가 핵심적인 요소이다. 그리고 원만한 분양을 위해서는 분양되어야 할 부동산이 실제로 존재해야 하므로 부동산 완공에 대한 위험이 관리되어야 한다. 또한, 전체적인 사업 진행에 따른 자금관리 위험도 함께 검토되어야 할 것이다. 이에 대한 내용을 〈표 2-1〉에 정리하였다.

표 2-1 **부동산 개발사업 관련 주요 위험 및 관리 방안**

위험	주요 위험요소	위험관리 방안
토지 확보 위험	• 지주수가 많은 토지 • 토지 계약일자 후 많은 기간이 지난 경우나 조건부 계약, 토지사용승낙서 등이 있는 토지	• 사업부지 전체 지주와 일괄계약 및 동시 자금 집행하여 토지 매입대금 상승 위험 축소 • 대리사무회사 활용 • 자금집행상 위험을 시공사의 부담으로 명확화(약정서 반영)
사업 위험	• 시행사의 개발능력 및 도덕성 • 사업부지에 대한 안정성 확보 • 명도 위험 • 분양수입금의 관리 위험	• 사업부지에 대한 채권확보 • 분양수입금의 에스크로우 계좌를 통한 관리
인허가 위험	• 인허가 리스크는 금융기관이 파악하고 통제하기 어려운 위험임 • 인허가 완료 후 프로젝트 금융을 시작하는 것이 대주단과 부동산펀드의 경우 가장 유리하지만, 토지대, 중도금과 잔금은 인허가 전에 필요하게 되어, 실제로는 인허가 완료 전에 자금이 투입되어야 하는 상황이 발생	• 대주단 및 부동산펀드는 인허가 위험을 시공사에 부담 • 일정 기한까지 인허가 미승인 시 시공사 채무인수 등 트리거(Trigger) 조건을 설정 • 일정 인허가 승인 조건부 자금 인출을 계약사항에 명문화
시공 위험	• 시공사의 책임 준공(시공사의 재무능력이 중요) • 대한주택보증의 완공 보증:아파트의 경우 분양승인 후 준공까지 보증	• 신용도 양호한 시공사 선정 • 유사시 대한주택보증과 긴밀한 협조 및 관리, 별도 채권 보전책 강구
분양성 검토	• 프로젝트 금융 의뢰 시 대부분 사업성 검토자료를 제출 의무화 • 분양성 판단 : 사업장 인근 최근 분양가, 주변 매매가, 적정 분양가 검토, 평형, 평면, 마감재 수준 검토, 분양가, 토지대, 공사단가 중심으로 타당성 검토, 예상 분양률의 시나리오 분석	• 분양 저조 시 대처방안 강구 : 할인 분양권 보유, 시공사 대물조건 등 • 최초 취급 시 분양 현금흐름과 부합하는 여유 있는 상환 스케줄 설정 • 대출상환자금 부족 예상 시 공사비 지급 지연 등 적극적 자금 통제
대출금 상환 재원	• 자금집행에 대한 위험관리 • 사업수지 검토와 예상분양	• 초기 분양률에 따른 위험 관리 −초기 분양률 100% : 조기상환위험 −초기 분양률 60% 내외 : 안정적인 사업진행 −초기 분양률 30% 내외 : 현금흐름 압박 예상

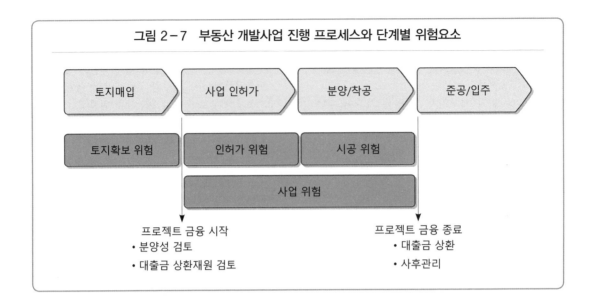

그림 2-7 부동산 개발사업 진행 프로세스와 단계별 위험요소

토지매입 → 사업 인허가 → 분양/착공 → 준공/입주

토지확보 위험   인허가 위험   시공 위험

사업 위험

프로젝트 금융 시작
• 분양성 검토
• 대출금 상환재원 검토

프로젝트 금융 종료
• 대출금 상환
• 사후관리

section 03 부동산펀드

1 부동산펀드 개요

자본시장법상 부동산펀드란 펀드재산의 50%를 초과하여 부동산 및 부동산 관련 자산에 투자하는 펀드를 말한다.

부동산펀드는 부동산 외에 ① 부동산을 기초자산으로 하는 파생상품, ② 부동산 개발과 관련된 법인에 대한 대출, ③ 부동산의 개발, ④ 부동산의 관리 및 개량, ⑤ 부동산의 임대 및 운영, ⑥ 부동산 관련 권리[1]의 취득, ⑦ 부동산을 담보로 한 금전채권의 취득, ⑧ 부동산과 관련된 증권 등으로 재산을 운용할 수 있다. 부동산펀드는 운용형태에 따라 임대형, 대출형, 개발형, 경·공매형으로 구분된다.

부동산펀드는 투자신탁과 투자회사 등 자본시장법상 규정된 모든 법적 형태로 설정·설립이 가능하다. 실제로는 투자신탁형이 다수를 차지하고 있으며, 상대적으로 다른 형태의 펀드

---

1 지상권·지역권·전세권·임차권·분양권 등

는 그 수가 미미하다. 한편, 「부동산투자회사법」에 의한 부동산투자회사는 국토교통부장관의 설립인가를 받아 상법상 주식회사 형태로 설립되며, 통상 REITs(Real Estate Investment Trusts)라 불린다.

REITs의 종류는 ① 자기관리형 REITs, ② 위탁관리형 REITs, ③ 기업구조조정 REITs의 3가지 종류로 나뉜다. 자본시장법상의 부동산펀드와 부동산 투자회사법상의 REITs는 모두 환매가 불가능한 폐쇄형으로만 설정이 가능하므로, 수익자는 거래소를 통하여 투자회사의 주식, 투자신탁의 수익증권 및 부동산 투자회사의 주식을 매각하여 자금을 회수할 수 있다.

2 부동산펀드 기초 자산

부동산펀드는 자금이 어떠한 부동산에 투자되는지, 궁극적으로 목표하는 수익이 무엇인가, Primary 마켓 혹은 Secondary 마켓인가로 크게 나눌 수 있다. 부동산은 아파트, 오피스텔, 주상복합 아파트, 테마타운 등으로 분류될 수 있으며, 목표하는 수익의 근원은 대출에 대한 고정이자 수취일 수 있고, 매매차익, 임대수익, 개발이익의 수취일 수도 있다.

Primary 마켓에서의 투자는 건설 예정인 공사에 대한 자금의 대출에 해당하며, Secondary 마켓에서의 투자는 이미 완성된 건물에 대한 매입으로 임대수익을 수익원으로 하고 있다.

3 부동산 시장의 Secondary 마켓과 Primary 마켓

부동산펀드는 Secondary 마켓에서의 투자보다는 Primary 마켓에서의 투자가 주류를 이루고 있는데, 그 이유는 Primary 마켓에서 투자 시 투하자금에 대해 개발이익이 Buffer로서의 역할을 수행하며, 대주단 구성이 용이하고, 원금 회수에 따른 유동성 리스크가 Secondary 마켓보다 적기 때문이다.

시행사는 소규모 회사로서 Credit이 현저하게 낮아, 시행사의 Credit만을 고려한다면 시행사에 대한 대출은 원칙적으로 불가능하다. 그런데 시행사가 개발한 프로젝트 건설에 대한 Back up 시스템으로 시공사의 책임준공과 시행사 부도 시 시공사의 채무인수조항 등이 명문화되어 있다. 이러한 조항으로 인해 자금을 시행사에 대출해주는 대주단은 시행사의 Credit보다는 시공사의 Credit을 보고 자금을 집행하게 된다. 즉 Primary 마켓에서의 특정 프로젝트

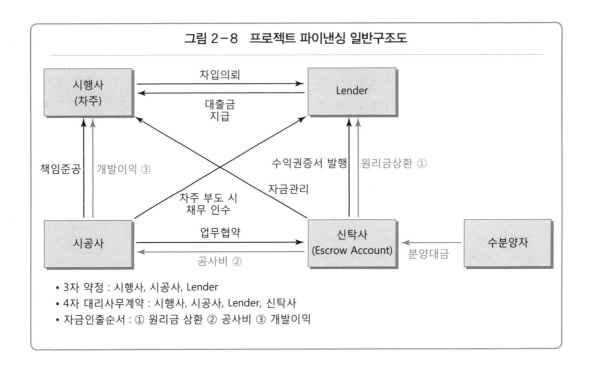

그림 2-8 프로젝트 파이낸싱 일반구조도

- 3자 약정 : 시행사, 시공사, Lender
- 4자 대리사무계약 : 시행사, 시공사, Lender, 신탁사
- 자금인출순서 : ① 원리금 상환 ② 공사비 ③ 개발이익

에 대한 투자는 시공사가 시행사 디폴트 시 지게 되는 채무인수조항 등에 의존하는 경향이 강해, 해당 프로젝트의 토지 건물 등에 부동산펀드 및 대주단이 담보권을 설정한다 하더라도 시공사에 대한 간접적인 대출의 형태를 띠게 된다.

　프로젝트에 자금을 대출하는 투자기관은 보통 리스크를 회피하기 위해 단독이 아닌 몇몇 금융기관들이 공동으로 프로젝트에 투자하게 되며, 대출조건에 따라 대출에 대한 확정 이자 외에 분양율과 분양가의 상승에 따른 개발이익에도 참여한다.

4 신용보강

　위의 부동산펀드에서는 일반적인 프로젝트 파이낸싱의 신용보강 방법과 마찬가지로 개발신탁 수익권에 대한 1순위 질권설정, 미실행된 공사자금에 대한 질권설정, 시행사의 디폴트 발생 시 시공사 등의 채무인수, 시공사 등의 책임준공과 지급보증 조항, 기한의 이익 상실사유 발생 시 투입자금에 대한 조기상환, 해당 부동산에 대한 담보 설정 등이 있으며, 이 중에서 사업 구조에 따라 몇 가지 방법이 주로 사용되고 있다. 시행사의 낮은 Credit으로 인해 시행사의 디폴트 리스크는 시공사에 비해 매우 높고, 시행사로의 프로젝트 자금의 유입 시 시행사의 적은 규모의 자기자본으로 높은 레버리지 효과가 발생한다.

이러한 일련의 과정은 부동산펀드가 포함된 대주단의 리스크 회피성향을 충족시키지 못하게 되므로 위와 같은 다양한 신용보강 장치가 동원된다. 일반적으로 대주단은 해당 프로젝트의 사업성 및 분양율에 대한 관심과 더불어 시공사의 Credit, 채무인수 조항, 책임준공 조항, 담보권 등과 같은 최악의 사태 발생 시 원금 보전 및 회수 가능성에 높은 비중을 두고 참여여부를 결정하게 된다.

5 부동산펀드 리스크

Risk	요인	완화방안 및 평가요소
원리금 상환위험	• 시행사 채무불이행	• 시행사 채무불이행 시 시공사 '채무인수' 및 '책임 준공' • 채권보전을 위한 장치 - 부동산에 대한 담보신탁 및 부기등기 - 시행사 대표이사 개인에 대한 연대보증 - Escrow Account를 신탁사에 개설하여 대리사무계약 체결로 분양대금 독립관리
초기 사업위험	• 소유권이전 • 인·허가	• 인출과 동시에 소유권이전 담보신탁 • 목표기간 이내 인·허가 및 수처리시설 확보가 안 될 경우 시공사가 채무인수
분양위험	• 분양입지	• 신흥 개발택지, 주변도시 환경, 대중교통 등의 접근성, 산업환경, 행정수도 이전과 같은 정부정책에 영향 • 부동산 경기 및 인구 분포와 밀접한 관련 • 주변 비슷한 건물의 시가와 분양가와의 차이에 영향
완공위험	• 시행사 부도	• 시행사의 부도 등의 사유 발생 시 시공사가 책임완공 및 채무인수를 하는 조건으로 시행사의 Credit Risk에 완공위험이 연계되어 있음

chapter 03

PEF(Private Equity Fund)

1 PEF의 개념과 종류

펀드 실무에서 PEF는 비상장된 기업이나 성장의 정체 내지 쇠퇴로 인해 사업 또는 지배구조의 개선이 필요한 기업에 투자한 후 해당 기업의 주요 경영사항에 대한 의사결정에 참여하거나 구조조정 등을 통해 기업가치를 높인 다음 주식공개(IPO) 또는 M&A 등을 통해 투자가치를 회수하여 그 수익을 투자자들에게 분배하는 펀드를 지칭하는 용어로 사용된다.

PEF는 전통적인 의미에서 볼 때 개인적인 신뢰관계를 바탕으로 특정·소수의 투자자로부터 자금을 모집하고, 공개시장이 아닌 곳에서 투자대상을 물색하여 협상 등의 과정을 거쳐 투자하고 장외 매각 등을 통해 투자한 자금을 회수하는 펀드라고 할 수 있다.

PEF는 투자대상, 투자방법, 투자규모 등에 따라 다양하게 구분된다. Buyout fund는 기업의 사업확장, 분할, 회생 등에 수반되는 자금을 조달하거나 이미 성숙기에 진입한 사업의 인수 등을 목표로 조성되는 펀드를 말한다. 벤처캐피탈은 제품개발 중에 있는 회사 등 사업이 본궤도에 진입하기 전 단계의 기업에 주로 투자하는 펀드이다. 부실채권 및 담보 부동산에 투자

표 3-1 **투자대상에 따른 PEF의 분류**

구분	세분류	내용
Buyout Fund	Turnaround	재무 또는 영업 측면에서 부실한 기업을 회생시키기 위한 투자(구조조정펀드)
	LBO, MBO	제3자 또는 현 임직원들의 회사인수를 위한 투자로서 leverage를 이용
	Replacement Capital	구주를 기존 주주로부터 대량 매입하는 형식
Venture Capital	Seed Capital	회사 설립 전에 연구, 개발 등에 대한 투자
	Start-up and Early stage	회사 설립 초기단계의 벤처기업에 대한 투자
	Mezzanine	IPO 전단계에 있는 벤처기업의 CB 등에 대한 투자
기타	Distressed Fund	부실채권 및 담보 부동산에 저가 투자하여 수익을 내는 펀드(일명 Vulture fund)
	Fund of funds Real estate fund	다른 사모펀드에 투자하거나 부동산에 투자

하여 수익을 내는 펀드(일명 Vulture Fund)도 PEF의 일종으로 분류된다.

2 PEF의 법적 형태

PEF는 일반적으로 limited partnership으로 운용되는데, limited partnership은 무한책임사원(General Partner : GP)과 유한책임사원(Limited Partner : LP)으로 구성되어 있다.

PEF는 무한책임사원과 유한책임사원 간 partnership agreement를 통해 형성된다. Partnership agreement는 PEF의 지분관계, 보고사항, 유한책임사원의 권리와 의무, 무한책임사원에 대한 보상방식, PEF의 운용방법 등 PEF 운용과 관련된 사항들에 대하여 상세하게 규정하고 있다.

무한책임사원은 펀드를 설립하고 투자와 운영을 책임지는 사원을 말한다. 동시에 펀드의 운영과정에서 발생하는 계약상의 사후손실보상 등 펀드운용에 따른 최종 책임을 부담하며, 이 과정에서 본인이 출자한 금액을 초과하는 금액까지도 책임지기도 한다. 유한책임사원은 PEF에 투자한 금액의 범위 안에서만 책임을 진다. PEF 전문운용사, 은행계 자회사 등이 무한책임사원 기능을 수행하고 있으며, 유한책임사원으로는 연기금, 회사연금, 은행, 보험, 재단 등이 주종을 차지하고 있다.

Limited partnership 형태가 PEF의 지배적인 법률형태로서 자리잡은 것은 펀드를 운용하는 무한책임사원과 단순 투자자인 유한책임사원 간의 관계에서 발생할 수 있는 본인-대리인 문제를 효과적으로 해결하는 형태이기 때문으로 해석된다. 즉, limited partnership 형태에서는 운용자인 무한책임사원도 PEF에 직접 투자하도록 하고 무한책임사원에 대하여 목표를 초과하는 성과에 대한 확실한 인센티브를 부여함으로써 무한책임사원의 이익극대화가 PEF의 이익 극대화와 부합하도록 내부구조를 설계할 수 있다는 것이다. 아울러, partnership agreement에 명시되는 무한책임사원에 대한 제한사항, 무한책임사원의 자기거래 금지 및 무효조항(Clawback)[1]과 유한책임사원의 감독권 등은 무한책임사원의 도덕적 해이를 통제하는 보조적 수단으로 활용된다.

3 기본 운용구조

무한책임사원(GP)과 유한책임사원(LP)으로 결합된 PEF는 통상 1개 기업에 대하여 펀드 규모의 10~15% 범위 내에서 투자하는 등 분산투자를 기본으로 한다. PEF는 투자 시 세제상 또는 위험관리 등의 필요에 따라 특수목적기구(Special Purpose Company : SPC)를 설립하여 투자하기도 한다.

PEF의 투자에 따른 운용수익은 무한책임사원과 유한책임사원이 투자비율에 따라 분배하며, 무한책임사원이 당초 유한책임사원에게 제시한 수익률(hurdle rate)을 초과달성한 경우에는 그 초과이익 중 일정 비율(대체로 20% 내외)을 무한책임사원에게 성과보수로 먼저 지급하고, 나머지 금액에 대하여 무한책임사원과 유한책임사원의 투자비율에 따라 재분배한다. 한편, 무한책임사원은 PEF 운용에 따른 수수료로서 매년 펀드규모의 1.5~2.5%를 지급받는다.

---

1 PEF가 사업 초기에 투자한 성과가 좋아 무한책임사원에게 성과보수를 지급한 경우에도 사업 후기에 투자한 사업으로부터 손실이 발생하는 경우에는 무한책임사원에게 기분배한 성과보수를 회수할 수 있도록 하는 조항을 말한다.

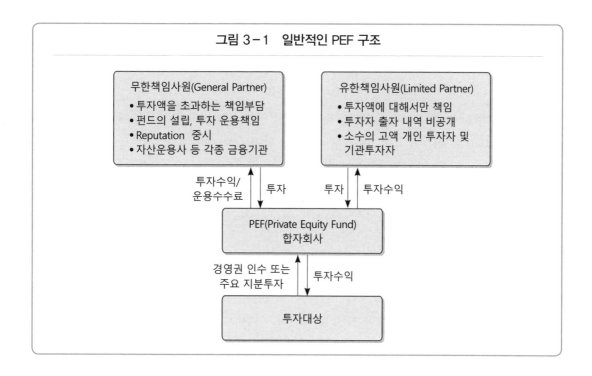

그림 3-1 일반적인 PEF 구조

무한책임사원(General Partner)
• 투자액을 초과하는 책임부담
• 펀드의 설립, 투자 운용책임
• Reputation 중시
• 자산운용사 등 각종 금융기관

유한책임사원(Limited Partner)
• 투자액에 대해서만 책임
• 투자자 출자 내역 비공개
• 소수의 고액 개인 투자자 및 기관투자자

투자수익/운용수수료 투자   투자   투자수익

PEF(Private Equity Fund)
합자회사

경영권 인수 또는 주요 지분투자   투자수익

투자대상

4 주요 용어 설명

(1) Capital Commitment(출자약속)와 Capital Call(출자 요청)

유한책임사원(LP)은 PEF가 설립될 때에 투자액을 전액 납입하는 대신 투자하고자 하는 금액에 대해 약속(capital commitment)하게 된다. 유한책임사원의 자금납입은 실제 투자대상 기업이 나타난 후 무한책임사원(GP)이 출자요청(capital call)을 하는 경우 이루어진다. 따라서 분산투자를 기본으로 하는 PEF는 통상적으로 여러 번의 capital call을 하게 된다.

PEF가 capital call 방식으로 운용되는 이유는 기업인수·합병을 전문으로 하는 PEF의 속성상 당장 투자에 쓰이지 않는 불필요한 자금을 펀드에서 보유할 경우 투자수익률이 낮아질 가능성이 높기 때문이다. Capital call의 운용방식에서는 유한책임사원이 출자 약속을 이행하지 못할 경우 PEF의 투자가 곤란해지고 다른 투자자들에게 큰 피해를 줄 수 있다. 따라서 유한책임사원이 capital call을 제대로 이행하지 못할 경우를 대비하여 capital commitment 금액의 일정 비율을 PEF에 선투자하기도 한다.

(2) Reinvestment(재투자)

PEF는 장기로 운용하고 분산투자하는 특성상 투자자금이 일부 회수되는 경우 그 자금을 다시 투자(reinvestment)할 것인지의 문제가 발생하게 된다.

일반적으로 PEF는 reinvestment를 하지 않는데, 이는 PEF가 투자자금을 회수하는 시점에서는 대체로 PEF 설립 계약상의 잔존기간이 얼마 남지 않아 회수자금으로 새로이 투자할 경우 PEF의 잔존기간 내에 정상적인 자금회수가 곤란하게 될 가능성이 크기 때문이다. 또한, 무한책임사원(GP) 입장에서도 reinvestment를 하기보다는 운용성과 등을 바탕으로 현재 운용 중인 펀드보다 규모가 큰 별도의 PEF를 설립하는 것이 운용수수료 등의 측면에서 유리하다.

(3) Coinvestment(공동투자)

Coinvestment라 함은 유한책임사원(LP)이 PEF에 투자하는 자금 외에 PEF와 동등한 자격으로 투자대상 기업에 추가로 투자하는 것을 말한다. 예컨대, 2,000억 원 규모의 PEF가 1개 기업에 500억 원을 투자할 필요가 있을 경우 PEF는 펀드 규모의 1/4인 500억 원으로 전부 투자하는 대신, PEF에서는 300억 원만을 투자하고 나머지 200억 원은 PEF에 투자한 유한책임사원으로부터 추가로 자금을 조달하여 투자하는 것을 말한다.

유한책임사원은 무한책임사원(GP)으로부터 capital call을 받을 경우 대상 기업에 대한 투자 설명을 받게 되고, 이때 투자가치가 높다고 판단할 경우에는 PEF에 투자한 자금과는 별개로 자금을 투자대상 기업에 직접 투자할 수 있게 된다.

(4) Key Man Clause(핵심인력 조항)

특정수로 임명된 핵심인력(key executives)은 partnership agreement에 명시된 기간 내에 회사를 그만 둘 수 없다. 만약, 어떤 이유로든 핵심인력이 PEF를 운영하지 못하게 될 경우 유한책임사원(LP)은 펀드에서 탈퇴할 수 있도록 partnership agreement를 체결할 수 있다. PEF에서 투자자인 유한책임사원은 무한책임사원(GP)의 명성과 운용실적을 바탕으로 투자의사결정을 하게 되므로, 무한책임사원의 탈퇴에 대해서 유한책임사원이 대비할 수 있도록 하는 것이다.

PEF에 대한 법적 규제

1 사모펀드의 체계 개편과 PEF

(구)간접투자자산운용업법과 2021년 10월 21일 이전의 자본시장법은 PEF를 "사모투자전문회사" 또는 "경영참여형 사모집합투자기구"로 명명하고, 진입·운용 규제 등에 있어 다른 펀드와 별도의 규제 체계를 두었다. 그러나 2021년 10월 21일부터 시행된 자본시장법은 사모펀드의 운용 규제를 일원화하면서 기존의 "전문투자형 사모집합투자기구"와 PEF에 해당하는 "경영참여형 사모집합투자기구"로 구분한 사모펀드의 분류체계를 투자자의 범위를 기준으로 "일반 사모집합투자기구"와 "기관전용 사모집합투자기구"로 구분하는 체계로 개편하였다. PEF의 운용전략상 주요 특징이라 할 수 있는 "투자기업에 대한 적극적인 경영권 참여"를 체계 개편 이후에는 자본시장법에 따라 설정·설립된 모든 사모펀드가 채택할 수 있다. PEF를 설립할 수 있는 제도상 수단이 기존에는 "사모투자전문회사", "경영참여형 사모집합투자기구"로 한정되어 있었다면, 2021년 10월 21일부터는 제한이 없게 된 것이다.

이에 따라, PEF를 종전처럼 하나의 법상 용어로 지칭하기는 어렵게 되었다. 다만, 무한책임사원과 유한책임사원으로 구성(limited partnership)된 형태의 유사성, PEF의 자산이 대부분 기관자금으로 조성되는 실무 현실, 기관전용 사모집합투자기구의 업무집행사원으로 등록할 경우 원칙적으로 금융기관으로서의 규제를 받지 않고 일반 사모집합투자업자로 등록하는 것에 비해 자기자본·인력요건 등의 요구수준이 낮아 진입이 용이한 점 등을 감안할 때 PEF의 다수는 당분간 기관전용 사모집합투자기구로 설립될 것으로 보인다. 또한, 2021년 10월 21일 이전에 설립된 PEF는 기관전용 사모집합투자기구로 의제된다. 이런 점들을 고려하면 PEF를 "자본시장법 제249조의7 제5항에 따라 다른 회사의 경영에 참여하는 방식으로 운용되는 기관전용 사모집합투자기구"로 보아도 무방할 것이다.

이하 SECTION 02에서는 다른 SECTION과 구분하여 PEF를 "자본시장법 제249조의7제5항에 따라 다른 회사의 경영에 참여하는 방식으로 운용되는 기관전용 사모집합투자기구"로 정의하기로 한다.

2   PEF 설립요건

법률적으로 사모펀드는 사적인 신뢰를 기초로 한 펀드임을 감안하여 신문·잡지·방송 등을 통한 광고를 금지하고 100인 이하의 투자자로부터 자금을 모집하는 것으로 하고 있다. 법으로 정한 연고자, 전문가 외에는 50인 이상의 일반투자자에 대하여 사모펀드의 청약을 권유하는 행위 역시 금지된다. 이는 PEF의 경우에도 동일하다.

PEF의 정관에는 ① 목적, ② 상호, ③ 회사의 소재지, ④ 각 사원의 출자의 목적과 가격 또는 평가의 기준, ⑤ 회사의 해산사유를 정한 경우 그 내용, ⑥ 사원의 성명·주민등록번호 및 주소, ⑦ 무한책임사원(GP) 및 유한책임사원(LP)의 구분, ⑧ 정관의 작성연월일을 반드시 기재토록 하고 있다.

등기사항으로 정관 기재사항 중 일부인 ① 목적, ② 상호, ③ 회사의 소재지, ④ 회사의 해산사유를 정한 경우 그 내용, ⑤ 무한책임사원의 상호 또는 명칭·사업자등록번호 및 주소를 정하고 있다. 또한, 금융위원회 등록사항으로 ① 등기사항과 함께 ② 업무집행사원에 관한 사항, ③ PEF의 운용에 관한 사항, ④ PEF가 종합금융투자사업자로부터 전담중개업무(프라임 브로커 서비스)를 제공받는 경우 서비스를 제공하는 종합금융투자사업자에 관한 사항 등을 정하고 설립등기일부터 2주 이내에 금융위원회에 등록하도록 하였다.

특히 PEF의 등기·등록사항에서 유한책임사원의 내역을 제외하고 있는데, 펀드 출자자의 내역을 비공개하고 있는 자본시장법 원칙을 PEF에도 동일하게 적용하고 있다. 반면, 업무집행을 수행하는 무한책임사원은 PEF의 실질적인 운용자로서 대외적인 책임을 지게 되므로 등기·등록의 대상으로 규정하고 있다.

또한, PEF 지분의 양도는 사모로서의 기본 성격을 유지할 수 있도록 사원의 수가 100인을 초과하지 않는 범위 내에서, 무한책임사원은 정관에 정한 경우에 한하여 사원 전원의 동의, 유한책임사원은 무한책임사원 전원의 동의를 조건으로 양도할 수 있도록 하고 있다.

3   PEF의 사원

PEF의 partnership제도에서는 펀드의 가입자가 서로 다른 성격의 두 가지로 나뉜다. 즉, PEF의 사원은 1인 이상의 무한책임사원과 1인 이상의 유한책임사원으로 구성된다. 사원의 총수는 100인 이하이어야 한다.

2021년 10월 21일 시행된 개정 자본시장법은 PEF에 대하여 운용의 자율성을 강화하는 대신 무한책임사원(GP)의 운용행위를 감시·감독할 수 있는 전문성과 위험감수능력을 보유한 기관투자자와 이에 준하는 자로 유한책임사원(LP)의 범위를 한정하였다. 기관투자자에 준하는 자로는 금융투자상품 잔고가 일정 금액 이상인 주권상장·비상장법인(주권상장여부에 따라 금융투자상품 잔고 요건이 상이하며 코넥스시장 상장법인은 주권비상장법인과 요건 동일), 금융기관이 전체 출연금액의 100분의 90 이상을 출연한 재단법인, PEF 유한책임사원이 될 수 있는 자가 출자지분의 전부를 보유하는 일반 사모집합투자기구·신기술사업투자조합 등이 인정된다. PEF 무한책임사원의 모회사, 임원, 투자운용전문인력 등도 PEF 유한책임사원이 될 수 있다.

상법상 합자회사의 무한책임사원은 회사의 업무를 집행할 권리와 의무가 있는 사원이며 유한책임사원은 회사의 업무집행이나 대표행위를 할 수 없는 사원이다. PEF의 유한책임사원이 투자한 기업에 대한 의결권 행사 등 업무 관련 의사결정에 영향력을 가지지 못하게 하기 위하여, 유한책임사원은 투자 전문회사 재산인 주식 또는 지분의 의결권 행사에 영향을 미칠 수 없도록 규정하고 있다.

이외에도 PEF의 무한책임사원에 대하여는 상법상 합자회사 규정에 대한 몇 가지 특례를 규정하고 있다.

첫째, 일반 회사는 무한책임사원이 될 수 없도록 한 상법 규정을 배제함으로써 회사가 PEF의 무한책임사원이 될 수 있도록 허용하고 있다. 회사가 무한책임사원이 되는 것을 제한하고 있는 상법 규정의 예외를 인정하지 않을 경우 자산운용회사, 투자자문회사, 증권회사, 은행 등 금융기관은 PEF의 자산운용을 담당할 수 없기 때문이다.

둘째, 무한책임사원은 노무 또는 신용 출자를 할 수 없도록 하고, 반드시 금전 또는 시장성 있는 유가증권을 출자하도록 하였다. 이는 PEF의 투자자로서의 자격을 부여받기 위해서는 현금 또는 이와 유사한 금전적 출자가 있어야 하기 때문이다. 아울러 PEF의 운용자인 무한책임사원이 출자할 경우 일반적인 펀드 운용자에게서 발생할 수 있는 대리인 문제를 극복할 수 있고, 무한책임사원에 대한 신뢰를 바탕으로 유한책임사원의 투자를 활성화할 수 있는 효과도 거둘 수 있기 때문이다.

셋째, 상법상 합자회사에 대한 무한책임사원의 경업금지 의무를 배제하고 있다. 무한책임사원에 대하여 경업금지 의무를 배제하지 않을 경우 두 개 이상의 펀드를 운용하는 PEF 전문운용사가 불가능하여 PEF가 별도의 산업으로 성장·발전하는 데 제약요인으로 작용하기 때문이다.

넷째, PEF의 운용자인 무한책임사원의 임의적 퇴사권을 인정하지 않고 있다. 무한책임사원이 다른 사원의 동의 없이 언제든지 퇴사할 수 있다고 할 경우에는 PEF 운용의 불확실성이 증가하여 유한책임사원의 보호가 어렵게 되고, 결국 투자자 모집을 저해할 우려가 있기 때문이다.

4 PEF의 재산운용

(1) 재산운용방법

PEF의 재산운용방법을 설명하기에 앞서 2021년 10월 21일 시행된 개정 자본시장법령의 주요 내용 중 하나인 사모펀드 운용규제 일원화에 대해 살펴본다.

2021년 10월 21일 이전의 자본시장법은 사모펀드에 대하여 이원화된 운용규제 체계를 취하였다. 경영참여형 사모펀드는 경영권 참여, 사업구조 또는 지배구조의 개선 등을 위하여 지분증권 등에 투자·운용하는 투자합자회사인 사모펀드로서, 다른 회사 지분의 10% 이상을 투자하거나 임원의 선임 등 기업의 주요 경영사항에 대하여 사실상의 지배력 행사가 가능하도록 하는 투자 등 경영참여의 목적을 달성할 수 있는 운용 위주로 제한적으로 허용되었다. 반면, 전문투자형 사모펀드는 일정 비율 이상의 다른 회사 지분을 의무적으로 보유할 필요가 없고 펀드 순자산의 400% 이내에서 레버리지를 활용할 수 있는 등 운용의 자율성이 폭넓게 인정된 반면 다른 회사 지분의 10%를 초과 보유한 경우 10% 초과 지분에 대한 의결권의 행사가 제한됨에 따라 다른 회사의 경영에 참여하는 방식의 운용에는 한계가 있었다.

2021년 10월 21일 개정 자본시장법령이 시행됨에 따라 사모펀드의 구분 기준이 투자자의 범위에 따라 일반 사모펀드와 기관전용 사모펀드로 개편되고 기존 전문투자형 사모펀드와 경영참여형 사모펀드의 운용규제 중 완화된 규제를 적용하면서 운용규제는 일원화되었다. PEF 역시 과거 경영참여형 사모펀드와 달리 경영참여를 목적으로 한 투자 위주로 운용할 필요가 없으며 자산의 일부만을 다른 회사 지분의 10% 이상을 취득하는 등 경영 참여를 목적으로 운용하고 나머지 펀드 자산은 재무적 투자에 활용할 수 있다. 또한, 종전 경영참여형 사모펀드가 순자산의 10% 내에서만 차입이나 채무보증을 할 수 있었던 반면 PEF는 순자산의 최대 400%까지 적극적으로 레버리지를 활용할 수도 있게 되었다.

다만, 금융투자업자, 신기술사업금융업자 등 일부를 제외한 금융기관이 무한책임사원인 PEF는 종전 경영참여형 사모펀드에 적용되는 운용규제가 대부분 적용된다.

PEF가 다른 회사의 경영권에 참여하는 방식으로 자산을 운용하고자 하는 경우 단독으로 투자하는 방식 이외에도 다른 PEF와 공동으로 투자할 수 있다. 즉, PEF가 다른 기업의 10% 이상을 투자하는 방식으로 다른 PEF와 공동으로 투자할 수 있으므로 네 개의 PEF가 공동으로 투자할 경우 개별 펀드는 각각 투자대상 기업의 2.5%만 투자할 수도 있다. 이러한 공동투자 방식의 투자 방법으로 다음 세 가지 방식이 인정된다.

❶ 지분증권 또는 주권 관련 사채권의 공동 취득·처분
❷ 지분증권 또는 주권 관련 사채권의 상호 양도·양수
❸ 집합투자재산의 운용에 대한 의결권(의결권의 행사를 지시할 수 있는 권한을 포함)의 공동 행사

(2) 자산운용제한

PEF를 대기업집단의 계열사 확장수단으로 활용하는 것을 방지하기 위하여 상호출자제한기업집단의 계열회사인 PEF 또는 상호출자제한기업집단의 계열회사가 무한책임사원인 PEF는 다른 회사(외국 법령에 따라 설립된 외국 기업은 제외)를 계열회사로 편입한 때에는 5년 내에 그 다른 회사의 주식 또는 지분을 그 상호출자제한기업집단의 계열회사가 아닌 자에게 처분하여야 한다. 아울러 상호출자제한기업집단의 계열회사인 PEF 또는 상호출자제한기업집단의 계열회사가 무한책임사원인 PEF는 그 계열회사(투자목적회사 및 투자대상기업은 제외)가 발행한 지분증권을 취득할 수 없으며, 같은 상호출자제한기업집단에 속하는 금융회사가 동일 PEF에 출자하는 경우 그 PEF 출자총액의 30%를 초과하여 출자할 수 없도록 규정하고 있다.

PEF는 은행법에 의한 은행 또는 금융지주회사법에 의한 은행지주회사가 발행한 주식총수의 4% 이상을 취득하는 때에는 무한책임사원과 함께 유한책임사원의 내역도 함께 금융위원회에 보고하도록 규정함으로써 산업자본에 의한 은행지배를 방지할 수 있도록 제도적 장치가 마련되어 있다.

5 **업무집행사원 관련 규정**

PEF의 운영자 역할을 수행하는 업무집행사원은 무한책임사원 중에서 선정되도록 하였다. 업무집행사원은 1인 또는 수인으로 구성할 수 있으며, 업무집행사원은 PEF의 업무를 집행할 권리와 의무를 가진다. 또한, 상법상 회사가 PEF의 업무집행사원이 될 수 있도록 하기 위하여 상법상 회사가 무한책임사원이 될 수 없도록 규정하고 있는 상법규정을 배제하고 있다.

한편, 업무집행사원의 경우 PEF를 실질적으로 지배하는 지위에 있어 업무집행사원의 PEF 운영자로서의 도덕적 해이(moral hazard)를 방지하고 대리인 문제를 극복하기 위하여 여러 가지 법적 장치를 두고 있다.

업무집행사원은 법령과 정관에 따라 PEF를 위하여 그 직무를 충실히 수행하여야 하며(충실의무), 법령에 정한 금지행위를 하여서는 아니된다. 구체적으로는 ① PEF와 거래하는 행위, ② 원금 또는 일정한 이익의 보장을 약속하는 등의 방법으로 사원이 될 것을 부당하게 권유하는 행위, ③ 사원 전원의 동의가 없이 사원의 일부 또는 제3자의 이익을 위하여 PEF가 보유한 자산의 내역을 사원이 아닌 자에게 제공하는 행위, ④ PEF 재산에 관한 정보를 업무집행사원의 고유재산 운용에 이용하는 행위, ⑤ 투자대상기업의 선정이나 투자목적회사의 설립 또는 선정 업무 등 PEF 운용 관련 본질적 업무를 제3자에게 위탁하는 행위, ⑥ PEF 재산의 운용을 담당하는 직원과 해당 운용에 관한 의사를 집행하는 직원을 구분하지 않는 행위(법령에서 정한 일부의 경우는 제외), ⑦ 투자운용전문인력이 아닌 자가 PEF의 운용업무를 하도록 하는 행위 등이며, 이를 포함하는 행위준칙을 제정하여 PEF가 등록할 때 제출하도록 하고 있다.

아울러, 업무집행사원은 6개월에 1회 이상 PEF 및 PEF가 출자한 투자목적회사의 재무제표 등을 유한책임사원에게 제공하도록 하고 그 운용 및 재산에 관한 사항을 설명하여야 하며, 업무집행사원 자신의 각 사업연도의 재무제표를 작성하여 매 사업연도 경과 후 45일 이내에 금융위원회에 제출하여야 한다.

금융시장의 안정 또는 건전한 거래질서를 위하여 필요한 경우 금융위원회는 PEF의 업무집행사원에 대하여 PEF의 운용에 관하여 필요한 조치를 명할 수 있으며, 금융감독원장은 PEF의 업무와 재산상황에 관하여 PEF 및 그 업무집행사원을 검사할 수 있다.

6 PEF의 은행소유 관련

PEF를 통해 비금융주력자(산업자본)가 은행 등에 투자하지 못하도록 하기 위해서 무한책임사원은 PEF의 실질적인 지배자이므로 비금융주력자가 PEF의 무한책임사원이 되는 경우에는 PEF에 대한 지분비율과는 관계없이 그 PEF를 비금융주력자로 간주하여 은행소유를 하지 못하도록 하고, 유한책임사원은 의사결정에 영향력을 행사하지 않는 단순 투자자임을 감안하여 유한책임사원인 비금융주력자가 PEF의 10%를 초과하여 투자할 경우, 그 PEF를 비금융주력자로 간주하고 있다.

PEF는 경영권 참여 수준의 투자가 이루어진 경우 그 요건을 충족한 날부터 10년이 되는 날 까지는 「독점규제 및 공정거래에 관한 법률」에 따른 지주회사에 관한 규정을 적용하지 아니하며, 또한 금융지주회사법에 의한 금융지주회사로 보지 아니한다. PEF가 투자대상 기업의 주식 10% 이상을 소유하거나 사실상 지배관계가 형성되는 경우, 그 날부터 2주일 이내에 그 사실을 금융위원회에 보고하여야 하며, 금융위원회는 그 사항을 공정거래위원회에 통보하여야 한다.

PEF에 대하여 지주회사 규정을 10년간 배제한 것은 PEF가 지주회사가 될 경우 ① 모든 자회사에 대하여 상장사의 경우 30% 이상, 비상장사의 경우 50% 이상을 소유해야 하고, ② PEF가 금융·비금융자회사를 동시에 소유하는 것이 금지되는 등 PEF의 활동을 사실상 불가능하게 할 우려가 있기 때문이다. 특히, 지주회사의 금융·비금융 자회사 동시 소유 금지 조항을 배제하는 것은 PEF가 자유롭게 투자대상을 선정해야 분산투자를 통해 이익을 극대화할 수 있기 때문이다.

section 03 Private Equity 투자

Private equity 투자는 인수 대상 기업 선정, 스트럭처링, 사원모집 및 회사 설립, 자금조달,

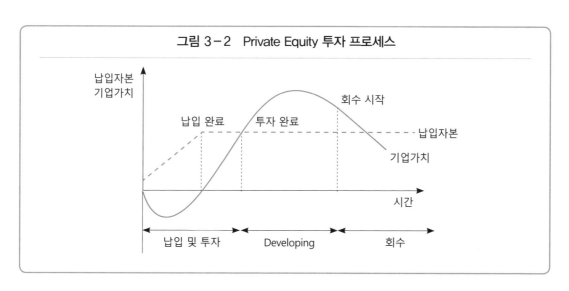

그림 3-2 Private Equity 투자 프로세스

표 3-2 Private Equity 투자 프로세스

단계	기간	주요 운용
납입 및 투자	6개월~3년	• 회사 설립 및 운용계획 수립 • IR추진 및 약정 • 투자금 납입 및 회사 설립 • 투자기업 상세분석 및 투자 실행
Developing	3~5년	• 기업가치 제고 전략 수립 • 전문 CEO 배치 • 사업조정 및 구조조정 • Exit plan 수립 • 전략적 투자자(인수자) 물색
회수(exit)	1~3년	• Exit plan 시행 • 기업 매도 등을 통한 자금 회수

기업실사 및 인수 대상 기업 인수, 기업가치 제고, 투자회수(exit)의 프로세스를 거치게 된다.

1 인수 대상 기업 선정

인수 대상 기업 선정의 단계는 저평가된 기업을 물색하거나 소개받고, 경영을 장악하여 경영개선으로 기업가치가 상승할 수 있는 기업을 선정하는 단계이다. 기업의 평가와 경영장악을 위해 합병 전 자본구조와 합병 후 자본구조의 변화와 현금흐름을 정량적으로 파악하고, 기업가치 제고와 관련된 전략과 계획의 밑그림이 그려지는 단계이다. 대상 기업을 선정함에 있어 또 하나 중요한 점은 미리 투자회수(exit)에 대한 계획이 명확한 기업을 선정해야 한다는 것이다. 인수 대상 기업이 선정되면 의향서 혹은 양해각서를 체결하게 된다. 인수 대상 기업 선정에 있어 중요한 포인트를 〈표 3-3〉에 정리하였다.

PEF는 현금흐름이 풍부하고 보유하고 있는 자산의 내재가치가 시장가치보다 상대적으로 높은 기업을 인수 대상 기업으로 선정하려고 한다. 이러한 기업으로 ① 경기변동에 영향을 덜 받는 기업과, ② 안정된 성장과 수익의 창출이 기대되는 기업을 들 수 있다.

❶ 경기변동에 영향을 덜 받는 기업 : 투자회수까지 장기간(7~8년)이 소요되는 점을 고려하여 경기변동에 영향을 덜 받는 기업을 PEF의 투자대상으로 선정

표 3-3 **국내 PEF의 투자대상 선정기준**

구분	내용
경영진	• Management의 역량 부족이 기업가치의 감소를 유발하고 있는 기업으로서 능력있는 경영자 sourcing이 가능한 기업
기업가치 증대요소	• 업계 leader가 될 수 있는 가치요소(매출, 영업, 비용구조, 상품구조 등)가 있는 기업
가격지표	• 저PER, 저PBR, 저PCR 등 가격지표상 저평가기업 • 자산가치가 시장가치보다 큰 기업 • 현금성 자산이 시장가치보다 높은 기업 • 내부유보율이 높으나 배당을 최소화하는 기업
지분율	• 대주주 지분율이 낮은 기업(hostile), 대주주 지분율이 높은 기업(friendly) • 우량한 자회사를 보유한 모기업으로서 모자 간 지분구조가 단순한 기업 • 자사주 보유 규모가 큰 기업
자금소요 및 법적 문제	• 과도한 설비투자가 필요한 기업, 대규모 운전자본이 필요한 기업은 제외 • 과도한 노동쟁의, 환경 또는 법적 이슈의 전례가 있었던 기업은 제외
투자 후 통제	• 투자로 확보되는 지분이 주주 간 계약 등을 통해 통제구조 확보가 가능한 기업
투자기간	• 3~5년 장기투자에 안정적 기업 • 대상 기업의 fundamental이 증권시장 상황 변화에 따른 변동이 크지 않은 기업
투자규모	• 투자규모가 fund 규모에 비해 분산투자효과가 달성되면서도 통제구조 구성이 가능한 규모를 투자할 수 있는 기업

❷ 안정된 성장과 수익의 창출이 기대되는 기업 : 주식시장에서 저평가되어 잠재적 수익률이나 현금흐름에 비해 낮은 가격으로 거래되고 있으나, 시장에서 우월한 위치를 확보하고 있으며, 건실한 경영을 통해 지속적인 수익증대가 기대되는 기업이 이에 해당

　　이와 더불어 PEF의 적극적인 경영참여로 영업수익이 확대되고 기업가치를 제고시킬 수 있는 부실기업 등에까지 투자영역이 확대되고 있음

❸ 부실기업 : 이미 부도가 났거나 부실화된 기업을 대상으로 PEF는 새로운 경영진을 투입하여 자본구조를 바꾸는 등 경영혁신을 도모하게 됨

❹ 구조조정을 통해 기업가치 상승이 기대되는 기업 : 경영권을 행사할 만한 수준의 지분을 인수한 후 다소 급진적인 경영개선 방안을 실행함으로써 기업가치 상승이 기대되는 기업을 선정. 이러한 기업에 대한 M&A는 일반적으로 대규모의 지분인수가 필요하므로 차입자본을 활용한 LBO의 방법을 이용하여 기업을 인수. 기존 경영진을 교체하거나 인력감축 등 구조조정을 통해 기업가치를 향상시키는 것은 PEF의 전형적인 운용전략

❺ 지배구조 변경을 통해 기업가치 상승이 기대되는 기업 : 완전한 경영권 확보는 아니지만

위협할 만한 수준의 적정 지분을 확보하여 주주가치를 향상시킬 수 있는 배당률 인상, 자사주 매입, 사외이사 선임 요구, 부동산 매각 등의 요구를 통해 기업가치를 제고할 수 있는 기업을 인수 대상 기업으로 선정

❻ 기업 부동산 매입 : 기업자체를 인수하는 것은 아니나 기업 구조조정 과정에서 매물로 나온 부동산을 PEF가 대량으로 매입하여 경제여건 회복 시 높은 투자수익을 실현

2 구조화(Structuring)와 PEF 설립

Private equity 투자는 outright buyout, joint venture와 joint acquisition 형태로 구조화할 수 있다. Outright buyout은 원보유자가 기업 혹은 사업부를 특수목적회사(SPV)를 통해서 매각하는 방식으로 원 보유자는 outright buyout을 통해 핵심사업에 집중할 수 있으며, 무한책임사원(GP : management)과 유한책임사원(LP : PE firm)은 경영과 자본투자를 통해 인수한 기업을 정상화하고 기업가치를 상승시키는 역할을 한다.

Joint venture의 경우, 원보유자가 기업 혹은 사업부를 매각하고 지분투자를 함으로써, 매각한 사업부 혹은 기업에서 발생하는 이익의 일부를 향유할 수 있는 구조이다. 원보유회사가 기업 혹은 사업부를 매각은 하지만, 매각하는 사업에도 여전히 관심을 가지고 있는 경우에 joint

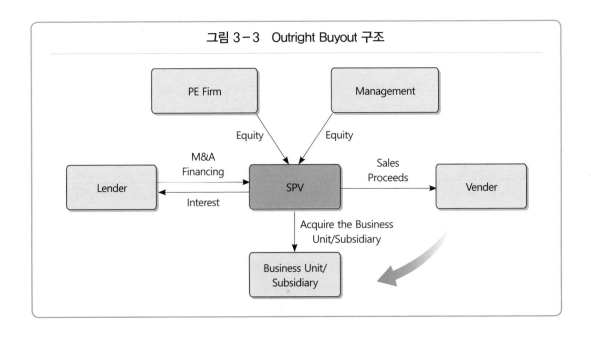

그림 3-3 Outright Buyout 구조

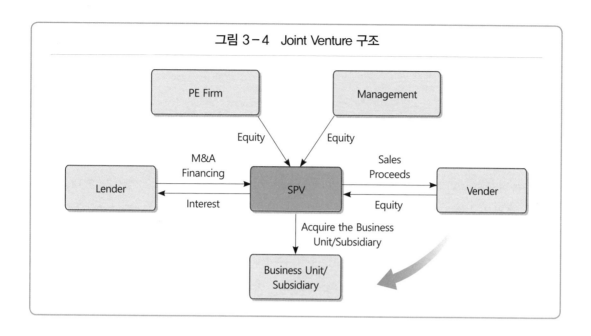

그림 3-4 Joint Venture 구조

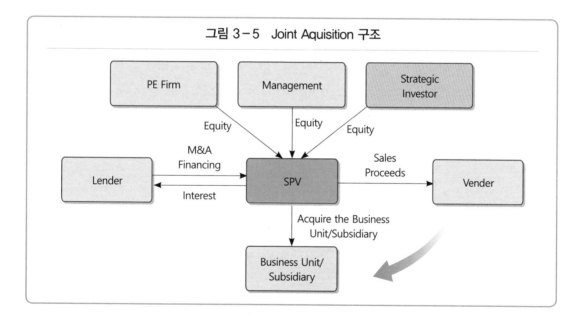

그림 3-5 Joint Aquisition 구조

venture 구조를 활용하여 설계한다.

Joint acquisition의 경우, 원보유자가 전략적 투자자를 이용하여 기업 혹은 사업부를 매각하는 방식을 말한다. 주로 동종업계에 있는 회사가 경쟁사의 계열사 또는 사업부 매각 시 이에 전략적 투자자로 참여하여 자신의 사업과의 시너지 효과를 기대할 때 사용하는 구조이다.

구조화(Structuring) 단계가 마무리되면 PEF 운용회사는 상업은행 등 일반투자자와 partnership계약을 통해 PEF를 조성하고, PEF는 자회사로 특수목적회사(SPV)를 설립하게 된다.

3 **자금조달**

특수목적회사(SPV)의 차입자본 등 추가 자금 조달방법은 크게 다음의 3가지가 있다. 첫째, 선순위 채권을 통해 조달하는 방법으로 인수 대상 기업의 자산 등을 담보로 은행, 보험회사 등 금융기관으로부터 차입하게 되며 일반적으로 동 채무는 위험과 수익이 가장 낮으며 총 외부조달자금의 50~60% 정도를 차지한다. 둘째, 후순위 채권으로 고수익채권 또는 전환사채, 신주인수권부사채 등을 발행하며 일반적으로 junk bond의 성격을 가지게 된다. Mezzanine financing 등이 여기에 해당하고, 총 외부자금조달의 30~35% 정도를 차지한다. 셋째, 추가 자본출자가 있는데, SPC는 부족한 인수자금의 충당을 위해 추가적으로 보통주, 우선주 등을 발행하여 매수자금을 충당하게 되며 이 과정에서 선·후순위 채권자, PEF 등이 추가적으로 참여하게 되며 일반적으로 외부조달자금의 10~15%를 차지한다.

PEF는 자금조달 과정에서 금융기관으로부터 다양한 위험 및 수익률을 가진 대출채권을 발생시키게 되는데, 대출 금융기관은 경우에 따라 상당한 신용위험을 부담할 가능성이 있다. 이

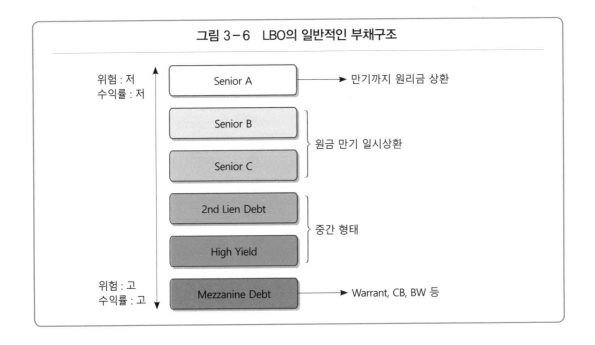

그림 3-6   LBO의 일반적인 부채구조

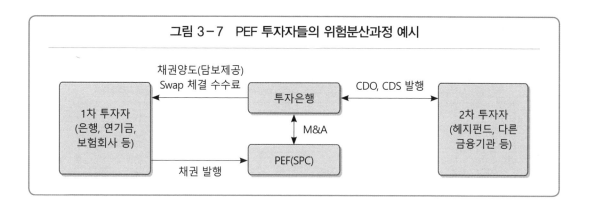

그림 3-7 PEF 투자자들의 위험분산과정 예시

채권양도(담보제공)
Swap 체결 수수료

CDO, CDS 발행

투자은행

1차 투자자
(은행, 연기금,
보험회사 등)

M&A

2차 투자자
(헤지펀드, 다른
금융기관 등)

채권 발행

PEF(SPC)

때 투자은행들은 고수익 대출채권을 담보로 하는 CDO나 CDS 등을 설계하여 PEF 대출 금융기관에게 제공하기도 한다. 이러한 2차 대출상품은 PEF에 차입자금을 제공한 1차 금융기관에게는 위험을 분산시킬 수 있는 수단을 제공하는 한편 PEF의 LBO 과정에서의 유동성 제약을 완화시키는 역할을 수행하게 된다.

4 기업실사 및 인수 대상 기업 인수

기업실사(due diligence) 단계에서는 회계법인과 법무법인을 통해 회계, 법무, 시장, 전략, 기술, 환경, 인력 등 경영 전반에 관련된 실사를 펼치게 된다. 기업실사 후 협상(negotiation) 단계에서는 영업양수도 계약과 주주 동의를 구하고, 가격에 대해 협상을 하게 된다. 가격이 결정되면 본 계약을 체결하고 투자자로부터 자금 투자 요청(capital call)을 하게 된다. SPC는 인수 대상 기업으로부터 직접 자산을 양수받거나 대상 회사의 기존 주주로부터 대부분의 주식을 인수한 후 대상 기업을 합병하는 절차를 밟게 된다. 실제 주식인수와 매각대금 납입은 closing단계에서 이루어진다.

PEF의 기업인수는 SPC를 통해 대상 기업을 인수한 뒤 원활한 구조조정을 위해 대상 기업의 상장을 폐지하는 경우가 많다. 인수 직후 고용조정을 통한 영업비용 절감, 부실자산 매각 등을 통해 기업가치 상승을 도모하게 된다. 이 과정을 통해서 대상 기업은 인수 직후 부채가 자본을 대체하게 되어 부채의 비중이 높아졌다가 자산의 증대와 부채의 상환으로 PEF의 지분이 커지는 급격한 자본구조의 변화를 경험하게 된다.

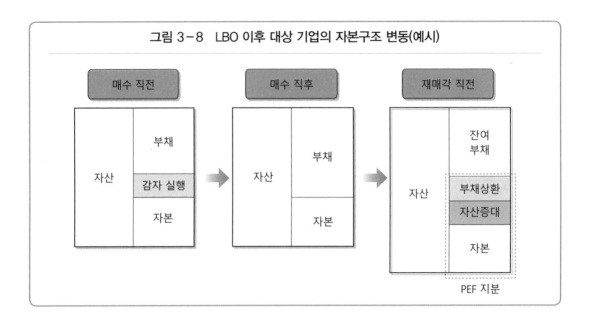

그림 3-8 LBO 이후 대상 기업의 자본구조 변동(예시)

5   기업가치 제고

기업가치 제고단계는 인수기업의 경영권을 확보하고, 월간 경영보고, 주간 현금흐름을 파악하고, 이에 따른 중장기전략을 수행하여 인수기업의 가치를 제고시키는 단계이다. 기업가치 제고단계에서는 구조조정이 필요한 경우 CEO를 선임하여 재무구조를 개선하고 장기발전전략을 수립하고 시행하며, 통상적인 가치제고 기업일 경우에는 기존의 경영진을 유지하고 이사회 참여를 통해 경영에 참여하게 된다.

일반적으로 PEF 또는 SPV의 자금조달 과정에 인수 대상 기업의 경영진을 참여시켜 LBO의 위험을 공동으로 부담하게 되며, 기업인수 후에는 경영진에게 대한 스톡옵션 부여 등을 통해 경영개선을 통한 투자회수의 효율성을 극대화하는 전략을 채택한다.

외부 투자자가 아닌 해당 기업 경영진이 인수 주체가 되는 MBO(management buyout)의 경우 경영진이 우호적인 PEF를 선택하여 해당 기업을 인수한다. 이 경우 인수자금의 상당 부분을 PEF 및 다른 금융기관으로부터 조달하게 되므로 PEF가 주관하는 LBO의 형태를 띠게 된다.

(1) 매각(sale)

이는 가장 고전적인 투자회수 전략으로 인수기업의 가치를 상승시킨 후 PEF가 보유한 지분을 전부 제3자에게 처분하는 경우이며, 매각 상대방은 주로 일반기업(대상 기업과 동종업종이거나 사업 다양화를 지향하는 전략적 투자자)이나 다른 PEF가 될 수 있다.

❶ 일반기업에 매각 : 매수자는 PEF가 인수한 기업과 동종기업이거나 동 업종으로 사업을 확장하고자 하는 기업이 일반적. 매수자는 인수기업의 가치를 주식시장에의 시장가격보다 높게 평가하여 주로 trade sale(직접 매각) 방식으로 인수

❷ 다른 PEF에 매각 : 주로 일반기업 매각 및 상장 등을 통한 투자회수가 여의치 않거나 빠른 투자회수를 원하는 LP 투자자들의 요구 등에 따라 다른 PEF에 매각하여 현금화한다. 정상적인 매각에 비해 추가적인 할인율이 적용될 가능성이 높고 이를 전문으로 하는 secondary fund가 조성되기도 함

(2) 상장

PEF가 인수한 회사를 다시 공모절차(IPO)를 통해 주식시장을 거쳐 일반투자자들에게 매각하는 투자자금회수 전략으로 이 경우 대부분 복잡한 공모절차와 증권감독당국의 심사과정을 거치게 되는 점에서 trade sale보다 후순위 전략으로 분류된다. 또한 인수기업에 대해 계속해서 일정 지분을 보유할 수 있어 지속적 영향력 행사를 통한 추가적 자금 회수가 가능하다.

(3) 유상감자 및 배당(recapitalization)

Recapitalization은 원래 기업의 부채와 자본구조의 변경을 의미하지만, PEF에서는 PEF가 차입조달자금(인수 직후 금융기관으로부터 차입 또는 채권 발행으로 조달된 금액)으로 유상감자 혹은 배당을 통해 투자자금을 회수하는 것을 말한다. 이 경우 해당 기업의 수명 단축, 장기 성장성 저해 등의 부작용 초래가 우려되는 측면도 있다.

(4) PEF 자체 상장

PEF를 공개시장에 상장하는 것은 금리 상승, 자금시장 경색 등으로 대규모 차입이 어려울

경우에 인수자금조달 수단 측면뿐 아니라 투자자의 자금회수 전략 측면에서도 유리하다. 이 경우 PEF 공모 투자자들은 PEF 주식 및 채권을 장기 보유하거나 유통시장에서 매각함으로써 투자자금의 회수가 가능하며, 특히 PEF의 buyout 기간이 장기인 점을 고려할 때 recapitalization과 함께 공격적인 회수 전략으로 분류된다.

7   Private Equity 참여자 이익

기본적으로 private equity의 투자는 주주의 이익 극대화에 있다. 구체적으로 주주의 이익은 ① EBITDA의 증가, ② 현금흐름의 증가, ③ 기업의 가치 제고로 정의될 수 있다.

구체적으로 PEF를 이용하여 인수기업은 상품과 고객의 개발을 통한 매출 증가, 전체 마진의 보강, 생산성 향상과 효율적인 R&D 경영 등에서 EBITDA의 증가를 가지고 올 수 있으며, 부채가 감소하고 운전자본과 자본지출에 바탕한 경영을 통해 현금흐름을 증가시킬 수 있으며, 고도화된 재무 및 회계 시스템, 확장되는 상품 및 고객 기반, 강한 경영진 등을 통해 다양한 확장의 이익을 얻을 수 있다. Private equity의 투자는 기업의 핵심사업에 대한 집중, 기업의 지배구조 개선, 장기사업계획에 대한 조달, 대차대조표의 보강, 기업공개, 전략의 유연성 보강 등을 이유로 이루어진다.

표 3-4   유형별 Private Equity Deal과 참여자 이익 예시

Type	Definition	Results/Benefit
Corporate Refocus	Large Corporate Divest Non-Core Business	• Cash Proceeds to Seller • Reinvest/Refocus on Core • Releverage
PIPEs	Privately Negotiated Investment in Public Equities	• Improve Corporate Governance • Focus on Shareholder Value • Greater Free Float Post Exit
Corporate Restructuring	Creditor-Effected Sales of Distressed Entities	• Creditors Recoup Problem Loans • Normalization and Potential Relisting
PE-backed IPOs	Public Listing of PE Funds Investee Companies	• Corporate Governance • Focus on Shareholder Value • Greater Free Float Post Exit
Public to Private	Take Private of a Publicly Listed Entity	• Premium Paid to Shareholders • Enhanced Strategic Flexibility

| 표 3-5 | Private Equity 투자의 손익분석 예시 | | | | | | | (단위 : 억 원) |

구분			2××5	2××6	2××7	2××8	2××9	2×10
EBITDA			100	110	121	133	146	161
Exit Multiple(EV/EBITDA)			5	5	5	5	5	5
Enterprise Value(EV)			500	550	605	666	732	805
Debt			250	200	150	100	50	0
Interest			23	19	15	11	8	4
Cash			30	50	70	90	110	130
Equity Value			257	381	510	645	784	931
	Original Investment	Economic Ownership						
Management	5	10			51	64	78	93
Management Return					10.2	12.9	15.7	18.6
PE Firm	195	905			459	580	706	838
PE Firm Return					2.4	3.0	3.6	4.3

Private equity의 경우, 주식과 부채를 적절히 혼합하여 조달한 자금으로 주식을 매수하고 거래비용 및 세금을 지불하는 데 사용한다. 예를 들어 부채 300억 원, 자본 200억 원, 총 500억 원을 조달하여 주식 매입에 450억 원을 사용하고, 거래비용 및 세금지불에 50억 원을 이용했다. 부채 300억 원은 매해 50억 원씩 6년에 걸쳐 상환하고 인수한 기업의 성장률을 10%, Exit 승수를 5라고 가정을 하면, 경영진(GP : 무한책임사원)이 가지고 가는 이익은 투자액 대비 연간 10~18배 발생하고, PE firm(LP : 유한책임사원)이 가지고 가는 이익은 투자액 대비 연간 2~4배 발생한다. 최초 인수 시점에서 500억 원에 인수하였기 때문에 기업가치는 500억 원이고, 매해 10%씩 성장한다고 가정한다. 이때 주식의 가치는 기업가치에서 부채와 이에 따른 이자를 제하고 발생한 현금을 더해서 구하게 된다. 금액기준으로는 GP가 5%, LP가 95%를 출자했지만, 경영진의 보수개념으로 경제적인 이익(주식의 가치)의 배분에 대해서는 GP가 10%, LP가 90%를 가지고 간다.

chapter 04

헤지펀드

헤지펀드의 개요

1 헤지펀드의 정의

헤지펀드는 제한된 숫자의 투자자들로부터 사모방식으로 투자자금을 모집하며, 펀드 매니저의 실적을 내세워 이익에 대하여 높은 인센티브 수수료를 부과하고 고수익을 추구하는 사모펀드이다.

각국 규제당국으로 구성된 국제증권감독기구(International Organization of Securities Commissions : IOSCO)는 2003년 2월에 발표한 보고서에서 헤지펀드는 법적으로 명확히 정의를 내리기 곤란한 측면을 가지고 있으며, ① 통상적인 집합투자기구에 부과되는 차입(leverage) 규제를 받지 않아 높은 수준의 차입을 활용할 수 있으며, ② 운용보수 및 성과보수를 부과하고, ③ 분기, 반기 또는 연별로 정기적 펀드의 매각이 인정되고, ④ 헤지펀드 운용자 자신이 고액의 자기자금을 투자할 수 있으며, ⑤ 투기적 목적으로 파생상품을 활용할 뿐만 아니라 공매도(short-selling)가 가능하며, ⑥ 다양한 리스크 또는 복잡한 구조의 상품에 투자하는 요소를 지닌다고 보고하고 있다.

SEC(2003)[1]에서는 1940년 투자회사법(Investment Company Act of 1940 : ICA)에서 투자회사로 등록되지 않고 공모의 형태로 판매되지 않는 증권이나 기타 자산을 포함하는 실체로 헤지펀드를 정의한다.

2 헤지펀드 주요 특징

❶ 적극적으로 운용되는(Actively Managed) 사모펀드
❷ 저위험/고수익을 위해 공매도, 레버리지, 파생상품 등 다양한 투자수단을 활용(제한 없는 투자 유니버스)
❸ 높은 성과보수 부과 : 최우수 운용인력을 유인
❹ 절대수익률 추구(벤치마크가 무위험 이자율)
❺ 고수익보다 자본 보존과 꾸준한 수익률 추구
❻ 규제가 적은 반면 투명성은 낮음
❼ 설정과 환매가 비교적 자유롭지 못함
❽ 제한된 수의 적격투자자(주로 기관)에게 허용
❾ 합자회사 형태가 많음

3 헤지펀드 수익률 분해

---

1 SEC, 2003, Implication of the Growth of Hedge Fund

4 헤지펀드 전략 간의 낮은 상관관계에 대한 이해

기관투자자들이 헤지펀드를 투자 포트폴리오에 편입시키는 이유는 우선 전략 간의 낮은 상관관계이다. 아래 〈표 4-1〉에서 알 수 있듯이 주식 이외의 자산을 주로 운용하는 Macro나 CTA 전략은 다른 주식형 전략과 0.3 수준의 낮은 상관도를 보이고 있어, 포트폴리오가 한 방향으로 쏠리는 현상을 억제한다.

표 4-1 헤지펀드 전략별 상관 관계(2010~2015년)

	Absolute Return	Quantitative	Event Driven	Distressed	Macro	CTA	Relative value
Absolute Return	1	0.61	0.64	0.54	0.54	0.38	0.54
Quantitative		1	0.89	0.77	0.49	0.33	0.78
Event Driven			1	0.96	0.37	0.16	0.94
Distressed				1	0.3	0.07	0.92
Macro					1	0.88	0.24
CTA						1	0
Relative value							1

5 프라임브로커의 주요 업무

(1) Securities Lending(주식 대여)

프라임브로커가 하는 가장 중요한 업무는 주식대여이다. 이는 헤지펀드 전략에서 롱숏이 차지하는 비중이 가장 크기 때문인데, 국내에서도 초기에 헤지펀드들이 고수익보다는 차익거래 등을 이용한 안정적 수익확보 전략에 나서면서 주식대여 업무가 큰 비중을 차지하고 있다.

(2) Margin Financing(대출과 신용제공)

대개의 헤지펀드들은 레버리지를 사용한다. 그러나 일반 상업은행들은 위험에 노출되기를 꺼려하기 때문에 몇몇 대형 헤지펀드를 제외하고는 대출을 기피한다. 하지만 프라임브로커는 헤지펀드의 자산, 부채 등에 대해 정확히 알고 있기 때문에 이들에 대해 자금대여를 하게 된다. 자금대여는 정해진 금액을 헤지펀드가 상환하면 다시 동일금액을 대출해주는 방식 (revolving line of credit)으로, 헤지펀드가 다수의 신용 공여자로부터 요구받는 서류작업 등을 최소화할 수 있게 한다.

일반적으로 프라임브로커 업무의 절반 가량을 차지하지만, 국내에서는 현재 400%의 레버리지비율 제한이 존재하기 때문에 관련 비중이 그리 높지 않게 나타날 수 있다.

(3) Clearing Trades(청산/결제 업무)

거래가 발생하면 헤지펀드와 executing broker는 프라임브로커에 이를 보고한다. 프라임브로커는 거래를 체결하게 하고, 보관업무를 맡거나 보관회사를 지정한다. 즉 거래의 할당, 집행, 결제 등의 업무를 대신해 줌으로써 헤지펀드가 최소한의 스탭만을 보유할 수 있도록 해준다.

(4) Global Custodian(수탁 서비스)

특히 글로벌 주식에 대한 차익거래나 매크로전략을 사용하는 헤지펀드를 위해 국가별 주식의 수탁업무를 수행하면서 헤지펀드에 거래, 포지션, 수익률에 대한 보고를 한다.

(5) 리서치 & 리스크 리포팅

주식이나 자금 공여자로서 프라임 브로커는 헤지펀드에 대한 모니터링을 지속적으로 해오고 있기 때문에, 정기적으로 고객(헤지펀드)의 주식평가액, 포트폴리오 위험도 등에 대한 보고를 할 수 있게 된다. 또 독립적인 리서치 자료를 제공함으로써 추가적인 트레이딩을 유도해내기도 한다.

(6) Collateral Management(담보 관리)

주식이나 자금을 공여한 후 해당 헤지펀드가 파산할 것에 대비하여 자산의 일부에 대한 저당을 잡게 된다. 대개 Cross Margining 방식을 이용하는데, 이는 한 계정의 마진이 부족할 경우 다른 계정의 잉여분에서 끌어올 수 있는 것으로, 자산의 활용도를 높이고 담보관리를 최적화한다는 장점이 있다.

(7) 마케팅

헤지펀드에 대한 정보를 자신의 우수 고객들에게 소개하여 잠재 고객을 확보하는 데 도움을 준다.

6 헤지펀드 운용전략

(1) 차익거래전략

차익거래전략은 공매도와 차입을 일반적으로 사용한다. 시장의 비효율성 및 구분된 시장에서의 가격 불일치에 기초한 차익거래기회를 통하여 수익을 추구하고 시장 전체의 움직임에 대한 노출(exposure)을 회피함으로써 시장 변동성에 중립화(neutralization)하는 투자전략이다. 차익거래전략으로는 대표적으로 전환사채 차익거래(convertible arbitrage), 채권 차익거래(fixed income arbitrage), 주식시장중립형(equity market neutral)을 꼽을 수 있다.

전환사채 차익거래는 전환사채와 주가 간의 가격 불일치 발생 시 대부분 전환사채는 기초주식의 가격 변동에 상관없이 가격차이로부터 이익을 취할 가능성을 극대화한다.

채권 차익거래는 채권 등 금융상품 간 가격차이에 주목해 가격이 합리적 수준으로 수렴하는 과정에서 수익을 추구하는 전략으로 공사채, 자산담보증권, 스왑 등 파생상품이 주요한 투자대상이 된다. 이는 채권 간의 상대적 가치평가의 비효율성 또는 예상되는 스프레드 변화를 이용하여 수익을 추구하는데, 이자율 등락의 영향을 없애기 위해 이자율 변동에 민감한 증권들에 대해서 동시에 매수매도 포지션을 취한다. 일반적으로 채권 차익거래는 수익률 곡선 차익거래(yield curve arbitrage), 회사채와 국채 간의 이자율 스프레드(corporate versus treasury yield spread), 지방채와 국채 간의 이자율 스프레드 및 현 선물 간의 차익거래 등이 있다.

주식시장중립형은 동일한 규모의 롱 포지션과 숏 포지션을 통해 개별 주식 가격의 움직임과 주식시장 전체의 상관관계를 나타내는 지표인 베타를 중립화시킴으로써 시장의 움직임과 상관없이 절대 수익률을 실현하는 것을 목표로 하고 있다. 롱숏 전략(long short strategy)은 두 개의 서로 다른 주식을 동시에 매수하고 매도함으로써 이익을 추구하는 전략으로 전통적인 매수전략에서는 매수한 주식의 가격이 상승함으로써만 수익이 발생하는 반면 롱숏 전략에서는 매수 포지션과 매도 포지션 간의 성과차이, 공매도로 발생한 현금에 대한 이자, 매수 포지션과 매도 포지션 간의 배당금 차이로 인해 수익이 발생할 수 있다. 이 전략은 강세시장은 물론 약세시장에서도 좋은 성과를 달성할 수 있다는 특징을 지닌다.

이러한 롱숏 전략을 변형하여 시장에 대한 노출도를 줄여 시장 상황과 무관하게 일정한 성과를 달성하는 것을 목표로 시장중립투자전략(market neutral strategy)이 있다. 이론적으로 완전하게 헤지된 포트폴리오는 무위험 수익률에서 거래비용을 제외한 수익을 내게 되지만, 실제적으로는 일부 시장요인에 대해 헤지를 하지 않기 때문에 무위험수익률보다 약간 높은 수익률을 추구하고, 시장과 상관관계가 낮으며 헤지되지 않은 포지션보다는 위험수준이 낮고, 일부 시장중립 펀드 운용자들은 차입을 사용하여 보다 높은 수익을 추구하기도 한다.

이러한 전략 이외에 폐쇄형 펀드의 순자산가치와 그 펀드의 시장거래 가격 간에 존재하는 프리미엄과 디스카운트의 변동을 포착하여 이익을 얻는 폐쇄형 펀드 차익거래(closed end fund arbitrage) 전략, 주택저당증권과 이와 관련된 파생상품을 주요 투자대상으로 주택저당증권을 매수하고 미국 국채나 다른 주택저당증권을 공매도하거나 고정수익증권 파생상품을 이용해서 이자율 위험을 헤지하는 주택저당증권 차익거래(mortgage-backed securities arbitrage), 주가지수선물과 기초증권 바스켓 간의 스프레드를 거래하여 지수에 포함될 주식을 매수하면서 동시에 시장위험을 헤지하기 위하여 지수 자체를 공매도하는 주가지수 차익거래 펀드(stock index arbitrage funds), 미국에서 발행되는 주식예탁증서가 기초주식의 낮은 유동성과 미국시장과 현지 시장의 차이로 인해 기초주식예탁증서 차익거래 펀드(ADR arbitrage funds) 등이 있다.

(2) Event Driven 전략

Event Driven 전략은 위험을 적극적으로 취하고, 상황에 따라 공매도와 차입을 사용한다. 동 전략은 기업의 합병, 사업 개편, 청산 및 파산 등 기업상황에 영향이 큰 사건을 예측하고 이에 따라 발생하는 가격 변동을 이용하여 수익을 창출하는 방법으로 부실채권투자(distressed securities investment), 위험차익/합병 차익거래(risk arbitrage/merger arbitrage)로 구분된다.

부실채권투자는 파산신청 중이거나 또는 파산상태에서 회복하거나 단기적 파산 선언이 예상되는 등 재무적으로 어려움을 겪고 있는 기업의 주식이나 채권에 투자하는 것이다. 대부분의 개인투자자는 위험을 회피하고자 재무적 곤경에 처해 있는 기업의 증권을 매각하고자 하고, 기관투자자의 경우 내규나 감독기관에 의해 일정 투자등급 이하의 채권을 보유하는 것이 금지되므로 부실채권을 매각하여야 하고, 시장에는 부실기업에 대한 정보가 부족하여 부실채권의 가치는 저평가되는 경향이 있다. 부실기업을 대상으로 하는 주식시장은 비조직적이고 비유동적이며, 확실한 매수 가격이 존재하지 않는 시장이므로 전통적 투자자들은 부실기업의 증권 매입을 기피한다. 그러나 헤지펀드는 유동성 제공자로서 역할을 하며 이러한 시장에서 기회를 포착하고자 한다. 수동적인 헤지펀드는 부실채권을 매입하여 보유하는 전략을 취하기도 하며, 적극적인 헤지펀드의 경우 채무잔액의 상당 부분을 회수하고자 노력하며 보유한 채권의 규모가 크므로 구조조정 과정에서 영향력을 행사하거나 기업회생 계획 및 부채의 차환 및 기업합병 과정에 참여하는 경우도 있다.

위험 차익거래(합병 차익거래)는 위험이 내재된 차익거래로 보통 기업합병과 관련하여 기업인수를 시도하는 기업의 주식을 공매도하고 동시에 매수대상 기업의 주식을 매입하는 거래이다. 합병 차익거래의 주요 목적은 시장중립 포지션을 유지하면서 지속적인 수익을 발생시키는 것인데, 투자기간은 대부분 단기이며 합병 차익거래의 스프레드는 보통 1년 안에 이익을 실현시킬 수 있어 자금의 회전율이 상대적으로 높다. 합병 차익거래의 주요 위험은 감독기관 규제로 인한 거래의 결렬, 거래조건에 대한 미합의, 주주의 반대 및 예상치 못한 사태의 발생 등이 있다.

(3) 방향성 전략

방향성 전략은 위험을 적극적으로 취하고, 상황에 따라 차입과 공매도를 사용한다. 동 전략은 특정 주가 또는 시장의 방향성에 근거하는 전략으로 시장 위험을 헤지한 종목 선택으로 수익을 극대화하기보다는 증권이나 시장의 방향성에 따라서 매매 기회를 포착하는 기법이다. 또한 포지션을 늘리거나 수익을 제고하기 위해 차입을 적극적으로 이용하기도 하는데, 주식의 롱숏(equity long/short), 글로벌 매크로(global macro), 이머징마켓 헤지펀드(emerging market hedge fund), 선물거래(managed future fund) 등이 포함된다.

주식의 롱숏 전략은 대표적 차익거래 전략이나 개별 주식의 방향성을 기대하며, 롱숏의 배분 비율을 달리함으로써 방향성의 전략으로도 사용된다. 즉, 차익거래 전략의 롱숏 전략과 상이한 형태의 롱숏 전략을 사용할 수 있다. 주식의 롱숏 전략은 가격 상승(하락)이 기대되는 종목에 롱(숏) 포지션을 취하여 시장 변동성을 축소시킴으로써 이익을 추구하는 것으로 롱과 숏의 비중에 따라 롱 편중형(long-biased), 숏 편중형(short-biased)으로 구분된다.

글로벌 매크로는 금리, 경제정책, 인플레이션 등과 같은 요인을 고려한 전 세계 경제 추세를 예측하여 포트폴리오를 구성하고, 개별 기업의 증권가치보다는 전체 자산가치의 변화로부터 투자수익을 추구하는 전략이다. 이러한 펀드는 헤지를 하지 않고 경제 추세나 특정한 사건에 영향을 받는 시장 방향에 대한 예측을 근거로 시장 방향성에 투자를 하게 된다. 즉, 가격 변동이 나타나기 전 이를 미리 예상하고 차입을 이용하여 포지션을 매입하고 예상되는 가격 변동이 발생하기를 기다리는데, 이는 예측에 대한 정확성과 시기에 따라 성과가 좌우된다. 이는 어느 한 시장이나 상품에 전문화되어 있지 않으며, 전 세계 여러 시장 및 상품에 투자하고 수익률의 제고와 시장 포지션의 확보를 위해 파생상품이나 차입을 이용하므로 수익률과 위험은 다른 전략에 비해 큰 편에 속한다.

이머징마켓 헤지펀드는 주로 신흥시장에서 거래되는 모든 증권에 대해서 포지션을 취한다. 신흥시장의 경우 선진국 시장보다 비효율적이고 유동성이 낮다. 이머징마켓 국가는 일반적으로 공매도를 허용하지 않으므로 주로 매수 전략을 사용한다. 또한 시장위험을 헤지할 수 있는 선물시장이 존재하지 않는 경우 주식스왑이나 워런트 같은 장외상품으로 이용하기도 한다.

섹터헤지펀드(sector hedge fund)는 특정 산업분야에 속하는 기업의 증권에 대하여 롱숏 투자를 전문으로 한다. 투자가 전문적으로 이루어지는 분야는 오락, 통신, 방송 및 금융기관 등이 있으며, 대형주·중형주·소형주, 가치주·성장주 등 넓은 범위의 섹터를 투자대상으로 한다.

매도전문펀드(dedicated-short hedge fund)는 매도 포지션을 취함으로써 주가가 하락할 때 이익을 추구하는데 매도할 주식을 차입하고 차입한 주식을 나중에 시장에서 더 낮은 가격으로 매입하여 주식 대여자에게 반환한다. 예상대로 주식 가격이 하락하면 이익이 발생하지만, 주식 가격이 상승하면 손실이 발생하므로 펀드 운용자의 종목 선택 능력과 매매기회 포착이 중요하다.

(4) 펀드 오브 헤지펀드(fund of hedge funds) 전략

자금을 여러 개의 헤지펀드에 배분하여 투자하는 펀드 오브 헤지펀드는 어느 특정 헤지펀드에 투자하는 것이 아니라 보통 15~30개의 헤지펀드의 포트폴리오에 투자한다. 현재 펀드 오브 헤지펀드는 연금펀드, 장학기금, 보험회사와 고액 순자산 보유 개인들이 선호하는 헤지펀드 투자수단으로 위험분산(risk diversification), 구매의 적정성(affordability), 접근의 용이성(accessibility), 전문가에 의한 운용(professional management), 사전 자산배분(built-in asset allocation) 등의 장점을 가지고 있다.

펀드 오브 헤지펀드의 가장 큰 장점은 분산투자효과가 크다는 점인데, 헤지펀드는 전략에 따라 투자수익, 위험 및 변동성에 차이가 큰 반면, 펀드 오브 헤지펀드는 자산 종류를 선택하기보다는 펀드 운용자를 선택하여 투자하기 때문에 투자자들에게 높은 위험분산 효과를 제공하고 하나의 헤지펀드에 모든 자산을 투자하는 경우보다 수익의 변동성을 줄여준다. 반면 펀드 오브 헤지펀드의 운용자는 보통 운용자산의 1%로 정해져 있는 운용보수와 투자성과의 10%인 성과보수 이외에 보수반환(retrocession), 킥백(kickback) 및 유지보수(trailing fee) 등의 서비스 수수료를 부과하므로 수수료가 이중으로 부과된다는 단점이 있다. 또한 펀드 오브 헤지펀드의 환매정책은 하위 펀드의 상환정책보다 유연한 경우가 많고 펀드 오브 헤지펀드의 대부분이 월별이나 분기별로 신규 투자나 환매를 허용하고 있다. 그러나 펀드 오브 헤지펀드 운용자들은 하위 펀드 운용자를 통제할 수 없다는 한계점을 가지고 있다.

7 헤지펀드의 특성

(1) 차입 및 공매도의 사용

신용매수(buying on margin), 파생상품의 사용 및 금융기관으로부터의 차입 등을 사용하여 자기자금 규모 이상으로 증권을 매수하는 경우 차입이 발생하고, 자기 증권이 없음에도 매도하는 경우 공매도가 발생한다. 신용매수와 공매도는 주요 신용거래로서 일반적인 주식거래에서 양 당사자인 매도자와 매수자뿐만 아니라 주식 대여자라는 제3자가 관여한다. 이러한 거래는 모두 자산의 차입을 수반하는데, 신용매수의 경우 현금을 차입하고, 공매도할 경우 주식을 차입한다.

신용매수를 하는 헤지펀드는 현금을 보유하고 있지 않지만, 미래에 가격이 상승할 것으로 예상되는 주식을 매입하고자 함에 따라 브로커에게 담보를 제공하고 현금을 차입하여 주식을 매수한다. 이후 충분한 현금이 생기면 이자와 함께 대출을 상환하고 담보를 돌려받는다. 신용거래를 하게 되면 현금을 통해 주식을 매수하는 경우보다 더 많은 주식을 매수할 수 있게 되므로 차입 효과가 발생한다.

공매도는 개념적으로 신용매수의 반대 개념으로 공매도를 하는 헤지펀드는 주식을 보유하고 있지 않은 상태에서 매도 포지션을 취한다. 결제일에 헤지펀드는 수수료를 주고 주식을 차입하여 결제를 이행한다. 주식 대여자는 채무를 확보하기 위해서 담보를 요구하게 되며 이때 일반적으로 주식 공매도로 발생한 현금을 담보로 제공한다. 주식 대여자는 빌려준 주식의 시장가치에 해당하는 현금을 담보로 잡고 주식소유권을 유지한다. 기술적으로 공매도는 투자자금 없이 담보만을 필요로 한다. 차후에 헤지펀드는 시장에서 주식을 다시 매입하여 주식 대여자에게 반환하게 되고 헤지펀드는 대여수수료를 지불하며 담보를 돌려받는다.

(2) 차입

헤지펀드는 차입을 통하여 투자금액을 증가시키지 않고 투자가치를 증대시킬 수 있다. 전통적으로는 직접 차입이 차입의 주요 수단이었지만, 최근 파생상품이 차입 수단으로 사용된다. 시장 유동성이 부족하여 보유증권을 신속히 처분할 수 없을 경우에 차입은 위험을 증대시킨다.

헤지펀드가 차입을 사용하는 정도는 투자전략에 따라 다르다. 매크로와 시장중립 차익거래 전략은 다른 투자전략보다 차입을 많이 사용한다.

(3) 공매도

공매도는 매도자가 소유하지 않은 증권을 매각하는 것으로 증권회사나 기관투자자로부터 증권을 차입하여 결제를 이행한다. 이후에 시장에서 동 증권을 매수하여 상환함으로써 공매도 거래를 종결하게 된다. 공매도는 시장의 유동성 제고와 효율성 증대를 가능하게 하지만 주가 조작에 사용될 가능성이 있으며, 규제받지 않은 공매도를 증권 가격의 하락을 가속화시킬 수 있다. 또한 헤지펀드는 증권을 공매도하거나 풋옵션을 매수하는 경우 증권의 가격 하락을 대비하여 포지션을 설정하고 해당 증권 가격을 떨어뜨리기 위하여 증권 발행자에 관하여 부정적 보고서를 낼 가능성이 있다.

(4) 신용공여

신용거래란 증권의 매매거래를 위해 필요한 금전이나 증권을 고객이 증권회사로부터 차입하는 거래다. 자본시장법은 증권사의 금전 융자 및 증권 대여를 원칙적으로 허용하되, 구체적인 기준은 금융위원회 금융투자업 규정으로 고시하도록 하고 있다.

금융위원회 금융투자업 규정

제4-23조(신용공여의 회사별 한도)

① 투자매매업자 또는 투자중개업자의 총 신용공여 규모(이미 매도된 증권의 매도대금을 담보로 한 신용공여는 제외한다. 이하 이 조에서 같다)는 자기자본의 범위 이내로 하되, 신용공여 종류별로 투자매매업자 또는 투자중개업자의 구체적인 한도 및 계산방식은 금융위원회 위원장이 따로 결정할 수 있다.

② 제1항의 자기자본은 영 제36조에 따른 분기별 업무보고서에 기재된 개별 재무상태표 상의 자본총계를 말한다.

제4-25조(담보비율 등)

① 투자매매업자 또는 투자중개업자는 투자자의 신용상태 및 종목별 거래상황 등을 고려하여 신용공여금액의 100분의 140 이상에 상당하는 담보를 징구하여야 한다. 다만 매도되었거나

환매청구권 예탁증권을 담보로 하여 매도금액 또는 환매금액 한도 내에서 융자를 하는 경우에는 그러하지 아니하다.

제4-31조(신용공여 한도 및 보고 등)

① 투자자별 신용공여한도, 신용공여 기간, 신용공여의 이자율 및 연체이자율 등은 신용공여 방법별로 투자매매업자 또는 투자중개업자가 정한다.

② 투자매매업자 또는 투자중개업자는 이 절에 따른 신용공여의 이자율 및 연체이자율, 최저 담보유지비율 등을 정하거나 변경한 경우에는 지체 없이 금융감독원장에게 이를 보고하여야 한다.

(5) 실적보수 허용

헤지펀드는 투자실적을 내세워 특정 소수의 투자자로부터 투자자금을 모으고 투자이익에 대하여 고율의 성과급의 보수를 취득한다. 전통적인 펀드 운용자는 운용보수만 부과하는 데 비하여 헤지펀드 운용자는 운용보수와 성과보수를 동시에 부과한다.

운용보수는 일반적으로 운용 중인 자산의 일정 비율로 표시되며 매년 또는 분기마다 부과하게 된다. 통상 운용보수는 1~2%이며, 이는 운용에 필요한 비용을 조달하기 위해서 부과된다. 성과보수는 최대한의 수익을 올릴 수 있도록 운용자를 독려하기 위한 목적으로 부과되며, 일반적으로 연간 실현된 수익의 15~25% 수준이다. 이를 흔히 2~20 rule이라고도 부르는데, 운용보수 2%, 성과보수 20%를 일컫는 말이다. 펀드 오브 헤지펀드의 경우 운용보수 1%와 기준수익률 이상의 수익에 대한 실적수익률 10%가 부과되는 것이 보통이다.

운용보수 및 성과보수를 사모투자전문회사와 비교해보면 헤지펀드의 운용보수는 순자산가치(NAV)에 기초하는 반면, 사모투자전문회사의 운용보수는 자본 계약(capital commitment)에 기초한다. 헤지펀드는 실현된 수익에 대하여 매년 성과보수를 산정하는 것에 비하여 사모투자전문회사는 실현된 투자에 연동된 이익을 기초로 성과보수가 산정된다. 또한 투자설명서에 하이 워터 마크(high water mark) 조항이 삽입되어 있는데, 이는 운용자가 과도한 위험을 취하는 것을 방지하기 위하여 달성해야 하는 최소 수익률을 정하고, 기존에 손실을 만회한 이후 성과보수를 지불하도록 하는 조항이다.

(6) 펀드 운용자의 펀드 참여 허용

일반적으로 헤지펀드 운용자는 개인적으로 펀드에 상당한 금액을 투자하기 때문에 투자자와 함께 위험을 공유한다. 따라서 운용자의 개인적인 투자 때문에 헤지펀드 운용자의 이익이 투자자의 이익과 밀접하게 연결되어 있다. 이는 운용자는 위험을 적절히 통제하면서 수익을 달성할 유인을 제공한다.

(7) 정기적 펀드의 환매 인정

헤지펀드는 일반적으로 운용기간에 제한이 없고, 보통 분기별로 환매를 허용하고 최초의 매각제한(lock-up) 기간에는 환매가 금지된다. 뮤추얼펀드의 경우 일별로 투자와 환매가 가능하고, 이를 위하여 일정 수준 이상의 현금을 보유하여 유동성을 유지한다. 그러나 이러한 현금 보유는 투자기회 상실을 의미하고, 일별 단위로 시장의 등락에 따라 투자자들이 신규 투자나 환매 시 이에 따른 거래비용이 발생하기 때문에 수익률 저하의 원인이 될 수 있다.

하지만 헤지펀드는 가입조건에 투자자가 헤지펀드에 투자할 수 있는 날짜를 명시하고, 최초의 매각금지기간을 설정하며, 환매조건을 명시함으로써 투자와 환매를 어렵게 한다. 이는 투자자 입장에서 제한조건으로 보이지만, 이러한 제한으로 인해 펀드운용자들은 시장 등락에 따른 환매요청에 대비하기보다 투자에 집중할 수 있어, 펀드 운용자들이 유동성에 관계없이 장기투자를 가능하게 한다.

(8) 사모발행

헤지펀드는 원칙적으로 사모로 발행된다. 그 이유는 스스로를 보호할 수 있는 투자자에 대해 제한적으로 판매되기 때문이다. 하지만 펀드 오브 헤지펀드와 같이 공모로 판매가 되는 펀드의 경우에는 투자자들이 스스로를 보호할 수 있다고 하기 어렵기 때문에 고수익을 향유하기 위한 차입 사용 등의 전략은 제한이 되게 된다.

(9) 원칙적으로 제한 없는 자산운용

헤지펀드의 투자대상은 증권, 파생상품, 일반상품, 부동산 등 제한이 없으며, 투자지역 및 투자자산의 구성 등에 대하여 원칙적으로 제한이 없다.

Long/Short Equity

1 Long/Short Equity 전략의 개념

시장중립(Market Neutral)형 전략은 매수(long position)와 매도(short position), 레버리지를 함께 사용하는 전략으로, 주식시장의 상승과 하락에 모두 투자하여 시장위험으로부터 중립적인 포지션을 구축하는 전략을 말한다. 포트폴리오는 크게 매수 포지션과 매도 포지션으로 구분되는데, 매수 포지션에서 개별 주식은 주식시장이 상승할 때 주식시장보다 더 높게 상승하고, 주식시장이 하락할 때 주식시장보다 더 낮게 하락해야 한다. 반대로, 매도 포지션은 주식시장이 상승할 때 주식시장보다 더 낮게 상승하고, 주식시장이 하락할 때 주식시장보다 더 많이 하락해야 한다.

Long/Short 전략의 관건은 주식시장의 상승보다 더 높게 상승하는 주식을 선택하여 매수하는 것과 주식시장의 하락보다 더 많이 하락하는 주식을 선택하여 매도하는 주식의 선택이다. 실제로 Long/Short 전략을 구사하는 데 있어, 공매도(short selling)의 제한에 대한 부분도 고려되어야 한다. 공매도 하는 데 있어 대주의 가능성이나 법률에 의한 공매도의 제한 등으로 공매도가 불가능한 경우가 있으므로, 이에 대해서 미리 조사와 거래 상대방을 확보하고 운용을 해야 한다.

2 발산형과 수렴형 롱숏 전략

롱숏 전략은 목적에 따라 수렴형(Convergence)과 발산형(Divergence)으로 나뉠 수 있다. 수렴형 롱숏 매매는 비정상적으로 확대된 두 자산 가격의 차이가 정상 수준으로 복귀하는 것을 노리는 전략이다. 국내 증시의 지수 선물 차익거래도 개념적으로는 수렴형 롱숏 매매이다.

반대로 발산형 롱숏 매매는 두 자산의 가격차가 일시적 혹은 구조적으로 확대되는 것을 노리는 전략이다. 헤지 펀드 전략 중 이벤트 드리븐(Event Driven) 전략이나 M&A 이슈 발생 시 인수기업 주가를 매도하고 피인수기업 주가를 매수해 두 종목의 주가 차이 확대를 노리는 M&A 차익 거래 등이 대표적인 사례이다.

매매 진입의 판단 과정에서 두 방법은 차이가 있다. 발산형 롱숏의 경우 두 자산 가격의 차이에 구조적인 변화가 발생하는 것을 탐색해야 하기 때문에 매매 진입의 판단은 주로 기본적(펀더멘털) 분석에 근거하는 경우가 많다. 반면 수렴형 롱숏 매매는 과거 자료를 통해 비정상적 차이를 정의하고 계속적으로 두 자산 가격의 차이를 관찰하면서 미리 정의한 비정상적 차이를 이탈할 때 매매에 진입해야하기 때문에 계량적(통계적) 정보를 이용하는 경우가 대부분이다.

1) 매매당 수익률은 발산형이 높지만 회전율은 수렴형이 높음

수렴형 롱숏 매매는 사전에 매매 진입을 위한 비정상적 차이와 진입 이후의 청산 규칙을 정하기 때문에 계량적으로 잠정적인 목표수익률을 계산할 수 있는 반면, 발산형 롱숏 매매는 진입 후 구조적 변화에 따른 차익이 발생했을 때 운용자의 의사 결정에 따라 청산이 결정되기 때문에 목표수익률 역시 임의적이다.

따라서 일시적인 비정상적 차이에서 발생하는 수렴형에 비해 발산형이 단위 회전당 수익률은 높은 편이다. 다만, 수렴형 롱숏 매매는 수시로 신호를 관찰하고 매매에 진입해 기계적으로 빠르게 청산할 수 있기 때문에 매매 회전율이 높다.

2) 통계적 롱숏(Statistical Long/Short) 전략에 대한 지식이 선행되어야 함

(1) 계량적 분석에 근거하는 수렴형 롱숏 매매

발산형 롱숏 매매의 경우 기본적 분석에 근거한 운용자의 의사결정이 매매 진입에 결정적인 역할을 한다. 이전에 나타났던 균형 내지는 구조의 변화에 대한 예측이 필요하기 때문이다. 수렴형 롱숏 매매 역시 비정상적 차이에 대한 운용자의 판단에 따라 매매에 진입할 수도 있지만 대부분의 경우 계량적 분석에 의한 기계적 신호가 의사 결정의 주요 근거가 된다.

따라서 계량적 분석에 근거해 주식으로 수렴형 롱숏 매매를 실행하기 위해서는 ① 두 종목 주가의 '스프레드(차이)'는 어떻게 정의해야 하는지, ② '비정상적 스프레드'는 어떠한 기준으로 선별할 것인지, ③ 매매 진입 후 청산(정상적 차이로 복귀)하는 시점은 어떻게 설정해야 하는지 등과 같은 기준들이 필요하다.

(2) 두 종목 주가의 스프레드는 어떻게 정의하나?

수렴형 롱숏 매매를 위해서는 두 종목 간의 스프레드를 가장 우선적으로 정의해야 한다. 시장에서는 가격차(Spread), 가격 비율(Price Ratio)과 같은 단순하면서 직관적인 지표에서부터 선형회귀 모형(Linear Regression), 공적분(Cointegration)과 같은 모형까지 다양한 시도를 하고 있다.

대표적인 몇 가지 방법을 소개하면 아래와 같다.

❶ 정규화(Normalized)된 주가의 제곱차이 합(Sum of squared differences) : 특정 Pair 내 두 종목의 차이를 거리를 통해 측정. '거리'의 지표로 가장 많이 활용되는 것은 제곱차이 합(Sum of squared differences)으로 일정 기간을 거쳐 Pair 내 두 종목의 주가를 정규화(Normalization) 시킨 후 차이를 구하고 그 차이의 제곱을 합한 값을 기준으로 함. 제곱차이의 합이 작은 Pair가 롱숏 매매의 대상이 될 수 있음

❷ 공적분(Cointegration) 방법 : 우선 Pair 내 두 종목의 공적분 관계를 선형 모형을 통해 검정. 공적분 관계를 가지는 Pair에 대해서는 선형 모형에서 추정된 헤지 비율을 고려해 롱숏 포지션을 설정. 공적분 방법을 처음 제시한 Vidyamurthy(2004)에 따르면 두 종목의 로그 주가는 비정상(Non-stationary)적인 추이를 보이나 선형 결합을 통해 공적분 관계가 성립할 수 있는 Pair가 매매 대상이 됨. 여기서 선형 모형 방법으로는 OLS(Ordinary Least Square)나 직교(Orthogonal) 회귀 등이 주로 활용되고 있음

공적분 관계는 개별 종목에 대한 단위근 검정과 선형 결합 후의 잔차에 대한 단위근 검정을 통해 판단. Pair 내 두 종목의 개별 주가는 단위근을 가지지만 선형 결합 후의 잔차가 단위근을 갖지 않는 것으로 판명될 경우 공적분 관계를 가진다고 할 수 있음. 로그 주가를 사용하면 선형 모형의 두 시점 잔차 차이가 롱숏 매매의 로그 수익률로 표현이

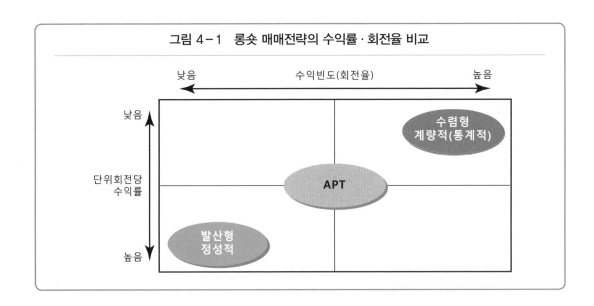

그림 4-1 롱숏 매매전략의 수익률·회전율 비교

가능하다는 장점도 있음

❸ 가격비율의 로그(로그 스프레드) : 주가비율에 로그를 취한 값으로써 다르게 표현하면 로그 주가의 스프레드와 같음. 일반적으로 과거 특정 기간의 로그 스프레드를 계산한 후 단위근 검정을 통해 정상성(Stationarity)을 검정하며 단위근 검정을 통과한 Pair가 매매 대상이 됨

(3) 비정상적 스프레드는 어떻게 설정해야 하나?

앞서 언급한 스프레드의 정의에 따라 과거 특정 기간 동안 균형 관계를 가졌던 두 종목의 주가가 특정 범위를 벗어나면 이는 수렴형 롱숏 매매의 기회가 될 수 있다.

일반적으로는 운용자가 정한 과거 특정 기간 동안의 평균적인 스프레드에서 표준편차의 2배(2σ)를 벗어나는 경우가 가장 많이 활용된다.

정규분포 가정하에서 특정 자료가 평균을 중심으로 표준편차의 2배(1.96배) 이상을 벗어날 확률은 5%이다. 1개월을 20거래일로 가정했을 때 한 달에 한 번 정도 비정상적인 스프레드가 나타날 수 있음을 의미한다. 표준편차를 계산하는 과거 특정 기간에 대해서는 정답이 없으며 백테스트를 통해 가장 양호한 퍼포먼스를 보이는 기간을 선택하거나 운용자가 임의로 설정할 수 있다.

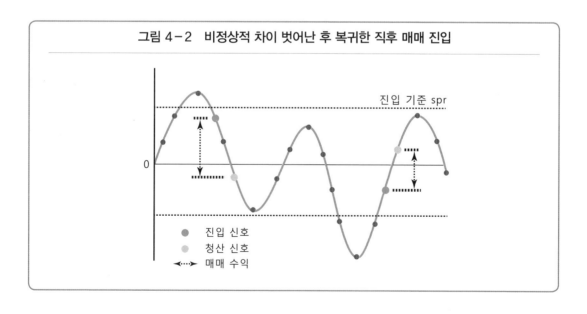

그림 4-2 비정상적 차이 벗어난 후 복귀한 직후 매매 진입

진입 기준 spr

0

● 진입 신호
● 청산 신호
◀┄┄▶ 매매 수익

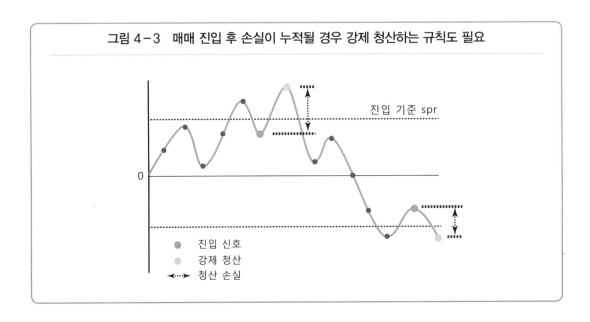

그림 4-3   매매 진입 후 손실이 누적될 경우 강제 청산하는 규칙도 필요

진입 기준 spr

● 진입 신호
● 강제 청산
◄┈┈► 청산 손실

(4) 롱숏 매매의 진입과 청산은?

스프레드에 대한 정의와 비정상적 스프레드에 대한 기준을 정하면 적절한 매매 규칙을 정해 롱숏 매매를 할 수 있다. 두 종목 주가의 스프레드가 연속 시계열상에 표현될 수 있다면 비정상적 스프레드를 나타낸 후 재차 정상적 차이로 수렴하기 시작할 때 매매에 진입했다가 스프레드의 평균을 지나는 순간 청산하는 방법이 가장 직관적이다.

매매에 진입한 후 특정 기간이 지난 후에도 청산 신호가 나타나지 않을 경우에는 강제 청산 규칙(최대 매매일의 설정)이 필요하며 특정 손실률에서 매매를 강제 청산(loss cut)하는 규칙도 실제 운용의 입장에서는 반드시 필요할 것으로 본다.

3   Long/Short Equity의 전략

(1) 시장중립전략(Market Neutral Strategy)

시장중립전략은 한 번에 금액기준으로 동일한 금액의 long position과 short position을 보유하는 전략을 말한다. 예를 들어 투자자가 100억 원을 위탁하게 되면 펀드매니저는 90억 원만큼 주식을 매수하고, 매수한 주식을 담보로 제공하고 90억 원만큼 주식을 매도하고, 나머지

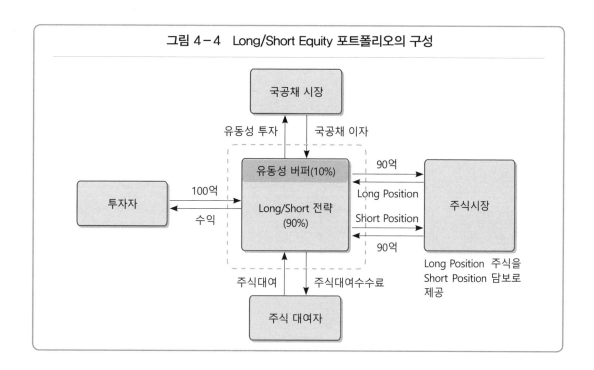

그림 4－4 Long/Short Equity 포트폴리오의 구성

10억 원은 유동성 버퍼로 펀드 안에 머물게 한다. 이렇게 구성해 놓은 포트폴리오의 이자수익은 유동성 버퍼에서 발생하는 이자와 공매도를 통해 수령한 주식매각대금으로부터 발생하는 이자를 얻을 수 있으며, 주식 관련 수익은 시장의 움직임에 독립적인 Long/Short 스프레드를 얻을 수 있다.

　〈그림 4-5〉와 〈그림 4-6〉에 제시된 예시와 같이 잘 구성된 Long/Short 포트폴리오는 구조적 위험(systemic risk) 혹은 시장위험(market risk)이 발생하지 않고, 수익은 이자수익과 Long/Short 스프레드의 합으로 구성이 된다. 가장 중요한 것은 주식시장이 30% 상승하면 33% 상승하고 주식시장이 15% 하락하면 12%만 하락하는 주식을 선택하여 매수하는 것, 주식시장이 30% 상승하면 27% 상승하고, 주식시장이 15% 하락하면 18% 하락하는 주식을 선택하여 매도하는 것이다. 결국, 주식의 선택이 Long/Short 전략에 있어 가장 중요한 요소가 된다.

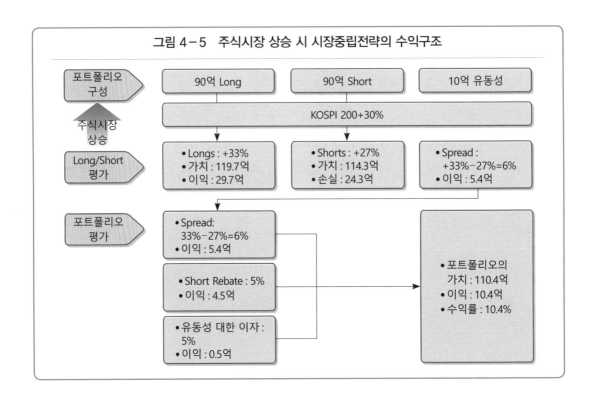

그림 4-5 주식시장 상승 시 시장중립전략의 수익구조

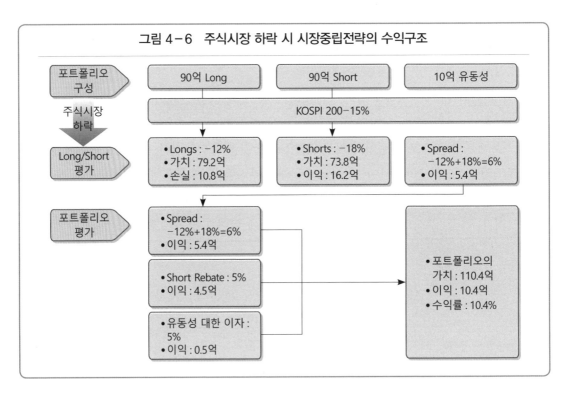

그림 4-6 주식시장 하락 시 시장중립전략의 수익구조

(2) Net Market Exposure와 Long/Short Ratio

앞에서 설명한 시장중립전략은 Long/Short 전략의 전형을 보여주고는 있지만, 실제 투자에서는 많은 헤지펀드 매니저들은 Long/Short의 비율을 다르게 하여 추가 수익을 추구한다. 이때 포트폴리오의 시장위험과 헤지 정도를 보는 지표가 Net Market Exposure와 Long/Short Ratio이다.

Net Market Exposure는 시장의 위험, 즉 구조적 상승과 하락에 얼마만큼 노출되어 있는지에 대한 정도를 보여주는 지표이다.

$$\text{Net Market Exposure} = \frac{\text{Long Exposure} - \text{Short Exposure}}{\text{Capital}} \qquad (4-1)$$

예를 들어, \$100M 규모의 포트폴리오에서 \$50M을 빌려 long position에 \$150M, short position에 \$100M을 보유하였다면, 전체 \$250M의 투자에서 주식시장에 노출되어 있는 금액은 \$50M이 된다. 이러한 포트폴리오의 Net Market Exposure는 50%[=(\$150M−\$100M)÷\$100M]가 된다.

이에 비해 Long/Short Ratio는 long position과 short position의 균형을 보여주는 지표이다.

$$\text{Long/Short Ratio} = \frac{\text{Long Exposure}}{\text{Short Exposure}} \qquad (4-2)$$

앞에서의 예를 보면, Long/Short Ratio는 1.5[=\$150M÷\$100M]가 된다. Long position은 \$1.5는 short position \$1.0으로 헤지되었다는 의미를 가진다. 결국, Long/Short Ratio는 헤지된 정도를 보여주게 되며, 같은 Net Market Exposure를 가진 포트폴리오라고 하더라도, 다른 Long/Short Ratio를 가질 수 있다.

포트폴리오 A와 포트폴리오 B는 50%, 동일한 Net Market Exposure를 가지고 있지만, 포트폴리오 A는 포트폴리오 B보다 낮은 Long/Short Ratio를 가진다. 만약 헤지펀드 매니저가 주식시장과 동일한 움직임을 보이는 주식을 선택하여, 주식시장이 15% 하락하고 long position의 주식과 short position의 주식도 각각 15%씩 하락하였다고 가정하면, 포트폴리오 A는 −7.5% [=150%×(−15%)+(−100%)×(−15%)], 포트폴리오 B 역시 −7.5%[=75%×(−15%)+(−25%)×(−15%)]를 보인다. 주식시장과 동일한 움직임을 보이는 주식을 선택하고 동일한 Net Market Exposure

표 4-2 Net Market Exposure와 Long/Short Ratio 예시

구분	포트폴리오 A	포트폴리오 B
Long Exposure(%)	150	75
Short Exposure(%)	-100	-25
Net Exposure(%)	50	50
Long/Short Ratio	1.5	3.0

를 가지고 있는 2개의 포트폴리오는 주식시장의 등락에 따라서 동일한 수익률을 가지게 된다.

그러나 헤지펀드 매니저가 주식시장보다 초과수익을 달성하는 주식을 선택하고 하였다면, 즉 시장보다 out-perform하는 주식을 매수하고 시장보다 under-perform하는 주식을 매도하였다면 이야기는 달라진다. 주식시장이 15% 하락하였을 때, long position의 주식은 10% 하락하고, short position의 주식은 20% 하락하였다고 가정하면, 포트폴리오 A는 +5.0%[=150%×(-10%)+(-100%)×(-20%)], 포트폴리오 B는 -2.5%[=75%×(-10%)+(-25%)×(-20%)]를 보인다. 낮은 Long/Short Ratio를 가진 포트폴리오 A는 시장이 하락함에도 불구하고 양(+)의 수익률을 보일 수 있다. 주식시장이 하락할 때, 포트폴리오 A의 손익분기점은 long position에서 매수한 주식의 하락폭보다 short position의 주식이 1.5배만큼 더 하락하면 되고, 포트폴리오 B의 손익분기점은 long position에서 매수한 주식의 하락폭보다 short position의 주식이 3배만큼 더 하락해야 달성이 된다.

Net Market Exposure는 포트폴리오의 성과가 주식시장에 의존하는 정도를 말하고, Long/Short ratio는 헤지펀드 매니저가 (+)의 알파를 생성해 내는 주식선택 능력이 있는지를 말하고 있다. Long-Short Ratio는 궁극적으로 포트폴리오의 성과가 주식선택에 의존하는 정도를 보여주는 지표이다.

낮은 Long/Short Ratio의 혜택을 높이려면 레버리지를 이용하여 성과를 극대화하는 방법을 생각할 수 있다. 레버리지는 흔히 Gross Exposure로 표현되는데 이를 수식으로 쓰면 다음과 같다.

$$\text{Gross Exposure} = \frac{\text{Long Exposure} + \text{Short Exposure}}{\text{Long Exposure} - \text{Short Exposure}} \qquad (4-3)$$

앞의 예에서 보면, 포트폴리오 A의 Gross Exposure는 5[=(150+100)÷(150-100)], 포트폴리

오 B의 Gross Exposure는 2[=(75+25)÷(75-25)]이다. 포트폴리오 A가 작은 Long/Short Ratio를 가지고 있으며, 이러한 기회를 극대화하기 위해 레버리지를 더 많이 사용한 것으로 해석할 수 있다.

4 Long/Short Equity의 응용

전술한 바와 같이 Long/Short 전략에서 중요한 것은 out-perform하는 주식을 기본적 분석을 통해 발굴하여 매수하고, under-perform하는 주식을 기본적 분석을 통하여 발굴하여 매도하는 것이 중요하다. 결국, Long/Short 전략은 일반적인 주식형 펀드와 같이 주식분석 능력이 중요하다. Long/Short의 특징을 결정하는 요소들은 다음과 같다.

① Net Long/Net Short
② Bottom up/Top down/Stereoscopic
③ 가치(value)/성장(growth)
④ 단기 지향/중기 투자/장기 투자
⑤ 분산(diversified)/집중(concentrated)
⑥ Momentum/Contrarian
⑦ 해외/국내(지역전문가)
⑧ 시장전문가/산업전문가

주식시장에서 영원히 승리하는 법칙은 없듯이, bottom up, top down 혹은 stereoscopic, 가치 혹은 성장 혹은 단기 지향, 중기 혹은 장기 투자, 분산 혹은 집중 혹은 momentum 혹은 contrarian 등과 관련하여 항상 시장을 지배하는 원칙은 없으며, 상황에 따라서 각광받는 전략을 잘 보는 것이 펀드매니저에게는 중요한 능력이다. 실제로 많은 매니저들은 시장 상황을 판단하는 나름대로의 지표들을 가지고 있는데, 이를 'indicator dashboard'라고 부른다. Indicator dashboard로는 국고채 수익률 곡선, 기업신용등급의 상향 혹은 하향조정, 기업부도율, 콜옵션과 풋옵션의 내재변동성, P/E ratio 등 다양하다.

산업별 혹은 지역별 Long/Short 전략의 예시로는 TMT(Technology-Media-Telecommunication) Long/Short전략과 바이오기술(biotech) Long/Short, 금 Long/Short, 신흥시장 Long/Short 전략 등이 있다. TMT Long/Short전략은 새로운 기술의 상용화에 따라 승자와 패자를 구분하고 승

자는 매수, 패자는 매도하는 전략을 구사한다. 바이오기술 Long/Short은 의약품을 출시하기 위해서는 FDA의 승인이 필요한데, FDA의 승인 여부에 따라 주가의 변동이 생기게 된다. 헤지펀드는 이러한 FDA의 승인과 관련된 정보에 따른 움직임을 수익원화하고 새로운 의약품과 치료법에 대해서 정확히 예측하기 위해서 관련 학문의 과학자 혹은 노벨상 수상자를 고용하기도 한다. 금 Long/Short 전략은 금 혹은 귀금속의 가격이 펀드멘탈 대비 일정한 수준을 넘어설 때 매수 혹은 매도전략을 구사하여 수익을 추구한다.

이 밖에 Long/Short 전략에는 share class arbitrage와 pairs trading, covered call 및 covered put option 매도를 통한 운용전략이 있다. Share class arbitrage는 한 기업의 자본구조에 대한 차익거래로 부채, 우선주와 일반주 간의 차익거래를 수행한다. Pairs trading은 동일한 산업에 속하는 두 개의 주식에 대해서 한 주식은 매수, 다른 한 주식은 매도하는 전략을 이야기한다. 오랜 기간 동안 저평가된 주식이라고 하더라도 주가 상승을 위한 촉매가 될 수 있는 사건이 발생하지 않으면 더 긴 저평가의 기간을 지낼 수 있다. 이러한 현상을 value trap이라고 부르는데, 이러한 value trap의 기간에 추가 수익을 확보할 수 있는 전략이 covered call 및 covered put option 매도전략이다. OTM 풋옵션 혹은 콜옵션 매도를 통해 받는 옵션 프리미엄을 통해 value trap 기간 중이라도 추가적인 수익을 올릴 수 있다.

section 03 합병 차익거래(Merger Arbitrage)

1 합병 차익거래의 개념

합병 차익거래(merger arbitrage/risk arbitrage)는 발표된 M&A, 공개매수(tender offer), 자본의 재구성, 분사(spin-off) 등과 관련된 주식을 사고파는 이벤트 투자형(event driven) 차익거래전략이다. 합병 차익거래의 투자목표는 인수·합병이 완료되면, 발생할 수 있는 주식가치의 변화에서 이익을 창출하는 것이다.

합병 차익거래는 일반적으로 피인수 합병 기업의 주식을 매수하고, 인수기업의 주식을 매도하는 포지션을 취한다. 이는 피인수 기업의 주식이 M&A를 통해 얻게 될 이익에 비해 가격이 낮게 거래되는 성향을 갖고 있기 때문인데, 낮게 거래되는 이유는 합병이 성사되지 않을 위험을 가지고 있기 때문이다. Merger arbitrage spread는 합병법인이 발표한 인수 가격과 피인수 합병 주식의 가격 간의 차이를 말하는 것으로, merger arbitrage spread는 시장에서 계속 변하게 되는데, 이렇게 변하는 이유는 합병이 성사되지 않을 위험(event risk) 때문이다. 합병이 성사되지 않는 이유로는 재정적인 어려움, 법적인 규제, deal 구조의 난해함, 경영상 의견 불일치, 시장의 감정, 대상 기업 중 하나의 기업에서 발생하는 부정적인 소식에 대한 상황 등을 들 수 있다.

합병 차익거래는 발표되지 않은 추측 정보에 투자하지 않는다. 발표되지 않은 추측 정보에 의해 합병 차익거래를 하는 것은 매우 위험한 투자로 이는 내부자 정보(insider information)와도 상관관계를 가질 수 있으므로, 헤지펀드 매니저는 발표된 정보에만 집중해야 한다. 공적으로 발표된 서류 및 재무제표, 기업탐방 등의 방법을 통하여 수집된 정보로 merger arbitrage spread가 위험보다 크다고 하면 합병 차익거래를 수행하고 합병에 대한 긍정적인 정보가 있으면 position을 확대하고, 합병에 대한 부정적인 정보가 있으면 position을 축소하거나 현금화한다.

2   **합병 차익거래 투자 프로세스**

일반적으로 합병 차익거래는 ① 잠재적 이익 추정, ② 차익거래 포지션 구축, ③ 포지션 구축 후 리스크 관리의 세 단계에 걸쳐 투자를 진행하게 된다.

(1) 잠재적 이익 추정(estimating the potential return)

Merger arbitrage의 잠재적인 이익을 측정하는 방법은 ROI를 구하는 것이다. Merger arbitrage의 ROI를 구하기 위해 먼저 gross spread를 구한다.

> Gross Spread＝Merger가 완료된 후 기업가치－피인수 기업 주가   (4－4)

이렇게 구해진 gross spread에서 이자비용을 차감하고, short sale rebate를 더하고 배당을 가감하면 net spread를 구할 수 있다.

$$Net\ Spread = Gross\ Spread - Interest\ Cost + Short\ Sale\ Rebate \pm Dividend \qquad (4-5)$$

잠재적인 ROI는 Net Spread를 합병 차익거래를 위해 투입된 총 자금으로 나누어 구하게 된다.

$$Potential\ ROI = \frac{Net\ Spread}{Total\ Capital\ Employed} \qquad (4-6)$$

잠재적인 ROI를 합병이 완료되는 시점까지 기간으로 연율화하게 되면 잠재적인 ROI의 연율을 구할 수 있다.

$$Annualized\ Potential\ ROI = Potential\ ROI \times \frac{365}{of\ Days\ until\ Completion} \qquad (4-7)$$

예를 들어, ABC사가 XYZ의 주식을 $55에 공개 매수한다는 계획을 발표하였다. 당시 XYZ의 가격은 $50일 때 합병 전 배당은 발생하지 않고, 합병은 100일 내에 이루어 질 것이며, 재정거래자는 7%의 이자율로 50% 마진을 빌릴 수 있다고 가정히면, XYZ의 주식을 합병일끼지 계속 보유한다고 가정하면, Gross Spread는 $5[=$55−$50], Net Spread는 4.52[=5−{$50×50%× 7%×(100÷365)}]가 되고, Potential ROI는 18.08% [=4.52÷($50×50%)]가 된다. 연율로 65.99%[= 18.08%×(365/100)]에 해당된다.

(2) 차익거래 포지션 구축(establishing a position)

합병 차익거래는 event risk에서 발생하는 수익을 획득하고자 거래를 하게 된다. 즉, event risk 외에 다른 위험요소들은 모두 헤지가 되어야 한다. 합병 차익거래는 흔히 피인수기업의 주식 매수, 인수기업의 주식 매도로 구성되게 되며, Long−Short ratio는 교환비율(exchange ratio)이 된다. 앞의 예에서 교환비율이 0.9167[=$55÷$60]이고, ABC사의 주식 가격이 $60, short sale rebate가 6%(연), short sale에 50%의 담보를 요구하고, long position을 위해 50%를 빌려온다고 가정하면, XYZ의 주식 1주를 매수하고 ABC의 주식 0.9167[=$55÷$60]주를 매도함으로써 합병 차익거래 포트폴리오를 구성할 수 있다.

표 4-3 합병 차익거래의 손익분석

Price of ABC share at merger arbitrage	65.00	60.00	55.00
Gain/Loss on long position :			
Price of ABC share at merger completion	65.00	60.00	55.00
# of ABC shares received	0.9167	0.9167	0.9167
Value of ABC shares received	59.59	55.00	50.42
− Cost base in XYZ stock	50.00	50.00	50.00
Gain/Loss	9.59	5.00	0.42
Gain/Loss on short position :			
Price of ABC share at time of short sale	60.00	60.00	60.00
− Price of ABC share at merger completion	65.00	60.00	55.00
	− 5.00	−	5.00
# of ABC share shorted	0.9167	0.9167	0.9167
	− 4.58	−	4.58
Gross spread at merger completion	5.01	5.00	5.00

이때 손익을 살펴보면, gross spread는 $5[=$60×0.9167−$50]^{2}이고, net spread는 $5.42[=\$5 −\{\$50×50\%×7\%×(100÷365)\}+\{\$60×0.9167×6\%×(100÷365)\}]$[3]이고, potential ROI[=net spread÷ {capital spent on long+collateral on short sale}]는 10.32%[=5.42÷{(\$50×50\%)+(\$60×0.9167×50\%)}], 연환산 수익률은 37.67%에 해당한다.

(3) 포지션 구축 후 리스크 관리(assessing risk)

합병 차익거래는 포트폴리오를 구축한 후에 event risk를 재평가하고, 새로운 event를 예의 주시하면서 포트폴리오의 위험을 관리해야 한다. 새로운 event는 ① 합병 완료의 가능성, ② 합병 완료까지의 시간, ③ 교환비율의 변화 등이다. 만약 합병이 취소된다면, 합병 차익거래자는 매수·매도 포지션 모두에서 손실을 보게 된다. 또한, 인수회사의 주식 가격 변화도 합병조건을 변경시키는 요소가 된다. 인수회사의 주식 가격이 상승하게 되면, 인수회사가 합병조건을 변경하고자 할 것이고, 인수회사의 주식 가격이 하락하게 되면, 피인수회사가 합병조건을 변경하고자 할 것이다. 합병조건의 변경, 예를 들자면 교환비율의 변화 등은 합병 차익거래

---

2 Exchange ratio를 계산할 때는 XYZ의 매수 가격인 $55를 기준으로 계산하고, gross spread를 계산할 때는 XYZ의 현재 가격인 $50를 이용하여 계산한다.

3 Net spread를 계산할 때는 매수자금은 마진율 50%를 적용하여 차입하여 오고($50×50%), short sale rebate는 매도금액 ($60×0.9167) 전체에 대해서 6%가 적용됨을 유의한다.

에게 포트폴리오의 재조정을 해야 하고, 포트폴리오의 재조정은 거래비용을 수반하게 된다.

경쟁입찰방식(multi bidder mergers)에서는 좀 더 높은 프리미엄이 요구된다. 경쟁입찰에서 낙찰자에 대한 불확실성이 존재하기 때문인데, 헤지구조 설계가 어렵고, 경쟁입찰에 떨어진 기업의 주식에 대한 short position을 보유하고 있는 합병 차익거래자들의 갑작스런 매도 포지션 청산으로 유동성 문제에 봉착할 수 있어 exit비용을 상승시키는 요인이 된다. 또한, 법률적인 요소도 고려되어야 하는데 기본적으로 합병거래는 독과점방지법을 위반해서는 안 된다.

3 합병 차익거래 유형

(1) Cash Merger

Cash merger는 피인수 합병회사의 주식을 사거나, 피인수 합병회사의 주식 가격을 기초자산으로 하는 옵션에 투자하는 전략이다. 피인수기업은 현금으로만 인수되는데, 이때 gross spread는 현찰 지불비용에서 피인수기업의 주가를 뺀 것으로 계산된다. 수익의 원천은 인수기업으로 지급되는 프리미엄이 유일한 것이 되고, 금액기준의 현금 지급분은 인수 발표 시점부터 인수 완료 시점까지 불변이다. 주식 가격의 변동에 영향받지 않고, 오직 event risk에만 노출된다.

(2) Stock Swap Mergers

Stock swap merger에서는 피인수 합병회사의 주식을 보유하고 있는 투자자는 정해진 교환비율에 따라서 인수회사의 주식을 받게 된다. 이러한 거래를 두고 합병 차익거래자는 피인수 합병회사 주식을 매수하고, 인수회사의 주식을 매도하는데 이때 교환비율에 의해서 Long/Short ratio가 결정된다.

이해를 돕기 위해 1998년 8월에 있었던, Albertson's(ABC)가 American Stores(ASC)를 주식교환으로 합병한 사례를 살펴보자. 교환비율은 ABC주식 0.63주에 ASC주식 1주를 바꾸는 것이고, 당시 ASC의 가격은 $24, ABC의 가격은 $48이었다. 이때 gross spread는 $6.24[=0.63×$48 −$24]이다. 합병 차익거래자의 포지션은 ASC주식 10,000주를 $24에 매수하고, ABC의 주식, 6,300주[=10,000×0.63]를 $48에 매도함으로써 구축된다.

합병은 1999년 7월에 종결되었는데, 당시 ABC의 가격은 $52이었다. long position으로부터의 이익은 $87,600[=0.63×10,000×$52−10,000×$24]이며, short position으로부터의 손실은

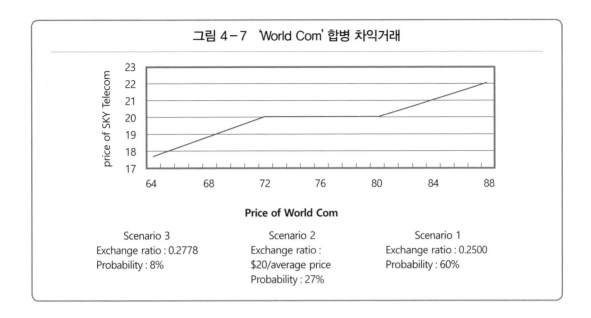

그림 4-7 'World Com' 합병 차익거래

price of SKY Telecom

Price of World Com

Scenario 3
Exchange ratio : 0.2778
Probability : 8%

Scenario 2
Exchange ratio :
$20/average price
Probability : 27%

Scenario 1
Exchange ratio : 0.2500
Probability : 60%

$25,200[=6,300×$48-6,300×$52]이었다. 결과적으로 Net Profit은 $62,400[=$87,600-$25,200]이며, 수익률은 10개월 남짓한 기간 동안 26%[=62,400÷240,000][4]이다.

(3) Stock Swap Mergers with a Collar

교환비율은 합병이 종료된 시점의 인수회사의 가격에 의해서 결정된다. 만약 인수회사의 주식 가격이 일정 수준 이하로 낮아진다면 피인수 합병회사는 합병을 취소할 것이다. 또한 교환비율의 변동에 따라서 포트폴리오를 재조정하고 매력적이지 못한 position을 중도에 청산해야 하기 때문에 합병 차익거래는 주식시장의 변동성에 더욱 노출되어 있다. 이러한 이유에서 합병 차익거래자는 교환비율과 확률을 가지고 시나리오 분석을 하게 된다. 시나리오 분석은 교환비율별로 가능한 수익률을 구하고, 각 가능한 교환비율에 확률을 배정하여 이루어지게 된다.

1999년 5월 'World Com'과 'Sky Telecom'은 합병계약을 발표하였다. 'Sky Telecom' 주주들은 'World Com'의 주식을 받게 되는데, 교환비율은 합병 완료 시점의 3영업일 전까지 20영업일 동안의 'World Com' 주식의 평균 가격(average price)에 의해서 다음과 같이 결정된다.

❶ average Price > $80 → exchange ratio=0.25

❷ $72 ≤ average Price ≤ $80 → exchange ratio=$20/average Price

---

4 ASC주식 매수비용, 10,000주를 $24에 매수한 비용만 사용된 자본으로 계산한다.

3 average Price < $72 → exchange ratio = 0.2778

합병 차익거래자는 3가지의 시나리오를 구성하였는데, 첫 번째 시나리오는 'World Com'주식이 collar보다 높게 거래되는 것이다($80 이상). 'World Com'의 펀드멘탈과 'Sky Telecom'의 합병이 강한 시너지 효과를 발생하는 것으로 확률은 60%이다. 두 번째 시나리오는 'World Com'주식이 Collar의 범위 내에서 거래되는 것이다($72~$80). 발생 확률은 작지만, 업황이 하향 추세로 전환하는 국면으로 생각할 수 있으며 확률은 27%이다. 세 번째 시나리오로 'World Com'주식이 Collar보다 낮게 거래되는 경우이다($72 이하). 'World Com'의 펀드멘탈에 대한 부정적인 뉴스와 업황이 하향인 국면으로 확률은 8%이다. 마지막으로 합병이 성사되는 않는 경우이다. 확률은 5%이다.

위와 같은 시나리오를 구성한 합병 차익거래자는 시나리오 1의 가능성을 60%로 가장 높게 평가하고, 'Sky Telecom' 주식, 2만 주를 $20.50에 매수하고, 'World Com' 주식, 5천 주를 $85에 매도하고, 주가의 변동을 매일 관찰하면서, 'World Com' 주식 가격이 Collar 내에서 거래되거나, 낮게 거래되는 경우를 대비해서 헤지비율을 조정할 준비를 하였다.

1999년 10월 합병이 종료된 시점이 되었을 때, 'World Com'의 가격은 $72였으며, average price는 $78이고, 교환비율은 0.2566[=$20÷$78]으로 결정되었다. Merger Arbitrageur의 long position에서의 손실은 $40,496[=0.2566×20,000×$72−20,000×$20.50]이고, short position에서의 이익은 $65,000 [=5,000×$85−5,000×$72]이다. 합병 차익거래를 통한 순이익은 $24,504[=$65,000−$40,496]이고, 수익률은 4개월간 5.98%[=$24,594÷(20,000×$20.50)]이다.

---

section 04 **전환증권 차익거래(Convertible Arbitrage)**

1 **전환증권 차익거래의 개념**

전환증권 차익거래는 전환사채를 매수하고, 기초자산 주식을 매도하고, 이자율 변동 위험과 신용위험과 같은 위험은 헤지하면서, 전환사채의 이론가와 시장 가격의 괴리에서 수익을

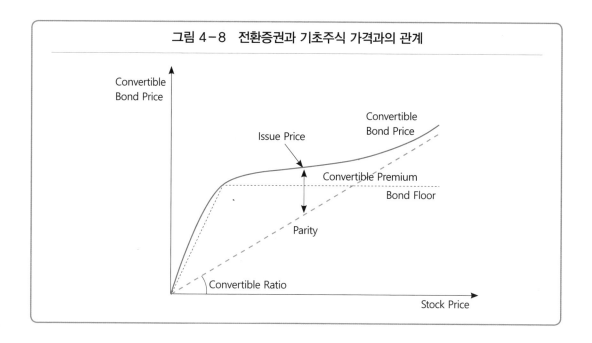

그림 4-8 전환증권과 기초주식 가격과의 관계

Convertible Bond Price

Issue Price

Convertible Bond Price

Convertible Premium

Bond Floor

Parity

Convertible Ratio

Stock Price

추구하는 전략이다. 전환증권 차익거래자는 다음과 같은 속성을 가진 전환사채를 선호한다.

❶ 델타(delta) 트레이딩과 감마(gamma) 트레이딩에서 수익을 얻을 수 있도록 기초자산의 변동성이 크고 convexity가 큰 전환사채

❷ 유동성이 높은 전환사채와 기초주식을 쉽게 빌릴 수 있는 전환사채

❸ 낮은 conversion premium을 가진 전환사채

❹ 기초주식의 short position에서 기초자산의 원보유자로부터 기초자산인 주식에서 발생하는 배당금에 대한 청구를 줄이기 위해서 배당이 없거나 낮은 배당률을 갖는 기초자산의 전환사채

❺ 낮은 implied volatility로 발행된 전환사채

2 Cash-flow arbitrage

전환증권 차익거래는 마진거래를 고려하지 않으면, 기초자산 주식을 매도하여 발생한 현금흐름으로 전환사채를 매수하는 거래로 높은 현금흐름을 보이는 투자전략이다. 예를 들어, 기초자산이 $100에 거래되는 주식의 전환사채를 10% 프리미엄을 더해 $110에 매수하였다고 가

정하자. 이때 전환증권 차익거래자는 프리미엄에 해당하는 $10만 있으면 포트폴리오 구축이 가능하다. 신용위험의 변화가 없는 상황에서 전환사채에서 5%의 이자가 나오고, 공매도 비용이 연 2%, 배당이 연 2% 발생했다고 가정하면, 구축된 포트폴리오에서는 $10을 투자하고 $1, 연 10%의 수익이 발생하게 된다. 전환사채 매수 당시 premium이 비싸지게 되면 수익률이 떨어지게 되는데, 앞의 예에서 보면 프리미엄이 15%인 경우에는 포트폴리오의 수익률은 연 6.7%로, 프리미엄이 20%인 경우에 포트폴리오의 수익률은 연 5.0%로 하락하게 된다.

전환사채는 일반적으로 이론가에 비해 낮게 평가되는데 그 이유로 ① 전환사채의 대부분 발행자가 투기등급의 채권으로, 적은 투자자들만 관심을 가지고 있어 시장의 유동성(liquidity)이 작고, ② 전환사채 발행자는 대부분 작은 규모의 기업으로 기업 분석가들의 분석이 많지 않고, ③ 투자자들은 단순하게 가격이 결정되는 평이한 증권 투자에 대한 선호를 들 수 있다.

과소평가된 전환사채를 발견하였다면, 수익기회를 잡을 수는 있겠지만, 거래비용과 레버리지 사용에 따른 이자 등은 차익거래 기회를 줄어들게 한다.

3 Volatility trading

(1) Delta hedging

전환증권의 델타(delta)는 기초주식 가격의 변동에 따른 전환증권 가격의 변동으로 표현되는데 델타는 전환증권 가격의 기초주식 가격에 대한 1계 도함수로 표현되며 이를 그림으로 표현하면 〈그림 4-9〉의 전환증권 가격의 접선으로 표시된다.

전환증권 차익거래는 전환증권의 매수와 델타만큼 매도되는 기초주식으로 구성되는데, 전환증권매수는 이론가에서 할인되어 거래되는 것에서 수익기회를 찾고, 주식 매도 포지션은 주식시장의 노출을 줄여주는 역할을 한다. 이때 헤지비율(hedge ratio)은 델타중립(delta-neutral) position을 구축하기 위하여 매도되어야 하는 주식의 수를 말한다. 예를 들어 전환사채의 가격이 $1,000, 기초자산의 주식 가격은 $50, 전환 가격은 $75, conversion premium은 50%, 전환사채의 delta를 0.65라고 가정하면 매도해야 하는 주식수는 8.6667[= ($1,000 ÷ $75) × 0.65]주가 된다.

델타중립 포지션은 기초주식 가격의 상승과 하락과 상관없이 항상 (+)의 수익을 추구해야 한다. 기초주식 가격의 상승에 따라 전환증권 가격의 접선의 기울기(델타)는 커지게 되고, 최고

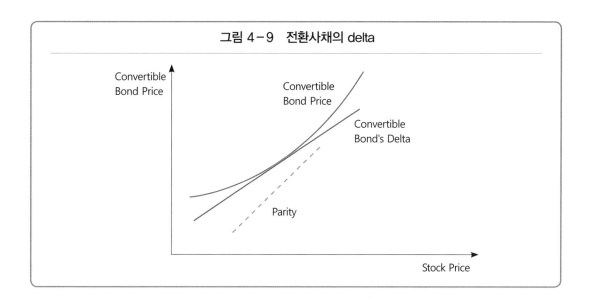

그림 4-9 전환사채의 delta

치는 100%이고, 기초주식 가격이 하락하게 되면 델타는 작아지게 된다. 이러한 델타의 변동에 따라 계속해서 기초주식 매도비율을 조정해 주는 것을 델타헤징(delta hedging)이라고 한다. 포트폴리오를 델타중립으로 유지하기 위해서 주식 가격이 상승하면, 델타가 커지게 되어 기초주식을 더 매도하고, 델타가 하락하면 주식을 숏 커버링(short-covering)해야 한다.

전환증권 차익거래는 convexity가 큰 전환증권을 좋아한다. 기초주식 가격이 상승하면 short position에서 그 상승폭만큼 손실이 발생하게 되고, convexity가 큰 전환증권의 경우, 전환증권 long position에서 기초주식 short position의 손실보다 더 큰 이익이 발생하게 된다. 반대로 convexity가 작은 전환증권의 경우, 기초자산 주식 가격이 상승하면 convexity가 큰 전환증권의 경우보다 작은 상승폭으로 전환증권의 가격이 상승하기 때문에 기초주식 가격 상승에 대해 작은 이익이 발생한다.

델타중립 position은 기초자산인 주식의 변동성을 매수한 포지션이다. 변동성을 매수하였다는 것은 기초자산인 주식의 가격이 오르든 내리든 움직이기만 하면 이익이 발생한다는 의미이다. 기초주식 가격의 변동성이 전환증권을 매수한 시점보다 상승하였다면 전환증권 차익거래는 (+)의 수익률을 보일 것이다.

(2) Balanced convertible

동일한 금액으로 전환증권을 매수하고 기초주식을 매도하는 차익거래 포지션을 구축하였다고 가정하자. 주식 가격이 상승하게 되면 전환 프리미엄은 작아지고, 기초주식 매도 부분에

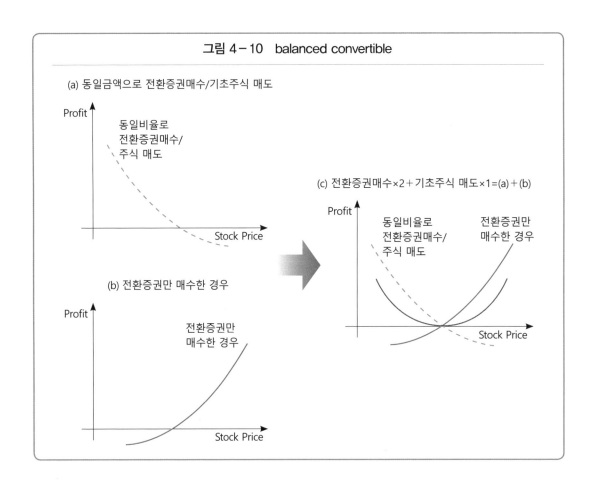

그림 4-10 balanced convertible

(a) 동일금액으로 전환증권매수/기초주식 매도

Profit

동일비율로
전환증권매수/
주식 매도

Stock Price

(c) 전환증권매수×2+기초주식 매도×1=(a)+(b)

Profit

동일비율로
전환증권매수/
주식 매도

전환증권만
매수한 경우

Stock Price

(b) 전환증권만 매수한 경우

Profit

전환증권만
매수한 경우

Stock Price

서도 손실이 발생하게 된다. 그러나 기초주식 가격이 하락하게 되면 전환증권에서는 프리미엄은 커지게 되고, 기초주식 매도 부분에서도 이익이 발생하게 된다. 기초주식 가격이 하락하여 전환증권이 bond floor에 접근하면 수익은 기초주식 가격의 하락에 비례하여 발생한다. 프리미엄이 증가하여 발생하는 이익이 차익거래 포지션에서 발생하는 이익보다 크다. 동일한 금액으로 전환증권을 매수하고 기초주식을 매도한 경우 헤지펀드 매니저는 주식 가격이 상승할 때보다 하락할 때 더 많은 이익을 얻게 되는데, 이를 그래프로 보면 좌우비대칭의 수익구조가 나오게 된다. 헤지펀드 매니저는 기초주식 가격의 상승·하락에 따라 손익이 결정되는 좌우비대칭의 수익구조를 좋아하지 않는다(〈그림 4-10〉 (a)의 경우).

또 전환증권만 매수한 경우를 고려해 보자. 기초주식 가격이 상승하게 될 경우 전환 프리미엄이 줄어들면서 손익은 천천히 상승하면서 전환증권매수에 따른 손익곡선은 기초주식매수 포지션과 동일하게 된다. 반면 기초주식 가격이 하락하는 경우에는 전환증권의 가격은 주식시장의 변동성이 상관없는 bond floor에 접근하게 된다(〈그림 4-10〉 (b)의 경우).

두 개의 경우를 동시에 수행하게 되면 전환증권만 매수하는 포지션과 전환증권매수 포지션과 기초주식 매도 포지션을 동시에 보유하게 되고, 두 개의 전환증권을 매수하고 한 개의 주식을 매도하면 좌우대칭적인 수익구조를 얻게 된다(〈그림 4-10〉 (c)의 경우). 델타 50%에 가까운 전환증권을 balanced convertible이라고 부른다. 새롭게 발행된 전환증권의 경우, 델타가 50%에 가깝고 이 때문에 헤지펀드 매니저는 새롭게 발행된 전환증권을 선호하고 이에 대해서 높은 가격을 지불하게 되는 이유가 된다.

실제 트레이딩에서는 델타를 계산하는 것이 어려워, 프라이싱하는 데 있어 많은 경험을 요구하게 되고, 거래비용과 기초주식의 유동성 등이 차익거래를 구축하는 데 있어서 장애요인으로 작용한다.

그림에서와 같이 큰 폭의 주식 가격 변동은 헤지펀드 매니저에게 큰 이익을 가져다 준다. 이 때문에 헤지펀드 매니저는 변동성이 큰 기초주식의 전환증권을 매수하고 싶어 한다.

전환증권에서 옵션과 같이 만기에 가까워져 가면서 시간가치 감소(time decay)가 있는 것에 유의하여야 한다. 전환증권이 콜옵션과 채권의 하이브리드 채권이기 때문에 콜옵션이 보유하고 있는 time decay의 성질을 보여주게 되고, 이에 대한 민감도를 옵션 greek 중 시간의 변화에 따른 옵션 가격의 변화를 보여주는 theta를 이용하여 표현하기도 한다.

4 Gamma trading

감마(gamma) 트레이딩은 델타의 변화에 따른 기초주식 매매를 통해 추가적인 이익을 얻는 전략이다. 매일 전환증권 차익거래자는 기초자산인 주식의 매수/매도 주문을 내게 되는데, 이 때 주문 수량과 주문 빈도수를 결정하는 데 있어 감마에 의해서 결정하게 된다. 헤지펀드 매니저는 감마 트레이딩을 위해 다양한 매매 범위와 거래비용으로 백테스팅(back testing)하여 감마 트레이딩전략을 수립하게 된다. 감마가 작은 경우에는 델타의 변동이 작고, 델타중립을 유지하기 위하여 자주 매매할 필요가 없다. 반대로, 감마가 큰 경우에는 델타의 변동이 크고, 델타중립을 유지하기 위하여 자주 매매할 필요가 있다. Convexity가 크면 기초주식 가격의 움직임에 따른 헤지비율의 오차가 커지게 되고, 감마를 이용하여 수익을 얻을 기회는 더욱 커지게 된다.

5 Credit arbitrage

전환증권 차익거래를 수행함에 있어 헤지펀드 매니저는 전환사채 매수 포지션에 따른 이자율 변동 위험과 신용위험이 뒤따르게 된다. 전환증권매수에 따른 채권 부분의 가격 변화, 즉 이자율 상승 시 전환증권의 가격이 하락하게 되는 이자율 변동 위험이 발생하게 되는데 헤지펀드 매니저는 이를 헤지하기 위해 이자율 스왑거래(interest rate swap)를 수행한다. 또한 전환증권의 발행사에 대한 신용위험 노출은 CDS(Credit Default Swap)거래를 통해 헤지하게 된다.

section 05 채권 차익거래

1 Issuance driven arbitrage(snap trade)

Issuance driven arbitrage는 off-the-run채권이 on-the-run채권에 비해 유동성(liquidity)이 떨어져 할인되어 거래되는 현상을 이용하여 on-the-run채권이 off-the-run채권이 되면서 off-the-run채권이 on-the-run채권의 스프레드가 계속해서 줄어드는 현상을 이용한 차익거래 전략이다. On-the-run채권은 매수하고 off-the-run채권은 매도하는 포지션을 통해 스프레드가 감소할 때 이익을 발생시킨다.

2 Yield curve arbitrage

Yield curve arbitrage는 동일 국가에서의 채권으로 구성된 차익거래인 intra-curve와 2개 이상의 국가 채권으로 구성된 차익거래인 inter-curve로 구분된다. Intra curve 전략은 다시 ① yield curve flattener, ② yield curve steepener, ③ yield curve butterfly 3개로 구분된다.

Yield curve flattener는 수익률 곡선의 기울기가 작아질 것이 예상될 때(수익률 곡선이 flat해지

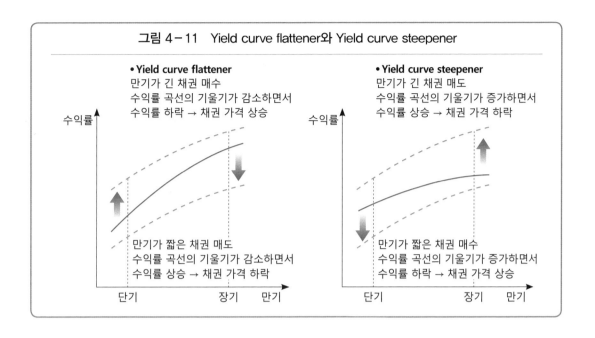

그림 4-11 Yield curve flattener와 Yield curve steepener

• **Yield curve flattener**
만기가 긴 채권 매수
수익률 곡선의 기울기가 감소하면서
수익률 하락 → 채권 가격 상승

만기가 짧은 채권 매도
수익률 곡선의 기울기가 감소하면서
수익률 상승 → 채권 가격 하락

• **Yield curve steepener**
만기가 긴 채권 매도
수익률 곡선의 기울기가 증가하면서
수익률 상승 → 채권 가격 하락

만기가 짧은 채권 매수
수익률 곡선의 기울기가 증가하면서
수익률 하락 → 채권 가격 상승

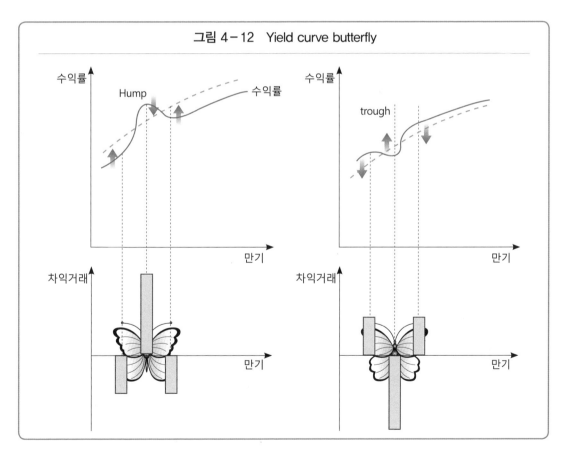

그림 4-12 Yield curve butterfly

면), 만기가 짧은 채권을 매도하고 만기가 긴 채권을 매수하는 전략으로 내재적으로는 변동성에 대한 매수 포지션이다. 이에 반해 yield curve steepener는 수익률 곡선의 기울기가 커질 것으로 예상될 때(수익률 곡선이 steep해지면), 만기가 짧은 채권은 매수하고 만기가 긴 채권을 매도하는 전략으로 내재적으로는 변동성에 대한 매도 포지션이다.

Yield curve butterfly는 수익률 곡선이 부드러운(smooth) 모습을 보여야 하는 속성에 착안한 전략으로 3개의 다른 만기를 가진 채권으로 구성된다. 만약 수익률 곡선이 낙타등(hump) 모양을 하면, 차익거래자는 나비 몸통의 채권을 매수하고 날개의 채권을 매도한다. 만약 수익률 곡선이 계곡 모양을 하면(trough), 차익거래자는 나비 몸통의 채권을 매도하고 날개의 채권을 매수한다.

수익률 곡선 기울기의 변화는 경제성장률, 통화정책 등 거시경제변수에 많은 영향을 받는다. 거시경제변수를 통해서 헤지펀드 매니저는 절대적인 이자율 수준을 예측하는 것이 아니고, 수익률 곡선의 모양을 예측한다. 헤지펀드 매니저는 이러한 전략들을 이용하여 ① steepener in the short-term tail of the British pound yield curve, ② steepener in the short-term tail of the Japanese yen yield curve, ③ flattener in the US yield curve 등의 전략을 구사할 수 있다.

3 Intermarket spread trading

Intermarket spread trading은 이종통화 간 수익률 곡선 차익거래를 말한다. 예를 들어 헤지펀드 매니저는 10년 만기 미국 국고채를 매수하고 10년 만기 독일 국고채(German Bond)를 매도하는 전략을 구사할 수 있다.

4 Future basis trading or Basis trading

미국 국채선물시장에서는 선물만기에 따른 short squeeze를 방지하기 위해서 선물의 만기 1개월 전부터 매도자는 매수자에게 미리 결정된 채권 바스켓 중에서 CTD(cheapest to deliver)를 선택하여 결제할 수 있는 권리를 가지고 있다. 이론적으로 만기에 CTD의 가격과 선물의 가격은 일치하게 되어 있지만, 하나의 선물계약에 대해 여러 가지 종류의 채권이 결제될 가능성이 있어, 어느 채권이 CTD가 될지 알 수 없다. 결제 가능한 채권들의 수익률이 변하면서 CTD도

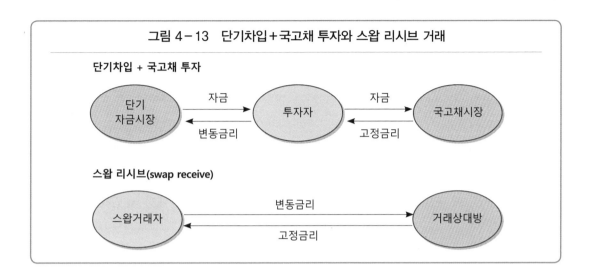

그림 4−13 단기차입＋국고채 투자와 스왑 리시브 거래

단기차입 + 국고채 투자

단기
자금시장 → 자금 → 투자자 → 자금 → 국고채시장
단기
자금시장 ← 변동금리 ← 투자자 ← 고정금리 ← 국고채시장

스왑 리시브(swap receive)

스왑거래자 → 변동금리 → 거래상대방
스왑거래자 ← 고정금리 ← 거래상대방

변한다. 선물계약에 내재된 delivery 옵션은 CTD인 채권이 변하는 확률에 의해서 발생하고, 선물 매도 포지션은 delivery 옵션을 매수하는 포지션이 내재되어 있다. Delivery 옵션에 대한 평가가 시장참여자별로 달라 채권시장, 선물시장, 옵션시장의 괴리가 발생할 수 있고, 이러한 괴리가 차익거래자에게는 수익기회가 된다.

5 │ Swap spread trading

Swap spread trading은 국채와 스왑거래 간에 발생하는 스프레드를 바탕으로 한 차익거래이다. 단기에 자금을 빌려 국채를 매수하게 되면 변동 지급/고정 수취의 현금흐름이 발생하는데 이것이 스왑 리시브(swap receive : 변동 지급/고정 수취)와 동일한 현금흐름이 된다. 스왑커브는 스왑거래에서 지급되는 고정금리를 기준으로 작성되는데, 스왑 커브가 국고채 커브와 일치하지 않는 경우가 종종 있다. 이러한 불일치가 차익거래자에게는 수익기회가 된다.

모든 통화는 각자의 스왑 커브를 가지고 있으며, 이를 이용하여 ① steepener on the swap curve of Australian dollar, ② butterfly on the swap curve of pound sterling, ③ steepener on the long tail of the swap curve of the US dollar, ④ flattener on the tail of the swap curve of the Norwegian crown과 같은 거래를 만들어 낼 수 있다.

6   Capital structure arbitrage

Capital structure arbitrage 전략은 한 회사가 발생한 다양한 자본구조의 증권들 간에 차익거래를 말한다. Capital structure arbitrage 전략은 동일한 발행인의 두 개의 증권 간 발생하는 불균형과 불일치를 이용하기 위한 전략이다. 동일한 발행자의 증권 간 상대가치에 투자하므로 헤지펀드 매니저는 구조적 시장위험(systematic market risk)을 헤지할 수 있다. Capital structure arbitrage 전략으로 다양한 형태의 차익거래를 수행할 수 있는데, 예를 들면 ① bonds vs equity, ② bonds vs bonds, ③ bonds vs CDS, ④ CDS vs stock option, ⑤ bank debt vs CDS, ⑥ euro denominated vs USD denominated, ⑦ secured debt vs unsecured debt 등의 거래를 수행할 수 있다.

7   Long/Short credit과 Credit pair trading

신용파생상품의 발달로 헤지펀드 매니저는 CDS(Credit Default Swap)거래로 기초자산이 없이 신용위험을 Long/Short할 수 있다.

CDS long position은 기초자산의 신용위험을 거래상대방에게 전가하는 것(신용위험 보장매입 포지션)으로 신용 스프레드가 넓어지면 이익이 증가하고, CDS short position은 기초자산의 신용위험을 거래상대방으로부터 수취하는 것(신용위험 보장매도 포지션)으로 신용 스프레드가 축소되면 이익이 증가한다.

신용평가기관에 의해 작성되는 신용평가보고서에 의존하면 일반투자자들과 비슷한 투자의사결정을 내리게 되므로, 헤지펀드 매니저들은 기업실사(due diligence), 정량적인 분석, 지속적인 모니터링 등의 활동을 통해 신용평가보고서와 다른 수익 기회를 찾게 된다. 헤지펀드 매니저는 거시경제가 신용 스프레드에 미치는 영향을 분석하기 위해 통화, 일반상품(commodity)시장, 주가, 변동성, Z-score 등을 분석한다. 헤지펀드 매니저는 회사채에 대해서 Long/Short 포지션을 구축하고 각자의 신용분석에 기반하여 추가적인 수익을 추구하게 된다. 헤지펀드 매니저의 회사채에 대한 순 노출(net exposure)은 거시경제 변화에 따라 변화할 수 있다. 헤지펀드 매니저는 이러한 기업 신용평가를 이용하여 동일산업 내 두 개의 기업에 대해 상대가치의 불균형을 포착하고 이를 수익원화한다.

8   Carry trade

Carry trade는 낮은 금리로 자본을 조달하여 높은 금리에 투자하는 전략이다. Intra-curve 전략은 동일 통화 간 차입과 투자를 하는 전략으로 3개월 금리로 돈을 빌려 10년 만기 채권을 매수하는 전략을 예로 들 수 있다. Inter-curve 전략은 이종통화 간 차입과 투자를 하는 전략으로 미국에서 돈을 빌려 터키 국공채를 매수하는 전략을 예로 들 수 있다. Inter-curve 전략은 이종통화로 구성되는 전략으로 포지션 구축 시 환율 변동 위험을 반드시 고려해야 한다.

9   Break-even inflation trades

Break-even inflation trades는 물가상승에 대한 시장의 기대를 실현할 수 있는 투자전략이다. 일반적으로 인플레이션이 예상되면 물가연동채권(Treasury Inflation Protected Securities : TIPS)을 매수하고 동일한 만기의 국공채를 매도하고, 디플레이션이 예상되면 물가연동채권을 매도하고 동일한 만기의 국공채를 매수하는 전략을 구사한다. 이러한 포지션 구축을 통해 헤지펀드 매니저는 이자율 변동 위험을 제거하고 인플레이션 관련 위험만 수익원화할 수 있다. 여기서 유의할 점은 10년 만기 채권을 이용한 경우에는 10년 평균 물가상승률에 대한 예측에 기반하여 투자의사결정을 내려야 하고, 5년 만기 채권을 이용한 경우에는 5년 평균 물가상승률에 대한 예측에 기반하여 투자의사결정을 내려야 한다.

10   Cross-currency relative value trade

Cross-currency relative value trade의 기본 아이디어는 통화가 다르다고 하더라도 한 기업이 발행한 회사의 경우 하나의 부도확률만 존재하므로, 예를 들어 미국 기업이 발행한 미국 달러 표시 채권과 유로화 표시 채권은 동일한 신용스프레드를 가져야 한다는 생각에서 출발한다. 그러나 실제 시장에서는 ① 채권 만기의 차이, ② 채권이 거래되는 시간대의 차이, ③ 채권 매수자의 차이, ④ 전략수행을 위한 조달비용의 차이 등으로 시장 간 신용스프레드의 차이가 발생한다. 앞의 예에서 헤지펀드 매니저는 미국 기업이 발행한 유로통화 표시채권보다 미국통화 표시 채권의 수요기반이 탄탄하고 악재에도 둔감한 반응을 보인다는 점에 착안하여 차익거래를 수행한다. 구축된 포트폴리오는 ① 환율 변동 위험에 대한 노출이 없어야 하며, ② 이자율 변동 위험에 대한 노출이 없어야 하며, ③ 신용위험에 대한 노출이 없어야 한다.

11 Treasuries over Euro-dollars(TED) spread or International credit spread

TED 스프레드 거래에서 헤지펀드 매니저는 미국 국공채를 매수하고 동일한 만기의 유로 달러 계약을 매도한다. 광의의 TED 스프레드는 동일 통화의 스왑거래로 헤지된 국공채 투자 이다. TED 스프레드는 동일 만기의 국공채와 LIBOR 금리의 차이로부터 수익을 취하는 전략 이다.

section 06 무상증자 이벤트 전략

❶ 무상증자 권리락일에 해당 종목의 주가가 높은 확률로 상승하는 이례적 현상을 이용하 는 전략. 무상증자 신주는 권리락일 2~3주 후에나 교부되므로 이를 감안한 전략 필요

❷ 무상증자 비율(r)이 높을수록 권리락일에 착시에 의한 주가 상승이 높은 경향

❸ 무상증자 기업의 주식을 권리락일 전일 종가에 N주 매수하고 N주에 대하여 교부받을 신주(Nr)만큼 전일 대차하여 권리락일 매도 준비

❹ 권리락일 주가가 상승(또는 급등)하면 대차물량을 포함한 전체 보유 물량을 차익 실현

❺ 신주 교부일에 교부받은 신주로 대차한 물량 전량 상환

❻ 권리락일 확정 수익 : (권리락일 주가-권리락 전일 수정주가)×권리락일 매도 물량

글로벌 매크로 전략

거시경제 분석을 바탕으로 특정 국가나 시장에 제한되지 않고 전세계를 대상으로 역동적으로 자본을 운용하는 전략으로 여러 헤지펀드 투자전략 중 가장 광범위한 자산에 다양한 투자수단(공매도, 레버리지, 파생상품 등)을 사용하여 제약 없이 투자한다.

❶ George Soros의 Quantum Fund가 최초의 글로벌 매크로 펀드로 인식되며 영국과 이탈리아 통화에 대한 대규모 숏의 성공으로 주목을 받았고 90년대 초반은 Robertson, Steinhardt 등도 글로벌 매크로 펀드로 스타일 전환하는 등 매크로 펀드의 황금기 장식

❷ 투자 결정 시 경제상황에 대한 분석방법으로는 전형적인 Top−Down방식을 사용하는데, 먼저 거시경제적 측면에서의 불균형 상태를 찾고 이러한 불균형이 균형으로 회귀한다는 가정하에 관련된 금융변수를 찾아 방향성을 갖고 투자. 즉 여러 거시경제변수에 대한 계량분석에 의해 변수들의 방향을 예측하여 투자를 수행. 최근에는 기술적 분석을 통한 가격 변화의 추세 또는 패턴에 대한 분석이 추가

❸ 개별 투자자산을 선택 시 유동성이 풍부한 외환, 국채, 원자재 등에 대한 투자를 선호

❹ 최근 전략 간 경계가 모호해지면서 글로벌 매크로 펀드 구분 시 투자전략/투자자산의 차이보다 투자 결정 시 시스템과 매니저 재량 중 무엇에 더 의존하는가가 더 중요해짐

chapter 05

특별자산 펀드

특별자산 펀드의 개요

특별자산 펀드는 펀드재산을 주로 특별자산에 투자하는 펀드이다. 특별자산 펀드는 주로 실물자산(commodity)을 투자대상으로 하며, 실물자산은 농산물, 축산물, 임산물, 광산물, 에너지에 속하는 물품 및 이 물품을 원료로 하여 제조하거나 가공한 물품, 그 밖에 유사한 것을 의미한다. 실물자산은 주식, 채권과 달리 물가가 오르면 동반 상승하는 인플레이션 헤징 효과가 있기 때문에 전통적인 투자대상에 실물자산 펀드를 추가하였을 경우 효율적인 포트폴리오 구성이 가능하다.

주식이나 채권과 같은 자본자산은 미래 현금흐름의 순현재가치로 평가를 할 수 있다. 즉, 기대현금흐름과 할인율은 자본자산의 가치를 측정하는 데 있어 주요 요소이다. 그러나 실물자산은 주식이나 채권과 같이 지속적인 수익에 대한 권리는 제공되지 않는다. 결과적으로 실물자산은 순자산가치로 평가되지 않으며 이자율은 그 가치를 결정하는 데 있어 영향을 적게 준다. 자본자산과 달리 실물자산의 다른 특징은 실물시장의 성격에서 알 수 있다. 세계적으로 실물자산시장은 모두 달러로 표시된다. 또한 실물자산의 가치는 글로벌 시장의 지역적인 불균형보다는 글로벌 시장의 수요와 공급의 불균형에 의존한다.

실물자산은 주로 공산품의 원자재나 식량으로 사용되며 공급은 제한되어 있는 것이 특징이며 최근 수년간 중국, 인도 등 이머징마켓의 높은 경제성장으로 높은 가격 상승을 보여주고 있다. 따라서 실물자산에 대한 투자가 많은 관심을 얻고 있으나 실물자산은 보관, 운송, 평가, 유동성, 처분방법 등의 측면에서 직접 실물자산에 투자하는 상품으로 연결시키기는 제약사항이 많아 상품으로 개발된 사례는 많지 않고, 실물자산과 관련된 선물 등 파생상품시장에 투자하는 펀드와 실물자산과 관련하여 주로 비즈니스를 하는 기업의 주식에 투자하는 펀드들이 시장에 선보여왔다. 그러나 이러한 기업의 주식들은 주식시장 움직임에 많은 영향을 받으며 또한 실물자산의 가치 그대로가 직접적으로 기업의 주가에 영향을 미치지는 않기 때문에 일반적으로 말하는 분산투자의 효과를 누리기엔 다소 거리감이 존재한다.

현재 우리나라에서는 직접적인 실물자산에 대한 투자보다는 실물자산 관련 기업에 투자하는 주식형 펀드 형태 또는 실물에 투자하는 SPC의 지분에 투자하는 형태, 선물시장 등 파생상품을 통해 실물에 투자하는 펀드 등이 특별자산 펀드로 개발되어 판매되고 있다.

section 02 특별자산 펀드의 운용

1 특별자산 펀드의 유형

앞서 언급한 것처럼 실물자산에 직접투자하는 것은 복잡성, 검토할 사항, 그리고 경험 등 많은 제약사항이 있어 직접적인 실물자산에 투자하는 것은 매우 어렵기 때문에 관련 지수상품이나 주식형 펀드로 운영되는 경우가 많다. 그러나 실물자산에 직접 투자하는 상품의 요구가 증가하고 있어 향후 직접적인 실물자산 관련 상품들이 개발될 여지는 많다.

현재 국내에서 선보인 특별자산 펀드는 ① 실물자산에 직접 투자하는 펀드, ② 실물자산 관련 해외펀드에 재간접 형태로 투자하는 펀드(Fund of funds), ③ 실물자산을 기초로 하는 선물이나 ETF(상장지수펀드)에 투자하는 펀드(파생상품 펀드 또는 ETF 투자펀드), ④ 상품지수에 연동하는 파생상품펀드, ⑤ 실물자산 관련 사업을 영위하여 실물자산의 가격의 변동에 영향을 받는 회사의 주식에 투자하는 펀드(주식형 펀드) 등의 형태로 운용되고 있다.

표 5-1 실물자산 펀드 투자형태별 주요 내용

투자형태	주요 내용
실물자산 펀드	• 직접 실물자산에 투자(예 : 와인펀드) • 실물자산 보관은 해외 수탁회사 • 해외 전문가를 통한 운용자문
재간접펀드	• 다양한 실물자산 관련 해외펀드에 분산하여 투자 • 해외에 설정된 실물 관련 주식형 펀드에 투자 • 실물 관련 지수를 추적하는 ETF에 투자
실물자산 인덱스/ 구조화상품 (Structured product)	• 실물자산을 기초로 하는 지수선물에 투자하는 펀드 또는 지수 수익에 연동되어 수익이 결정되는 장외파생상품(Note)에 투자 • 다양한 기초자산을 대상으로 상품화
실물자산 관련 기업에 투자하는 주식형 펀드*	• 실물자산 관련 사업을 영위하는 회사(금광채굴회사, 귀금속 유통회사, 금보유회사, 농산물 가공회사, 토지보유기업 등) • 광업주 펀드, 에그리 비즈니스, 천연자원 펀드 등

* 대체로 특별자산 펀드가 아닌 주식형 펀드로 분류된다.

2 특별자산 펀드의 투자유형

(1) 실물자산에 대한 직접투자(Purchase the Underlying Commodity)

투자자들은 경제적 가치를 획득하기 위해 기초 실물자산을 직접 구입할 수 있다. 실물자산의 직접적인 소유는 문제를 발생시킬 수 있다. 예를 들어 New York Mercantile Exchange에서 원유계약(crude oil contract)은 1,000배럴 단위로 거래할 수 있다. 따라서 원유에 투자하기를 원하는 투자자들은 최소한 1,000배럴의 저장능력을 가진 시설을 찾아야 한다. Chicago Board of Trade에서 거래되는 밀(Wheat)은 5,000뷰셸(Bushel) 단위로 거래된다. 대부분의 투자자들은 실물자산과 관련된 소유로부터 발생되는 저장비용을 부담해야 하며 또한 저장과 관련된 여러 이슈들에 대해 익숙해져 있지는 않다. 그러나 실물자산이 경제적인 부를 축적하여 두는 주요한 형태인 많은 국가들이 있다. 인도는 미국 다음으로 세계에서 가장 많은 귀금속을 소비하는 국가이다. 그 이유는 인도는 일반적인 금융서비스와 금융상품들이 지리적으로 멀리 떨어져 있어 부는 금, 은, 백금 형태로 소유하는 것이 편리하기 때문이다.

(2) 천연자원 기업(Natural Resource Companies)

실물자산에 투자할 수 있는 또 다른 방법은 실물자산의 매매로부터 수익의 상당 부분을 창출하는 기업의 증권을 소유하는 방법이 있다. 예를 들어 Exxon Mobile은 수익의 3/4이 탐사, 제련 그리고 석유제품의 판매에서 얻어지기 때문에 유가와 관련된 직접적인 투자방법이다. 그러나 이러한 직접적인 투자방법이 효과가 없을 수 있는 여러 가지 원인이 있다. 첫 번째로 Exxon Mobile의 주가의 일부분은 전체 주식시장의 움직임에 의존적이다. 즉 이러한 기업의 주식에 투자는 결국 기업고유의 위험뿐만 아니라 체계적 또는 시장위험에 노출되어 있다. 따라서 석유회사에 대한 투자는 주식시장에 상당히 노출되는 것을 의미하며 원유 그 자체에 대한 노출은 제한적이다. 둘째로 회사가 가지고 있는 고유한 위험이다. 셋째, 회사와 관련된 운영위험(operating risks)이 있다. 예를 들어 부채자본비율 그리고 영업레버리지 등 주가에 영향을 주는 재정정책이다. 결국 천연자원 기업에 대한 투자는 일반적으로 해당 실물자산의 가격 움직임에 낮은 베타를 가지고 있다.

(3) Commodity Futures Contracts

실물자산의 가격에 투자하는 가장 쉬운 방법은 실물 관련 선물계약(futures contract)이다. 선물계약은 여러 장점이 있다. 첫째로 선물은 거래소에서 거래되므로 주식거래소와 같이 동일한 장점을 가지고 있다. 즉 집중화된 시장, 투명한 가격결정, 청산소, 표준화된 거래단위와 조건 그리고 일일 유동성이 있다.

둘째, 선물거래는 기초 실물자산의 인도를 요하지는 않는다. 선물거래의 포지션을 청산하기 위해서는 반대매매를 시행할 수 있다. 이러한 방법은 투자자들이 실물인도를 걱정함이 없이 실물자산에 투자할 수 있다. 사실 모든 선물거래의 약 1%만이 기초 실물자산을 인도한다.

셋째, 선물거래는 실물자산 투자에 대한 전체 금액을 지급할 필요는 없다. 선물거래는 전체 선물거래금액의 일부만 지급을 요구한다. 이것을 개시증거금(initial margin)이라 한다. 증거금 요구액은 전체 기초자산 거래금액의 10% 미만이다. 개시증거금은 기초 실물자산의 인도를 보장하기 위한 신의성실과 관련된 예탁금이다.

매일매일 기준으로 선물계약의 가치는 변동한다. 선물시장의 가격 변동성은 투자자들의 증거금이 증가하거나 감소하게 된다. 이것은 변동 증거금(variation margin)이라 한다. 선물계약의 가격이 상승하게 되면 매수 선물 포지션에서는 양(+)의 변동 증거금이 생기고 투자자들은 인출할 수 있다. 반대로 매도 선물 포지션을 보유한 투자자들의 경우 선물 가격의 상승은 음(−)

의 변동 증거금이 생긴다. 유지증거금(maintenance margin) 증거금 계좌가 유지하여야 할 최소한의 금액이며 대개 개시증거금의 75~80% 수준이다. 변동 증거금이 유지증거금 수준 이하로 내려가면 투자자들은 선물회사로부터 마진콜(margin call)을 받는다. 마진콜을 통해 추가적인 현금을 요구하여 개시증거금 수준으로 높이게 한다. 투자자들이 마진콜을 충족하지 못할 경우에는 선물회사들은 투자자들의 포지션을 청산할 권리를 갖는다.

그러나 선물거래 포지션을 취하는 데 있어 단점도 있다.

첫째, 투자자들은 기초자산의 실물인도 없이 실물자산 가격에 노출되기를 원하는 경우에는 지속적으로 보유하고 있는 선물 포지션을 정리하고 다시 신규 선물거래를 하여 새로운 포지션을 취해야 한다. 선물계약의 롤링(rolling)은 선물시장의 만기구조에 따라 비용이 들 수 있다.

둘째, 선물 매수 포지션을 취했을 경우 가격이 하락하게 되면 지속적인 마진콜을 발생하게 된다. 따라서 선물 가격에 따른 추가적인 입금 또는 인출은 전통적인 매수 관점의 증권거래보다 많은 업무량을 요구한다.

(4) Commodity Swap and Commodity Forward Contracts

실물 스왑이나 선도거래는 실물 선물과 동일한 경제적 기능을 갖는다. 그리고 개인투자자들에게 맞춤식 상품을 제공해준다. 투자자들이 원하는 실물자산 투자를 제공해주는 반면 유동성이 적다. 투자자들은 만기 전에 계약을 해지하기를 원할 경우 투자자들에게 선도거래나 스왑을 매도한 거래상대방과 가격을 협상해야 한다. Commodity swap이나 선도거래는 거래소에서 거래되지 않는다. 표준화된 조건과 가격이 있어 상장되어 거래되는 상품(exchange traded products)들이 commodity swap이나 선도계약보다 더 높은 유동성을 제공한다. 가장 중요한 장점은 사적인 계약이고 공개시장 밖에서 거래되고 있기 때문에 commodity 투자전략에 대해 알려지기를 원하지 않는 투자자들에게 있어 commodity swap이나 선도계약은 공개시장에서 허용되어 있지 않은 추가 이익의 기회를 제공해준다.

(5) Commodity Linked Notes

이 방법은 금융공학과 실물시장이 교차되는 곳이다. 간단한 형태로 commodity linked note는 중기의 만기를 가지고 있는 채무증서이다. 그리고 이 상품의 만기 시점에서의 가치는 기초자산인 상품선물시장 또는 바스켓 상품선물의 가치가 된다. Commodity linked note는 다양한 장점을 가지고 있다. 첫째, 투자자들은 선물계약을 rolling할 걱정을 하지 않아도 된다. Note에 내재된 실물자산의 가치를 헤지하기 위해 선물계약을 이월하는 것은 note의 발행자가 한다.

둘째, note는 채무증서이다. 많은 투자자들은 commodity에 대한 투자제한이 있다. 그러나 채무증서를 통해 실물자산에 대한 투자를 수행할 수 있다. Note는 발행자의 대차대조표상의 채무로서 기록되어 있으며 다른 채무증서와 같이 note도 확정된 쿠폰이율 그리고 만기를 가지기도 한다. 마지막으로 note 보유자들은 개별 실물자산의 가격 또는 바스켓 가격과 관련하여 tracking error를 걱정할 필요가 없다. 이것은 발행자가 부담한다.

실무적으로 commodity linked note는 실물자산 선물이나 옵션의 가격에 연동되어 있다.

3   Commodity 시장의 이해

Commodity 선물시장 곡선은 소비, 생산 그리고 헤징과 관련되어 있으며, 이자율의 기간구조(term structure)와 같이 우상향 혹은 우하향한다. 이러한 곡선의 차이는 헤지거래자(hedger)와 투기자(speculator)의 행동에 따라 결정된다. Commodity 생산자들은 가격 위험을 경영위험으로부터 분리하기를 원한다. 이것은 선물계약을 매도하여 헤징을 할 수 있다. 그러나 한편으로 선물계약을 매수하여 가격 위험을 가지기를 원하는 투자자들이 존재하게 되는데, 이를 speculator라 한다. 생산자(producer)는 speculator에게 가격 위험을 전가한다. 이와 반대로 speculator는 이러한 위험에 대한 보상을 받아야 한다. Speculators는 선물의 spot price보다 작은 가격으로 생산자로부터 선물계약을 매수함에 의해 보상을 받는다. Commodity futures contract에서 정한 가격은 expected futures spot price보다 낮을 것이다. Speculator는 선물 가격과 expected spot price의 차이를 보상받는다.

$$E(S_t) > F_t \qquad\qquad (5-1)$$

$E(S_t)$ = the expected spot price of the underlying commodity at time t

       (the maturity of the futures contract)

F_t = the agreed upon price in the futures contract to be paid at time t

만기까지 이와 같은 공식이 성립되면 speculator는 $S_t - F_t$의 수익을 얻게 된다. 그러나 확실한 것은 없다. 실물 가격은 변동하게 되고 따라서 합의된 선물 가격이 만기 시점에 spot price보다 높아질 수 있다. 이때는 $F_t - S_t$만큼 손실을 보게 된다. 이러한 위험은 생산자가 speculator에게 전가하는 것이다. 따라서 speculator는 가격 위험을 지는 것에 대한 대가로 보상을 받기 위해 선물 가격 F_t가 Expected future spot price인 S_t 대비 충분히 할인(discount)되어야 한다. 선물시장의 이러한 상황을 normal backwardation이라 한다.

백워데이션(backwardation)이란 용어는 John Maynard Keynes가 처음 사용했는데 commodity producer는 실물시장에서 원래 헤져(hedger)이고 따라서 가격 변동 위험을 부담시키기 위한 유인 목적으로 speculator에게 위험 프리미엄(risk premium)을 제공할 필요가 있다. 위험 프리미엄은 $E(S_t) - F_t$이며 반대로 hedger는 기대되는 성과(expected payoff)가 다소 negative하더라도 위험을 줄이기 위해 계약을 할 것이다. 백워데이션 상황에서는 곡선은 우하향이다. 선물 계약이 장기면 장기일수록 expected future spot price보다 더 많은 할인을 해야 한다. 그러므로 장기선물계약은 단기선물계약보다 더 가격이 낮다.

백워데이션 상품시장의 반대 상황은 콘탱고 시장(contango market)이라 한다. 콘탱고 시장하에서 expected future spot price(S_t)은 current futures price (F_t)보다 낮다. 콘탱고 상황은 기초자산인 commodity가 부족할 때 나타난다. 예를 들어 A사는 비행기를 제조하기 위해 알루미늄이 필요하며 알루미늄가격 상승에 대한 위험에 노출되어 있다. 이런 위험을 헤지하기 위해 A사는 알루미늄 선물계약을 매수함에 의해 위험을 줄일 수 있다. 이를 위해 speculator가 선물계약을 매도하도록 시장에 유인하여야 한다. 따라서 A사는 expected future spot price보다 더 큰 가격 F_t에서 선물계약을 매수해야 한다. 따라서 콘탱고 시장에서 헤져는 순매도보다는 순매수 포지션을 가진다. 헤져들은 speculator가 매도 포지션을 취할 수 있도록 하기 위해 expected future spot price보다 높은 프리미엄을 지불한다. 만기가 다가오면서 선물 가격은 현물 가격에 일치하게 되면서 선물 가격은 하락하게 된다.

콘탱고 시장은 우상향으로 선물 가격 곡선을 나타낸다. 장기선물계약은 speculator가 장기간에 걸친 가격 위험을 부담하는 대가로 더 높은 선물 가격의 프리미엄을 요구함에 따라 단기선물계약보다 가격이 높다.

백워데이션과 콘탱고 시장은 기초 실물자산의 수요와 공급에 의해 결정된다. 1999년 초 원유시장은 이라크의 증산, 아시아 경제 둔화, OPEC의 감산 협정 무산 등으로 시장은 공급이 증가하였으며, 이 시기에 신물시장은 콘탱고 시장이었다. 백워데이션과 콘탱고 시장은 주어진 기간에 누가 상품 가격 변화 위험을 부담하는가에 따라서 다르게 나타날 수 있다. 2005년 말 이라크 불안, 허리케인 카트리나의 충격 등으로 원유 가격은 상승하였다. 원유소비자들은 이러한 가격 상승 위험을 줄이기 위해 선물계약을 매수하였고 expected future spot price보다 더 높은 future price에서 선물계약을 매수함에 의해 speculator에게 위험 프리미엄을 지급하면서 콘탱고 시장을 형성하였다.

상품선물시장에서는 대부분의 기간 동안 백워데이션의 모습을 보여주었다. 특히, 원유시장은 약 70%가 백워데이션이다. 그 이유는 백워데이션 시장은 상품생산자의 생산을 촉진시키기 때문이다. 이는 생산자의 입장에서 즉시 생산에서 높은 가격으로 매각하는 것이 나중에 생산해서 매각하는 것보다 더 좋은 가격에 판매할 수 있기 때문이다. 그러나 2005년 원유시장처럼 위험이 생산자로부터 소비자로 이전되는 시기에는 콘탱고 시장으로 전개된다. 즉 지속적인 가격 상승으로 인해 상품 소비자들은 위험을 회피하고자 하며 원유시장에서 헤져가 된다. 반면에 speculator들은 상품시장이 백워데이션이나 콘탱고 시장이 되는 것에 대해 개의치 않는다. 단지 그들은 위험에 대한 대가로 적정한 프리미엄을 받는 것에 대해서만 관심을 가진다. 시장이 백워데이션이라면 할인된 가격으로 헤져로부터 선물계약을 매수할 것이고, 콘탱고 시장이라면 프리미엄으로 선물계약을 매도할 것이다.

4　Commodity Futures Index

(1) 수익의 원천(Source of Index Return)

레버리지가 없는 상품지수(unleveraged commodity index)를 투자하여 얻을 수 있는 총수익에는 기초자산의 가격 변화(price change), 담보수익률(collateral yield) 그리고 roll yield가 있다.

❶ Spot price : 현물시장의 상품 가격은 소비자와 생산자 사이에 위험에 대한 회피 수준과 수요와 공급에 의해 결정. 현물시장에서의 가격 변화는 선물시장에서의 가격 변화에 직접적으로 반영

$$F = S e^{(r+c-y)(T-t)} \tag{5-2}$$

F : the Futures price

S : the Current spot/cash price of the underlying commodity

r : the risk−free rate of return

c : cost of storage

y : convenience yield[1]

$T-t$: the time to maturity of the contract

1　Convenience yield는 실물자산 소유로부터 발생하는 수익(benefit)이며 실물자산 소유비용을 줄여준다. 즉 실물자산을 리스하고 받는 수수료 등을 의미한다.

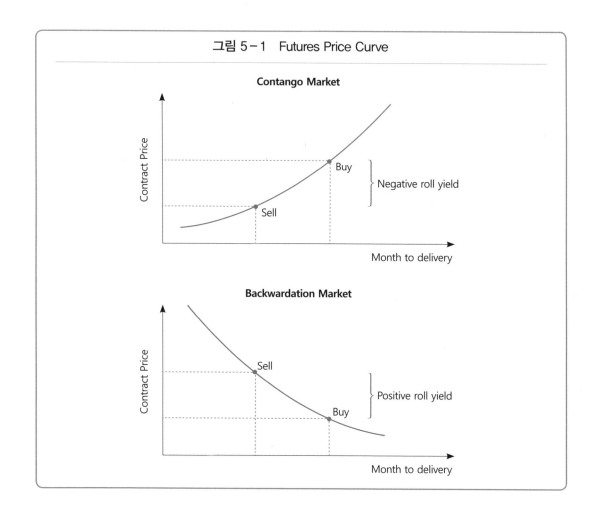

그림 5-1 Futures Price Curve

Contango Market

Contract Price

Buy

Sell

Negative roll yield

Month to delivery

Backwardation Market

Contract Price

Sell

Buy

Positive roll yield

Month to delivery

❷ 담보수익률(collateral yield) : 담보수익률은 futures index의 액면금액을 담보하는 데 매입한 US T-bill에서 발생한 이자를 말함. 예를 들어 commodity futures index에 1달러를 투자할 경우 투자자는 투자된 선물지수 1달러와 투자한 US T-bill 1달러에 대한 이자를 받음. 담보수익률은 총수익의 중요한 일부분

❸ Roll yield : Roll yield는 상품선물 투자 시 명확한 수익원. Roll yield는 상품선물의 기간구조에서 발생되는 보유기간 수익률을 말함. 시간이 경과함에 따라 현물 가격은 선물 가격에 수렴하게 될 것이고 만기 시점에서는 일치하게 됨. 따라서 roll yield는 선물 가격 변화에서 현물 가격의 변화의 차이를 말함

$$Roll\ yield = (F_T - F_t) - (S_T - S_t) \qquad\qquad (5-3)$$

F_t : the current price of the futures contract

F_T : the last period's price of the futures contract

S_t : the current spot price of the underlying asset

S_T : the last period's spot price of the underlying asset

Positive roll yield는 선물 가격이 현물 가격보다 낮은 백워데이션 시장에서 발생한다. Commodity를 보유한 투자자들은 미래의 가격 변동 위험을 헤지하기 위해 기꺼이 프리미엄을 지불하려고 한다. Speculator들은 미래 현물 가격과 관련된 불확실성을 지는 대가로 할인을 받는다. 시간이 경과함에 따라 이러한 위험은 감소되어지고 할인은 줄어들게 된다.

Negative roll yield는 콘탱고 시장에서 발생한다. 선물 가격은 현물 가격보다 높다. Commodity가 필요한 투자자들은 미래에 발생할 가격 변동 위험을 헤징하기 위해 프리미엄을 지불한다. Speculator는 미래 현물 가격과 관련된 불확실성을 취한 대가로 프리미엄을 받는다. 시간이 경과함에 따라 리스크는 감소되고 프리미엄도 줄어들게 된다.

선물 가격은 현물 가격으로 수렴됨에 따라 만기가 가까워질수록 roll yield는 더 커지게 된다. 즉 백워데이션 시장에서는 수익이 발생하지만 콘탱고 시장에서는 손실이 발생한다.

(2) Commodity index(상품지수)

Commodity index는 주식 관련 지수와 똑같이 다양하고, 투명하고, 유동성이 있으며, 인덱스를 구성하고 있는 하위지수에 대해 거래할 수 있고, 바로 시장에서 거래 가능한 특징을 가지고 있다. 연기금과 같이 직접적으로 commodity futures index를 거래할 수 없는 투자자들은 commodity linked note를 통해 투자할 수 있다.

펀드매니저들은 두 가지 방식으로 commodity futures index를 사용할 수 있다. 첫째 투자대상 자산(asset class)로서 commodity에 대한 전망을 가지고 전략을 실행할 수 있으며 비즈니스 사이클을 고려하여 주식이나 채권 대비 초과수익을 얻기 위해 전술적인 투자(tactical bet)를 할 수 있다. 둘째, 소극적인 포트폴리오 분산을 위해 commodity futures index를 사용할 수 있다.

주요 지수로는 S&P Goldman Sachs Commodity Index(S&P/GSCI), Reuters/Jefferies CRB Commodity Index(RJ/CRB), Rogers International Commodity Index(RICI), Dow Jones-AIG Commodity Index(DJ/AIGCI), UBS Bloomberg CMCI(UBS/CMCI), Deutsche Bank Liquid Commodity Index(DBLCI)가 있다.

Managed futures는 실물자산, 금융자산 그리고 통화에 대한 선물계약 또는 선도계약을 통해 적극적으로 운용하는 것을 말한다. Managed futures의 목적은 트레이더가 적극적인 운용을 통해 선물 가격의 변화로부터 이익을 얻는 것을 목적으로 한다. Managed futures는 skill based 투자이며, 운용자의 특별한 지식과 통찰력을 사용하여 수익을 얻는다. 여기에는 ① public commodity pool, ② private commodity pool, ③ Individual managed account 세 가지 방법이 있다.

Commodity pool은 선물시장에 투자하려는 목적을 가지고 있는 투자자들의 자금을 모은 투자펀드이다. 헤지펀드와 유사한 구조이며 헤지펀드의 한 부분으로 간주되기도 한다. Commodity pool은 general partner에 의해 운용되며, commodity pool operator(CPO)로서 CFTC(Commodity Futures Trading Commission)와 NFA(National Futures Association)에 등록하여야 한다. Public commodity pool은 뮤추얼펀드처럼 일반 대중들로부터 공모하며 SEC(Securities Exchange Commission)에 등록을 요하며 CFTC에 보고서를 제출한다. Public commodity pool은 낮은 투자금액으로 투자가 가능하고, 높은 유동성(liquidity)을 제공한다. Private commodity pool은 기관투자자와 부유층을 상대로 사모로 판매함에 따라 SEC에 등록의무가 면제된다. Account의 특성에 따라 다르지만 CFTC에 보고의무를 피할 수 있으며, public commodity pool 대비 낮은 수수료를 적용하고, 투자전략을 수행하는 데 있어 융통성이 크다.

공모/사모 CPOs는 펀드를 운용하기 위해 CTA(Commodity Trading Advisor)라는 전문적인 자금관리자를 고용할 수 있다. 부유층 그리고 기관투자가들은 직접 CTA에 자금을 위탁할 수 있는데, 이를 individual managed account라고 부른다. 이런 별도계정을 통한 운용은 투자자들에게 투명한 성과와 특별한 투자목적을 달성할 수 있는 장점이 있다.

CPOs와 CTAs가 받는 표준화된 보수는 2% 운용보수와 20%의 인센티브 보수를 받는다. 그러나 일반적으로 운용보수는 0~3%, 인센티브보수는 10~30%에서 결정되고 있다.

chapter 06

Credit Structure

section 01 Credit Structure 시장 동향

1 국제 신용파생상품 시장의 성장

신용파생상품은 1990년대 초반 금융기관들의 헤지수단으로 사용되기 시작하였으나, 최근에는 주요 투자수단의 하나로 인식되고 있으며, 초기에는 금융기관들이 이자율스왑이나 통화스왑과 같이 단순히 신용위험 헤지의 수단으로 신용파생상품을 도입하였으나, 시장 발달로 보다 세밀한 신용위험 관리가 가능해지자 신용익스포저를 통한 수익창출의 기회로 사용하면서 급속히 성장하게 되었다.

국제 신용파생상품시장은 크게 4단계에 걸쳐 진화해 왔는데, 1단계는 1980년대부터 1990년대 초반에 이르는 시기로 은행들이 신용익스포저를 관리하기 위해 임시로 신용위험의 일부를 떼어내서 거래하기 시작한 것이다. 이 시기 만들어진 상품들은 신용파생상품으로 불리기는 어렵지만 일부 증권화된 자산 스왑의 경우 투자자에게 신용프리미엄을 지급하는 대신 부도 시 기초자산을 전부 양도하는 등 CDS와 유사한 형태를 가지고 있다.

2단계는 1991년부터 시작하여 1990년대 중·후반까지의 시기로 신용파생상품 중개시장이 출현한 시기이다. 이때부터 투자은행들이 파생상품 기술을 신용위험에 응용하기 시작하였고, 신용익스포저를 통해 수익을 올리려는 투자자들이 시장에 진입하였다. 특히 신용파생상품을 다른 투자자산이나 파생상품과 혼합하여 원하는 위험 수준의 합성증권을 만들어내는 구조화 기술이 출현한 시기이다.

3단계는 1990년대 후반부터 2003년까지 신용파생상품의 성숙기로 불리는 시기로 다른 파생상품들과 마찬가지로 다양한 신용파생상품들이 출현하고 거래되기 시작하였다. 이 시기에 single-name CDS가 출현하였으며, 투자은행들은 수요자들의 수요에 맞춰 주문·제작된 패키지 상품들을 합성해내기 시작하였다. 투자은행들도 헤지와 분산을 통해 다양한 포트폴리오를 운영하는 등 고유 익스포저를 갖고 위험을 관리하는 수단으로 이용하기 시작하였다. 규제 당국도 신용파생상품 시장의 성장에 따라 규제기준을 마련하기 시작하였으며, ISDA도 신용사건의 정의를 비롯해 신용파생상품 다양한 기준을 마련하고 정비하는 등 성장의 기틀을 마련한 시기이다. 2000년대 초반까지도 신용사건에 대한 개념의 모호성으로 인해 정착에 어려움을 겪고 있었으나, ISDA의 노력과 엔론 사태 등 수차례의 글로벌 신용위기를 겪으면서 신용파생상품의 필요성에 대한 인식을 공유하기 시작했다.

4단계는 2004년부터 현재까지의 시기로 신용파생상품의 지수화·표준화로 시장규모가 급격히 팽창하는 시기다. ISDA의 계약 표준화 노력과 함께 시장참가자인 투자은행들도 표준결제일을 마련하려는 등 다양한 노력을 경주하고 있으며, 헤지펀드 등 투기적 거래자들의 시장침여가 늘어나면서 시장 유동성이 급속히 확대되었으나, 시장 안정성 측면에 있어서 헤지펀드의 역할에 관한 논란이 발생한 시기이기도 하다. 2004년부터 기존 신용파생지수였던 iBoxx지수와 Trac−x지수가, 유럽에서는 iTraxx지수로, 북미지역에서는 CDX지수로 통합되어 시장의 대표적 지수로 자리매김하면서 지수 거래가 폭넓게 확산되어 나가고 있다. 초창기 지배적인 시장조성자였던 은행권의 비율이 현격히 떨어지는 가운데 헤지펀드의 참여율이 큰 폭 증가하는 모습을 보이고 있다.

2 국내 신용파생상품 시장

(1) 국내 신용파생상품 시장

외환위기 이전 국내 금융기관과 외국 금융기관 간에 소규모 거래가 이어지던 것이 외환위기 이후 더욱 축소되었으며, 2005년까지 정체가 지속되었다. 2003년 분식회계와 카드사태로 부실대출이 증가하면서 적극적 신용위험 관리보다는 보수적 운용 기조로 변화된 금융기관의 경영 행태에 기인하고 있다. 원화 신용파생상품의 경우 2006년 산업은행과 J. P. Morgan, 2007년 J. P. Morgan과 ABN 암로 사이에 거래되었으며, 외화표시 신용파생상품의 경우 일부 은행을 중심으로 CDO 투자 및 index 거래를 중심으로 이루어지다가 2008년 미국발 금융위기 이후 대규모 손실로 거래가 중지되었으나 최근 증권사를 중심으로 국내 기업의 외화표시 채권의 신용위험을 담보로 한 CLN과 FTD의 거래가 DLS의 형태로 이루어지고 있다.

(2) 국내 신용파생상품 시장의 참여자

주로 외화표시 신용파생상품 거래가 대중을 이루고 있으며, 상품별 거래로 살펴볼 때, CDS 및 CLN 거래가 높은 비중을 차지하고 있다. 국제 파생상품거래에 비해 CLN의 구성비가 높은 이유는 우리나라의 신용파생상품 취급 기반이 약한 상황에서 보험사를 중심으로 투자수익률 제고를 위해 외국 금융기관에서 제공하는 CLN 투자를 늘렸기 때문이다. 신용위험 관리에 대한 인식이 높아지며 CDS 관련 거래를 증가시키려는 움직임을 보이고 있지만 합성 CDO의 경우 제도적 제약으로 발행이 제한되고 있어 국제 파생상품 시장에 비해 전체 거래에서 차지하는 비중은 상대적으로 미미한 편이다.

외국계 금융회사는 주로 보장매입자이며 국내 보험사가 보장 매도자로 활동하였다. 초기 신용파생상품 시장은 보험사들의 CLN 관련 보장매도를 중심으로 고수익 투자목적의 거래가 주종을 이뤘으나, 최근에는 은행권의 신용위험 관리를 위한 보장매입 거래가 증가하고 있는 추세이다. 또한 보험사의 보장매도 거래가 감소하고, 증권사를 중심으로 고수익 목적의 보장매도 거래가 늘어나는 추세를 보이고 있다.

---

section 02 Credit Derivatives의 종류와 구조

1 Credit Default Swap(CDS)

CDS는 가장 간단하면서도 보편화된 형태의 신용파생상품으로서 준거자산의 신용위험을 분리하여 보장매입자가 보장매도자에게 이전하고 보장매도자는 그 대가로 Premium을 지급받는 금융상품으로, 보장 premium과 손실보전금액(contingent default payment)을 교환하는 계약이다.

　이러한 CDS는 가장 간단한 형태를 지니고 있기 때문에 다른 신용파생상품을 구성하는 데 가장 많이 사용된다. 특히 보장매입자 입장에서 신용위험을 전가했다는 사실을 차주가 알 수 없기 때문에 고객사와의 우호가 유지될 수 있다는 장점이 있다. 보장 매도자 측면에서는 초기 투자비용 없이(unfunded) 높은 수익률(yield enhancement)과 신용위험 노출 다변화(diversification)를 동시에 달성할 수 있다는 장점이 존재한다.

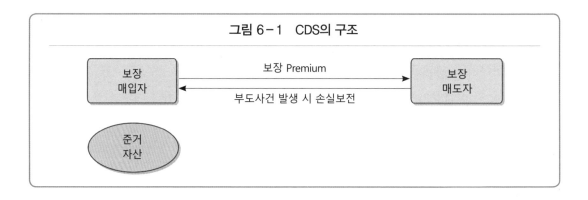

그림 6-1　CDS의 구조

2　Total Return Swap(TRS)

　TRS는 신용 위험뿐만 아니라 시장 위험도 거래 상대방에게 전가시키는 신용파생상품이다. 기존 자산 보유자는 총수익매도자(total return payer)로서 준거자산의 모든 현금흐름을 총수익 매입자(total return receiver)에게 지급하고 총수익 매입자는 시장 기준금리에 TRS spread를 가산한 금리를 지급하는 계약이다. 또한, TRS의 만기일에 준거자산의 가치보다 최초 계약일의 준거자산의 가치가 작을 경우 총수익매도자는 그 차이만큼을 총수익 매입자에게 지급해야 하며, 반대일 경우에는 총수익 매입자가 총수익매도자에게 그 차액을 지불하여야 한다. 즉, 실제 자산의 양도 및 취득은 발생하지 않았으나 거래 상대방 간에 이와 동일한 현금흐름을 발생시키는 효과를 발생시킨다.

　총수익 매도자 입장에서는 준거자산에 대한 신용위험과 시장 위험에 대한 노출을 한 번에 헤지할 수 있는 장점이 있다. 총수입 매입자는 만일 본인이 자본조달 비용이 높은 경제주체일 경우 실제로 준거자산에 투자하는 비용보다 더 낮은 비용으로 TRS를 통해 준거자산의 수익을 합성(synthesize)할 수 있게 된다.

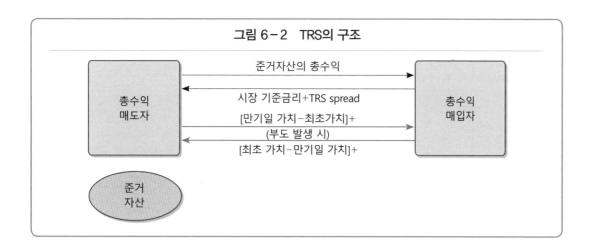

그림 6-2 TRS의 구조

준거자산의 총수익

시장 기준금리+TRS spread

[만기일 가치-최초가치]+

(부도 발생 시)

[최초 가치-만기일 가치]+

총수익
매도자

총수익
매입자

준거
자산

일반적으로 TRS계약에 의하여 현금흐름과 이에 따른 위험은 TRS 수취자에게 이전되지만 투표권 등의 경영권은 이전되지 않기 때문에 고객관계의 지속적인 유지를 위하여 준거자산을 매각하기 곤란한 은행에게 적합한 상품이다. 또한 TRS 수취자 입장에서는 자산매입을 위한 현금지출 없이 자산매입과 동일한 현금흐름을 얻을 수 있다는 장점이 있다. 또 다른 TRS의 유용성으로는 여러 가지 제약으로 인해 직접 대출채권에 투자하기 힘든 투자자들에게 대출채권 자산유형(Loan Asset Class)에 투자할 수 있는 기회를 제공하며, 자금조달비용이 높은 금융기관으로 하여금 부외거래를 통해 다양한 투자대상에의 분산투자를 가능하게 한다.

3 신용스프레드 옵션(Credit Spread Option)

신용스프레드 옵션은 일반 주식 옵션과 유사한 형태로 신용스프레드를 일정한 행사 가격에 사거나 팔 수 있는 권리를 부여하는 계약이다. 콜 옵션은 특별히 명시된 채권의 만기일에서의 신용스프레드가 사전에 명시된 수준(행사 스프레드 : strike spread)을 초과하는 금액을 지급받는 옵션이고, 풋 옵션은 그 반대이다.

신용스프레드 옵션이 다른 신용파생상품과 다른 점은 다른 신용파생상품이 신용사건의 발생 여부에 따라 현금흐름이 결정되는 데 반해 신용스프레드 옵션은 연속적으로 발생하는 준거자산의 신용변화에 따라 옵션의 만기일마다 현금흐름이 결정된다는 점이다.

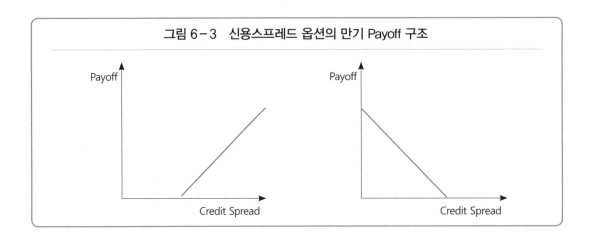

그림 6 - 3 신용스프레드 옵션의 만기 Payoff 구조

4 Basket Default Swaps

Basket Default Swap의 형태는 일반적인 CDS와 동일하지만 다수의 준거자산으로 구성된 'basket' 또는 포트폴리오를 기본으로 발행된다는 점이 다르다. 가장 보편화된 상품은 first-to-default(FTD)형태로 거래된다. 보장매입자는 여러 준거자산들 중 첫 번째 부도가 발생한 준거자산에 대한 손실보전을 보장받는 대신 이들의 부도 상관관계를 고려한 보장 premium을 보장매도자에게 지급하는 계약이다. 보징은 오직 첫 번째 부도에 대해서만 이루어지며 이에 대한 손실보전과 함께 계약은 종료된다.

Basket Default Swap은 보장매입자 입장에서 각 자산에 대해 따로 CDS 계약을 맺는 것보다 더욱 저렴한 비용으로 위험을 전가할 수 있는 점에서 유리한 계약이다. 물론, 여전히 한 개의 준거자산에 대한 손실만 보장받지만 부도 상관관계를 고려하여 basket을 구성함으로써 손실을 최소화할 수 있다. 보장매도자 입장에서는 첫 번째 부도에 대한 책임만 있기 때문에 최대 손실금액이 제한적이고(limited downside risk), 여러 개의 준거자산이 존재하기 때문에 더 높은 보장 Premium을 획득할 수 있는 장점이 있다.

FTD Basket Swap은 여러 가지 형태로 변화되기도 했는데 Nth-to-default Swap이 그 중 하나다. FTD가 첫 번째 부도에 대한 계약인 데 반해 Nth-to-default는 FTD의 일반적인 형태로 계약에 따라 몇 번째 부도에 대한 보장이 주어질 것인가를 결정할 수 있는 계약이다.

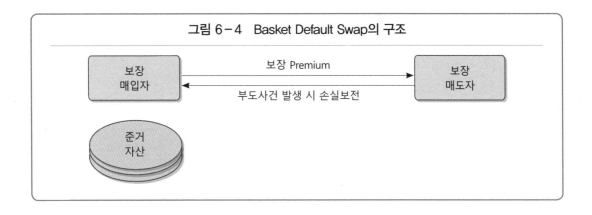

그림 6-4   Basket Default Swap의 구조

(보장 매입자) ← 보장 Premium / 부도사건 발생 시 손실보전 → (보장 매도자)

준거 자산

5   Credit Linked Note(CLN)

CLN은 일반채권에 CDS를 결합한 상품으로, 보장매입자는 준거자산의 신용위험을 CLN 발행자에게 전가하고 CLN 발행자는 이를 다시 채권의 형태로 변형하여 투자자들에게 발행함으로써 위험을 전가하는 방식이다. CLN 발행자는 주로 금융기관과 관련된 특수목적회사(SPC)이며 투자자로부터 수령한 CLN의 대금을 신용등급이 매우 높은 담보자산에 투자하여 이로부터 발생하는 현금흐름을 이용하여 투자자에게 CLN에 대한 쿠폰이자와 원금을 상환하고, 신용사건 발생 시에는 보장매입자에게 손실금액을 보전하는 데 사용한다. 이 경우 CLN의 권면액에서 신용사건의 발생으로 인한 손실분을 상각한 금액을 보장매도자에게 상환한다.

신용파생상품에 의한 현금흐름은 CLN을 통해 유가증권으로 재구성(repackage)되어 금융시장에서 거래될 수 있기 때문에 다양한 형태의 투자자로 하여금 신용파생상품 거래에 참여할

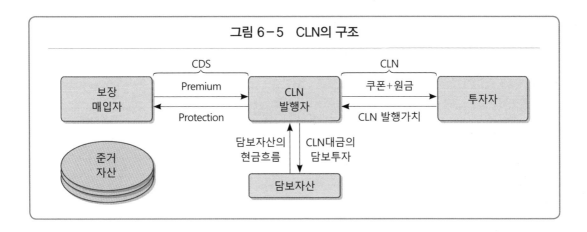

그림 6-5   CLN의 구조

보장 매입자 — CDS (Premium / Protection) — CLN 발행자 — CLN (쿠폰+원금 / CLN 발행가치) — 투자자

담보자산의 현금흐름 / CLN대금의 담보투자

준거 자산

담보자산

수 있게 한다. 또한 증권화되어 있기 때문에 상대적으로 신용 사건에 대한 전문적인 지식이 덜 필요하고, 준거자산이 다양화됨으로써 투자자들의 다양한 투자성향에 부합하는 상품을 설계할 수 있다.

Collateralized Debt Obligation(CDO)는 부채 포트폴리오로 구성된 준거자산에 의해 현금흐름이 담보되는 여러 개의 tranche로 구성되는 증권을 말한다. 준거자산에 대한 신용사건이 발생할 경우 CDO tranche의 손실부담 우선순위에 따라 CDO채권이 전액 또는 부분 손실 처리된다. CDO는 준거자산의 형태에 따라 CLO(대출 : Loan), CBO(채권 : Bond), CDO Squared (Pooling된 CDO)로 분류될 수 있으며 발행의 목적에 따라 규제자본 경감을 목적으로 하는 Balance−Sheet CDO와 수익 극대화를 목적으로 하는 Arbitrage CDO로 구분될 수 있다.

합성 CDO는 CDO의 특수한 형태로서 보장매입자가 준거자산을 양도하는 것이 아니라 신용파생상품을 이용하여 자산에 내재된 신용위험을 SPC에 이전하는 유동화 방식이다. SPC는 상기 신용위험과 연계된 CDO를 발행하여 최초 보장매입자로부터 전가된 신용위험을 투자자에게 이전할 수 있으며, CDO 발행대금으로 신용도가 최고 수준인 담보자산에 재투자함으로써 신용사건 발생 시의 손실보전 의무를 담보하게 된다.

일반적인 CDO와 같이 준거자산을 매각하지 않고 합성(synthcsize)하여 CDO를 발행하는 것

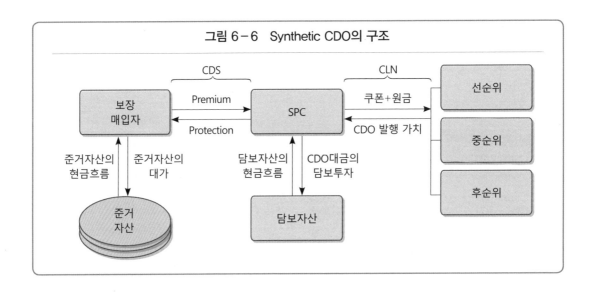

그림 6−6 Synthetic CDO의 구조

은 몇 가지 장점을 가지게 된다. 은행의 외형상 규모를 유지하고, 자산매각으로 발생 가능한 고객사와의 관계 악화를 방지할 수 있으며 아직 대출이 발생하지 않은 신용한도(line of credit)에 대한 신용위험의 전가가 가능하다.

7 신용지수(Credit Index)

현재 존재하는 신용지수는 북미 기업들을 중심으로 한 CDX와 유럽 기업들을 중심으로 한 iTraxx가 있다. 각 지수는 투자등급 기업들 중 주요 기업을 모아놓거나(CDX IG, iTraxx IG) 변동성(volatility)이 높은 기업을 모아놓고(CDX HiVol, iTraxx HiVol) 각각 구분하여 CDS 스프레드를 가중평균하여 지수를 고시한다. 이들 신용지수들은 주로 각 기업별로 동일한 가중치를 부여하지만, iTraxx 중 유럽 기업을 모아놓은 iTraxx Europe의 경우에는 산업별로 다른 가중치를 부여한다. 특히 iTraxx는 iTraxx ex−Japan 안에 한국 기업들의 해외발행 채권들을 포함하고 있다.

CDX나 iTraxx와 같은 신용지수 상품을 거래하면 일반 신용파생상품보다 더 높은 유동성을 확보할 수 있으며 적은 자본으로도 원하는 자산에 쉽게 투자할 수 있다는 장점이 존재한다. 하지만 이러한 신용지수는 무엇보다도 간접적으로 신용파생상품 가격결정의 벤치마크를 제공하고 다양한 포트폴리오의 구성을 가능하게 해주는 측면에서 신용파생상품의 발전에 매우 중요한 역할을 담당한다.

section 03 CDO의 이해

1 CDO의 구조

CDO(Collateralized Debt Obligation)란 개별 채권이나 대출을 SPV(Special Purpose Vehicle)에 담고, 이를 담보로 여러 종류의 새로운 채권을 발행하는 구조를 일컫는다. CDO는 개별적인 신용위험

보다는 포트폴리오의 위험을 다룬다. 발행자 입장에서 CDO는 보유하고 있던 신용위험을 전가하는 거래가 되며, 투자자 입장에서 CDO는 구조화된 신용위험에 노출을 위한 거래의 기회를 제공하며, 차익거래자 입장에서 CDO는 구조화된 형태의 신용위험과 시장 가격과의 괴리가 발생하였을 때 이익을 얻기 위한 거래를 할 수 있는 도구가 된다. 일반적으로 CDO의 트랜치(tranche)는 senior-mezzanine-equity의 세 부분으로 구성되는데, senior 트랜치가 가장 위험이 낮은 대신 낮은 수익을 가지고 있는 트랜치이며, equity 트랜치는 가장 위험이 높고 수익이 높은 트랜치가 된다. 좀 더 구체적으로 CDO 참여주체별 이익을 살펴보면, 발행자 입장에서는 CDO 발행을 통해 자산의 신용위험을 CDO의 투자자에게 전가시켜 신용위험을 관리할 수 있으며, 이를 통해 규제자본의 감소를 가지고 올 수 있다는 장점을 가지고 있다. 이 밖에도 자산을 부외(off balance)로 옮기면서 재무비율을 개선시킬 수 있으며, 각 개별 기업의 신용한도(credit line)에 구속받지 않고 지속적으로 고객의 대출 요청에 응할 수 있어 고객과의 지속적인 관계를 유지할 수 있다. 투자자 입장에서는 CDO투자를 통해 신용위험이 분산된 포트폴리오에 간단한 형태로 투자가 가능하며, 동일한 신용위험의 자산과 비교하여 CDO의 스프레드를 통해 수익률 향상(yield enhanced)의 기회를 제공받을 수 있다.

2 전통적인 CDO 구조 : CLO & CBO

처음에 소개된 CDO는 1987년, 미국에서 발행된 CLO(Collateralized Loan Obligations)와 CBO(Collateralized Bond Obligations)이다. 시장은 1990년대 이전까지는 큰 성장을 보이지 않았지만, 그 이후 선진자본시장에서 채권시장과 자산유동화 시장의 성장과 함께 급성장을 하게 된다. 당시 고수익 채권의 큰 보유주체였던 보험회사는 NAIC(National Association of Insurance Commissioners)의 새로운 위험 가중치 자본축적 요구량(risk weighted reserve requirement)의 적용으로 보유하고 있던 고수익 채권을 유동화하여 CBO를 발행하였다. 은행 역시 자산 유동화 기술을 이용하여, 보유하고 있는 대출을 유동화하였는데, 이것이 CLO가 되고, 이러한 신용위험의 이전에의 수요가 시장의 급성장을 이끌어 내게 된다.

CLO/CBO는 단독 SPV(Special Purpose Vehicle)가 설립되고, SPV의 부도는 원자산 보유자의 부도와 상관이 없다. 원자산 보유자로부터 자산(채권 혹은 대출)의 포트폴리오를 구입하여 몇 개의 트랜치로 발행된 증권들은 자산들의 신용의 질(credit quality)에 따라 신용도(credit rating)가 결정되고 신용보강(credit enhancement)이 첨가될 수 있다. 투자자들은 기초자산에서 발생하는 이자와 원금상환의 현금흐름에 의존하여 이자와 원금상환을 받게 된다. CLO와 CBO는 편입자산에 차이가 있는데, CLO는 은행대출을 기초자산으로 하고, CBO는 투자등급 및 투기등급의 채권을 주로 편입하게 된다. 채권의 경우 SPV로 자산을 이전하는 데 별 문제가 없지만, 대출의 경우에는 대출자의 동의를 얻어야 하는 문제가 발생한다.

CLO/CBO에서는 기초자산의 매매 가능 여부에 따라 정적인 구조(static structure)와 동적인 구조(dynamic structure)로 나뉘는데, 정적인 구조에서는 ram-up period와 revolving period를 제외하고, 원칙적으로 기초자산에 대한 매매가 불가능하고, 동적인 구조에서는 매니저의 경험과 능력에 따라 SPV에 있는 기초자산을 매매하여 변경하는 구조를 말한다.

정적인 구조는 현금흐름 구조(cash flow structure)라고도 많이 불리는데, 기초자산에서 발생하는 현금흐름에 근거하여 투자자들에게 이자와 원금이 지급되는 가장 기본적인 CDO 구조를 말한다. 동적인 구조 중에 시장 가격 구조(market value structure)의 경우에는 mark-to-market으로 담보증권을 평가하게 되며, 담보증권의 시장가치가 일정 가치 이하로 떨어지게 될 경우, 담보의 일부를 처분할 수 있다. 경우에 따라 CBO는 현재는 무수익 자산이지만 장래의 수익성 측면에서 재무적으로 곤경에 처한 기업의 채권(distressed bond) 등을 편입하기도 한다.

3 | CDO 구조의 발전 : CLN-CDO와 Synthetic CDO

전통적인 CLO 구조에서는 차주 혹은 기업의 동의 없이 대출을 이전했을 경우, 고객과의 관계가 악화될 수 있다는 단점이 있다. 또한, 대부분의 CDO거래에서는 기초자산을 구성할 때 발생할 수 있는 역선택(adverse selection)과 CDO 발행 후 기초자산에 대한 관리 부주의로 발생할 수 있는 도덕적 해이(moral hazard) 때문에 원자산 보유자인 예를 들어, 은행이 equity 트랜치를 보유하게 된다. 이 경우에 은행은 주요한 신용위험을 계속 보유하게 되며, 경제적 혹은 규제자본 요구량에 변화가 없을 수도 있다.

전통적인 CDO의 장점은 유지하면서, 차주 혹은 기업의 동의를 받아야만 대출을 이전시킬 수 있다는 단점을 극복하기 위한 거래가 CLN-CDO이다. CLN-CDO는 은행에서 SPV로 자산을 넘길 때 자산을 직접 넘기지 않고, 이전시키고자 하는 신용위험을 바탕으로 CLN을 발행하여 SPV에 넘기는 거래를 이야기 한다. CLN-CDO 거래의 경우에는 차주 혹은 기업의 동의 없이 차주 혹은 기업의 신용위험을 CLN의 형태로 SPV에 전가할 수 있다는 장점이 있다. 그러나, 실제 비용 측면에서 보면, 내부적으로 CLN을 만들기 위해 CDS거래를 해야 하기 때문에

CDS를 이용한 헤지비용과 트랜치를 통해서 조달되는 금리를 비교해야 하는데, 이러한 비용이 발행자 입장에서는 유리하지 않을 수 있으며, 원자산 보유 은행이 대출이나 계약을 보유하고 있기 때문에 대차대조표의 효과를 얻기는 힘들다.

비용측면에서 CLN-CDO의 단점을 극복한 형태의 CDO가 Synthetic CDO이다. Synthetic CDO에서는 CDS를 이용하여 원자산 보유 은행의 신용위험을 이전한다. Synthetic CDO는 원자산은 원자산 보유자인 은행이 계속 보유하고 있으며, 신용위험만 CDS를 통해서 이전된다. Synthetic 구조하에서는 원자산 보유 은행이 equity 트랜치와 super senior 트랜치를 동시에 보유하는 경우가 많은데, 이는 은행의 조달비용을 감소시키는 효과를 가진다. Synthetic CDO는 조달비용뿐만 아니라 기초자산이 이전되거나 CLN이 발행되지 않기 때문에 거래비용이 저렴하다는 장점을 가진다. 투자자로부터 받은 자금은 높은 신용의 자산을 매수하는 데 사용되고, 매수된 자산은 CDS를 담보하는 데 이용된다. Synthetic CDO의 경우 equity 트랜치와 super senior 트랜치를 동시에 보유하고 있기 때문에, 추가적으로 위험을 전가해야 경제적인 의미에서 위험 감소가 이루어진다. 원자산 보유 은행이 super senior 트랜치를 보유하고 있기 때문에 규제자본적인 의미에서도 위험이 모두 전가가 되는지에 대해서 모호하다. 실무적으로 super senior의 위험이 제3의 거래를 통해 헤지된다고 하면 규제자본의 안정은 의미가 있으며, 일반적으로 제3의 거래의 상대방은 재보험사 혹은 OECD 등이 된다.

Synthetic CDO는 투자자 입장에서 고도로 구조화된 위험에 투자할 수 있으며, 비교 가능한 ABS거래와 달리 Synthetic CDO는 일반적으로 조기상환위험(prepayment risk)이 작다는 장점을 가지고 있다.

CBO/CLO에서 시작한 CDO의 역사는 신용위험 자산 이전 시 대출자의 동의를 얻어야 한다는 단점을 극복하기 위하여 CLN-CDO로 발전하였으며, 앞의 구조들의 장점을 그대로 유지하면서 비용을 줄이고 경제적인 신용위험 이전을 극대화시키는 Synthetic CDO로 발전해 왔다. 각 구조들은 궁극적으로 신용위험을 이전시키는 도구이고, 신용위험은 자산매각이나 CDS를 통해서 이전되게 된다. 포트폴리오는 차별화된 신용위험을 만들기 위해 트랜칭(tranching) 기술을 이용하는데, 이를 이용하여 투자 가능한 증권부터 투기등급의 채권까지 새롭게 만들어 내게 된다. 각 구조의 특징을 〈표 6-1〉에 정리하였다.

기존의 CDO 유형을 크게 발행목적, 위험의 전이방법 및 CDO 기초자산의 운용 관점에서의 분류는 〈표 6-2〉와 같이 정리할 수 있다. 초기에는 원자산 보유 은행의 신용위험 이전을 목적으로 하는 CDO 발행이 많아, balance sheet CDO가 주류를 이루었으며, 이후 static synthetic balance sheet CDO로 발전해 갔다. 시장이 발달함에 따라 arbitrage 거래와 구조화

표 6-1 **CLN-CDO와 Synthetic CDO 비교**

특징	CBO/CLO	CLN-CDO	Synthetic CDO
자산이전	대출 혹은 채권 이전	CLN	CDS
경제적 자본	이전된 자산의 양에서 보유하고 있는 equity 트랜치를 차감한 금액	CLN이 헤지하고 있는 위험노출의 금액에서 보유하고 있는 equity 트랜치를 차감한 금액	이전된 자산에서 equity 트랜치와 super senior 트랜치의 금액에서 보장매수를 초과하는 부분을 차감한 금액
규제자본	Equity 트랜치의 금액에 따라 결정	CLN에 의해서 제공되는 보호에 따라서 결정	Super senior 트랜치와 equity 트랜치에 대해 보장을 매수한 부분을 초과하는 부분
B/S 효과	자산은 부외(off balance)로 이전	자산은 대차대조표에 잔존	자산은 대차대조표에 잔존
자산매각대금	자산매각으로 발생	CLN매각으로 발생	발생하지 않음
고객관계	고객 동의 필요	고객 동의 필요 없음	고객 동의 필요 없음
발행은행 신용등급	중요하지 않음	CLN 발행은행의 신용등급 중요	중요하지 않음
CDO 발행증권 규모	매각된 대출의 액면금액과 근사적으로 동일	매각된 대출의 액면금액과 근사적으로 동일	일반적으로 헤지되는 대상의 액면금액보다는 CDO 발행증권의 규모가 작음

표 6-2 **CDO의 구분**

기준	명칭	특징
발행목적	Arbitrage CDO	• 기초자산의 수익률과 유동화 증권의 수익률 간의 차이에서 발생하는 차익을 취할 목적으로 발행되는 CDO • SPC는 신용도가 높은 선순위 CDO 트랜치를 발행함으로써 낮은 이자비용을 발생시키고, 기초자산으로부터 얻는 높은 수익과의 차익을 남김(arbitrage CDO의 기초자산은 주로 수익률이 높은 자산으로 구성)
	Balance Sheet CDO	• 위험 전가 목적으로 거래하고, 거래를 통해 대차대조표에서 신용위험 자산이 감소하여 재무비율이 개선되는 효과를 가지고 있음 • CDO를 통한 위험 전가의 결과로 자산보유자는 위험관리, 감독규정상의 최저 요구자본 요건 충족 및 대출여력 확충 등과 같은 효과를 얻을 수 있음
위험 전이 방법	Cash Flow CDO	• 자산을 양도하여 SPV를 구성하며, SPV에서 발행한 트랜치에 매각 대금으로 자본 조달(funded CDO)
	Synthetic CDO	• CDS를 활용하여 위험 전가(unfunded CDO)
CDO 기초 자산 운용	Static CDO	• 포트폴리오의 운용 없이 만기까지 보유
	Dynamic CDO	• 지정된 운용자에 의해 자산이 운용되는 CDO
	Hybrid CDO	• Ram-up기간과 자산으로부터 선지급이 있는 경우 자산을 운용 혹은 대체하는 hybrid structure

된 신용위험에의 노출을 요구하는 투자자들에 의해 arbitrage CDO가 발달하게 되었다. 구조화 기술이 발달함에 따라 CDO를 통해 투자수익을 증가시키기 위해 synthetic arbitrage CDO가 시장에서 중요한 위치를 차지하고 있다.

4 CDO의 진화 : 다양한 자산의 편입

선진자본시장에서 CDO의 진화는 기초자산의 다양화와 새로운 구조의 출현으로 요약될 수 있다. 기초자산의 변화는 기존의 채권 혹은 대출의 범위를 벗어나, MBS(Mortgage Backed Securities)와 ABS(Asset Backed Securities) 등과 같이 구조화되어 있는 채권, 중소기업 대출(SME Loan), fund와 hedge fund, equity default swap, CDO 등이 편입되는 CDO의 등장을 들 수 있다. 다양한 기초자산이 편입되는 CDO는 주로 Arbitrage CDO의 구조에 사용되며, 여러 종류의 자산으로 구성이 가능한 만큼 그 신용도를 분석하기 위해서 기초자산이 가지는 현금흐름의 특성을 이해하는 것이 중요하다. 구조의 변화 측면에서 synthetic CDO와 single tranche CDO 등이 시장에서 거래되고 있다. 이 밖에도 연기금과 보험회사의 요구에 따라 신용위험지수가 개발되고 이에 따른 지수연계 CDO가 등장하게 되었다.

(1) 구조화 채권 편입 CDO : ABS-CDO와 CMBS-CDO

구조화 채권이 편입되는 CDO를 Structured finance CDO라고 하고, Structured finance CDO는 기초자산으로 주거용 주택저당 채권(Residential Mortgage Backed Securities), 상업용 주택저당 채권(Commercial Mortgage Backed Securities), 카드담보부 증권과 자동차 대출 등과 같은 소비자 ABS, 설비 담보부 증권 (equipment backed securities)과 같은 상업용 ABS와 CDO 트랜치 등을 편입한다. 일반적으로 structured finance CDO는 ABS에 잘 분산된 포트폴리오를 기초자산으로 하는 ABS-CDO 혹은 담보된 MBS(collateralized mortgage backed securities)와 실물 부동산 투자 펀드(real estate investment trust)와 같은 부동산 포트폴리오를 주로 하는 CMBS-CDO를 말한다.

Structured finance CDO를 구성할 때 중요한 요소로는 ABS의 시장 가격, CDO 투자자의 요구사항과 자산 운용자의 고유한 운용기술 등이 있다. 일반적으로 structured finance CDO는 편입될 수 있는 ABS의 범위를 설정해 둔다. 설정된 편입 범위에 따라 포트폴리오의 평균 신용의 질(credit quality)은 일정한 수준 이상이어야 하고, 산업별 집중에 대한 제한이 있어야 하며, 포트폴리오의 적절한 분산은 보장되어야 한다. 또한, ABS의 경우, ABS를 운용하는 서비스 제공자(Servicer)에게 대출의 상환과 체납 관리에 대한 책임이 있고, 서비스 제공자의 노력은 서비스의 질과 궁극적으로 기초 자산에 대한 손실에 영향을 미치게 된다. 일반적으로 structured finance CDO는 특정 서비스 제공자에게 일정한 한도를 주어 서비스 제공자 측면에서 기초자산이 넓게 분산 투자되도록 한다. 일반적으로 자산에 대한 가중 평균 이자/스프레드와 자산의 고정/변동 비율, 평균 만기, 재량적인 거래에 대한 제한을 두게 된다.

일반적인 CDO의 경우에는 5년에서 12년의 만기를 갖는 것이 보통이지만, structured finance CDO는 최장 35년까지이다. 원금상환의 속도가 빠른 경우 equity 트랜치가 call option을 행사하여 만기가 짧아질 수 있는데, 원금상환 속도를 빠르게 하는 장치로 Step Up Coupon, Turbo Mezzanine과 Auction Call 등을 둘 수 있다.

모델링과 신용등급 산정에 있어 ABS는 구조적인 복잡성의 단점을 가지고 있는데, ABS-CDO는 그러한 ABS의 구조적인 복잡성이 중첩되어 있다는 단점을 가지고 있다. ABS-CDO는 조기상환의 위험에 노출되어 있으며, 이러한 조기상환은 재투자의 위험을 가지고 오며, 개별 트랜치의 원금상환과 위험에도 영향을 미친다. 또한, 서비스 제공자의 태만은 기초자산의 성과에 영향을 미친다. ABS-CDO의 경우, 잘 분산된 포트폴리오로 관행적인 CDO에 비해 event risk가 작고 기업의 고유한 신용위험과는 낮은 상관관계를 갖지만, 편입되는 ABS 자산 간에는 높은 상관관계를 가질 수 있다. ABS-CDO는 구조가 다른 ABS 간의 상관관계를 모델링하기 어려우며, 이 때문에 신용평가사에서 사용하는 가정과는 다른 상관관계를 가지고 있을 위험이 있다. ABS에 대한 역사적인 자료가 많지 않기 때문에 이를 계량화하기 어려우며, 상관관계 추정의 오류는 structured finance CDO의 기대수익에 커다란 영향을 미치게 된다. 또한, 자산 유동화에 사용되는 자산의 특성은 미래의 가치에 의존하고 있다는 점과 기초자산을 구성하는 ABS의 채무자가 같은 산업에 존재하고 있다는 점에 유의하여야 한다. ABS의 채무자가 같은 산업 내에 있는 경우가 많기 때문에 부도 상관관계가 높아지게 되고, 추가적으로 부도와 자산의 재판매(re-sale) 가치의 상관관계도 고려되어야 한다.

(2) 중소기업 대출 편입 CDO

중소기업(SME) 대출은 기초 자산의 상당 부분이 신용등급이 없고, 대출 이외에 revolving credit facilities, receivable, 자산담보부 대출 및 리스 등의 거래를 수반하고 있는 경우가 있다. 대출은 담보가 된 경우와 담보가 되지 않은 경우가 있는데, 담보된 경우, 담보는 부동산, 공장 및 설비, receivables와 개인적인 보증 등이 있다. 중소기업 대출을 기초자산으로 하는 CDO는 지역적으로 집중되어 있는 경우가 많으며, 중소기업 대출은 CDS 거래 시 부도의 정의, 회수율 혹은 주어진 부도의 손실(loss given default) 등에 대한 정의가 어려운 경우가 있다.

(3) CFO(Collateralized Fund Obligations)

CFO는 기초자산이 운용되고 있는 펀드의 포트폴리오이다. CFO의 기초자산으로는 hedge fund, private equity 및 mezzanine fund 등이 있으며, CFO는 투자자에게 잘 분산된 펀드의 포트폴리오에 대한 노출을 가능하게 하는 CDO이다.

CFO의 기본적인 구조는 fund-of-funds의 형태로 구성된다. 기초자산이 헤지펀드인 경우에는 투자에 대한 분산(diversification)을 보장하기 위해 주로 자산 편입 가이드라인을 수립하게 되는데, 가이드라인은 펀드, 펀드매니저 및 투자전략에 대한 제한으로 이루어져 있다. 투자자산이 private equity인 경우에는 일반적으로 산업과 성숙도에 대한 집중 제한이 있다. 운영자는 포트폴리오를 수립된 가이드라인에 따라 제한된 변동성(volatility)하에서 이익을 극대화하려는 방법을 찾게 된다. CFO의 ram-up 기간 동안 일반적인 CDO보다 좀 더 변동성이 크다. 이는 자산, 시장 상황, 매니저와 거래의 크기에 따라 변하게 된다.

(4) CDO Squared(CDO of CDO)

1990년대에 신용시장이 악화되었을 때 CDO에 대한 수요가 감소하고 유동성은 악화되어 많은 CDO의 가격은 하락하고 수익률은 상승하였다. 이때 매각을 목적으로 시장에 나와 있는 CDO 트랜치들을 모델링 기술과 자본을 보유하고 있는 투자은행에서 매수하여 CDO squared 구조를 만들기 시작하였다. CDO squared 구조를 이용하여 동일한 기초자산의 신용위험을 사용하지만, 더욱 분산(diversification)된 CDO 구조를 만들 수 있다. 또한, CDO squared를 이용하여 기존에 보유하고 있던 residual 포지션이나 재고(inventory)를 투자자에게 팔 수 있게 되었다.

CDO squared의 거래를 통해 투자자들이 얻을 수 있는 장점은 원래 존재했던 CDO 거래를 통해 신용이 보강된 구조를 얻을 수 있다는 점이다. 부도의 손실은 원래 존재했던 CDO 거래에 있는 equity 트랜치가 모두 감내한 다음, CDO squared에 편입되기 때문에, CDO squared 거래 입장에서는 일종의 신용보강을 가지게 되는 효과를 가지고 온다.

(5) ECO(Equity Collateralized Obligations)

ECO는 equity default swap의 포트폴리오에 근거하여 트랜치되어 있는 자산담보부 증권이다. Equity default swap은 주식 가격이 미리 정한 일정한 수준 이하로 하락한 경우 그 손실분을 보장매도자가 보장매수자에게 지급하는 계약으로, ECO는 주로 equity default swap으로 구성되지만, 간혹 CDS도 함께 편입되기도 한다.

(6) 신용파생상품의 신용위험을 담보로 하는 CDO

파생상품 거래의 신용위험을 담보로 하는 CDO는 거래 상대방에 대한 위험, 특히 파생상품 거래에 있어 신용위험을 이전시키는 상품이다. 파생상품의 거래에 있어 위험은 크게 시장 위험 (market risk)과 신용위험(credit risk)으로 분류될 수 있는데, 파생상품 거래의 신용위험을 담보로 하는 CDO 거래에서 시장위험은 원자산 보유자가 보유하고 신용위험만을 이전시키게 된다.

5 CDO의 진화 : 구조적 변화

(1) Synthetic Securitization without Special Purpose Vehicles(SPV)

Synthetic securitization without SPV구조는 일반적인 CDO와 달리 SPV 등의 vehicle이 없이 신용위험을 인수하는 방식을 이야기 한다. 이 구조는 각각 다른 위험에 대한 일렬의 CDS를 이용한다. 일반적으로 만기는 5년이며, 2년 후에 계약을 파기할 수 있는 선택권이 함께 계약 조건에 포함될 수 있다.

(2) Single Tranche CDO

Single tranche CDO와 일반적인 CDO와의 차이점은 딜러가 시초에 하나의 트랜치만 만든다는 것이다. Single tranche CDO에서는 일반적으로 딜러가 남아있는 capital structure, 즉 발행되지 않은 트랜치들을 보유하거나 헤지한다. Single tranche CDO의 장점은 투자자의 CDO 구조에 대한 통제가 가능하고, CDO를 만드는 데 소요되는 시간이 짧다. 또한 헤지가 기초자산 포트폴리오의 액면 금액보다 작기 때문에 헤지가 쉽고 빠르게 실행될 수 있다.

가장 기본적인 single tranche CDO는 5년 만기에 정적인 구조(static structure)로 설계되며, CDS 시장에서 적극적으로 거래되는 투자등급의 자산이 편입되는 것이 일반적이다. 이러한 기본적인 single tranche CDO에서 편입하는 기초자산 외에 다른 종류의 신용 위험을 포함하는 경우가 있다. 예를 들어 투자등급의 자산을 편입한 기초자산에 고수익 채권 혹은 투자부적격 채권과 ABS 등을 포함시키는 경우가 여기에 해당한다. 또한, 잠재적인 손실을 완화하기 위하여 매니저가 포트폴리오 구조의 신용위험을 대체하거나 바꾸는 구조(dynamic structure)가 있으며, 투자자들의 손실을 제한하기 위하여 매매이익과 초과 현금흐름이 발생하였을 때 SPV 내에 reserve account에 적립해 두는 구조를 만들 수 있다.

(3) Managed CDO의 진화

Managed CDO structure는 static CDOs에서 경험적인 손실과 신용등급 하향 조정에서 출발한다. Managed CDO는 손실 위험을 감소시키고 자본이득을 얻기 위해서 기초 자산들을 트레이딩한다. 그러나 managed CDO structure는 포트폴리오 매니저의 경험과 기술 부족, 필요한 형태의 투자를 실제 시장에서 구할 수 없는 경우와 유동성의 제약 그리고 CDO 구조의 제한적인 특성 등이 문제가 될 수 있으며, 도덕적 해이를 야기할 수 있다. 또한 managed CDO의 구조에서는 매니저와 투자자들 사이에 충돌이 발생할 수 있다. 예를 들어 포트폴리오의 성과가 좋지 않은 경우 대부분 equity tranche를 보유하고 있는 매니저들은 포트폴리오의 위험을 증가시키려는 경향을 보이는데, 이는 tranche별로 차이는 있지만 투자자들의 이익과 상반될 수 있다.

전술한 단점을 보완하기 위하여 managed CDO는 투자자와 매니저가 함께 투자 가능 기업들을 선정한 후, 그 범위 내에서 트레이딩을 한다. 제한적인 가이드라인을 설정하는데, 예를 들어, 포트폴리오의 일정한 비중만 트레이딩 가능 범위로 설정하거나, 자동 매매 기능을 이용할 수 있도록 하는 것이 그것이다. 투자자의 요구에 의해 포트폴리오가 변경될 수 있으며 short position도 가능하다. 일반적으로 equity 트랜치에서 일정 수준 이상으로 발생하는 현금흐름에 대해 reserve account에 모아 두고 이를 거래비용의 재원으로 이용한다. 포트폴리오의 질을 관리하기 위하여 엄격한 compliance test를 적용한다.

6   CDO의 진화 : Credit Index CDO

Credit index CDO를 통해 투자자들은 신용위험의 포트폴리오를 거래할 수 있다. 이미 정해져 있는 포트폴리오를 지수화하고 고유의 정해진 attachment point에 따라 개별 트랜치로 분해하여 거래하는 credit index CDO는 높은 유동성과 낮은 거래비용, 거래의 투명성 등의 장점을 보유하고 있다. 또한, 기존의 CDO 거래에서는 short position을 보유하기가 어려웠던 것에 반해, credit index CDO의 투자자 및 트레이더들은 유연성 있게 long position 혹은 short position을 만들 수 있다는 장점을 가지고 있다. 이러한 장점을 이용하여 credit index CDO를 통해 residual이나 재고 CDO 혹은 트레이딩 포지션을 헤징할 수 있다. 그러나, 가지고 있는 개별 포트폴리오와 지수 간에 기초자산 측면에서 차이가 있을 수 있기 때문에 credit index

CDO를 가지고 헤지를 수행하게 될 경우에는 basis risk에 노출되게 된다. 또한 투자자 입장에서는 credit index CDO를 이용하여 부도 상관관계를 거래할 수 있다. 구체적으로 후순위 트랜치에 투자한 투자자는 상관관계의 long position을, 선순위 트랜치에 투자한 투자자는 상관관계의 short position에 투자하게 되는 효과를 가지고 온다.

7 CDO의 신용등급

CDO거래는 하나 혹은 이상의 주요 신용평가사들에 의해서 신용등급을 받게 된다. 신용평가사로는 Moody's Investors Service ('Moody's'), Standard & Poor's ('S&P')와 Fitch Rating ('Fitch') 등이 있다. 각 투자은행과 신용평가사들은 각자 고유의 CDO 가격결정 모형들에 의해서 CDO의 가격을 평가하게 되는데 이를 〈표 6-3〉에 정리하였다. 이와 더불어 신용평가사

표 6-3 투자은행과 신용평가기관의 가격결정방법

회사명	내용
J. P. Morgan	• 모형 : 시장지수에 대한 각 개별 자산의 수익률 상관계수를 이용하는 One Factor Copula Model • 부도 위험 : 부도율은 CDS 스프레드에서 계산 • 부도 상관관계 : 주어진 부도율과 자산 수익률의 상관계수를 copula function에 적용하여 부도 상관관계계수를 구함
Fitch Rating's VECTOR Model	• 모형 : Monte Carlo Simulation을 이용한 Structural model • 부도 위험 : 개별 기업의 등급에 해당하는 부도율 적용하고, 회수율은 나라와 선순위 정도(seniority)에 따라 다르게 적용 • 부도 상관관계 : 주가 수익률의 상관계수와 부도 임계치를 이용하여 부도상관계수 행렬을 생성
S&P (CDO Evaluator 2.4)	• 모형 : Monte Carlo Simulation을 이용하는 Normal Copula Model • 부도 위험 : 등급별 부도율을 이용 • 부도 상관관계 : 국가별, 지역별, 산업별 상관계수를 이용
Moody's (CDOROMTM)	• 모형 : Monte Carlo Simulation 방법 • 부도 위험 : 부도율 테이블의 정보를 이용하고 회수율은 선순위 정도(seniority)에 따라 다르게 적용 • 부도 상관관계 : telecommunication 등과 같이 high에 속하는 기업군은 20%, Chemicals/Electronics/Retail and Textile 등과 같이 low에 속하는 기업군은 10%, middle에 속하는 기업은 15%로 결정하고, 산업 간 상관관계는 3%로 가정

표 6-4 CDO 신용등급 평가요소

항목	내용
자산의 질 (Asset Quality)	• 원금상환 능력, 포트폴리오의 분산(diversification) 정도 및 자산의 만기 등으로 기초 자산 신용의 질(credit quality)을 평가
기대 신용손실	• 기대 부도 확률, 부도 시기 및 recovery rate 혹은 default severity 등을 평가하고, 동 항목에 대해 stress test도 실시
신용보강	• 담보되는 자산이 부채보다 크게 만드는 구조 • 트랜치에 이자지급과 상환의 우선순위를 두는 구조 • 발행한 금액에서 요구하는 금액보다 큰 규모의 잉여 현금흐름을 미래의 신용사건이 나 유동성 위험에 대비하여 SPV 내에 적립 • 구조의 신용등급을 높이기 위해 SPV 내에 cash reserve account를 이용 • 제3의 금융기관이나 보험 계약
거래구조	• 발행되는 채권의 금액과 지불되는 이자 금액 및 각 개별 트랜치의 목표 신용등급 등 을 평가 • 구조에서 현금흐름의 mismatching 여부를 평가(over-collateralization 정도와 interest coverage 등) • 지급과 수취에 있어 이자율과 통화 등의 불일치 여부와 이러한 위험을 헤지하기 위한 파생상품 거래 등을 평가
자산운용 매니저	• CDO의 기초자산을 구성하고 운용하는 매니저의 능력을 평가
법적 위험	• CDO 참여자들의 계약관계가 가지는 법적 구속력과 SPV의 원자산 보유자의 신용위 험으로부터 독립적인 정도 등 평가
거래 감시	• 포트폴리오의 성과와 변화에 따라 기대 손실을 분석 • 동적 구조의 경우 coverage ratio에 대한 compliance 실시

들은 CDO 신용등급평가 시 신용의 질(credit quality), 기대 신용손실, 신용보강, 거래구조, 매니저 법적 위험과 거래 감시 등을 통해 평가하는데 이에 대한 세부내용은 〈표 6-4〉에 정리되어 있다.

자산의 질을 평가하기 위해서 신용평가사는 collateral quality test를 실시하는데, collateral quality test는 자산 포트폴리오가 유지해야 하는 가중평균 신용등급을 평가하는 WARF(Weighted Average Rating Factor)와 발행자, 산업 및 국가별로 최소 수준의 분산이 유지되는지를 평가하는 분산(diversification) 평가, 가중평균 잔존기간 평가 등으로 구성된다. 이와 더불어 coverage test를 실시하는데, coverage test는 자산 포트폴리오의 원금 규모와 발행하는 트랜치를 시장가치 측면에서 평가하는 collateral balance tests와 이자 지급부분은 담보자산으로부터 받는 이자 혹은 수입으로 충당되는지를 평가하는 interest coverage ratio 평가로 구성되어 있다.

8 CDO의 투자

(1) Equity 트랜치 투자

CDO의 equity 트랜치는 잘 분산된 신용 포트폴리오에 대해 높은 leverage의 노출을 가지고 있다. Equity 트랜치 투자자의 수익은 초기에 한번에 받으며(up-front 방식), 만기에 남아있는 담보자산의 원금을 받는다. 잘 운용되고 있는 거래에서는 구조의 deleverage가 급격하게 이루어지기 때문에 equity 트랜치 투자자는 7~8년 후에 call option을 이용하여 거래에서 빠져 나오려고 한다. 내재된 call option의 가치는 기초자산이 변동금리부 자산일 때 더 낮아지게 되는데 이는 차입자가 조기상환 하거나 변동금리로 재차입(refinancing)하기가 용이하기 때문이다.

Synthetic CDO에서는 equity 트랜치에 call option이 없고, equity 트랜치에서 발생하는 이익에 대해서도 cap이 씌어져 있는 경우가 많다. 일정한 수준 이상의 현금흐름은 senior 트랜치로 가든지 미래 손실에 대한 대비로 reserve account에 유지되게 된다. Equity 트랜치는 누적부도확률, 부도 상관관계와 부도 시간에 대해 위험 노출을 가지고 있다. 부도확률이 높아지고, 부도 상관관계가 낮아지고, idiosyncratic 혹은 event risk가 발생하고, 초기단계에 default가 집중되면, equity 트랜치의 가격은 하락한다(equity 트랜치의 스프레드는 상승하게 된다).

(2) Mezzanine 트랜치 투자

Mezzanine 트랜치는 두 번째 손실을 입는 트랜치다. Mezzanine 트랜치는 senior 트랜치와 equity 트랜치의 중간에 위치하게 된다. 신용등급은 A에서 B 사이에 있으며, mezzanine 트랜치 때문에 equity 트랜치의 leverage는 증가하고, senior 트랜치의 신용등급은 상향 조정된다. 비슷한 신용등급의 회사채 혹은 ABS에 비해 높은 수익이 지급되며, 잔여 이익에 대한 참여권이 없다.

Mezzanine 트랜치의 투자수익은 coupon의 수준, 신용 손실, CDO 구조 및 매니저의 운용 성과에 따라 결정된다. Risk leverage는 equity 트랜치의 크기에 따라 결정되는데, equity 트랜치가 작으면 mezzanine의 leverage가 올라가게 된다. 담보자산 pool에 있는 자산들 중에 부도가 높았으면, equity 트랜치가 빠른 속도로 작아지고, 이러한 상황에서 mezzanine 트랜치는 잔여이익에 대한 권리없이 equity 트랜치가 된다. Mezzanine 트랜치는 자산의 성과에 민감하게 반응하는데, 특히 포트폴리오의 분산 정도와 부도 상관관계에 대한 노출이 크다. 최근에는 mezzanine 투자자들이 투자 위험 대비 적은 수익을 가지고 간다는 시장참여자들의 생각에 따라, mezzanine 투자자들을 위험으로부터 구조적으로 보호하는 구조적인 혁신들이 시장에 소개되고 있다.

(3) Senior 트랜치 투자

Senior 트랜치는 높은 신용등급의 트랜치로 분산된 포트폴리오에 대한 투자와 구조적인 신용보강을 가지고 있다. 일반적으로 senior 트랜치에서 실제 현금 손실이 발생하기는 어렵지만, senior 트랜치는 mark-to-market의 위험이 있다. 실현된 손실이 큰 경우에 구조상으로 equity 트랜치와 mezzanine 트랜치의 신용보강이 작아지기 때문에, 실제로 2000년부터 2002년까지 많은 수의 senior 트랜치 신용등급이 하향 조정된 경우가 있다.

Senior 트랜치는 비슷한 신용등급의 채권에 비해 높은 수익을 얻을 수 있으며, 이와 더불어 분산화(diversification)에 대한 이익을 얻을 수 있다. 신용시장은 역사적으로 신용위험을 과대평가하는 경향이 있다. Implied default probability는 일반적으로 실제 경험적인 부도 확률보다 높은 경향을 가지고 있으며 실증적으로 신용시장은 trading anomalies 때문에 높은 스프레드를 갖는 것으로 알려져 있다. 이러한 이유에서 senior 트랜치의 규모는 실제보다 default가 많이 발생하는 것을 가정하여 설계되기 때문에 실제 발생하는 부도율 하에서의 규모보다 큰 규모로 설계된다. 또, senior 트랜치의 수익은 실제 부도확률보다 높게 추정되는 시장 spread를 근거로 하고 있기 때문에 더 높은 추가 수익을 올릴 수 있다.

(4) Super Senior 트랜치 투자

Super senior 트랜치는 senior 트랜치에서 추가적인 손실이 발생하는 경우를 가정한다. Super senior 트랜치는 딜러 혹은 원자산 보유 은행 혹은 제3의 투자자에 의해서 투자되며, unfunded CDO의 형태를 가진다. 높은 등급의 신용위험과 전통적인 재보험 위험은 상대적으로 낮은 상관관계를 가지고 있어, 재보험사에게 super senior 트랜치 투자는 높은 신용등급을 가지고 기존 보유 위험을 헤지할 수 있는 분산투자의 도구로 인식되고 있다.

그러나 Super senior 트랜치의 투자에는 다음과 같은 문제점이 있다. 신용평가기관에서는 super senior 트랜치에 대한 신용평가를 하지 않기 때문에 투자자 입장에서는 신용평가사의 신용등급 없이 투자하게 된다. 그리고 Super senior 트랜치에는 정형화된 attachment point가 없어 super senior 트랜치의 attachment point는 투자자와 협의 하에 결정해야 한다. 또한, synthetic 구조 하에서는 부도가 많이 발생한 경우에는 super senior 트랜치 때문에 senior 트랜치의 신용등급이 하향 조정될 수 있는 mark-to-market 위험을 가지게 된다.

(1) Credit Sensitivity(Delta)

$$Delta = \frac{\Delta \text{in value of CDO}}{\Delta \text{in credit spread}} \qquad (6-1)$$

Credit delta는 일반적으로 credit spread의 평행이동을 가정하고 계산된다. Credit delta는 CDO 가치가 개별적인 reference entity의 신용위험 변화에 얼마만큼 노출되어 있는지를 계산하여 주고, 개별적인 CDO hedge trading에 있어서 long position 혹은 short position을 결정해 준다.

낮은 부도 상관관계를 가진 포트폴리오에서는 equity 트랜치의 델타가 커지는 모습을 보이게 되고, 이에 따라 다른 트랜치의 델타는 낮아지는 경향을 보인다. 반대로 높은 부도 상관관계를 가진 포트폴리오에서는 equity 트랜치의 델타가 작아지는 모습을 보이게 되고, 이에 따라 다른 트랜치의 델타는 높아지는 경향을 보인다.

부도의 시간(timing of default)이 늦어지게 되면 양질의 자산으로 포트폴리오가 구성된 것으로 equity 트랜치와 mezzanine 트랜치의 델타를 낮게 하는 경향을 보인다.

(2) Credit Spread Convexity(Gamma)

$$Gamma = \frac{\Delta \text{in credit delta}}{\Delta \text{in credit spread}} \qquad (6-2)$$

Gamma는 credit delta를 credit spread로 한 번 더 미분한 값으로, credit spread의 변화에 대한 credit delta의 가치의 변화를 나타낸다.

(3) Correlation Sensitivity(Rho)

$$Rho = \frac{\Delta \text{in value of CDO}}{\Delta \text{in default correlation}} \qquad (6-3)$$

Correlation의 영향은 트랜치별로 차이를 보인다. Equity 트랜치의 경우에는 correlation의 long position이고, senior 트랜치의 경우에는 correlation의 short position이다. Credit rho는 각 트랜치의 attachment point에 따라 달라지고 equity 트랜치의 크기와 timing of default, 경험적인 부도의 과거 자료에 따라 변화한다.

옵션 이론을 이용하여 부도 상관관계와 트랜치별 가격의 변화를 살펴보자. Equity 트랜치를 옵션의 입장에서 바라보면 equity 트랜치의 attachment point를 행사 가격으로 포트폴리오에서 발생하는 현금에 대한 콜옵션 매수 포지션이다. 부도 상관관계가 증가하게 되면 포트폴리오 신용손실 확률분포(credit loss distribution)의 변동성이 증가하게 되고, 이러한 변동성 증가는 equity 트랜치의 가격을 상승시키는 역할을 하게 된다. 변동성이 증가하면 콜옵션 매수 포지션의 가격이 상승(스프레드는 감소)하는 것과 같은 원리이다.

Senior 트랜치의 경우는 mezzanine 트랜치의 attachment point를 행사 가격으로 포트폴리오에서 발생하는 현금흐름에 대한 풋옵션 매도 포지션이다. 부도 상관관계가 증가하게 되면 포트폴리오 신용손실 확률분포(credit loss distribution)의 변동성이 증가하게 되고, 이러한 변동성 증가는 senior 트랜치의 가격을 하락시키는 역할을 하게 된다. 변동성이 증가하면 풋옵션 매도 포지션의 가격이 하락(스프레드는 증가)하는 것과 같은 원리이다.

Mezzanine 트랜치의 경우는 부도 상관관계의 움직임에 대해 모호하다. Mezzanine 트랜치의 경우는 포트폴리오에서 발생하는 현금흐름에 대해서 mezzanine 트랜치의 attachment point를 행사 가격으로 콜옵션을 매수하고 equity 트랜치의 attachment point를 행사 가격으로 풋옵션을 매도한 스프레드라고 볼 수 있는데, 변동성의 움직임에 따라 콜옵션과 풋옵션의 가격의 움직임에 의해서 결정되게 되는데 구체적으로 이는 mezzanine 트랜치의 attachment point와 equity 트랜치의 attachment point에 의해 결정되게 된다. 결국 CDO의 capital structure에 따라 부도 상관관계의 상승에 대해서 mezzanine 트랜치의 가격은 상승 혹은 하락이 결정되게 된다.

(4) Time Decay(Theta)

$$\text{Theta} = \frac{\varDelta \text{in value of CDO}}{\varDelta \text{in remaining time to maturity}} \qquad (6-4)$$

잔존만기의 감소는 트랜치별로 다른 영향을 미친다. Senior 트랜치의 경우에는 잔존만기가 감소할수록 가치는 증가하고, 후순위 트랜치의 경우에는 일반적으로 잔존만기가 감소할수록 가치가 감소하게 된다.

10 CDO 트랜치의 Hedge & Trading

CDO tranche에 대한 hedge trading은 credit delta를 이용한다. 시장에서 credit spread, default correlation과 실제 부도가 변화함에 따라 dynamic 헤징을 해야 한다. 그러나 실제의 자본시장에서는 Credit spread와 부도 위험을 정확하게 헤징하기는 어렵다. Hedge portfolio 를 rebalancing할 때 거래비용이 발생하며, 유동성의 부족이나 만기가 일치하는 CDS거래가 시장에 없는 경우 basis risk에 노출되게 된다. 실현된 credit spread의 변화와 부도 상관관계는 모형의 가정에 따라 다르게 나오는데 이러한 것은 헤징 손실로 연결된다.

Equity 트랜치는 단순한 static 헤징을 이용한다. 트레이더들은 equity 트랜치의 액면금액보 다 큰 액면 금액의 CDS 거래를 통해 헤지한다. 예를 들어 equity 트랜치 short position의 경우 selling protection을 이용하여 헤징하는데 selling protection으로부터 equity 트랜치 보유자에 게 지급할 만큼 충분한 현금흐름과 이익이 제공되어야 한다. 만약, idiosyncratic 위험에 의해 부도가 발생한 경우, 트레이더는 헤지를 잘못 연결한(mismatching) 결과를 가지고 온다. Mezzanine 트랜치의 경우에는 capital structure에서 부도확률의 측면에서 트랜치에 해당되는 reference entity에 대한 보장을 사고 파는 형태로 헤징된다.

Default correlation을 헤징하기 위해서 트레이더들은 구조화된 상품, 예를 들어 nth-to-default basket이나 CDO 트랜치 등을 이용한다. 트레이더들은 흔히 시장 가격에서 계산한 implied correlation을 이용하여 헤지한다. 여러 reference entity의 각각의 쌍에 해당하는 correlation을 구하는 것은 어렵고, 하나의 대표적인 credit index상품에 근거한 상수의 market implied default correlation 값만 계산하여 사용한다. Credit index를 이용하여 헤징하는 경우 에는 인덱스 구성 reference entity가 트레이더가 보유하고 있는 position과 다를 수 있기 때문 에 basis risk에 직면하게 된다.

또, implied correlation은 하나가 아닌 여러 개의 correlation이 유도가 될 수 있다는 문제점 을 가지고 있다. 이러한 문제점으로 일부 트레이더들은 base correlation을 이용한다. Base correlation은 각각의 트랜치를 portfolio의 cash flow에 대한 option으로 접근하는 correlation 이다. 수학적으로 base correlation은 하나의 값으로 나오게 되지만, 평균 credit spread를 이용 하고 있다는 문제점이 있다.

01 다음 중 대안투자로 분류되기 어려운 것은?

① 부동산 투자
② 인프라스트럭처
③ 신용파생
④ Money Market Fund

02 다음 중 대안투자의 특성으로 적절하지 않은 것은?

① 대안투자는 전통투자에 비해 보수율이 높다.

② 대부분이 장외시장에서 거래되는 자산을 거래하므로 환금성이 떨어지고 이에 따라 환매금지기간(lock up period)이 설정된다.

③ 대안투자는 전통투자와 상관관계가 높아, 전통투자와 대안투자를 동시에 투자한 경우에 전통투자에만 투자한 경우보다 효율적인 포트폴리오의 구성이 가능하다.

④ 공매도의 사용 및 파생상품 활용이 높아 이에 대한 위험관리가 중요한 이슈가 되고 있다.

03 다음 중 PEF 구조에서 본인-대리인의 문제의 극복책과 거리가 먼 것은?

① PEF의 운용자인 무한책임사원(general partner)도 PEF에 투자한다.

② 무한책임사원에게 성과에 대한 인센티브를 부여한다.

③ 법률적으로 무한책임사원의 행위준칙을 정하여 등록하도록 하였다.

④ 성과가 좋아 무한책임사원에게 성과보수를 지급하였으면, 사업 후기에 투자한 사업으로부터 손실이 발생하는 경우라도 무한책임사원에게 기분배한 성과보수는 회수할 수 없다.

해설

01 ④ MMF는 전통투자에 가깝다.

02 ③ 대안투자는 전통투자와 상관관계가 낮은 특성을 가지고 있다.

03 ④ 무한책임사원에게 기분배한 성과보수를 회수할 수 있도록 하는 장치를 두고 있다.

04 다음 중 PEF에서 상법의 조항을 배제하는 경우와 거리가 먼 것은?

① 일반회사도 무한책임사원이 될 수 있다.

② 무한책임사원은 노무 혹은 신용출자가 가능하다.

③ 무한책임사원의 경업금지의무가 배제된다.

④ 무한책임사원은 다른 사원의 동의 없이 임의로 퇴사할 수 없다.

05 다음 중 PEF에서 인수 대상 기업으로 선정하기 어려운 기업은?

① 경기변동에 민감한 기업

② 안정된 성장과 수익의 창출이 기대되는 기업

③ 부실기업

④ 구조조정을 통해 기업가치 상승이 기대되는 기업

06 다음 중 헤지펀드의 특징으로 적절하지 않은 것은?

① 수익률 극대화를 위해 차입과 공매도가 허용된다.

② 환금성(liquidity)이 적은 자산을 매매하는 경우가 있어 환매금지기간이 있다.

③ 펀드 운용자는 내부정보(insider information) 문제로 펀드에 투자를 할 수 없다.

④ 사모펀드로 제한없는 자산운용이 허용되지만, 펀드 오브 헤지펀드의 경우, 공모형식
으로 운용되기 때문에 자산운용방법에 제한이 있는 경우가 있다.

해설

04　② 무한책임사원은 반드시 금전 또는 시장성있는 유가증권을 출자해야 한다.

05　① 투자회수기간이 장기간(7~8년)이 소요되므로 경기변동에 영향을 덜 받는 기업을 인수대상으로 선정해야 한다.

06　③ 위험공유를 통한 펀드운용자의 책임있는 운용을 위해 운용자도 헤지펀드에 투자를 한다.

정답 01 ④ | 02 ③ | 03 ④ | 04 ② | 05 ① | 06 ③

part 02

해외 증권투자운용 및 투자전략

certified investment manager

chapter 01

해외 투자에 대한 이론적 접근

해외 투자의 동기 및 효과

1   국내 분산투자와 국제 분산투자

증권의 가치는 증권에서 발생하는 미래 현금흐름의 현재가치이다. 증권의 가치는 다음의 식에서와 같이 표시된다.

$$V_S = \sum_{i=1}^{N} \frac{C_t}{(1+r)^t} \tag{1-1}$$

C_t : t기의 예상되는 현금흐름, r : 할인율

주식을 보유하면 해당 기업이 벌어들일 미래 순현금흐름에 대한 지분만큼의 권리를 가지므로 주식의 가치는 기업이 벌어들이는 미래 현금흐름을 일정한 할인율로 할인한 현재가치이다. 여건의 변화에 따라 현금흐름에 대한 예상과 할인율이 변동하기 때문에 주가는 변동하며 주식투자에는 위험이 존재한다. 채권을 보유하면 정해진 이자와 만기 원금상환의 현금흐름을

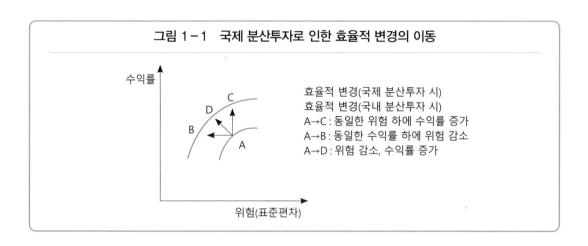

그림 1-1   국제 분산투자로 인한 효율적 변경의 이동

수익률

효율적 변경(국제 분산투자 시)
효율적 변경(국내 분산투자 시)
A→C : 동일한 위험 하에 수익률 증가
A→B : 동일한 수익률 하에 위험 감소
A→D : 위험 감소, 수익률 증가

위험(표준편차)

얻게 되므로 채권의 가치는 정해진 대로 발생하게 될 미래 현금흐름의 현재가치가 된다. 채권의 경우 미래 현금흐름은 일정한 반면 할인율이 변동하여 채권 가격이 변동하고, 이로 인한 투자위험이 존재한다. 증권 가격의 변동에는 시장 공통의 요인이 있는가 하면 개별 증권 특유의 요인도 작용한다. 개별 증권 특유의 요인은 증권 가격이 서로 다른 움직임을 갖도록 하는 반면 시장 공통의 요인은 시장 내에 존재하는 증권 가격이 서로 같은 방향으로 움직이도록 한다. 증권 가격의 서로 다른 움직임은 〈그림 1-1〉에서처럼 분산투자를 통해 위험이 줄어드는 분산투자효과를 가져온다.

분산투자효과는 증권 가격의 서로 다른 움직임으로 인하여 분산투자를 통해 수익률을 희생하지 않고 위험을 줄일 수 있는 효과(〈그림 1-1〉에서 화살표 방향의 움직임)를 의미한다. 포함되는 증권 간의 상관관계가 낮을수록, 즉 가격의 움직임이 서로 다를수록 분산투자효과는 커진다. 한 시장 안에 존재하는 증권들은 모두 시장 공통의 요인에 영향을 받아 같이 움직이는 요인을 갖게 되어 분산투자효과는 한계를 갖는다. 포트폴리오에 포함되는 증권의 수가 증가하면 분산투자효과로 인하여 위험이 감소하지만 일정 수준 이하로는 감소하지 않는다. 이처럼 분산투자효과가 한계에 도달하는 것은 시장 공통의 요인으로 인하여 더 이상 분산할 수 없는 위험이 남기 때문이다. 이처럼 시장 전체의 움직임에 따라 공통으로 영향을 받는 위험을 체계적 위험이라고 한다. 체계적 위험은 분산투자효과의 한계를 의미한다.

국제 투자가 국내 투자와 달라지는 점은 국내 투자에서는 더 이상 분산할 수 없는 시장공통의 위험이 국가 간의 서로 다른 움직임으로 인하여 추가적인 분산이 가능하다는 것이다. 한 나라에서의 시장 공통의 요인은 세계 공통의 요인과 국가 특유의 요인으로 나눌 수 있으며 국제 분산투자를 통하여 국가 특유의 요인의 분산이 가능해진다. 한 나라 안에서의 분산투자를 통하여 분산할 수 없었던 체계적 위험이 국제 분산투자를 통하여 추가적 분산이 가능해진다는 점이 국제 분산투자를 국내 분산투자와 구별하는 가장 중요한 점이라고 할 수 있다.

2 국제 분산투자효과

분산투자이론에 의하면 개별 주식이 가진 총위험은 분산투자로 제거할 수 있는 비체계적 위험과 분산투자로도 제거할 수 없는 체계적 위험으로 나누어진다. 비체계적 위험은 최고경영자의 특성, 기업경영전략의 성패, 주요 계약의 취득 여부, 경쟁회사와의 관계, 기업이 속한 산업의 사양화 위험 등과 같은 기업 또는 산업 특유의 요인에 의하여 발생하는 위험을 말한다. 체계적 위험은 전쟁, 내란, 정변 등의 정치적 요인이나 경기변동, 금융·재정·외환 정책 등 한 국가 내의 모든 기업에 공통적으로 영향을 미치는 요인에 의하여 발생하는 위험을 말한다. 개별 기업 특유의 요인은 개별 기업의 주가가 서로 다르게 움직이도록 작용하며 포트폴리오 투자가 이루어졌을 때 서로 다른 움직임이 상쇄되어 위험분산이 가능하다. 반면 시장공통적인 요인에 의한 체계적 위험은 분산투자를 하더라도 서로 상쇄되지 않으므로 위험분산이 불가능하다.

개별 증권의 체계적 위험은 그 증권의 움직임과 전체 시장 움직임 간의 상관관계로 측정된다. 즉, 상관관계가 높을수록 증권의 체계적 위험이 크다. 시장과 개별 증권이 같이 움직이는 부분은 분산투자를 하더라도 위험이 상쇄되지 않기 때문이다. 체계적 위험을 분산 불가능 위험이라고 하는 이유도 여기에 있다. 그러나 국내적으로 분산 불가능한 위험인 체계적 위험도 투자대상을 외국 증권으로 확대하여 국제적으로 분산투자할 경우에는 위험의 추가적인 분산효과를 얻는 것이 가능하다. 이것은 기업에 전반적으로 영향을 미치는 요인이 국가 간에 서로 상이하기 때문에 국제적으로 분산투자할 경우 개별 국가 특유의 요인이 서로 상쇄되어 국내적으로는 분산할 수 없었던 체계적 위험도 어느 정도 제거할 수 있기 때문이다. 즉, 특정 국가에 국한된 전쟁, 내란, 정변 등의 정치적 위험이나 각국의 독립적인 금융, 재정, 외환 정책, 자연자원의 편재, 상이한 산업기반, 상이한 경기변동주기 등 여러 가지 요인에 의해 발생하는 특정 국가의 체계적 위험이 국제 분산투자에 의하여 부분적으로 제거될 수 있다.

〈그림 1-2〉는 국내 및 국제 분산투자에 의한 포트폴리오의 위험 감소 효과를 보여주고 있다. 국제적으로 잘 분산된 포트폴리오에 투자할 경우 나라마다 다른 정치, 경제적인 환경에서 발생하는 분산효과 때문에 포트폴리오의 위험이 감소하여 국내 분산투자로는 제거가 불가능

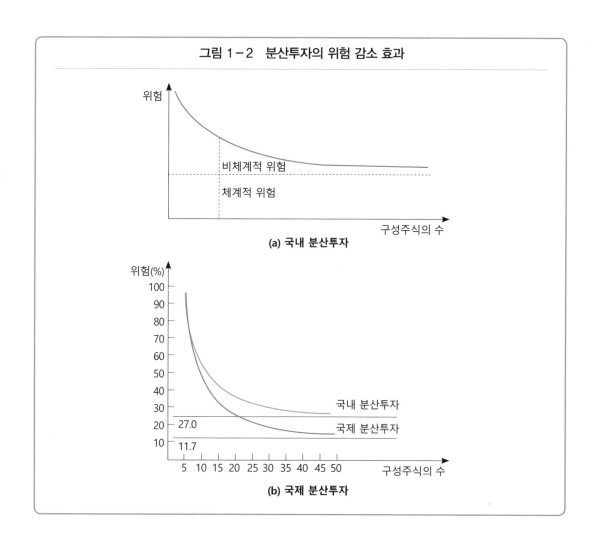

그림 1-2   분산투자의 위험 감소 효과

위험

비체계적 위험

체계적 위험

구성주식의 수

(a) 국내 분산투자

위험(%)

국내 분산투자

국제 분산투자

27.0

11.7

5 10 15 20 25 30 35 40 45 50   구성주식의 수

(b) 국제 분산투자

한 체계적 위험을 50% 이상 제거할 수 있음을 보여주고 있다.

그러나 〈그림 1-2〉의 (b)에서 볼 수 있는 바와 같이 포트폴리오의 위험 중에는 국제 분산투자로도 제거할 수 없는 위험(11.7%)이 여전히 존재한다. 이와 같이 국제 분산투자로도 포트폴리오의 위험을 완전히 제거할 수 없는 이유는 세계경제의 상호 의존성으로 인하여 각국의 주식시장이 부분적으로는 서로 같은 움직임을 보이기 때문이다. 따라서 국제 분산투자로 인한 위험 감소 효과의 정도는 국제 포트폴리오에 포함되는 각국 주식시장 간의 상관관계에 따라 결정된다. 즉, 국가 간의 상관관계가 높을수록 국제 분산투자효과는 작아진다.

3   국가 간 상관관계 분석

국제 분산투자효과를 결정하는 가장 중요한 요인은 각국 주식시장 간 움직임이 서로 다른 정도, 즉 상관관계의 정도이다. 즉 상관관계가 낮을수록 국제 분산투자효과는 커진다. 국제 투자의 가장 큰 동기 중의 하나가 국내적으로 얻을 수 없는 분산투자의 효과를 얻는 것인 만큼 국가지수 간의 상관관계 분석은 국제 투자분석의 첫걸음이라고 할 수 있다. 이러한 상관관계 분석을 위해서는 먼저, 계획되는 투자의 방향에 따라 적절한 벤치마크를 설정해야 한다. 국제 주식투자의 경우에는 특정국의 국가 주가지수 혹은 국제 주가지수를 벤치마크로 선택하게 되며 벤치마크 수익률의 움직임 간의 상관계수를 추정하여 각국 주식시장 간의 상관관계를 파악하게 된다.

상관관계 분석은 각국의 주가 움직임에 대한 과거 자료를 이용한 실증적 분석인데, 이는 과거의 상관관계 구조가 투자기간에 해당하는 미래에도 지속될 것이라는 것을 전제로 하고 있다. 따라서 이러한 전제조건을 충족할 수 있도록 적절한 상관계수 측정을 위한 자료기간을 선택하는 것이 중요하다. 측정기간을 충분히 길게 함으로써 추정한 상관계수의 값이 신뢰성을 갖도록 하는 것은 필요하지만 관찰기간 중에 구조적인 변화가 존재하는 경우에 추정한 상관계수의 의미를 알 수 없게 된다. 반면 지나치게 자료기간을 길게 하면 자료기간 중 구조적 변화가 포함될 가능성이 높아진다. 이같이 상충하는 요구를 감안하여 관찰기간의 길이를 결정하도록 한다.

즉, 자료기간 중에 전쟁 혹은 커다란 국제정치 경제적 사건으로 인하여 국가 간의 상관관계 구조가 달라지면 이 기간의 자료로 추정된 상관계수는 서로 다른 상관계수의 평균이므로 투자기간의 상관관계와는 다른 의미를 가지게 된다.

국제 투자를 위한 분석에서 또 하나의 중요한 고려요인은 환율 변동이 국제 투자의 수익률과 위험에 중요한 구성요인이 된다는 점이다. 환율이 급변하는 상황에서는 주가 변동보다 환율 변동이 국제 투자의 수익률 결정에 더 큰 영향을 미칠 수 있다. 따라서 환율전망이나 환헤지는 국제 주식투자의 성공을 결정하는 중요한 요인이 된다. 환위험을 헤지하지 않는 정책을 쓴다면 국가 간의 상관관계는 환율 변동의 상관관계를 포함하는 것이 되는 반면 환위험을 헤지하면 국가 간의 상관관계는 주가수익률 간의 상관관계만을 포함하게 된다.

일반적으로 환위험을 헤지한 경우와 헤지하지 않은 경우의 상관관계에서 거의 차이가 없다는 점은 장기적으로 보았을 때 국제 주식투자에서 환위험의 비중은 높지 않으며 평균적으로 헤지의 효과가 크지 않다는 것을 의미한다. 그러나 이러한 결과 역시 오랜 기간 동안의 관찰을 평균했기 때문에 나타난 것으로 볼 수 있다. 단기적으로 환율 변동은 주가 변동을 능가할 수 있을 정도로 변동성이 높기 때문에 환위험의 헤지는 매우 큰 차이를 가져올 수 있다는 점을 간과해서는 안 된다.

세계경제의 글로벌화 추세에 따라 각국의 시장을 분리하였던 각종 장벽이 무너지고 국가 간의 무역과 자본의 흐름이 빠른 속도로 증가해왔다. 국가 간의 확대된 무역과 자본의 흐름은 경기나 금리의 변동과 같은 거시경제의 충격이 다른 나라로 빠른 속도로 전파되는 통로가 됨으로써 주요국의 거시경제 변화가 동조화되는 결과를 가져왔다. 주가는 거시경제 변화의 기대를 반영하여 움직이는데 거시경제 변화의 동조화에 따라 주식시장의 동조화 현상이 나타나고 있다. 동조화 현상은 국가 간의 상관관계가 높아지는 것으로 나타나며 오늘날 미국을 중심으로 각국의 주식시장은 높은 상관관계가 나타나고 있다.

4 국가 주가지수와 국제 주가지수

주가지수는 시장 전체의 평균적 성과와 변화를 측정하는 데 활용된다. 또한 특정 투자 포트폴리오나 투자전략의 상대적 성과를 측정하는 벤치마크로도 이용된다. 각국의 주식시장에는 그 시장을 대표하는 주가지수가 존재한다. 각 주가지수는 그 시장에 상장된 모든 주식 혹은 가장 대표적인 주식의 가격을 일정한 비율로 가중평균한 지수로 계산한다. 대부분의 시장에서 주가지수는 연속적으로 계산되어 발표된다. 포트폴리오 투자의 벤치마크는 포트폴리오 구성의 의사결정뿐만 아니라 성과평가의 기준이 된다. 〈표 1-1〉에서는 주요 거래소의 대표적인 주가지수를 보여주고 있다.

국제 투자에서는 투자대상국의 국가지수나 국제 주가지수가 포트폴리오의 벤치마크로 설정되어 포트폴리오 구성의 기준이 되거나 성과평가의 기준으로 활용된다. 국제 분산투자전략을 수립함에 있어서 투자의사결정 및 성과평가의 기준으로서 적절한 벤치마크를 선정해야 한다. 국제 투자의 벤치마크로 가장 많이 사용되는 국제 지수로는 MSCI(Morgan Stanley Capital International) 지수, FT(Financial Times) 국제 지수 등이 있다. MSCI 지수는 투자의 목적과 방향에 따라 선택할 수 있도록 World, EAFE(Europe, Australia, Far East), Emerging Markets 등 수많은 지수들로 구성되어 있다.

표 1-1 각국 거래소의 대표적 주가지수

국가	거래소	주가지수
미국	• New York Stock Exchange • NASDAQ	• Standard & Poor's Composite(S&P 500) • Dow Jones Industrial Average(DJIA 30) • NYSE Composite • NASDAQ Index
일본	Tokyo Stock Exchange	• 日經平均(Nikkei 225) • TOPIX
독일	• Deutsche Borse	• Commerzbank index • FAZ, DAX, EURO STOXX
영국	London Stock Exchange	• Financial Times Ordinary(30) • FTSE100
홍콩	Hong Kong Exchange	桓生指數(Hang Seng Index)
싱가폴	Singapore Stock Exchange	Straits Times Index
한국	• Korea Stock Exchange • KOSDAQ	• 한국종합주가지수(KOSPI) • 코스닥지수

1) MSCI(Morgan Stanley Capital International) 지수란?

MSCI 지수는 글로벌 펀드의 투자기준이 되는 대표적인 지표로 최초의 국제 벤치마크, 특히 미국계 펀드의 운용에 주요 기준으로 사용되는 지수다. 미국 모건스탠리 증권이 지난 1986년에 인수한 캐피털인터내셔널사에서 작성해 발표한다.

MSCI 지수는 전세계를 대상으로 하는 글로벌지수, 특정 지역에 한정하는 지역지수 등 국가, 산업 및 펀드 스타일 등에 따른 다양한 종류의 지수들을 제시하고 있다.

MSCI 지수의 산출기준은 시가총액 방식이 아닌 '유동주식 방식(Free floating)'이다. 시가총액 방식은 정부 보유지분이나 계열사 간 상호 보유 지분 등 시장에서 유통되지 않는 주식까지 합쳐 계산해 실제 공개시장에 대한 영향력을 정확히 반영하지 못한다는 단점을 가지고 있다. 유동주식 방식은 정부 보유 및 계열사 보유 지분 등 시장에서 유통되기 어려운 주식을 제외한 실제 유동주식을 기준으로 비중을 계산한다.

(1) MSCI 지수 종류

MSCI 지수는 크게 보면 미국, 유럽 등 선진국 중심의 세계지수(World Index)와 아시아, 중남미 등의 신흥시장 지수(Emerging Markets Index)로 나눌 수 있다. 이 가운데 한국시장이 포함되는 지수로는 '신흥시장 지수', '아시아 지수', '극동 지수' 등이 있다. 이중 한국 증시를 가장 잘 설명해주며 해외 펀드들이 한국시장에 투자할 때 투자판단으로 삼는 대표적인 지수가 신흥시장 대상의 '신흥시장 지수' 즉, EM(Emerging Market)지수이다.

'MSCI EM지수'의 경우 한국을 포함한 주요 신흥시장 27개국의 기업을 기준으로 산출되며 주가 등락과 환율 변동에 따라 각 국가별 편입비중도 매일 바뀐다. 대상 국가가 외국인 투자자의 매매를 제한하는 경우 역시 반영비율이 줄어들게 된다. 외국 투자기관들은 해외투자 시 각국별 투자 비중을 결정하는 기준으로 MSCI 지수를 사용하기 때문에 MSCI 지수에서 특정 국가의 비중이 높아지면 그만큼 외국인 투자가 확대될 가능성이 커진다. MSCI는 국가별 지수도 발표하는데 우리나라에 대한 MSCI 국가지수는 MSCI 한국지수이다. MSCI 한국 지수도 주가의 등락뿐 아니라 환율의 변동이 반영된다. 주가가 오르더라도 원화가치가 크게 떨어졌다면 지수는 하락할 수도 있다. 달러로 환산한 주가지수로 이해하면 된다.

2022년 10월 현재 우리나라는 신흥시장으로 분류되어 있다. 한편, MSCI는 2008년 6월부터 우리나라 증시의 선진국 지수 편입 여부를 검토하겠다고 밝힌 바 있으며, 2022년 현재까지 한국의 선진시장 편입을 보류하고 있다. 현재 한국 증시는 다우존스지수, S&P지수, FTSE의 선진 지수에는 모두 편입되어 있다.

(2) MSCI 선진 지수 및 신흥시장 지수 구성체계(2022.10월 기준)

	선진시장	신흥시장
지수특징	1987년 12월 31일을 100	1987년 12월 31일을 100
구성 국가수	23개국	24개국
미주 유럽/중동	캐나다, 미국, 오스트리아, 벨기에, 덴마크, 핀란드, 프랑스, 독일, 아일랜드, 이스라엘, 이탈리아, 네덜란드, 노르웨이, 포르투갈, 스페인, 스웨덴, 스위스, 영국	브라질, 칠레, 콜롬비아, 멕시코, 페루, 체코, 이집트, 그리스, 헝가리, 쿠웨이트, 폴란드, 카타르, 사우디아라비아, 남아공, 터키, UAE
아시아	호주, 홍콩, 일본, 뉴질랜드, 싱가폴	중국, 인도, 인도네시아, 대만, 말레이시아, 필리핀, 태국, 한국

자료 : MSCI

(3) MSCI 지수별 국가 비중

신흥시장 내 한국의 비중은 10.66%이며, 중국의 비중이 31.35%로 가장 높다(2022.10월 기준).

MSCI Emerging	
국가명	비율(%)
중국	31.35
인도	15.33
대만	13.82
한국	10.66
브라질	5.76
기타	23.09

자료 : MSCI

MSCI World	
국가명	비율(%)
미국	65.53
일본	7.96
영국	4.41
프랑스	3.41
스위스	3.23
캐나다	3.13
독일	2.90
호주	2.11
네덜란드	1.35
기타	5.96

자료 : MSCI

2) FTSE(Financial Times Stock Exchange)지수란?

(1) FTSE 지수 개요

영국의 파이낸셜타임스와 런던거래소가 공동 설립한 FTSE인터내셔널(현재 FTSE 러셀)에서 1999년부터 발표하는 글로벌 지수로, 주로 유럽계 자금의 투자 벤치마크 역할을 하고 있다. FTSE 지수는 MSCI 지수와 함께 세계시장을 대상으로 하는 대표적인 양대 지수로, 글로벌 기관투자자들의 투자분석, 자산배분, 펀드 설정 등 의사결정과정에서 중요한 지표로 사용되고 있다. FTSE 지수는 전세계 49개 국가를 ① 선진국시장(developed), ② 준선진국시장(advanced emerging), ③ 신흥시장(secondary emerging)으로 분류하고 있다.

(2) FTSE 지수 종류

❶ FTSE 100

ㄱ. 런던증권거래소(LSE)에 상장된 100개의 우량주식으로 구성된 지수

ㄴ. 기준 시점은 1983년 12월 31일을 1000으로 하여 산출

❷ FTSE 월드인덱스(World Index)

ㄱ. FTSE 인터내셔널에서 개발, 산출하고 있는 지수 중 하나

ㄴ. 1987년 4월부터 공식 발표하고 있는 세계 증시의 대표적인 지수

ㄷ. 파이낸셜타임스와 런던증권거래소, S&P(스탠더드 앤드 푸어스), 미국 골드만삭스사가 공동 개발. 'FT/S&P 월드인덱스'는 골드만삭스사와 공동소유하고 있다가 지난 99년 12월 FTSE 인터내셔널이 이 지수에 대한 소유권을 모두 가지게 되면서 이름을 'FTSE 월드인덱스'로 변경

ㄹ. 'FTSE 인터내셔널'과 신용평가기관 '스탠더드 앤드 푸어스' 등이 투자 적격이라고 판단하는 나라의 주식 주요 종목을 가중치를 두어 평가, 발표. 일종의 해외 투자가이드

ㅁ. 여러 까다로운 요건이 충족되어야 편입되기 때문에, 편입 사실 그 자체만으로도 영향력이 큼. 미국계 투자가들이 모건스탠리지수(MSCI)를 투자판단의 잣대로 이용하는 것처럼 상당수 유럽계 펀드들이 해외 투자할 때 각국별 투자비중을 결정하는 데 기준으로 삼음

❸ FTSE All World Index

ㄱ. FTSE 인터내셔널에서 개발, 산출하고 있는 지수 중 하나로, 전세계 49개국 주가지수를 포괄하는 지수

ㄴ. FTSE 인터내셔널이 FTSE 월드인덱스(WORLD INDEX)를 기반으로 2000년 7월 새롭게 출범시킨 지수로, 미국계 펀드 운용자들이 주로 벤치마크 대상으로 삼고있는 모건스탠리 지수(MSCI)와 본격적으로 맞서기 위해 유럽에서 만든 전세계를 대상으로 한 새로운 지수로 보면 됨

ㄷ. 최근 비중이 커진 신흥시장 증시의 중요성을 감안, 기존 FTSE 월드인덱스에 ING베어링증권이 산출하는 신흥시장 지수(이머징마켓인덱스)를 결합시켜 만듦. ING베어링스의 국제 지수 서비스 부문은 지난 92년부터 자체적으로 신흥시장 지수를 편제

ㄹ. 기존 FTSE 월드인덱스에 편입되어 있는 30개국에 19개국을 추가해 모두 49개국 4천여 개 종목이 편입

ㅁ. 'FTSE 올월드인덱스'는 선진시장(developed), 선진신흥시장(advanced emerging), 신흥시장(emerging)으로 분류되는 3개그룹으로 구성되며, 우리나라는 2008년 9월 선진시장에 편입

| 선진국 포함 국가 | | 이머징 포함 국가 | | |
| MSCI | FTSE | MSCI | FTSE | |
			Advanced Emerging	Secondary Emerging
캐나다	캐나다	브라질	브라질	칠레
미국	미국	칠레	멕시코	콜롬비아
오스트리아	오스트리아	콜롬비아	체코	이집트
벨기에	벨기에	멕시코	그리스	카타르
덴마크	덴마크	페루	헝가리	UAE
핀란드	핀란드	체코	남아공	쿠웨이트
프랑스	프랑스	이집트	터키	사우디아라비아
독일	독일	그리스	말레이시아	중국
아일랜드	아일랜드	헝가리	대만	인도
이스라엘	이스라엘	폴란드	태국	인도네시아
이탈리아	이탈리아	카타르		필리핀
네덜란드	네덜란드	남아공		파키스탄
노르웨이	노르웨이	터키		루마니아
포르투갈	포르투갈	UAE		아이슬란드
스페인	스페인	쿠웨이트		
스웨덴	스웨덴	사우디아라비아		
스위스	스위스	중국		
영국	영국	인도		
호주	호주	인도네시아		
홍콩	홍콩	한국		
일본	일본	말레이시아		
뉴질랜드	뉴질랜드	필리핀		
싱가폴	싱가폴	대만		
	폴란드	태국		
	한국	파키스탄		

자료 : FTSE, MSCI

3) WGBI(World Government Bond) Index

❶ FTSE 러셀이 관리하는 주요 23개국의 국채로 구성한 투자지수

❷ 세계 주요 기관투자자들이 추종하는 투자지표 역할

❸ 진입조건은 ① 최소 발행잔액(미화 500억 달러 이상), ② 신용등급(S&P기준 A−이상), ③ 시장 접근성(외국인투자제한 여부에 대한 FTSE의 주관적 평가요소) 진입장벽 제거 등의 조건을 충족시

켜야 함

④ 말레이시아같이 한국과 경제 규모가 비슷하거나 작은 국가들도 WGBI에 편입돼 있지만 한국은 '2부 리그' 격인 '세계투자등급채권지수(WorldBIG)'에 포함되어 있음

⑤ 최근 한국정부는 많이 높아진 국채의 위상을 감안 WGBI 편입을 위한 타당성검토 등을 추진하고 있음. 지난 2010년 시도가 무산된 이후 다시 시도하는 것임

⑥ 주요 편입대상 23개국 Lists는 다음과 같음

Australia, Austria, Belgium, Canada, China, Denmark, Finland, France, Germany, Ireland, Israel, Italy, Japan, Malaysia, Mexico, Netherland, Norway, Poland, Singapore, Spain, Sweden, UK, US

5 체계적 위험으로 본 국제 분산투자

잘 분산된 포트폴리오를 가진 투자자라면 새로운 투자대안을 고려할 때 총위험(total risk)보다는, 분산할 수 없는 부분인 체계적 위험[1](systematic risk)으로 평가한다. 잘 분산된 포트폴리오를 가진 투자자에게는 투자대안이 가진 전체 위험 가운데서 비체계적 위험은 포트폴리오에 포함되자마자 상쇄되기 때문에 체계적 위험만 포트폴리오의 위험에 영향을 줄 뿐이다.

대부분 투자자들이 분산투자를 하는 시장에서의 위험과 수익률 간의 균형관계에서도 전체 위험이 아닌 체계적 위험과 수익률 간의 관계를 보게 된다. 투자를 통해 부담하게 되는 위험에 대한 보상으로서의 요구수익률도 전체 위험에 대한 보상이라기보다는 체계적 위험에 대한 보상으로 인식되며 체계적 위험에 대한 요구수익률이 자본시장에서 결정되는 균형 수익률이 될 것이다.

효율적 시장에서 증권의 균형 가격을 이론적으로 도출한 자본자산 가격결정 모형(Capital Asset Pricing Model : CAPM)에서는 식 (1-2)에서처럼 증권의 균형 수익률을 해당 증권이 가진 체계적 위험에 대한 보상으로 보았다. 투자자가 기대하는 초과수익은 균형 수익률을 상회하는 기대 수익률을 의미하며, 투자성과를 높이려는 투자자의 노력은 결국 균형 수익을 능가하는 기대 수익을 가진 증권을 찾기 위한 노력이라고 할 수 있다.

---

1 자산의 전체 위험은 체계적 위험(systematic risk)과 비체계적 위험(unsystematic risk)으로 구성되며 이들은 각각 분산 불가능 위험(undiversifiable risk), 분산 가능 위험(diversifiable risk)으로 불리기도 한다. 체계적 위험은 특정 자산의 가격 변동과 시장 포트폴리오(market portfolio) 가격 변동 간의 공분산으로 측정되며 시장 포트폴리오와 공변하는 부분은 아무리 분산하더라도 더 이상 분산할 수 없는 위험임을 의미한다.

$$E(R_i) = R_F + \beta_i(E(R_M) - R_F) \qquad\qquad (1-2)$$

동일한 논리를 국제 투자에 적용하면 투자자 관점에서의 시장 포트폴리오[2]와 투자대상이 되는 포트폴리오 간의 상관관계로 측정되는 체계적 위험이 국제 투자의 판단기준이 될 것이다. 만약 투자자가 국내 투자의 시각에서 해외 투자를 고려한다면 자국의 시장 포트폴리오와 해외 주식 간의 상관관계로서 체계적 위험을 인식하게 될 것이다. 혹은, 투자자의 시야가 통합된 국제자본시장으로 열려 있다면 세계 시장 포트폴리오와 당해 주식 간의 상관관계로 체계적 위험을 인식하고 균형 수익률을 추정할 것이다.

식 (1-3)에서는 국제 주식시장이 국경에 의해 분리된 상태에서 미국의 투자자가 한국의 주식에 투자하는 경우 한국의 주식에 대해서 요구하는 요구수익률을 보여주고 있다. 이 투자자가 인식하는 한국 주식의 체계적 위험은 당해 투자대상과 그 투자대상이 속한 시장 포트폴리오 간의 공분산이 아니라 당해 투자대상과 미국 시장 포트폴리오 간의 공분산이 된다. 반면 한국시장에 존재하는 주식의 균형 수익률은 식 (1-4)에서처럼 한국 주식시장의 맥락에서 결정되므로 당해 주식과 한국시장 포트폴리오 간의 체계적 위험(β_K)에 의해 결정된다.

일반적으로는 한국 주식은 미국 시장 포트폴리오에 대한 체계적 위험보다 한국시장 포트폴리오에 대한 체계적 위험이 크다. 따라서 외국 투자자의 당해 주식에 대한 요구수익률보다 균형 수익률이 더 높다. 요구수익률과 균형 수익률의 차이는 투자자의 입장에서 초과수익을 형성하며 국제 투자의 유인을 제공하는 것으로 해석된다. 예컨대 미국시장 포트폴리오를 기준으로 생각하는 미국의 분산투자자가 한국 주식에 투자하는 대안을 고려한다면 미국 시장 포트폴리오와 투자대상인 한국 주식 간의 상관관계로 투자대상의 체계적 위험(β_K^{US})을 인식하고 이로부터 다음 식에서와 같이 요구수익률을 계산하게 된다.

$$E(R_K^{US}) = R_F^{US} + \beta_K^{US}(E(R_M^{US}) - R_F^{US}) \qquad\qquad (1-3)$$

$E(R_K^{US})$: 미국 투자자가 한국 주식에 투자하는 경우의 요구수익률

R_F^{US} : 미국의 무위험 수익률

β_K^{US} : 미국 시장 포트폴리오에 대한 한국주식의 체계적 위험

R_M^{US} : 미국 시장 포트폴리오의 수익률

---

2 예컨대 미국의 투자자라면 미국의 시장 포트폴리오를 투자기준으로 삼게 될 것이며 체계적 위험을 측정하는 것도 이 시장 포트폴리오를 기준으로 할 것이다. 즉 투자대상인 외국 주식과 자신의 시장 포트폴리오 간의 상관관계를 평가기준으로 삼게 될 것이다.

$$E(R_K) = R_F^K + \beta_K(E(R_M^K) - R_F^K) \qquad (1-4)$$

여기서 한국과 미국 간에 무위험 수익률과 시장 포트폴리오 수익률에 있어서 차이가 없는 것으로 가정한다면 미국 투자자가 한국 주식투자에서 요구하는 수익률과 한국 주식의 한국시장에서의 기대수익률의 차이는 두 가지 체계적 위험(β_K와 β_K^{US})의 차이에서만 발생한다. 한국 주식의 한국 시장 포트폴리오와의 상관계수는 당연히 미국 시장 포트폴리오와의 상관계수보다 높다. 따라서 한국 주식의 균형 수익률은 미국 투자자가 한국 주식투자에서 요구하는 수익률보다 높고, 미국 투자자는 한국 투자에서 초과수익의 기회를 인식하게 된다.

이처럼 투자자에게 인식되는 체계적 위험과 실제 가격 결정에 관련된 체계적 위험 간의 차이에서 오는 초과이익이 국제 투자의 차별적 유인으로 해석된다. 이 같은 국제 투자의 차별적 유인은 국제 주식시장이 국경으로 분리된 시장이기 때문에 가능한 것이다. 각국의 주식시장이 서로 분리되어 있어 동일한 주식이라 하더라도 투자자의 국적에 따라서 서로 다른 것으로 인식되고 동일한 위험에 대해서 수익률의 차이가 존재하기 때문에 초과수익이 가능한 것이다.

세계의 주식시장이 완전히 통합되어 있다면 투자자의 국적과 관계없이 각국 투자자가 인식하는 시장 포트폴리오(R_M^W)는 동일하다. 따라서 한 나라의 주식에 대해 외국 투자자가 인식하는 체계적 위험과 내국인 투자자가 인식하는 체계적 위험 간의 괴리가 존재하지 않는다. 또한 통합된 국제 자본시장에서는 국가 간에 무위험자산의 수익률도 동일해지므로 각 주식의 균형 수익률은 어느 나라 주식이든 식 (1-5)와 같이 세계 주식시장의 맥락에서 결정된다. 국제 투자에 의한 추가적 분산투자의 효과는 나타나지 않으며 세계 각국의 투자자가 인식하는 균형 수익률은 투자자의 국적이나 관점과는 관계없이 다음과 같이 나타내진다.

$$E(R_K) = R_F^W + \beta_K^W(E(R_M^W) - R_F^W) \qquad (1-5)$$

그러나 국가 간에 통화가 다르고 국제 투자에 보이지 않는 장벽이 존재하는 한 이처럼 완전히 통합된 시장은 나타나지 않으며, 국제 분산투자에 의한 초과이익의 가능성은 존재한다고 보는 것이 타당하다.

6 국제자본시장의 글로벌화

1990년대 이후 컴퓨터와 통신의 눈부신 발달 및 각국의 자본자유화로 인하여 국제 주식투자가 급격히 늘어났다. 국제 주식투자는 오늘날 국제자본이동의 가장 중요한 부분을 구성하고 있다. 1980년대까지 국제 자본이동은 은행의 신디케이트 대출이나 국제 채권투자가 중심이 되었으나 1990년대 이후 국제 주식투자가 가장 큰 비중을 차지하고 외국인 투자는 각국의 주가 및 환율을 결정하는 데 커다란 영향을 미치게 되었다.

컴퓨터와 통신의 발달은 국제 주식투자를 위해 필요한 정보의 수집과 분석을 가능하게 해주었고 국제자본시장의 글로벌화와 성장에 직접적인 영향을 주었다. 정보·통신기술의 발달에 따라 뛰어난 정보수집 능력과 글로벌 네트워크를 바탕으로 한 대형 기관투자가들이 국제자본시장에서 보다 중요한 위치를 점하게 되었으며 이들의 적극적인 참여로 해외 투자가 활기를 띠고 있다. 또한 헤지펀드뿐만 아니라 뮤추얼 펀드를 통한 일반 투자자들의 국제 투자도 활발해지고 있다. 아울러, 컴퓨터와 통신기기의 발달로 portfolio insurance와 같은 고도의 투자기법이 개발되었으며, 이러한 투자기법의 발달로 해외 투자가 빠른 속도로 증가하고 있다.

국제자본시장의 하부구조 구축은 해외 투자의 급격한 증가를 가져온 또 하나의 중요한 요인이다. 정보·통신기술의 발달에 힘입어 대부분의 증권시장이 전산매매제도를 도입하고 현대적인 증권예탁시스템을 구축하였다. 이에 따라 선진국의 투자자들은 보다 적극적으로 선진국 투자뿐만 아니라 신흥국 투자를 크게 확대하고 있다. 국제 투자자들은 단순히 수동적으로 해외시장에서의 투자수익을 받아들이는 것이 아니라 주가 상승을 통하여 투자수익을 높일 수 있도록 기업경영에 적극적으로 관여하는 경우가 많아져서 국제 주식투자의 확대는 각국의 기업경영에도 영향을 미치게 되었다.

1 환율 변동과 해외 투자의 수익률과 위험

외국의 주식에 투자하는 경우 투자대상 주식의 수익률은 대상국의 통화로 표시되는 반면 투자자의 투자수익률은 본국의 통화로 계산된다. 따라서 투자기간 동안 두 통화 간에 환율이 변하면 그로 인한 손익이 국제 투자의 수익률에 큰 영향을 미친다.

해외 주식 또는 외국 채권에 투자하는 경우 본국 통화로 평가한 투자수익률은 외국 통화로 표시한 투자수익률과 환율 변동률에 의하여 결정된다. 예를 들어, 어떤 투자자가 여러 국가의 주식에 투자하였다고 가정하고 이 투자자가 i국 주식에 투자하여 얻은 수익률을 계산해 보자. 만약 i국 통화로 표시된 투자수익률을 R_{if}, 본국 통화로 표시된 투자수익률을 R_{id}라고 한다면 두 나라 통화 간의 환율 변동률이 e_i일 경우, R_{if}, R_{id}, $e_i{}^3$ 간의 관계는 다음과 같다.

$$1 + R_{id} = (1 + R_{if}) \cdot (1 + e_i) \tag{1-6}$$

위의 식을 간단히 정리하면 다음과 같이 표시된다.

$$R_{id} \fallingdotseq R_{if} + e_i \tag{1-7}$$

즉, i국 주식에 대한 투자수익률(본국 통화로 표시한)은 대략 i국 통화로 표시한 투자수익률에 환율의 변동률을 합한 값과 같다. 주식에서 얻는 수익이 없더라도 투자대상국의 통화가치가 상승하면 양(+)의 투자수익률을 얻을 수 있다. 따라서 국제 투자자라면 투자대상국의 주식시장 전망뿐만 아니라 투자대상국의 통화가치에 대한 전망 역시 중요한 요인으로 고려하게 된다.

이처럼 환율 변동은 국제 투자에 있어서 중요한 수익의 원천이며 동시에 위험의 원천이기

---

3 여기서 e_i가 양인 경우에는 투자국 통화의 가치가 투자자 본국 통화가치에 대해 평가절상하는 것이며 음인 경우에는 투자국 통화가치가 투자자 본국 통화가치에 대해 평가절하하는 것을 의미한다. 투자국 통화가치가 상승하면 투자자의 수익률은 그만큼 높아진다.

도 하다. 이제, 위의 식으로부터 i국의 주식에 투자한 경우의 투자위험을 계산해 보자. i국 주식에 투자한 경우 투자위험을 투자수익률의 분산으로 나타내는 경우, 주가수익률과 환율 변동이라는 두 개의 위험요인이 결합한 투자수익률의 분산은 다음 식과 같이 표시된다.

$$VaR(R_{id}) = VaR(R_{if} + e_i) = VaR(R_{if}) + VaR(e_i) + 2Cov(R_{if}, e_i) \tag{1-8}$$

위 식에서는 투자자 본국 통화로 표시되는 투자수익률의 분산은 투자대상국 통화로 표시되는 자산수익률의 분산, 환율 변동률의 분산, 그리고 자산 가격과 환율 변동률 간 공분산의 세 요인의 합으로 표시되고 있다. 예컨대 달러를 기준으로 하는 미국 투자자가 한국 주식에 투자하는 경우에 투자수익률의 분산은 한국 주식수익률의 원화표시 분산, 달러로 표시한 원화환율의 분산, 한국 주식수익률과 원화가치 변동의 공분산의 세 요인의 합으로 계산된다. 이는 국제 주식투자에서 인식하는 위험의 크기를 결정하는 데 환율 변동 위험뿐만 아니라 통화가치와 주가 간의 공분산이 중요한 비중을 차지한다는 것을 의미한다. 즉, 투자대상이 되는 주식의 가격과 투자대상국의 통화가치가 음의 상관관계를 가지면 위의 식에서 공분산이 음의 값을 가지게 되므로 전체 투자위험을 크게 줄일 수 있다.

위의 한국 주식에 투자하는 미국 투자자의 예에서 원화가치와 한국의 주가가 양의 상관관계를 가지면 공분산은 양의 값을 가지고 미국 투자자가 인식하는 위험은 그만큼 커진다. 반면, 원화가치와 한국의 주가가 음의 상관관계를 가지면 미국 투자자가 한국 투자에서 인식하는 위험은 그만큼 줄어든다.

환율과 주가 간의 상관관계(공분산)는 환율 변동이 주식시장의 투자자에게 어떻게 해석되며 주식시장의 변화가 외환시장에 어떤 영향을 주는가 하는 데서 찾아볼 수 있다. 국제 투자의 관점에서 한 나라의 통화가치 상승은 외국인 투자자의 기대수익을 높이고 그 나라 주식에 대한 외국인 투자유인을 높이고 주가의 상승을 가져온다. 외국인 투자의 증가는 다시 그 나라 통화가치를 상승시킨다. 이처럼 국제 투자의 논리에 따르면 한 나라의 통화가치와 주가는 양의 상관관계를 가진다.

한편, 한 나라의 통화가치 변동을 해당 국가 기업의 국제경쟁력 변화로 해석한다면 통화가치와 그 나라 주가의 변동은 음의 상관관계를 가지게 된다. 즉 통화가치의 상승은 당해국 기업의 국제경쟁력 약화로 해석되어 주가의 하락을 가져오고, 통화가치의 하락은 국제경쟁력 강화로 해석되어 주가의 상승을 가져온다.

이러한 국제경쟁력의 논리에 따르면 주가는 당해국 통화가치와 음의 상관관계를 가지게 된다. 실제 주가와 통화가치 변동 간의 공분산이 양의 값을 가질 것인가 음의 값을 가질 것인가 하는 것은 실증적인 문제이다. 특정한 시점에서 위의 두 가지 논리 중 어느 것이 더 강하게 작용하느냐에 따라 상관관계의 방향이 결정된다. 외국인 투자자가 중요한 구성원으로 자리 잡은 오늘날에는 주가와 통화가치의 상관관계에서 국제 투자의 논리가 강하게 작용하여 양의 상관관계를 보이는 것이 일반적이다. 그 결과 국제 투자에서의 환위험은 단순히 환율 변동의 위험뿐만 아니라 환율과 주가 간의 상관관계에 의한 위험요인도 큰 비중을 차지하고 있다.

2 환위험 헤징 전략

(1) 파생상품을 이용한 헤지

국제 투자의 환위험을 줄이기 위한 수단으로 가장 중요한 것은 통화파생상품을 이용한 헤지이다. 통화파생상품 시장에서 가장 큰 비중을 가진 것은 장외시장 거래로 선물환이다. 해외 주식에 투자한 경우라면 투자기간과 금액이 동일한 선물환 계약을 통하여 본국 통화를 미리 매입해 두는 방법이 가장 전형적인 통화파생상품 헤지의 방법이다. 경우에 따라서는 통화선물이나 통화옵션 등의 수단이 이용될 수도 있다.

파생상품을 이용한 해외 투자의 환위험 헤지는 투자대상 국가의 통화를 미리 팔고 자국 통화를 미리 사는 거래가 해당된다. 국제 투자의 환위험을 헤지하기 위한 수단으로써 통화파생상품은 그 유용성에도 불구하고 외환시장이 달러를 중심으로 이루어져 있고 주요 통화 이외에는 파생상품 시장의 유동성이 적다는 점 때문에 현실적으로 이용하기가 어려운 경우가 많다.

통화파생상품을 이용하지 않고 환위험을 줄일 수 있는 방법은 투자하고자 하는 현물자산을 기초자산으로 하는 파생상품에 투자하는 것이다. 예컨대, 한국의 주식에 투자하고자 하는 외국인 투자자가 원화가치 변동 위험에 노출되고 싶지 않다면 주가지수선물에 투자하는 방법을 고려할 수 있다. 주가지수선물에 투자하는 경우 필요한 원화자금은 위탁증거금에 한하므로 전체 투자금액 가운데 위탁증거금 이외의 자금은 자국 통화로 투자함으로써 원화가치 변동 위험에 대한 노출은 최소한으로 하면서도 현물에 투자하는 것과 동일한 노출을 가질 수 있다.

국제 채권투자의 경우 환위험을 완전히 제거하기 위해서는 각 쿠폰이자 지급분과 만기 시 원금상환에 대해 선물환계약을 맺을 수 있다.

이와 같은 논리가 물론 주식 포트폴리오나 주식/채권 포트폴리오에도 적용될 수 있다. 완전한 세계에서는 시장이 효율적이고 두 나라 간의 수익률 곡선 변화가 평행한데, 이 경우 가장 높은 프리미엄을 가진 선물환계약을 선택하여 계속 롤링한다면 이익을 얻을 수 있다. 그러나 수익률 곡선이 평행하게 움직이지 않아 두 시장 간의 비효율성이 존재한다면, 롤링 헤지에서 이익뿐 아니라 손실도 발생할 수 있음은 물론이다.

(2) 통화구성의 분산

역사적으로 전 세계의 수익률 곡선들은 특정 한 국가에서만 찾아낼 수 없는 투자기회를 제공해 왔다. 즉 개별 국가 시장은 지속적으로 최선의 성과를 매년 낼 수 없기 때문에 투자가들은 다음과 같은 이유로 국제적으로 분산된 포트폴리오를 선호해 왔다.

첫째, 장기적으로 중요한 정치적 위험을 분산시키기 위해서이다. 한 국가에서의 정치적 변화는 금리, 과세, 자본이동 등에 극적인 영향을 미칠 수 있기 때문에 여러 나라에 투자함으로써 이러한 위험을 헤징하고자 국제적으로 분산된 포트폴리오를 선택해 왔다.

둘째, 금리위험을 헤지하기 위해서 국제적으로 분산된 포트폴리오를 선택해 왔다. 예를 들어 어느 한 외국 채권시장의 높은 수익률은 본국 채권시장의 낮은 수익률을 상쇄할 수 있다. 미국 등 선진국 채권시장과 개도국 채권시장의 수익률 상관관계는 개도국에서 경제위기가 발생한 경우 (−)의 상관관계를 보이지만, 개도국 간 내지 선진국 간 수익률 상관관계는 다소 높은 것으로 나타났다.

셋째, 환율은 다른 어느 변수보다도 금리의 영향을 많이 받기 때문에 어느 한 통화의 가치 상승은 채권수익률 이외에 추가적인 수익률을 제공한다. 예를 들어 한국의 금리가 높은 경우 외국자본이 유입되고 원화가치가 상승할 수 있다. 외국인들이 한국 채권에 투자하는 경우 원화가치 상승뿐 아니라 채권 가격의 상승으로 추가 이익을 얻을 수 있다. 물론, 투자대상 국가의 통화가치 하락이 채권수익률에 부정적이고 복잡한 영향을 줄 수도 있기 때문에 국제 투자가들은 특별히 유의해야 한다.

(3) 기타의 환위험 헤징 방식

미국 달러의 가치가 상승한다고 가정할 때 선물환계약, 통화옵션이나 통화선물을 사용하지 않고 다음과 같은 방법으로 포트폴리오의 환위험을 헤징할 수도 있다. 첫째, 포트폴리오 내의 모든 현금 내지 현금자산은 자국 통화(달러) 표시로 보유한다. 둘째, 미달러화에 연동된 환율제도를 갖추고 있는 국가에 대한 투자는 달러화를 기준통화로 하는 투자자에게는 환노출이 없는 투자가 될 수 있다. 셋째, 외국 주식시장과 개별 주식들에 대해 미달러화 가치 변화에 대한 민감도를 분석하고 미달러화 가치 변동에 따라 매입과 매도를 실행함으로써 '내재적 헤지' (implicit hedge)를 할 수 있다.

이러한 헤징방식과 관련하여 미달러화에 민감한 주식시장의 예를 들면, 역사적인 이유로 인해 영국, 네덜란드, 일본 주식시장 등은 미국 경제와 밀접한 관계를 맺고 있다. 이들 국가의 투자자는 또한 미국 시장에 대한 대규모 투자자이다. 영국은 많은 미국기업을 소유하고 있고, 일본도 미국에 대한 직접투자가 많으며, 네덜란드는 Royal Dutch, Philips, Unilever 등을 통해 미국 경제와 관계를 맺고 있다. 이에 따라 미달러화 가치가 상승하면, 미달러화 민감도에 따라 이들 국가에 투자하는 것이 유리할 수 있다. 한편, 환율의 변화가 주식시장에 미치는 영향은 점진적인 것으로 실증되고 있다. 미달러화의 가치 상승의 수혜주들로는 각국별로 다음과 같은 주식들을 들 수 있다.

❶ 일본 : Sony, Toshiba, Mori Seiki, Honda, Nintendo

❷ 영국 : BP, Glaxo, Cable & Wireless, ICI, Shell

❸ 독일 : BMW, Bayer, Lufthansa, Schering, Siemens

❹ 프랑스 : Air Liquide, Club Med, LVMH, Michelin, Total

❺ 네덜란드 : ABN-AMRO, Hunger-Douglas, KLM, Royal Dutch, Akzo

❻ 스위스 : Ciba-Geigy, Nestle, Sandoz, Swissair, Roche

그러나 이러한 주식들은 미달러화의 하락기에는 불리하다. 즉, 펀드매니저는 이러한 주식들을 매도하고 현지 시장 내지 현지 경제와 관련한 주식들을 매입하는 전략을 택할 수 있기 때문이다. 또한 기업주가와 환율과의 관계는 대부분 각국의 통화와 달러 간 환율에만 적용되는 것이기 때문에 모든 나라 투자자의 국제 투자자에게 적용된다고 할 수는 없다. 또한 미국을 주시장으로 하고 있는 기업의 경우에는 원자재의 조달, 생산, 달러 차입 등으로 달러의 현금유출이 많아서 환율 변동에 크게 영향을 받지 않도록 하는 경우가 많다.

3 국제 투자펀드의 환헤지 전략

위에서 환위험 헤지 수단을 살펴보았는데 헤지비용이나 파생상품 시장의 유동성 면에서 투자자의 목적에 맞게 사용할 수 있는 헤지 수단을 쉽게 얻을 수 없다는 것을 알 수 있다. 설문

조사 등을 통하여 파악한 바에 따르면 국제 투자펀드들이 적극적으로 환위험 헤지를 하지 않는다는 점이 특기할 만하다.

대부분의 국제 투자펀드는 환위험 헤지를 거의 하지 않거나 환율이 한 방향으로 크게 변동할 것으로 시장이 예상하는 경우 부분적으로 환헤지를 할 뿐이다. 이는 이들 투자펀드들이 국제 투자에서 환율 변동을 위험요인으로 보기보다는 오히려 수익의 원천으로 보고 수익률 제고를 위하여 이를 적극적으로 이용하는 것을 의미한다. 특히 환율은 각국의 중앙은행이 시장개입을 통하여 의도적으로 시장 균형과 괴리된 상태에서 유지하려는 노력을 할 때도 있으므로, 환율예측과 적극적인 투기를 통하여 초과수익의 기회를 얻을 수 있다.

이런 경우에 국제 주식투자는 환투기를 위한 하나의 수단으로 볼 수도 있다. 실제 국제 투자펀드에서 높은 초과수익을 얻은 사례를 보면, 대부분 환율이 균형에서 괴리된 상태를 적극적으로 이용하였다. 이는 많은 국제 투자펀드들이 환율 변동을 적극적인 수익률의 원천으로 접근하고 있음을 시사한다.

section 03 세계 증권시장의 통합과 국제 분산투자

1 자본자유화와 국제 자본시장 통합

각국의 자본시장에 외국인 투자에 대한 제한이 완화됨으로써 제도적으로 자유롭게 세계 각국의 주식을 투자대상으로 선택할 수 있게 되었다. 우리나라도 1992년 외국인의 직접 주식투자를 처음으로 허용한 이후 개별 주식에 대한 외국인의 지분한도를 단계적으로 높여 왔으며, 1997년 소위 IMF 경제위기를 계기로 외국인의 국내 주식투자에 대한 제한이 완전히 없어졌다. 세계적으로 보더라도 적어도 주식에 대해서는 외국인 투자에 대한 제한이 대부분 주요국가에서 없어졌다.

국제 투기성 자금이 국제 금융시장을 불안정하게 만든다는 우려도 있지만 국제 주식투자에 대한 제한은 거의 없어지고 국제 포트폴리오 투자 자금흐름이 국제자본이동의 지배적인 비중을 차지하게 되었다. 국제자본이동의 자유화는 국가별 자본시장의 수익률 차이를 이용한 초과수익을 노리는 차익거래가 활발해진다는 것을 의미한다. 차익거래가 활성화되면 국가 간의 실질수익률 차이가 줄어들고 동일한 위험에 대한 위험 프리미엄도 같아지는 등 국제 금융시장의 통합을 가져온다.

이처럼 세계의 금융시장이 하나로 통합되어 가는 것을 금융의 글로벌화라고 한다. 지금 일어나고 있는 세계자본시장의 통합과 글로벌화를 보다 잘 이해하기 위해서는 국제자본시장이 완전히 통합된 상태가 어떤 상태를 의미하는지 이해할 필요가 있다. 완전히 통합된 국제 금융시장에서는 자산의 소재지나 표시 통화와는 관계없이 실질수익률이 동일하며 통합된 시장 안에 존재하는 모든 자산의 수익률과 가격이 동일한 맥락에서 결정되게 된다. 자본시장에서 위험의 보상을 수익률로 결정한다면 동일한 위험에 대해서 동일한 수익률을 얻게 되는 것을 의미한다.

통합된 금융시장에서는 국제적으로 분산된 포트폴리오를 구성해야 효율적 투자변경선에 도달할 수 있다. 만약 국제적으로 분산된 포트폴리오를 구성하지 않고 특정 국가에 집중할 경우 투자의 효율성은 감소하게 된다.

만약 각국의 자본시장이 분리되어 있다면 투자자가 보는 시장 포트폴리오에 따라서 체계적 위험도 달라지고 요구수익률도 달라지고 국제 투자의 초과수익의 기회가 존재할 것이다. 반면 통합된 국제자본시장에서 글로벌 분산 투자자의 포트폴리오는 전 세계 주식으로 구성된 세계시장 포트폴리오가 될 것이며 개별 주식의 균형 수익률도 식 $(1-4)$에서와 같이 세계시장 포트폴리오(R_M^W)와의 상관관계로 측정되는 체계적 위험(β_{iW}^R)의 맥락에서 결정된다.

이같이 세계 각국의 주식이 동일한 시장에서 동일한 기준으로 균형 수익률이 결정된다면 해외 주식투자로 인한 분산투자효과나 초과수익의 기회는 존재하지 않는다. 완전히 통합된 글로벌 자본시장에서 각국 투자자들은 외국 주식과 국내 주식을 동일한 선상에 놓고 최적의 포트폴리오를 구성하게 될 것이며 국제 투자와 국내 투자의 구분은 무의미하다. 평균적으로 어느 나라의 투자자든지 전 세계 주식시장에서 각국 주식시장의 시가총액의 비중만큼 각국의 주식으로 구성된 글로벌 포트폴리오를 보유하게 될 것이다.

이처럼 완전히 개방된 상태에서 세계 각국의 주식시장은 사실상 하나가 되어 각국 증권의 균형 수익률에 내포된 위험 가격이 국적에 관계없이 동일하게 될 것이며 서로 다른 나라에 존재하는 개별 주식의 균형 수익률도 동일한 맥락에서 결정된다. 투자자들의 투자결정에 기준이 되는 시장 포트폴리오도 국내적 시장 포트폴리오가 아니라 세계 각국의 모든 증권을 내포하는 세계시장 포트폴리오가 될 것이다. 통합된 국제자본시장에서의 국제 투자자는 국제 투자의 추가적인 분산투자효과보다는 글로벌한 관점에서 분산투자를 하지 않으면 분산투자의 효과를 충분히 활용하지 못하는 비효율적인 포트폴리오를 갖게 된다는 것을 의미한다.

2 국제자본시장의 분리와 통합

제도상의 자본자유화와 개방화에도 불구하고 국제 주식투자에는 국가 간 통화의 차이에 의한 환위험, 정보비용을 포함하는 추가적 거래비용이나 심리적 거리감 등의 장벽이 존재하는 것으로 인식된다. 국제 투자에 존재하는 비용과 장벽은 표면적인 것보다 크고 높은 것으로 보인다. 국제 분산투자의 효과에도 불구하고 포트폴리오에서 외국 주식의 비중은 낮은 수준에 머물고 있는 점이라든지, 각국 자본시장의 수익률 간에 큰 차이가 지속적으로 존재한다는 점 등이 국제 주식시장의 통합이 불완전한 것이라는 것을 시사하고 있다.

대부분 국가에서 국제 투자를 막는 제도적 장벽이 존재하지 않음에도 불구하고 왜 투자자들은 차익거래의 기회를 충분히 누리지 않는 것일까? 투자자들이 분산투자나 차익거래의 기회를 이용하는 데는 눈에 보이는, 혹은 보이지 않는 장벽을 인식하고 있다는 의미로 해석해 볼 수 있다. 국제 투자에 있어서 국제자본시장의 통합을 불완전하게 하는 요인은 무엇보다도 통화가 다른 데서 오는 가치 척도의 차이와 환위험, 국가 간에 존재하는 금융제도의 차이, 추가적 거래비용, 정치적 위험 등의 요인을 들 수 있다.

통화의 차이와 환율 변동은 가장 중요한 국제자본시장의 분리요인이다. 즉, 투자자가 어느 나라 사람이냐에 따라서 수익률과 위험의 측정기준과 투자의사결정 기준이 달라진다는 것을 의미한다. 투자자의 기준통화가 달라짐에 따라 국제 투자에서 환위험이 상존하고 이러한 위험은 국제 투자에 장벽으로 인식되어 국제자본시장의 통합은 완전하게 이루어질 수 없다.

국제 투자에 있어 장벽으로 작용하는 또 다른 요인으로는 언어나 회계원칙, 공시제도(disclosure rule), 세제 등 제도적 차이로 인한 추가적인 비용을 들 수 있다. 국가 간의 투자제도 및 투자환경의 차이, 언어의 차이 등은 투자정보를 수집하고 분석하는 것을 어렵게 하는 요인이다.

이중과세의 가능성 또한 국제 투자에서 인식되는 비용을 높이고 완전한 자본시장의 통합을 저해하는 요인으로 작용하고 있다. 세계경제가 자본시장 통합의 혜택을 보다 폭넓게 누릴 수 있도록 회계원칙이나 공시제도, 세제 등에 있어서 국제적 통일원칙이나 규제의 틀을 만들자는 움직임이 있기는 하지만 가까운 시일 내에는 이뤄지기 어려워 계속 장애요인으로 남을 전망이다.

정보통신기술의 발달로 정보수집의 거리적 장벽을 넘어 정보를 분석하는 데 드는 비용은 급격하게 줄어들고 있다. 특히 인터넷의 발달로 외국의 브로커들과 거의 비용을 들이지 않고 연결할 수 있어서 정보를 얻는 비용은 거의 무시할 정도로 낮아졌다. 그러나 국경이 존재하는 한 국가 간 제도의 차이에 따른 추가적인 비용이나 심리적인 거리감, 환위험이나 정치적 위험과 같은 추가적인 위험은 기술의 발달과는 무관하게 존재할 것이며 국제 투자에 장애요인으로 작용할 것이다. 단, 변화의 큰 방향에 있어서는 국제 투자의 비용과 장벽이 급격히 낮아지고 있으며 각국 자본시장 간 통합의 정도가 높아지고 있는 것은 누구나 인식하는 사실이다.

3 자본시장 동조화 현상

일반적으로 각국의 자본시장 개방 및 교역의 증가는 국가 간 주가 움직임의 상관관계를 높일 것이라고 인식되고 있으며 실제로 그러한 현상이 나타나고 있다. 한 나라의 금융시장 상황이나 경기변동 등 경제상황의 변화가 국제자본이동이나 교역거래를 통하여 다른 나라로 전파되기 때문에 각국 주식시장 간의 상관관계가 높아질 것이라는 논리이다.

이같이 각국 주식시장이 긴밀한 영향을 주고받으면서 주가가 서로 비슷한 움직임을 보이는 것을 동조화(synchronization) 현상이라고 한다. 1990년대 후반부터의 각국 주식시장 간의 동조화 현상은 세계자본시장의 가장 특징적인 현상의 하나가 되었다. 글로벌화로 국가 간의 자본과 교역이 많아져 한 나라 경제상황의 변동이 다른 나라로 쉽게 전파될 수 있다. 특히 미국과 같이 경제규모가 크고 다른 나라 경제에 대한 영향력이 큰 경우에는 그 나라의 경제상황 변화가 다른 나라를 비슷한 방향으로 이끈다.

주식시장은 경제변화의 전망을 미리 반영하여 움직이기 때문에 글로벌화의 영향으로 각국의 주식시장이 동조화 현상을 나타낸다. 예컨대 한 나라의 경제가 나빠질 것이라는 전망이 나오면 이 나라의 경제에 영향을 받는 다른 나라의 경제전망도 부정적으로 바뀌어 해당 국가뿐만 아니라 다른 나라의 주가도 하락하는 결과를 가져온다. 특히, 미국과 같이 수입시장이 큰 나라의 경기하강을 시사하는 소식은 전 세계시장의 경기하강에 대한 전망을 불러오고, 미국의 주식시장뿐만 아니라 세계 각국의 주식시장이 동시에 하락하는 결과를 가져온다. 이것이 오늘날 우리가 경험하고 있는 주식시장 동조화의 가장 중요한 요인으로 볼 수 있다.

경기변동의 전염효과(contagion effect)는 상당한 시차를 두고 진행되겠지만, 주가는 기대에 의해 변동하는 것이며 뉴스에 의해 움직이는 만큼 주식시장의 동조화는 뉴스의 전파속도만큼이나 빠르게, 거의 동시에 일어난다. 금융시장의 개방과 교류의 확대 역시 국제자본이동을 통하여 금리변동의 국가 간 상호 파급효과를 높이는 방향으로 작용하여 상관계수를 높인다. 금리변동의 전파에 대한 기대는 한 나라 중앙은행의 금리인상, 혹은 인하의 결정에 대해서 다른 나라의 주식시장이 반응하도록 만들고 주식시장의 동조화를 가져오는 또 하나의 요인이 되고 있다. 특히, 달러와 같이 국제금융의 축을 이루고 있는 통화를 가진 국가의 금리변동에 관한 결정은 주식시장의 동조화를 가져오는 가장 중요한 뉴스가 되고 있다.

자본이동이나 교역이 없더라도 원유 가격이나 미국 금리와 같이 세계 각국의 경제 전반에 크게 영향을 주는 요인들, 소위 세계요인(world factors)의 존재로 인하여 국가 간 주식시장의 상관관계가 높아진다. 즉, 원유 가격의 상승[4]이나 미국 금리의 상승은 거의 모든 나라의 주식시장에 영향을 미치며 모든 나라의 주가를 동시에 올리거나 내려 결과적으로 국가 간 주식시장의 상관관계를 높인다. 이러한 세계요인은 중동전쟁 등으로 유가가 급속히 오르는 시점이나 물가 급등 등으로 금리가 급속히 상승하는 시점에 전세계 대부분 국가의 경제에 큰 영향을 미치므로 이 시점의 주식시장 간 상관관계가 아주 높아진다.

1999년 이후 소위 인터넷에 기반을 둔 신경제(new economy)의 등장을 계기로 전 세계 증권시장이 기술주와 인터넷 주식의 급등락을 함께 경험하면서 높은 상관관계를 보였다. 특히 미국의 기술주 및 인터넷 주식 위주의 시장인 나스닥(NASDAQ)의 움직임은 한국에 그대로 전달될 뿐만 아니라 경우에 따라서는 한국시장에서 증폭되어 나타났다.

미국 주식시장을 중심으로 높아진 주식시장 간의 상관관계는 한국뿐만 아니라 일본과 유럽 등 대부분의 선진국가들에서 공통적으로 나타났다. 이 같은 현상은 인터넷이 여러 나라에 걸쳐서 경제의 기본적 패러다임을 변화시키면서 모든 나라의 주식시장이 비슷한 방향으로 반응한 것으로 이해해 볼 수 있다. 흔히 동조화 현상을 통합화의 진전으로 해석하는 경우가 있으나 자본시장의 통합화 없이도 경제교류의 증가나 세계 공통요인의 작용으로 주식시장의 상관관계가 높아질 수 있으므로 동조화 현상 그 자체를 통합화로 해석할 수는 없다.[5]

각국 주가의 동조화 현상이 진행되면 총위험 감소라는 의미에서의 국제 분산투자효과는 약화될 것이다. 국제 분산투자의 효과는 전체 포트폴리오에 포함되는 자산 가격 변동의 상관관계에 의해 결정되며, 상관관계가 커질수록 분산투자효과는 작아지기 때문이다. 오늘날 관찰되는 각국 주가 간의 동조화 현상이 세계 주식시장에서의 구조적인 변화인지 국제 금융시장

---

4 각국의 경제에서 석유(에너지)가 차지하는 비중이 감소함에 따라 각국 주식시장에서 세계요인으로서 유가의 변동의 영향력은 많이 줄었다. 그 대신 정보통신산업의 비중이 높아짐에 따라 정보통신산업 변동의 산업 내 국제 파급효과에 따라 새로운 세계요인으로 등장하게 되었다.

5 통합화는 차익거래의 가능 여부, 일물일가 법칙 등의 요인으로 평가하는 것인 반면 동조화는 주식시장 간 높은 상관관계를 의미한다.

이 불안정해진 시점에서 일시적으로 나타나는 것인지를 연구하는 것은 흥미 있는 실증적 문제이다. 각국 주식시장 간의 상관관계를 조사한 연구에서 1970년대 이후 상관계수가 지속적으로 상승하는 추세를 보이고 있는 것으로 나타나 동조화 현상은 구조적으로 정착되어가고 있는 것으로 해석된다.[6] 주가지수 간의 상관관계는 걸프전이나 통화위기, 국제 금융시장의 신용위기 등과 같이 세계경제에 널리 파급효과를 미치는 위기상황 시에 매우 높아지는 모습을 보였다. 이는 위기상황에서는 시장참가자들이 서로의 움직임을 보며 같이 움직이는 경향이 나타나 가격의 변동 폭이 크고 국제적으로 상관관계가 매우 높아지는 것으로 해석할 수 있다.

그러나 오늘날 관찰되는 동조화 현상은 1990년대 후반 이후 계속해서 나타나고 있는데 이 기간 동안 위기상황이 지속된다고 볼 수 없기 때문에 글로벌화로 인한 세계경제의 통합에 기인하는 구조적인 것으로 보는 것이 타당할 것이다. 또한 산업별로 글로벌화의 정도는 다른데 특히 글로벌화가 진전된 IT 산업이나 중간재 산업 등에서 동조화 현상은 두드러지게 나타나고 있다. 이러한 산업이 시가총액에서 차지하는 비중이 높아짐에 따라 동조화 현상은 시장 전체의 현상인 것처럼 인식되고 있다.

4 주식시장 간 선후행 관계

동조화와 관련된 또 하나의 의문점은 각국의 주식시장의 움직임을 활용한 차익으로 연결될 수 있는 시차(lead-lag structure)가 존재하느냐 하는 문제이다. 예컨대 한국시장과 미국시장 간에 주가 움직임에 통계적으로 유의하면서 구조적인 시차가 존재하는지, 존재한다면 그 시차의 길이는 얼마나 되는 것인가?

일반적으로 한국의 주식시장의 투자자들은 매일 아침 그 전날 미국시장의 움직임을 확인하는 경향이 있다. 이는 동조화 현상과 관련하여 전일의 미국시장 움직임이 다음날 한국시장의 움직임을 선행하는 경향이 있다는 것을 의미한다. 이러한 미국시장을 중심으로 하는 선후행 관계는 한국에 국한되는 것이 아니라 대부분의 주요 국가에 적용된다. 각국의 주식시장이 미국 주식시장을 추종하는 것과 같은 선후행의 양상은 미국 경제가 세계경제에 주는 영향이 클뿐만 아니라 미국 주식시장의 규모가 다른 시장을 압도하고 있다는 점과 거래시간의 차이에 기인하는 것이다.

---

6 Solnik, B., Bourcelle, C., and Le Fur, 'International Market Correlation and Volatility', *Financial Analysts Journal*, September/October, 1996

즉, 미국 주식시장의 규모가 다른 어느 시장보다 크고 거래량이 많기 때문에 미국시장이 다른 시장으로부터 받는 영향보다 다른 시장에 미치는 영향이 훨씬 크다. 또한 미국 경제가 세계경제의 중심으로서 가장 큰 수입시장을 제공하고 있어 각국의 주식시장에 동시에 영향을 줄 수 있는 중요한 뉴스가 미국에서 나온다.

이러한 뉴스가 가장 먼저 도착하는 미국의 주식시장이 선행하는 것은 어쩌면 당연한 일이다. 동일한 1일을 기준으로 주요국의 주식시장 가운데 미국시장이 가장 늦게 개장하더라도 미국시장의 변화가 가장 최신의 정보를 반영하여 움직인다는 것을 의미한다. 미국시장에 반영된 정보는 그 다음날 다른 나라의 시장에 영향을 미치게 된다. 이러한 이유 때문에 미국 주식시장의 움직임은 다른 나라 주식시장의 움직임에 대해서 하루 선행하는 것으로 나타난다.

문제는 이러한 하루의 시차가 다른 나라 시장에서 초과수익을 가져올 수 있는 정보가 될 수 있느냐 하는 것이다. 예컨대 그 전날의 미국시장 움직임을 보고 다음날 우리나라 주식시장에서의 투자결정을 한다면 초과수익을 얻을 수 있는가? 이것은 국제 주식시장의 통합과 한국시장의 효율성 여부에 중요한 시사점을 가지는 문제이다. 실증적으로 하루의 시차가 존재한다는 것은 미국시장의 전날 움직임이 한국시장의 다음날 움직임과 유의한 상관관계를 가진다는 것을 의미한다. 그러나 이러한 상관관계가 다음날 한국시장의 개장 시 가격 변동(동시호가)에만 나타나고 이후의 가격 움직임에 상관관계가 나타나지 않는다면 이는 하루의 시차가 실제 초과수익의 기회로 연결되지 않는다는 것을 의미한다. 만약 개장 시 가격 변동 이후의 가격 변동에도 영향을 주고 유의한 상관관계가 나타난다면 미국시장의 전일 가격 변동에 관한 정보가 다음날 한국 주식시장에서 초과수익을 가져다 줄 수 있는 정보로 이용될 수 있다.

chapter 02

국제 증권시장

국제 주식시장의 의의와 변화

1 **주식시장의 국제화**

국가의 통치권 밖에서 존재하는 유로시장을 중심으로 발달되어 온 국제 채권시장과는 달리 주식시장은 1990년대까지는 각국의 거래소 시장을 중심으로 발달해왔고 국제 주식투자 역시 각국의 거래소시장의 틀 속에서 제한적으로 성장해왔다. 그러나 1990년대 중반 이후 국제 주식투자의 규모가 급격히 팽창하면서 국제 주식시장이 국제금융시장의 가장 중요한 부분이 되기에 이르렀으며 국제 주식투자자금의 흐름은 환율 결정에 있어서도 중요한 요인이 되었다. 뿐만 아니라 사이버거래의 확대, 증권거래소의 국제 통합과 제휴 등과 같이 국제 주식시장은 질적으로 새로운 특성을 띠며 발전해가고 있다.

주식시장 국제화 현상은 투자자들이 외국 거래소에 상장된 주식에 투자하는 국제 주식투자와 한 나라 기업이 본국시장 이외에 외국의 거래소에 상장되어 거래되도록 하는 복수상장 (multiple listing)의 두 가지 각도에서 전개되어 왔다. 그러나 1990년대 중반 이후에는 유럽의 주식시장 통합이나 주요 주식시장 간의 제휴관계를 중심으로 하는 새로운 양상의 국제화가 전개되고 있다.

　주식시장 국제화는 누구의 입장에서 보느냐에 따라 서로 상이한 의미를 가지게 된다. 투자자에게는 외국기업의 주식에 분산투자할 수 있는 기회를 가지게 되는 것을 의미하고, 기업의 입장에서는 주주들이 여러 나라 사람들로 구성되고 해외시장에서 주식발행을 통해 자금조달이 가능해진다는 것을 의미한다. 또한 주식의 발행이나 유통시장 업무를 담당하는 증권회사에게는 그들의 고객으로 외국의 기업이나 외국 투자자가 포함됨과 동시에 자국의 고객을 놓고 외국증권사와 경쟁하게 되는 것을 의미하고, 과거 자국(自國) 주식의 거래에 독점적인 지위를 지켜왔던 증권거래소는 자국 주식의 거래를 놓고 외국의 거래소와 경쟁하게 되었음을 의미하기도 한다.

　주식시장의 국제화는 외국 투자자들의 자국 주식시장 참여를 금지하던 규제를 완화하여 외국인의 국내 주식시장 참여와 내국인의 해외 주식투자를 허용하는 자본자유화 조치의 직접적 결과라고 할 수 있다. 주요국의 증권거래소에서 외국기업의 상장을 적극적으로 유치하게 된 것도 주식시장 국제화의 중요한 계기가 되었다.

　기업들의 해외 거래소 상장이 증가하면서 각국의 거래소들은 서로 경쟁하는 시대로 접어들었다. 즉, 거래자들은 굳이 해당 주식의 본국에서의 거래를 고집하지 않고 어디서든지 유동성이 높고 거래비용이 낮은 곳을 선택할 수 있게 됨으로써 유리한 거래여건을 마련해주지 못하는 거래소는 도태될 수밖에 없게 된 것이다. 특히 경제의 각 부문에 있어서 국경의 의미가 희미해져 가는 유럽의 경우 주식거래소가 각국에 별도로 존재해야 할 필요성이 없어졌다. 따라서 유럽의 주요 거래소 간 합병 논의가 유로화가 출범한 1999년 이후 본격화되고 있다. 또한 이러한 필요성은 굳이 유럽에 한정되지 않고 사이버거래소가 기술적으로 가능해짐에 따라 전세계적으로 거래소 합병 및 제휴의 문제가 당면과제가 되기에 이르렀다.

　과거 각국의 주식시장이 국내시장으로 발달해왔던 것은 외국 투자를 위한 정보비용이나 거래비용이 너무 높았기 때문에 투자자의 입장에서 외국시장에 참가할 유인이 크지 않았던 데서 찾아볼 수 있다. 또한 많은 나라에서 투기성 국제 자본이동이 가져올 수 있는 경제교란요인에 대한 우려와 국내 기업의 경영권을 보호한다는 논리에 따라 외국인의 국내 주식시장 참여에 대한 제한이 많았던 데서도 그 원인을 찾을 수 있다. 그러나 대부분의 주요 국가에서 외국인 주식투자에 대한 제한을 철폐하였고, 투자펀드 등을 통하여 국제 투자의 비용이 낮아져 국제 주식투자는 급속히 증가하기 시작했고 주식시장도 국제화되었다. 해외투자와 기업의 해외 상장은 투자자에 있어서나 자금조달기업에 있어 선택의 범위를 넓혀주며 투자와 자금조달에 있어 효율성을 제고한다. 이러한 효율성이 각국이 자국 주식시장의 개방을 추진하는 기본적 논리로 작용했다.

투자자의 입장에서도 정보통신기술의 발달에 따라 외국 주식에 투자하는 데 기술적인 문제나 정보비용, 거래비용의 문제가 완화되자 외국 주식투자에 대한 관심이 높아지게 되었다. 특히 국제 주식투자펀드가 국제 주식투자를 담당하게 됨에 따라 국제 주식투자의 비용은 분산될 수 있었다.

이에 따라 주식시장의 개방과 국제화는 더욱 가속화되기에 이르렀으며 1990년대 후반 이후에 국제 주식투자는 국제 자본이동의 가장 중요한 흐름으로 자리잡게 되었다. 국제 투자나 해외시장 상장을 통한 주식시장의 국제화는 국내 주식시장에 한정되어 있을 때는 얻을 수 없었던 분산투자의 이점이나 저렴한 자금조달 원천을 확보하는 효과를 가져다준다. 투자자는 국제 분산투자를 통하여 국내 투자에서 얻을 수 없었던 수준의 투자위험 분산이 가능해지고 수익률을 희생하지 않고도 위험을 줄일 수 있어 투자효율을 제고할 수 있게 된다. 자금조달기업은 자금조달 원천을 다양화하고 확대할 수 있어 보다 완만하게 상승하는 한계 자금 비용 곡선을 가지게 되어 자금비용을 높이지 않고도 필요한 투자자금을 조달할 수 있게 되었다.

각국 주식시장 국제화와 그에 따른 국제 자본이동에 따라 분리되었던 각국 주식시장은 통합이 진전되어 왔다. 주식시장 간의 통합은 개별 주식의 위험 인식과 기대수익률의 결정이 통합된 시장 내의 동일한 맥락에서 이루어진다는 의미를 가진다. 국제 주식시장 통합의 진전에 따라 국제 분산투자에 의한 추가적 위험 감소의 효과가 약화되며 차익거래를 통한 초과이익의 기회도 줄어든다. 국제 주식시장 통합은 국가 간의 투자를 막던 제도적 장벽이 없어져 국제 투자가 국내 투자 이상의 추가적 거래비용을 유발하지 않음으로써 결과적으로 각국 시장에서의 가격결정이 동일한 맥락에서 이루어지게 되는 것이다. 각국의 자본자유화로 인해 제도적 장벽이 상당히 제거되었다고는 하더라도 국제 투자는 여전히 투자자들에게 정보비용이 높고 심리적으로 거리감을 가지게 되는 등 실제 혹은 심리적 투자비용이 여전히 존재한다.

이러한 국제 투자에서의 추가적 비용 때문에 국제 주식시장은 아직 하나의 완전 통합된 시장의 모습을 가지고 있지는 않으며 국경에 의해서 분리된 시장으로 존재한다. 국제 주식시장이 아직 충분히 통합되어 있지 않다는 것은 국제 분산투자효과와 차익을 통한 초과이익의 기회를 모색할 수 있다는 것을 의미한다.

그러나 기술과 투자기법의 발달, 국가 간의 문화적 동질화 등의 요인으로 인해 국제 투자에 존재하는 추가적 거래비용이나 심리적 장벽은 낮아지는 추세이며 앞으로도 계속 낮아질 것으로 예상된다. 인터넷과 같은 정보통신기술의 발달로 해외기업이나 시장에 관한 정보를 획득하는 데 드는 비용이 혁신적으로 낮아지고 가상 증권회사(virtual securities house)와 같은 사이버

공간에서의 거래는 원격지 거래의 비용과 외국 주식에 대한 심리적 거리감을 줄여줄 것이다. 투자신탁이나 헤지펀드를 통한 국제 투자는 규모의 경제를 통하여 거래비용을 줄이고 고도의 분석기법을 통한 투자로 국제 투자의 효율을 높일 수 있는 기법이 개발되고 있다. 또한 문화적 글로벌화의 진전으로 외국적인 요소에 사람들이 익숙해져 가고 있는 것도 국제 투자의 심리적 장벽을 낮추는 역할을 할 것으로 기대된다.

2 국제 주식시장의 규모

세계의 주식시장은 각국의 거래소를 중심으로 발달되어 왔기 때문에 세계의 주식시장을 살펴보기 위해서는 각국 거래소의 현황과 거래제도를 파악하고 비교할 필요가 있다. 각 거래소의 규모는 해당 거래소에 상장된 주식의 시가총액(market capitalization)이나 거래량으로 파악해 볼 수 있는데 어느 기준으로 보느냐에 따라 시장규모의 순위는 상당한 차이를 가질 수 있다.

상장주식 시가총액은 일반적으로 그 나라의 경제규모, 금융시장구조, 주식시장의 발달 정도와 기업수익에 대한 주가 수준, 기업의 자금조달구조, 거래소의 국제화 정도 등에 따라 결정된다. 한 나라 금융시장의 구조는 어느 한 지표로 나타낼 수 없는 복잡한 현상이기는 하지만 주식시장의 상대적 규모와 관련하여 국민총생산에 대한 금융시장규모의 비율과 전체 금융시장에서 직접금융이나 주식시장의 비중으로 파악해볼 수 있을 것이다.

대체적으로 미국기업들은 은행을 통한 간접금융 조달보다는 자본시장을 통한 직접금융 조달의 비율이 높고 특히 주식 발행을 통한 자금조달의 비중이 상대적으로 크다. 따라서 국민총생산에 대한 미국 주식시장 시가총액의 비율은 다른 어느 나라보다 높은 것으로 나타나고 있다.

거래소 시가총액 규모로 파악했을 때 홍콩, 스위스, 미국, 일본, 영국, 남아공, 캐나다 등이 경제규모에 비해 주식시장의 규모가 크고 호주, 한국, 프랑스, 인도, 사우디, 중국, 독일, 인도네시아, 이탈리아 등이 상대적으로 작은 것으로 보인다. 경제규모에 비해 주식시장의 규모가 큰 국가는 기업자금조달에서 자본시장의 역할이 상대적으로 크거나 효율적인 증권시장을 가져서 국제증권업무를 많이 유치한 국가들인 것을 알 수 있다.

경제규모에 비해 주식시장의 규모가 작은 국가들은 경제 전체에서 차지하는 금융시장의 역할이 상대적으로 작고 금융시장의 발달이 다른 산업에 비해서 상대적으로 낙후된 국가라고 볼 수도 있을 것이다.

국제 투자의 활성화와 함께 직접금융의 증가로 대부분의 국가에서 경제규모에 대비한 주식 시장 시가총액의 비중이 높아지고 있다. 각국 주식시장 거래규모의 중요한 결정요인으로는 먼저 상장주식 시가총액을 들 수 있지만 투자자의 거래행태와 주식보유의 동기와 분포도 중요한 결정요인이 된다.

시가총액에 대비한 거래량을 회전율이라고 할 때, 단기매매차익을 노리는 투자자의 비중이 큰 시장에서는 회전율이 높아지는 반면 장기적 투자수익을 노리거나 안정적 경영권 확보를 위한 기관투자자나 대주주의 비중이 크다면 회전율은 상대적으로 낮을 것이다. 싱가포르, 멕시코, 말레이시아, 호주, 독일 등의 나라는 비교적 회전율이 낮고 일본, 한국, 중국, 사우디 등은 비교적 회전율이 높은 편에 속한다. 이러한 차이는 한국과 중국의 투자자들이 비교적 단기 차익을 노리는 거래를 많이 하고 있다는 의미로 해석할 수 있을 것이다.

높은 회전율이 주식시장을 불안정하게 하는가에 대한 논의가 있지만 뚜렷한 증거는 없다. 일본의 경우는 과거에 시가총액에 비해서 거래량이 낮은 것으로 나타나는데 이는 경영권 확보를 위한 은행이나 보험회사의 주식 보유가 많은 데서 그 원인을 찾아볼 수 있다. 이들 금융기관들은 장기보유를 목적으로 관련 회사의 주식에 투자하며 적극적인 시장 참여를 하지 않는 반면 소액투자자들의 활발한 시장참여도 없기 때문에 회전율은 극히 낮은 것으로 나타난다. 한편, 소득 수준이나 경제발전의 정도가 비슷한 나라들 간에도 기본적인 금융시장 구조의 차이에 따라서 주식시장의 규모는 상대적으로 차이가 날 수 있다.

3   해외 주식발행의 의의

국제금융시장에서의 자금조달 수단으로 채권 발행을 통한 차입과 함께 해외 주식 발행을 고려해 볼 수 있다. 해외시장에서 주식 발행을 통해 자금을 조달하는 것은 해외의 증권거래소에 상장하는 것을 의미한다. 해외거래소 상장은 본국 거래소와 함께 복수의 거래소에 상장하는 것이므로 복수상장(multiple listing)이라고 한다. 거래소에 따라서 예탁증서(Depository Receipt : DR)의 형태로 상장하는 경우가 있고(NYSE 등) 기업의 본국에서 거래되는 주식을 그대로 상장하는 직수입상장의 경우(Paris Bourse나 도쿄증시(TSE))가 있다.

원래의 주식을 그대로 상장하도록 하는 경우에는 주식거래가 당해 거래소의 본국 통화와는 다른 통화로 표시되기 때문에 별도의 市場部(흔히 국제부)에서 거래된다. DR의 형태는 해외 주식이 당해 국가의 은행에 예탁되고, 예탁된 주식을 바탕으로 현지의 거래소에서 가장 거래되기 편리하고 유동성을 높일 수 있는 형태로 전환하여 상장한다. DR발행의 가장 중요한 의의는 해외 주식의 표시통화를 거래소 국가의 표시통화로 전환한다는 데 있다. 이렇게 함으로써 해외 상장국가의 지불결제시스템을 그대로 사용할 수 있게 된다. 뿐만 아니라, 해당 국가의 일반적인 주식 가격 수준보다 본국 거래소의 가격 수준이 높을 때는 한 주식을 몇 개의 DR로 나누어 상장하든지 그 반대의 경우 여러 주식을 결합하여 상장함으로써 거래소 국가의 투자자들이 편리하게 거래하고 유동성이 유지될 수 있도록 하는 형태로 전환하여 준다.

DR 가운데서 가장 많이 언급되는 것이 미국 증시에 상장하는 ADR(American Depository Receipt)이다. ADR은 외국 주식이 미국의 증권으로 등록되고 미국 증시에 상장되어 거래되도록 하는 제도적 장치이다. 복수상장의 다양한 형식 가운데서 미국은 DR의 형태를 제도화하고 있다. 이는 미국 거래소에 상장되는 경우는 외국기업이라 하더라도 달러로 거래가 이루어지도록 하는 의미를 가진다. 미국은 세계 최대의 금융시장인 동시에 세계 최대의 소비시장이라는 점에서 세계의 기업들에게 ADR의 발행은 단순히 복수상장을 통한 저렴한 자금조달 이상의, 본국과 미국의 소비자에게 특별한 이미지를 전달하는 의미를 가진다.

ADR은 보관은행(custodian bank)에 보관한 외국 주식을 바탕으로 발행하는 증권의 형태를 띠게 되며 미국의 증권거래위원회(Securities and Exchange Commission : SEC)에 등록되고 뉴욕증권거래소(NYSE)나 NASDAQ 등의 미국거래소에서 거래된다. DR을 발행한 기업이 배당을 하면 보관은행을 거쳐 DR의 발행은행으로 전달되고 이 배당금이 미국 달러화로 전환되어 DR의 투자자에게 지급된다.

DR의 발행은 일반적으로 해당 기업이 미국 증시에 상장되기를 원하여 발행 및 상장과 관련된 비용을 부담하지만(sponsored DR), 해당 기업이 미국시장의 상장을 원하지 않는 경우라도 미국의 투자자들의 관심이 높을 때는 미국의 증권회사가 비용을 부담하며 DR을 발행·상장하는 경우(unsponsored DR)도 있다.

어떤 나라는 외국 주식이 DR의 형태를 취하지 않고 원주(元株)가 그대로 상장되도록 하는 형태도 있는데 이를 원주상장(元株上場)방식이라고 한다. 이 경우 거래소 내에 외국 주식거래를 위한 별도의 시장소속부에서 거래되며 주식의 표시통화도 현지의 통화나 본국의 통화를 그대로 사용하여 투자자들로 하여금 환전의 비용을 최소화할 수 있는 선택을 줄 수 있다. 외국 주식의 상장을 받아들이는 거래소에는 기업규모나 수익상황 등에 있어서 상장의 자격요건을 정하고 이 요건을 충족시키는 기업에 한해서 상장을 허용하며 매년 상장기업으로서의 지위를 유지하는 데 대한 대가로 회비를 부담시키고 있다.

거래소 상장에서 기업의 자격요건을 까다롭게 하면 상장 자체가 어려울 뿐만 아니라 상장과 관련된 비용이 높아져서 자금조달비용이 높아지는 효과를 가져온다. 자격요건이 까다로우면 기업들이 해당 거래소를 회피하게 되기 때문에 해외기업을 많이 유치하려는 거래소는 자격요건을 완화해 가는 경향이 있다. 미국의 증권거래소는 세계 최대·최고의 거래소라는 특별한 의미 때문에 높은 자격요건을 부과하지만 미국이라는 특별한 의미 때문에 세계 유수의 기업들에게 선호되고 있다. 반면 런던거래소는 자격요건을 대폭 낮추어서 외국기업들을 많이 유치하기 위해서 노력하고 있으며 이는 런던거래소의 국제경쟁력을 유지하기 위한 노력의 일환으로 볼 수 있다. 런던거래소는 외국 주식의 상장숫자나 금액 면에서도 가장 큰 외국 주식 거래규모를 가지고 있다.

우리나라 기업으로는 POSCO, KEPCO, SK텔레콤, KB금융 등 한국의 대표적인 기업들이 뉴욕거래소에 ADR 형태로 상장되어 있으며 기술주 중심의 나스닥에도 한국기업들이 ADR형태로 상장되어 있다. 이외에 EDR(Euro DR) 혹은 GDR의 형태로 유럽의 거래소에 상장된 기업들도 상당수 있다.

해외 주식발행을 통하여 외화자금을 조달하고자 하는 기업은 투자자들이 충분한 관심으로 유동성이 유지될 수 있는 거래소를 골라야 하며 자금조달이나 기업홍보 관점에서의 이점이 상장을 유지하는 데 따르는 비용을 정당화할 수 있어야 한다. 상장 후 가격이 폭락하거나 유동성이 낮아지면 오히려 기업이미지에 악영향을 미칠 가능성이 있으므로 위험요인을 간과해서는 안 된다.

우리나라 기업의 해외 상장의 경우에는 현지의 제도가 DR과 원주상장에 관계없이 DR의 형태로 상장되고 거래된다. 이는 원화가 국제 통화가 아니라는 점에서 기인한다. 원화가 국제 통화가 아니기 때문에 한국기업의 주식이 그대로 해외시장에 상장되어 거래될 수 없으며, DR의 형태로 해외 상장 국가의 표시통화로 전환이 필요하다. 일반적으로 달러화표시로 전환을 하는 경향이 있다. 달러화 표시로 전환하는 경우 미국 이외의 거래소에 상장되면 정의상 유로 DR(Euro Depository Receipt : EDR)이 된다. 또한 달러화 표시 해외 DR발행이 미국과 미국 이외의 시장에서 동시에 이루어지면 이는 GDR(Global Depository Receipt)이 된다. 오늘날 기업의 국제 상장이 많아지면서 다양한 해외 상장의 형태들이 등장하고 있다. 기업의 본국시장에 상장되지 않은 기업의 해외 주식시장 상장이 나타나는가 하면 DR발행없이 미국시장에 상장할 수도 있는 제도적 변화가 나타나고 있다.

복수상장은 기업에 어떤 이점을 가져다 줄 수 있을까? 물론 처음으로 해외시장에 상장하는 기업에 있어서는 외화자금의 조달이라는 의미가 중요하다. 그러나 해외시장의 상장은 단순한 외화자금조달의 의미에 그치지 않고 외국의 투자자, 고객들에게 인지도를 높인다는 의미를 무시할 수 없다. 기업의 해외 상장은 불가피하게 기업경영 내용과 기업 가치에 대한 정보를 공개하기 때문에 기업의 투명성을 높이고 진정한 가치를 인정받음으로써 주가를 올릴 수 있다. 특히 상장자격이 까다로운 미국시장에 상장하는 경우에는 상장 그 자체가 기업의 신뢰성을 인정받는다는 의미로 해석되어 상장 소식에 주가가 오르기도 한다.

외국인에 의한 국내 기업 주식보유에 대한 제한이 없어짐에 따라 우리나라 기업의 해외시장 상장은 더욱 활발하게 되었다. 먼저 외화자금 조달의 측면에서 복수상장의 의미를 찾는다면 해외 상장을 통하여 기업 가치를 높이고 자본비용을 낮출 수 있느냐 하는 문제로 관심이 모아질 것이다. 해외시장의 투자자들이 분산투자효과를 보고 기꺼이 상장된 주식에 프리미엄을 지불한다면 해외 상장은 당해 기업의 자본비용을 줄이는 데 기여할 수 있다. 외국인 투자자가 투자할 수 있는 비중을 제한하는 나라의 경우(예컨대 중국)에는 국내 주가에 비해서 외국인 거래의 주식에 프리미엄이 붙어서 국내와 해외시장 간에 이중 가격이 형성되는 경우도 있을 수 있다. 한편 국제 분산투자를 꾀하는 투자자의 경우 해외 기업의 자국 거래소 상장은 현지투자자로 하여금 해외 주식투자에서 발생할 수 있는 정보비용이나 거래비용을 절약할 수 있도록 해 줌으로써 더 낮은 비용에 국제 분산투자를 가능하게 하는 것으로 이해해 볼 수 있다. 따라서 이론적으로는 이 비용절약을 상쇄하지 않는 범위 내에서는 자국 거래소에 상장하는 외국 주식에 대해 프리미엄을 지불할 수 있을 것이고 복수상장을 통한 자본비용 절감효과를 기대해 볼 수 있다.

우리나라 주식시장은 외국인 투자자에게 기업정보에 대한 투명성이 낮은 것으로 알려져 있다. 투명성의 부족은 외국 투자자에 있어서 한국기업에 대한 불확실성을 높이고, 주식시장에서 기업가치가 저평가받는 요인으로 작용하였다. 그런데 상장조건이 까다로운 미국 주식시장에 상장하는 경우에는 투자자들이 가진 투명성에 대한 우려를 불식시킴으로써 투자자가 인식하는 불확실성을 낮추어 주가를 올리고 자본비용을 낮추는 결과를 가져오기도 했다.

해외 상장은 기업자금조달에 있어서 자금의 이용가능성(availability)에 큰 영향을 미친다. 즉 해외시장 상장은 새로운 자금조달원을 제공하기 때문에 유상증자를 통한 자금조달시에 한 시장의 한계를 벗어날 수 있도록 한다. 일반적으로 한 시장에서 자금조달하는 경우에는 자금조달 규모가 커질수록 한계 자금조달비용이 상승하게 되는데 해외 상장을 하는 경우에는 국내시장에서만 주식을 발행하는 경우에 비해서 한계 자본비용이 느리게 상승하도록 하는 효과를 기대해 볼 수 있다.

각국의 자본시장이 서로 분리되어 있는 상황에서는 한 시장의 주식공급 포화, 혹은 침체로 적절한 가격에 유상증자를 할 수 없다 하더라도 다른 나라에서는 환경이 달라 의도한 자금조달이 가능할 것이다.[1] 특히 상장하는 시장이 미국과 같이 큰 자본시장을 가진 나라이거나 국제금융의 중심지일 때 이러한 효과는 두드러진다. 해외 상장 이후 해외거래소에서 본국 거래소보다 더 활발한 거래가 일어나는 경우에는 주가의 결정에 있어서 해외거래소가 큰 힘을 발휘하는 경우도 발생할 수 있다.

기업들의 해외 상장은 미국과 같이 상장 그 자체가 특별한 의미를 가지는 곳이거나 런던처럼 국제금융 중심지에서 많이 이루어지는데 국내시장보다 해외시장의 유동성이 크면 그곳으로 정보가 모이고 해외시장이 가격결정의 리더십을 가지게 된다. 해외시장의 유동성이 크면 투자자들도 해외시장을 선호하여 해외시장으로의 거래집중은 가속화된다. 해외시장으로 거래가 집중되면 단순히 가격결정의 리더십을 잃게 될 뿐만 아니라 M&A 등의 활동도 해외에서 이루질 수 있기 때문에 원래 속했던 국가의 기업으로서의 성격을 빠르게 잃어버릴 수 있다.

해외 상장의 간접적인 효과로는 글로벌 기업으로서의 이미지를 본국과 현지의 일반 대중에게 인식시키고 현지 고객이나 글로벌 고객, 혹은 소비자에게 널리 알리는 홍보효과 등을 들 수 있다. 보다 현지화된 전략을 추구하는 기업에 있어서는 외국기업으로서의 이미지를 약화시키고 현지인에게 보다 밀착된 인식을 심어줄 수 있는 효과도 기대해볼 수 있을 것이다.

---

1 그러나 금융시장 간의 통합이 진전되면 시장 간의 시황의 차이에 따라 자금조달시장을 전환하여 얻을 수 있는 이점은 점점 약화된다.

국제 채권시장의 의의와 구조

1   국제 채권시장의 의의

국제 채권시장은 기업이나 정부기관 등이 해외에서 채무형식의 증권인 채권을 발행하여 자금을 조달하고, 발행된 국제 채권이 유통되는 시장으로써 국제금융시장의 가장 중요한 부분의 하나이다. 대기업이나 정부기관 등은 자금조달 비용상의 이점이나 투자계획에 가장 적합한 조건의 자금조달을 위해서 국내 금융시장은 물론 해외 채권 발행을 통한 자금조달의 가능성을 모색하게 된다.

일반적으로 국내 채권시장에서 채권을 발행하는 경우에는 증권감독당국으로부터 증권 발행과 관련된 엄격한 규제를 적용받으며, 국내 자본시장의 규모 면에서 제약을 받기 때문에 조달비용이 높아지거나 차입 자체가 어려울 때도 많다. 때로는 국내 채권시장의 하부구조[2]가 갖추어져 있지 않기 때문에 국내 채권 발행을 통한 자금조달 자체가 원활히 이루어지지 못하는 경우도 있다. 국제 채권시장은 그 방대한 규모와 함께 잘 발달된 유통시장과 하부구조를 기반으로 높은 유동성을 보유하고 있기 때문에 대기업이나 정부기관과 같은 대규모 차입자가 국내시장의 제약을 벗어나 보다 유리한 조건으로 자금을 차입할 수 있는 기회를 제공한다. 국제 채권시장이 본격적으로 발달하여 오늘날과 같은 모습을 갖추게 된 것은 증권규제와 조세, 시장규모 등에 있어서 국내시장의 제약조건을 벗어나려는 차입자들이 적극적으로 국제 채권 발행을 통한 자금조달 기회를 이용해왔기 때문이라고 할 수 있다.

해외자금조달을 위해서 발행되는 국제채(international bonds)는 채권 발행지와 채권 표시통화의 관계에 따라, 채권 표시통화의 본국에서 발행되는 외국채(foreign bonds)와 채권 표시통화 본국 이외의 국가에서 발행되는 채권인 유로채(Eurobonds)로 구분된다. 외국채를 발행하는 경우에는 채권 발행 및 유통과 관련된 발행지 국가의 규제를 받게 되며, 이러한 규제는 일반적으로 차입비용을 증가시킬 수 있다.

미국과 같이 채권시장이 잘 발달되고 규모가 클 때는 외국기관으로서의 불리함에도 불구하고 외국채의 발행이 유리한 자금조달 대안이 될 수 있지만, 국제 채권시장의 전체적인 성장성은 미국이나 일본과 같이 채권시장이 잘 발달되고 시장규모가 큰 몇몇 국가에 제한될 수밖에

---

2   채권시장의 하부구조(infrastructure)는 신용평가제도, 거래소 및 딜러시장의 거래시스템, 관련 법제도 등을 말한다.

없다. 국제 채권시장은 유로채나 외국채와 같은 국제채 시장에 제한되는 것이 아니라 국내 채권시장에 외국인이 투자자로서 참가하는 경우까지를 포함하므로 국제 채권시장의 규모는 국제채 시장의 규모를 훨씬 능가한다고 할 수 있다.

국제 채권시장의 본격적인 성장은 유로채 시장의 발전과 맥을 같이 한다. 유로채는 채권의 표시통화국 이외의 나라에서 발행되는데 국제채와는 달리 현지 증권감독당국의 규제의 적용 범위 밖에서 발행되는 것이 일반적이다. 런던이나 홍콩과 같은 역외금융센터에서는 유로채의 발행과 관련해서 최소한의 규제만을 부과할 뿐만 아니라 채권의 발행과 유통을 위한 풍부한 전문성과 하부구조를 갖추고 있기 때문에 이들 지역에서의 유로채 발행의 유인을 주고 있다. 이들 국제금융센터에서는 채권 발행 시 별도의 규제가 부과되지 않을 뿐만 아니라 유통시장과 같은 채권시장 하부구조가 잘 정비되어 있고 각종 국제금융거래가 집중되어 유동성이 높기 때문에 차입자들이 상대적으로 낮은 비용에 편리하게 채권 발행을 통하여 자금을 조달할 수 있는 여건을 갖추고 있다.

규제가 없는 유로시장의 환경은 혁신적인 금융상품개발이 자유롭게 일어날 수 있도록 함으로써 차입자의 위험선호와 필요에 적합한 금융공학적 자금조달구조가 등장하고 있다. 국제금융센터에는 유로채의 발행을 비롯한 다양한 국제금융업무가 집중되므로 차익거래가 용이하고 가격의 결정도 효율적으로 이루어진다. 이 같은 국제금융거래의 집중은 유동성 높은 시장을 형성하고, 높은 유동성이 다시 더 많은 국제금융거래가 집중되도록 하는 유인이 되고 있다.

유로채 시장에서는 각국의 공적 기관이나 기업뿐만 아니라 미국계 기업들도 자금조달의 수단으로 적극적으로 이용하게 되었으며 각국 투자자들에게는 안정적인 국제 투자의 대상이 되어 빠르게 성장하였다. 특히 1984년 미국 정부는 국제 채권시장을 미국 국내로 유인하기 위해서 외국 투자자가 미국 국내에서 발행된 채권에 투자하는 경우에 종래 부과하던 이자소득에 대한 원천징수를 없앰으로써 양키본드 및 미국기업의 국내 채권의 발행 및 투자유인을 높여 주었는 데도 불구하고 유로채 시장의 성장에 방해가 되지는 못했다.

1970년대 석유위기나 자유변동환율제도로의 이행 등 국제금융시장의 환경변화는 국제자본시장의 투자자들을 움츠러들게 만드는 요인으로 작용할 수도 있었다. 그러나 국제자본시장의 완화된 규제환경은 다양한 투자자의 요구와 시장 환경 변화에 부응할 수 있는 금융혁신을 가능하게 하였다. 이러한 금융혁신은 이후 국제금융시장의 안정성을 위협하는 여러 가지 환경변화에도 불구하고 국제 채권시장이 성장을 유지하는 원동력으로 작용했다.

국제 채권시장 성장의 원동력이 된 금융혁신은 1970년대 이후 변동환율제도로의 전환에 따른 환위험의 증가, 석유위기에 의한 인플레이션의 심화, 금리 변동성의 증가 등과 같은 시장

환경의 변화에 대응하기 위해 발생한 현상이다. 즉, 1970년대 이후 환율 변동이 급격해지자 위험회피적 투자자들의 수요를 촉발하기 위해 여러 통화의 가중평균으로 가치가 결정되는 가상적 통화단위로 표시하여 환위험을 줄인 통화칵테일채권(currency cocktail bond)이나 투자자들이 부담할 금리위험을 발행자가 부담할 수 있도록 하는 변동금리채(Floating Rate Note : FRN)같은 것들이 국제금융시장의 초기 금융혁신의 형태로 등장하였다.

1980년대 이후 높아진 시장위험을 재배분할 수 있도록 하는 다양한 파생상품 시장이 더불어 성장함으로써 차입자나 투자자의 필요와 위험선호에 보다 적합한 금융구조를 형성하고 새로운 금융상품을 개발하는 등의 금융혁신이 지속되었다. 국제금융시장의 견조한 성장의 원동력이 된 금융혁신은 국제 채권시장의 지속적인 성장을 설명하는 데 있어 가장 중요한 요인의 하나이다.

2 국제 채권시장의 참가자

국제 채권시장 참가자는 크게 차입자(발행자), 투자자, 중개금융기관의 세 그룹으로 나누어 볼 수 있다. 국제자본시장에서 자금을 조달하는 차입자는 세계은행(World Bank)이나 아시아개발은행(ADB)과 같은 국제기구, 각국의 중앙정부와 지방정부, 공기업과 같은 공적 기구, 다국적기업과 각국의 대기업 등을 들 수 있다. 국제 채권시장의 투자자는 대부분 기관투자가이며 각국의 중앙은행, 연금과 기금, 보험회사, 투자신탁회사, 은행과 증권회사와 같은 금융기관 등을 들 수 있다. 다국적기업들도 여유자금의 운용이나 국제적인 전략적 제휴 등의 목적으로 국제 채권시장에 투자자로 참가할 수 있다.

국제자본시장이 발전하는 만큼 인수, 트레이딩, 중개, 자문 등과 같은 금융기관들의 국제자본시장 관련 업무도 증가하였다. 국제자본시장에서 금융기관들의 사업 기회는 국내자본시장에서와 마찬가지로 발행시장에서 인수와 판매, 유통시장에서 중개와 딜링, 위험관리, 투자자문 및 정보서비스 등이 주요 업무가 되고 있다. 국제자본시장에서는 일부 국가에서 존재하는 금융기관 업무영역에 대한 제한이 존재하지 않기 때문에 국내적으로 업무영역이 제한되어 있는 금융기관도 국제자본시장에서는 경쟁력 여건이 허락하는 한 모든 업무에 참가할 수 있다. 그러나 국제자본시장업무는 높은 전문성을 요구하며, 이러한 전문성에 의해 형성된 진입 장벽이 높기 때문에 몇몇 초대형 국제 투자은행으로의 집중화 경향이 나타나고 있다.

국제 채권시장은 국내 채권시장과 부분적으로는 경쟁관계에 놓여있다고 할 수 있다. 최적의 자금조달 수단을 선택하는 데 있어서 발행자는 자금의 용도, 자금의 필요기간, 필요한 통화 등 주어진 투자계획에 따른 기업의 필요와 각 시장에서의 시장 상황과 조달조건, 세금 및 각종 규제와 관련된 사항들을 고려하여 결정하게 된다. 채권상품과 발행조건의 결정에서 가장 중요한 기준은 발행비용과 위험인데 발행비용으로는 발행금리뿐만 아니라 발행과 관련된 수수료, 보증료 등도 고려되어야 한다.

국제 채권의 발행은 통화스왑이나 금리스왑과 결합하여 일어나는 경우가 일반적이다. 특정한 통화의 특정한 금리형태의 자금조달을 원하는 경우라 하더라도 다른 통화, 다른 금리형태의 채권을 발행하고 이를 스왑을 통해 원하는 통화와 금리형태로 전환함으로써 보다 유리한 차입조건을 얻을 수 있는지 검토한다. 금융시장의 글로벌화가 진전된 오늘날에도 시장 간의 동일한 위험에 대한 프리미엄의 차이가 존재하기 때문에 스왑과 결합한 채권 발행이 단순한 채권 발행보다 유리한 조건의 차익을 얻을 수 있는 기회가 많이 존재한다.

국제 채권 투자자는 국제금융시장의 다양한 투자대안 가운데서 채권상품을 선택하는데 이론적으로는 투자자에게 국제금융시장 및 각국 국내 금융시장의 모든 상품 가운데 최적의 대안을 선택하여 추출하는 효율적 변경으로부터 국제 포트폴리오를 형성하게 된다. 그러나 현실적으로 모든 투자대안을 고려하는 것 자체가 너무 많은 비용을 유발하므로 투자정책상 투자대안을 주식이냐, 채권이냐, 채권이라면 발행자, 발행 통화 등으로 한정하여 선택하는 것이 일반적이다.

국제 채권시장에 참가하는 중개금융기관은 발행시장에서 차입자와 투자자, 유통시장에서 매도자와 매입자를 연결시켜주고 필요한 경우 스스로가 거래의 일방이 되어 위험을 흡수함으로써 거래가 원활히 일어나도록 하는 시장 형성(market-making)의 기능을 한다. 국제 채권시장 업무에서 금융기관의 수익은 시장 형성과 자문 서비스에 대한 수수료, 자금투입 시 자본비용의 회수, 포지션을 취하는 경우 위험 프리미엄 등의 성격을 띠게 된다. 국제 채권시장에 참가하는 중개금융기관이 수행하는 업무는 크게 다음의 네 가지 구분으로 나누어볼 수 있다.

(1) 발행 전 준비작업(Origination)

이는 차입자의 위임을 받아 적절한 차입구조를 디자인하고 가격을 설정하는 활동을 의미한다. 만기와 위험에 상응하는 가격 조건의 설정은 이 단계에서 무엇보다도 중요한데 가장 근접한 만기와 조건의 벤치마크[3] 수익률을 기준으로 표시한다. 가격결정 단계에서 수수료와 비용

---

3 채권의 발행 가격결정에 있어서 벤치마크로 가장 많이 이용되는 것은 미국 재무성증권이다. 재무성증권은 만기가 가장 다양하고 또한 부도위험이 가장 낮기 때문이다. 일반적으로 발행 증권의 수익률을 표시할 때는 재무성증권의 수익률에 일정한 스프레드를 붙이는 형식으로 표시하며 간단히 50 over라고 표시하면 이는 T+50, 즉 재무성증권의 수익률에

도 결정한다.

(2) 인수단 형성(Syndication)

차입조건과 구조가 결정되면 주간사 은행을 중심으로 인수단을 형성하게 된다. 발행 채권을 한 금융기관이 모두 인수하는 경우는 거의 없으며 많은 수의 금융기관이 인수단을 형성하여 인수한다. 여기서는 인수업무의 업무처리를 주로 맡아서 할 관리단을 선정하고 인수단에 참가하는 은행들에게 일정한 비율로 배정한다. 관리단은 주간사, 공동간사 등으로 구성되며 이들은 일반적으로 배정비율이 높다.

(3) 판매(Distribution)

인수받은 채권은 바로 판매에 들어가는데 실제로 채권의 발행이 마감되지 않은 상태에서도 채권의 판매가 시작된다.

(4) 트레이딩(Trading)

채권의 발행이 마감되면 채권의 거래에 들어가는데 중개은행이 활발한 트레이딩을 통하여 유통시장의 유동성을 높이는 것은 채권시장 자체의 활성화를 위해 매우 중요하다.

---

3   유로채와 외국채

앞에서 설명된 바와 같이 해외자금조달 수단으로서 국제 채권(international bonds)은 유로채(Eurobonds)와 외국채(foreign bonds)로 나누어진다. 예컨대 미달러화 표시 채권이 미국 이외의 국가에서 발행될 경우에는 유로(달러)채가 되며 미국에서 비거주자에 의해서 발행될 경우 외국채가 된다. 외국채는 발행지 국가에 따라 별명이 붙어있는데 특히 미국에서 발행되는 외국채를 양키본드(Yankee bond), 일본에서 발행되는 외국채를 사무라이본드(Samurai bond)라고 한다.

한 기업이 미국 달러화 표시 채권을 발행하여 자금조달하려 할 때 유로달러채와 외국채(양키본드)가 대안으로 고려될 수 있는데, 이들 두 대안의 근본적인 차이는 미국에서 발행되느냐, 미국 이외의 국가에서 발행되느냐에 달려 있다. 어느 쪽에서 발행되느냐에 따라 채권의 발행과 유통에 관한 서로 다른 국가 규제를 받게 된다. 양키본드를 발행하면 미국의 채권 발행 및

50bp를 더한다는 의미이다.

조세에 관한 규제를 따라야 하는 반면 유로달러본드의 경우는 미국 이외 발행지인 현지국의 규제를 따르게 된다. 그러나 유로본드가 발행되는 것은 대부분 증권발행과 관련된 감독당국의 규제가 없는 역외금융 중심지이기 때문에 유로본드의 발행에 있어서는 시장질서를 유지하기 위한 업자의 자율적 규제 이외에는 당국에 의한 별다른 규제가 사실상 없다고 할 수 있다.

발행과 관련된 당국의 규제가 없다는 점에서 유로본드는 역외채권(offshore bond)이다. 일반적으로 증권의 발행 및 유통에 적용되는 각종 규제는 발행자의 자금조달비용 및 차입조건의 결정과 투자자의 투자수익률과 위험에 직접적인 영향을 미치므로 유로채 발행지를 선택하는 데 있어서 채권 발행 관련 규제는 매우 중요한 고려요인이 된다. 유로채를 선택하는 가장 중요한 유인은 규제와 관련된 것인 만큼 유로채의 발행은 최소한의 규제가 적용되는 역외금융 중심지를 선택하게 되며 투자자나 발행자나 발행지국의 거주자가 아닌 경우가 보통이다. 따라서 역외금융센터인 발행지의 금융당국은 자국 투자자 보호를 위한 특별한 규제의 필요성을 느끼지 않으며 오히려 채권 발행 관련 업무를 유치하는 데 따른 소득유발효과를 노려 규제를 최소화하여 투자를 유도한다.

유로채 발행에서는 공시나 신용등급평가 등에 대한 규제를 의무로 규정하지 않고 시장참가자의 합의에 따라 어떤 조건이든지 자유롭게 선택할 수 있다. 채권에서 발생하는 수익에 대한 소득세도 원천징수하지 않는 것이 일반적이다.

미국에서 채권을 발행하는 경우에는 현지의 투자자를 보호하기 위해 설정된 증권거래위원회(Securities and Exchange Commission : SEC)의 엄격한 공시규정이 적용된다. 무엇보다도 미국에서 채권을 발행하기 위해서는 Standard &Poor's나 Moody's 같은 공인된 신용평가기관으로부터 신용등급평가(rating)를 받아야 하는데 신용도가 낮거나 규모가 크지 않은 기업의 자금조달비용은 매우 높아지게 된다. 또한 미국에서 발행되는 채권은 투자자가 SEC에 등록되어야 투자자로서의 권리가 인정되는 기명식채권(registered bonds)이다. 기명식채권은 실명투자이므로 익명을 유지할 수 없으며, 익명을 원하는 투자자들에 있어서는 투자를 기피하게 되는 요인이 된다. 또한 이자가 지급되면 바로 투자자의 종합과세대상 소득에 가산되게 된다.

최근에는 많은 나라들이 국제 채권 발행업무 유치의 소득유발효과를 인식하고 외국채 발행에 관한 규제를 완화하고 원천징수를 없앰으로써 국제채 발행업무의 유치를 위해 노력하고 있으며 그에 따라 다양한 통화의 외국채 발행이 증가하고 있다. 유로채는 증권 관련 당국의 규제가 적용되지 않는 역외금융센터를 발행지로 선택하였을 뿐만 아니라, 외국채와는 달리 감독 당국에 등록되지 않고 채권의 소지자가 청구권을 가지는 무기명채권(bearer bond)이다. 따라서 투자자는 익명을 유지할 수 있고 소득에 대한 원천징수가 없다는 점이 외국채에 비해 차별적 투자유인으로 작용한다. 이러한 비가격적 투자요인이 있기 때문에 투자자에 따라서 자금조달비용을 절약할 수도 있다. 유로채시장의 지속적 성장을 가져온 중요한 요인은 채권 발행과 관련한 규제가 적기 때문에 위험선호나 만기, 혹은 표시통화에 대한 투자자와 발행자의 선호나 필요에 보다 적합한 채권이 제공될 수 있다는 점이다. 유로채를 중심으로 하는 국제 채권시장은 파생상품과 금융공학적 기법을 이용하여 실로 다양한 유형의 채권이 발행 유통됨으로써 글로벌시대의 금융혁신을 선도하고 있다.

4 발행시장과 유통시장

유로채는 대체로 룩셈부르크나 런던 등 역외금융센터의 거래소에 상장되는 공모형식의 발행이 대부분이지만 최근 사모형식(private placement)의 발행이 증가하고 있다. 발행규모는 1억 달러에서 5억 달러가 대부분을 차지한다. 만기에 있어서 고정금리채는 2년에서 10년, 변동금리채는 5년에서 15년의 것이 주류를 이룬다. 이자의 계산은 30일/360일 기준으로 하며 쿠폰은 1년에 한 번씩 지급하는데 국내 채권의 반년지급에 비해서 쿠폰지급의 빈도가 낮은 것은 유로채가 무기명채권이라서 투자자 관리가 더 어렵기 때문이다. 그러나 FRN의 경우에는 반년 혹은 분기지급의 예도 있다. 유로채의 발행에 있어서 신용평가가 필수적인 것은 아니다. 그러나 유로채를 발행하는 차입자는 정부나 다국적기관, 다국적기업 등 신용평가가 없더라도 투자자가 잘 아는 차입자가 되는 것이 일반적이다.

유로채는 상당한 기간 동안 보우트딜(bought deal) 형식으로 발행되었다. 보우트딜에 대한 대안은 '협상에 의한 거래'(negotiated deal)인데 보우트딜에서는 증권회사가 인수업무를 따기 위해서 발행총액에 대한 비용을 제시하고 발행되는 채권을 모두 매입하고 이를 배분·재판매한다. 즉 제시된 비용 및 가격 조건으로 증권회사가 차입자에게 전액을 지불한다. 보우트딜에서 시장 상황이 불리하게 변화하면 증권회사는 큰 위험을 질 수 있으나 이 위험을 제한하기 위해서 제시된 가격 조건에 불과 몇 시간의 시한을 주는 것이 보통이다. 일단 제시된 조건이 받아들여지면 증권회사는 빨리 인수한 채권을 배분, 판매함으로써 위험을 최소화할 수 있다. 유로시장은 경쟁이 치열한 시장이기 때문에 보우트딜과 같은 거래형식을 취할 경우 재판매가격이 낮아지면 증권회사가 큰 손실을 볼 수도 있고 시장의 거래질서가 교란될 수도 있기 때문에 인수한 증권의 재판매 가격(resale price)을 제한하는 관행이 유로채 발행시장에서도 정착되어가고 있다. 즉 채권의 인수단이 해체될 때까지 인수 가격 이하로 재판매 가격을 낮추지 못하도록 하는 것이다.

유로채는 미국의 SEC에 등록되지 않기 때문에 발행시장 투자자들에 대한 미국 내 판매가 제한된다. 기관투자자들은 이러한 제한을 피하기 위해 해외현지법인을 설립하여 이를 통하여 유로채에 투자한다.

발행과정에서 가장 중요한 것은 발행 가격을 결정하는 것이다. 발행 가격이 얼마나 적정한가에 따라 채권 발행회사의 자금조달비용, 증권회사의 발행 관련 제반 업무의 수임 여부, 수임업무로부터의 이익과 위험 등이 결정된다. 주어진 만기와 쿠폰율에서 발행 가격을 결정하는 것은 투자자에게 있어서는 수익률을 결정하는 것을 의미한다.

일반적으로 유로본드이건 외국채이건 채권수익률을 결정하는 데는 기준이 되는 벤치마크(benchmark) 채권이 중요한 역할을 하는데 달러의 경우에는 동일한 만기의 미국국채의 수익률이 그 역할을 수행하는 것이 일반적이다. 미국 국채는 만기가 다양하고 발행규모가 크고 거래가 활발하기 때문에 미국 국채를 기준으로 적절한 가격이 결정되지 않으면 차익거래가 쉽게 일어날 수 있다. 따라서 국채수익률에 기준을 둔 가격결정이 시장 균형 가격으로서 역할을 한다.

일반적으로 발행되는 채권의 수익률은 국채수익률로부터의 스프레드(즉, 5year TB+50bp와 같이)로 나타내진다. 주간사 은행 및 간사 은행에 대한 수수료는 별도로 선불일시불로 지급되는데 유로시장에서는 격심한 경쟁 때문에 일반적으로 국내시장에서보다 증권회사가 발행업무에서 취할 수 있는 수수료 수준이 낮다.

최적의 가격 조건을 제시한 투자은행(investment bank)은 발행의 주간사 은행으로서 역할을 하며 인수단(underwriting syndicate)을 형성하는 일에 착수한다. 인수단에 참가하는 은행들은 물론 사업기회를 얻는 것이지만 주간사(lead manager)은행의 위험을 분산하는 역할을 한다. 인수단을 손쉽게 형성하느냐 하는 것은 결정된 가격 조건이 투자자의 입장에서 얼마나 유리한가, 주간사 은행의 평판, 발행기업의 평판 등의 요인에 따라서 결정된다.

발행자가 실제 채권을 발행하는 날을 마감일(closing date)이라고 하는데 인수단이 형성되면 실제 발행되지 않은 증권의 판매가 시작된다. 이를 회색시장(grey market)이라고 하는데 새로운 발행에 대한 시장의 반응을 알아볼 수 있는 기회가 된다. 마감일 이후에 바로 인수단에 분배받은 채권의 재판매가 본격적으로 시작된다. 마감일은 또한 인수단에 의한 지불이 일어나는 지불일이기도 하다.

유로채의 유통시장은 시장의 전체규모가 크고 유동성이 높은 시장이다. 유로채의 유통시장은 딜러의 자율규제기관으로서 AIBD(Association of International Bond Dealers)의 통제를 받는데

AIBD는 거래절차와 거래자의 행위를 감독한다. AIBD의 역할은 여기에 그치지 않고 발행된 채권의 전부나 거래상황에 대한 자세한 정보를 축적하고 공표한다. 유로채 유통시장에서 AIBD에 의해서 지정된 '시장조성자(market maker)'는 거래대상이 있든 없든 매일매일 매입호가와 매도호가를 발표한다.

유로채의 유통은 실물 채권의 이동 없이 장부결제에 의해 이루어진다. 유로채권의 거래체결과 결제는 유로클리어(Euroclear)와 세델(Cedel)의 두 거래시스템을 통해서 일어나는데, 이들 거래시스템을 통하여 여기에 등록된 채권이나 금융상품에 대해서 거래체결, 결제, 청산 등 모든 거래과정이 수행될 수 있다. 유로채의 유통시장에서 거래제도가 확립되고 거래규모가 큰 것은 유로채시장이 성장할 수 있는 중요한 전제조건이 되고 있다.

5 국제 채권시장의 상품구성과 변화 추이

국제금융시장의 중심이 되고 있는 유로채권시장이 국내적 규제의 적용을 받지 않고 다양한 채권상품을 탄력적으로 만들어낼 수 있는 여건이 되어 있기 때문에 국제 채권시장의 상품은 매우 다양하다.

채권의 발행방법과 만기, 쿠폰지급방법 등이 채권의 유형을 구분하는 기준이 되는데 먼저 채권의 발행소화방법, 만기의 기준에 따라 채권(bond)과 노트(note)로 나누어볼 수 있다.

일반적으로 만기가 비교적 짧은 채권을 노트라고 하며, 본드는 만기가 보다 장기이며 고정금리채권을 의미한다. 단기채권은 1년 미만의 만기를 가진 단기금융상품(money market instruments)으로 기업어음(Commercial Paper : CP), 양도성예금증서(Negotiable Certificate of Deposits : NCD) 등을 들 수 있는데 이러한 단기금융상품의 발행은 일정한 발행규모를 정해놓고, 별도의 인수 절차를 거치지 않고 딜러를 통하거나 직접 매각한다. 매각을 보다 확실히 하기 위해서는 별도의 인수단을 정해 놓고 매각이 용이하지 않은 경우에는 매입하는 보증한도(facility)를 일정한 수수료에 설정해 두기도 한다.

MTN(Medium Term Note)은 다양한 만기를 가지나 장기채권의 경우에도 별도의 인수절차 없이 매각하는 융통성 있는 자금조달 수단으로 1990년대 이후 폭넓게 활용되고 있다. Euro MTN (EMTN)은 발행방법과 발행조건을 결정함에 있어서 자금조달자나 투자자의 특별한 요구에 맞출 수 있는 융통성을 가지고 있기 때문에 EMTN을 통한 자금조달은 다른 채권상품을 통한 자금조달보다 급격히 증가하는 추세를 보이고 있다. 채권의 경우에는 만기가 비교적 길고 일정

그림 2-1 국제 채권상품의 구분

장기채권	변동금리채	단기채권
국채(T-Bond) 회사채 Mortgage-Backed 사모채 MTN 해외전환사채 이중통화채 해외신주인수권부 무이표채 지수연계채	VRN Perpetuals Capped Delayed Capped Mismatch Convertible-to- fixed Currency option Deferred coupon	국채(T-Bill) 기업어음(CP) 양도성예금증서(CD) 어음(Acceptances)

한 발행규모, 일정한 만기의 채권을 정형화된 방법으로 발행한다는 데서 차이를 가진다.

쿠폰의 지급형태로 채권을 구분하면 크게 변동금리채(Floating Rate Note : FRN)와 고정금리채(fixed rate bond)로 나누어볼 수 있다. 앞서 설명하였듯이 변동금리채는 만기가 장기라는 점에서 채권의 성격을 가지지만 금리가 단기금리로 결정된다는 점에서는 노트의 성격을 가진다. 한편 고정금리채에서는 가장 전통적인 형태로 단순 고정금리채(straight fixed rate bond)가 있고 전환사채(Convertible Bond : CB)나 신주인수권부사채(bond with equity warrants)와 같은 주식 관련 채권으로 나누어 볼 수 있다.[4] 〈그림 2-1〉에서는 채권시장을 구성하는 채권상품을 장기(고정금리)채권과 단기채권, 변동금리채로 나누어 각각을 구성하는 구체적인 채권상품의 예를 열거해 보았다. 국제금융시장의 이들 상품들은 시장 구분 없이 경쟁하고 있는 상태라고 볼 수 있으며 시장여건의 변화에 따라 비중이 달라지고 없어지기도 한다.

국제 채권시장에서 발행자의 구성은 공공부문으로서 각국의 중앙 및 지방정부, 세계은행(World Bank)이나 아시아개발은행(Asia Development Bank : ADB)과 같은 국제다국적기구(international supranational institutions), 민간부문으로서 은행 및 비은행 금융기관, 비은행 다국적기업 등으로 나누어볼 수 있다. 국제 채권시장에서는 이러한 다양한 유형의 발행자들이 서로 좋은 차입조건을 얻기 위해서 서로 경쟁하고 있다고 볼 수 있다. 또한 특정 통화의 유로채, 외국채, 국내채권 등은 모두 경쟁관계에 놓여있다. 특정 국가의 채권시장에서 외국인 채권 발행에 대한 규

---

4 주식관련채권에도 변동금리부 채권이 등장하기도 한다.

제가 완화되면 해당 통화의 유로채시장에 비해서 해당 국가의 외국채의 비중이 높아지는 것은 이들 각각의 부분이 서로 경쟁관계에 놓여있다는 것을 단적으로 보여준다.

국제채 발행액의 변화 추이를 보면 2010년 이전과 이후가 확연히 다른 양상을 나타낸다. 2009년까지는 전체적인 국제 채권의 발행이 증가하는 가운데 유로채의 발행 비중이 높았다. 2008년 서프프라임 금융위기가 영향을 미친 것이다. 반면 2010년 이후에는 유럽지역의 재정위기가 부각되면서 유로채 등의 발행은 감소하고, 달러채의 발행이 증가하였다. 국제 채권 발행의 통화선택에 있어 경제, 금융상황이 종합적으로 고려됨을 반영한다.

발행 채권의 표시통화는 당해 통화의 금리, 환율전망 및 환위험의 인식, 당해 통화 표시 시장의 규모와 유동성, 차입자의 필요[5] 등에 대한 고려에 따라 결정되어야 할 문제이다. 한 통화의 통화가치가 하락하리라고 예상되는 때는 금리를 높이더라도 투자자들이 투자하려 하지 않기 때문에 약세통화로 표시된 채권의 발행이 줄어드는 것이 일반적이다. 미국 달러표시 채권의 비중이 많이 줄어들기는 했지만 여전히 미국 달러의 비중이 가장 높다. 국제 채권시장에서 표시통화로 중요한 통화는 미국 달러와 유로, 일본 엔 등을 들 수 있다. 1999년 유로화의 등장과 함께 유로채 발행이 빠르게 증가하면서 관련 비중이 증가하였으나, 2010년 이후에는 유럽 재정위기 여파로 달러채 발행이 증가하였다.

6 국제증권투자 수단의 비교

지금까지의 국제 투자에 관한 논의에서는 국제 주식투자를 중심으로 하였다. 1990년대 중반까지 국제증권투자(국제 간접투자 혹은 국제 포트폴리오 투자라고도 함)는 채권투자가 중심이 되었으나 1990년대 후반부터 주식투자가 국제증권투자의 중심적인 위치를 차지하게 되었다.

주식투자가 국제 자본이동의 지배적인 비중을 차지하면서 각국의 주가전망이 환율결정에 미치는 영향도 높아졌다. 국제 채권투자는 주요 국가의 외화보유액 투자의 중요한 수단이 되면서 기관투자가의 투자대상도 됨으로써 여전히 금액기준으로 큰 비중을 차지하고 있다. 또한 국제 포트폴리오를 구성함에 있어서 주식과 채권의 적절한 배합을 통하여 보다 효율적인 포트폴리오를 구성할 수 있음은 위에서 살펴본 바와 같다. 주요 국제 투자수단으로서 각국의 주식과 채권, 예금에 투자하는 경우(달러 기준)의 수익률과 위험간 관계를 보면 주식은 다른 투

---

5 차입자의 국적에 따라서 유럽의 차입자의 경우에는 유로화가 지배적인 비중을 차지하며 그 이외 국가의 차입자인 경우에는 달러화가 지배적인 비중을 차지한다.

자수단보다 수익률이 높은 동시에 위험도 높은 것으로 나타난다. 각 투자수단의 전체 위험에서 국내 위험을 제외하면 환위험이 주된 요인인데 주식투자에서는 환위험이 채권투자에서보다는 상대적으로 작다.

한편 예금에서는 수익률이 매일매일 조정되는 만큼 국내적 위험은 없고 모든 위험은 만기시 달러로 환산할 때 존재할 수 있는 환위험이다.

chapter 03

해외 증권투자전략

1 해외 분산투자

해외 분산투자는 여러 나라의 증권에 분산하여 투자함으로써 효율적 변경을 확대하는 자산운용 수법으로, 특히 외환이나 금리 변화 위험에 노출된 대형 기관투자에게는 국제적인 분산투자가 중요하다. 이에 대한 효과는 각국 증권시장 상호 간의 상관관계가 낮은 증권을 많이 편입할수록 커지며, 시장 간의 비연속성에 의한 주식 파동을 이용하거나 자국에 존재하지 않는 유망산업이나 기업에 투자함으로써 투자수익을 높일 수 있다.

국제 분산투자에는 환 리스크(exchange risk)가 따르므로 해외의 경제·시장·종목 등의 동향에 대한 신중한 조사가 필요하며, 한 국가 내에서의 투자의사결정과는 달리 환율 위험, 자본 유출입 제한, 정치적 위험, 지역별 규제, 회계제도의 차이 등의 사항을 고려하여야 한다. 이에 따라 기관투자가는 시장규모, 환율 조정 후의 투자수익률, 투자 리스크, 각국의 시장의 상관관계 등을 감안하여야 하며 환율 변동도 수익률에 상당한 영향을 미치므로 주식투자에 반드시 참조할 사항 중의 하나이다.

해외 투자에 있어서 최적의 분산투자는 단순히 계란을 옮길 때 많은 바구니를 사용하라는 식의 개념을 넘어선 것이다. 다른 것들과 분명히 구별되는 바구니를 찾는 것, 오리알, 타조알, 메추리알을 담을 바구니를 찾는 것이 더욱 강조되어야 한다. 그러나 각 바구니의 독특한 수익률 형태가 다른 바구니들의 손익을 부분적으로 상쇄해 전체 포트폴리오 변동성을 낮추기 때문에 신중히 다양한 바구니를 찾아야 한다는 것이 중요하다.

순서	전략
1단계	포트폴리오에 어떤 자산군을 포함할지 결정 선택된 자산군에 해외자산군을 포함할지 말지 선택
2단계	각 자산군에 할당할 포트폴리오의 장기 목표 비율 결정 (전략적 자산배분)
3단계	단기적으로 전략적 자산배분보다 더 나은 실적을 올릴 수 있게 각 자산군의 배분비율 결정 (전술적 자산배분)
4단계	각 자산군 내에서 투자 종목 선택

효율적 자본시장 가정하에서는 증권 가격이 항상 적정하다. 그렇기 때문에 현대 포트폴리오 이론은 다양한 자산, 특히 해외 자산까지 적극적으로 포함하여 투자하는 것이 적합하다.

2 해외 투자를 위한 포트폴리오 구축 프로세스

'포트폴리오에 어떤 자산군을 담을 것인가?'

해외 투자 시 1단계로 어떤 자산군을 선택할 것인가를 결정해야 한다. 여기에는 일반적인 주식, 채권, 파생, Commodity나 부동산과 같은 대체투자 상품군이 속한다고 볼 수 있다. 따라서 각 상품별 특징들을 자세히 그리고 꼼꼼히 분석한 후 투자자산군을 선택해야만 한다.

표 3-1 주요 정보 취득 사이트

사이트	홈페이지
Bloomberg	www.bloomberg.com
Yahoo Finance	www.yahoo.com
Google Finance	www.google.com
Thomsonreuters	www.thomsonreuters.com
미국 증권사(IB) 등	골드만삭스, 메릴린치, 씨티, UBS 홈페이지 등

(1) 해외 주식

❶ 직접투자 : 해외 주식투자에 있어서 직접 종목을 고르기는 매우 어려움. 정보습득의 한계와 정보의 적시성 등에서 문제가 발생할 수 있기 때문에 철저한 준비와 정보습득의 경로 그리고 언어의 장벽을 뛰어 넘을 수 있는 훈련이 필요

또한 해외 직접투자를 위해서는 국내외 증권사에 본인 명의의 계좌 개설이 가능하나 해외 증권사에 직접 개설하기보다는 주로 국내 증권사를 이용한 간접투자가 편리하며 안전하다고 할 수 있음. 해외 직접투자 시 반드시 체크해야 될 사항으로는 ① 온라인거래, 오프라인 거래 가능 여부, ② 거래 시간, ③ 거래 수수료, ④ 거래통화, ⑤ 기타 제비용(인지세 부과 여부 등), ⑥ 세금 관련 등에 대한 꼼꼼한 체크가 필요

해외 직접 주식투자 시 세금 문제

① 국내 거주자가 해외 주식시장에 상장된 외국법인의 주식 또는 비상장 법인의 주식을 매매하고 발생한 양도차익은 양도소득세 과세대상으로 반드시 신고해야 한다.
② 주식투자한 해당 국가에서 이미 세금을 냈다고 하더라도 국내에서도 양도소득세를 신고해야 한다. 다만, 외국에서 주식양도와 관련된 세금을 납부하였다면 외국납부세액공제를 적용 받을 수 있다.
③ 또한, 해외에 직접 계좌를 만들어 해외주식을 보유함으로 지급받는 배당소득은 국내와 달리 금융소득 2천만 원 초과 여부를 묻지 않고 무조건 종합과세대상이 되므로 주의하여야 한다.
④ 해외 주식 세금 : 양도소득 과세표준의 20%+주민세(양도소득세×10%)
  ☞ 양도소득세 과세표준=양도차익-양도소득 기본공제(연 250만 원)

! 예시

▶해외 주식 양도소득세 계산사례

국내 거주자 홍길동이가 인터넷으로 미국 뉴욕증권거래소에 상장된 A법인의 주식을 1,500원에 사서 2,500원에 팔았을 때 세금은?

(풀이)

양도소득세 : 양도차익 1,000원×20%=200원

주민세 : 200원×10%=20원

합계 : 220원

(단 외국에서 납부한 세금이 있다면 조세조약에 따라 외국납부세액공제가 적용됨. 그리고 이 예시에서는 양도소득 기본공제는 없다고 가정함)

❷ 간접투자 : 해외 주식에 대한 간접투자 종류에는 ETF, 펀드, Fund of Funds 등을 들 수 있음

ㄱ. 해외 주식 ETF

해외 증권시장에 상장된 해외 ETF의 경우 1년 동안 내야 할 세금이 매매차익의 250만 원이 넘는 금액에 대해서 22%의 양도소득세(주민세 포함)가 부과되지만, 일반 해외 펀드는 최고 38.5%(4,000만 원 이상의 금융소득)를 부과하기 때문에 절세효과가 크다고 할 수 있음(단 국내에 상장된 해외 투자 ETF의 경우는 15.4%의 배당소득세를 부과).

그러나 HTS를 통한 해외 ETF 주문 시에는 외국시장과 시차가 있기 때문에 밤늦은 시간에 거래를 해야 하는 불편을 감수해야 함. 그리고 거래비용은 대부분 증권사가 1만 달러 미만인 거래에 대해서 거래당 20달러 수준의 수수료를 부과하기 때문에 자주 매매를 하는 것보다 신중히 거래하여 횟수를 줄이는 것이 필요. 또한 환율 변동에 대한 문제를 항상 주의하여 투자해야 함

표 3-2 해외 주요 ETF 운용사 등 사이트

주 소	내 용
www.ishares.com	블랙락이 인수한 바클레이즈글로벌인베스터의 ishares, 과거 정보 검색 가능
www.ssga.com	스테이트스트리드글로벌어드바이저스의 ETF
www.powershares.com	Invesco PowerShares의 ETF
www.vanguard.com	뱅가드사의 Vipers
www.amex.com	미국 증권거래소
www.etfzone.com	ETF 관련 자료
www.etfconnect.com	ETF 관련 자료

표 3-3 미국 주식 관련 주요 ETF Lists

(a) 일반 ETF

시장	블룸버그 티커(배수,X)	추종 인덱스	운용사
NASDAQ	QQQ(1X)	Nasdaq 100 Index	Powershare
	QLD(2X)	Nasdaq 100 Index	Proshare
Dow30	DIA(1X)	Dow Jones Index	SPDR
	DDM(2X)		Proshare
S&P 500	SPY(1X)	S&P500 Index	SPDR
	IVV(1X)		iShare
	SSO(2X)		Proshare

(b) Inverse ETF

시 장	블룸버그 티커(배수,X)	추종 인덱스	운용사
NASDAQ	PSQ(1X)	Nasdaq 100 Index	Proshare
	QID(2X)		Proshare
Dow30	DOG(1X)	Dow Jones Index	Proshare
	DXD(2X)		Proshare
S&P 500	SH(1X)	S&P500 Index	Proshare
	SDS(2X)		Proshare

표 3-4 | 기타 주식 관련 주요 ETF Lists

블룸버그 티커	상장된 나라	ETF이름	만든회사
SPXL	미국	Direxion Daily S&P500 Bull 3X Shares	Direxion
TZA	미국	Direxion Daily Small Cap Bear 3X	Direxion
YINN	미국	Direxion Daily China Bull 3X	Direxion

ㄴ. 기타 미국 이외 국가 ETF

기타 미국 이외 국가 ETF에 투자를 원할 때 직접 투자 대상 국가에 직접 계좌를 개설하기가 어렵고 특히 투자에 따른 환율 위험 관리나 거래의 편리성 및 투명성 등을 확보하기 위해서는 먼저 다양한 미국 증권시장 리서치를 통하여 상장 여부를 확인하고 선별하여 투자를 실행한다면 큰 도움이 될 것으로 판단

국가	블룸버그티커	이 름	만든회사	상장
브라질	EWZ	iShares MSCI Brazil Index	iShare	미국
러시아	ERUS	iShares MSCI Russia ETF	SPDR	미국
중국	GXC	SPDR S&P China ETF	SPDR	미국
유럽	FEZ	SPDR EURO STOXX 50	SPDR	미국

(2) 해외 주식펀드

해외 주식펀드는 세계 각국의 주식, 섹터, 인덱스, 주식 관련 파생상품 등에 투자하는 펀드이니 만큼 운용내역이 매우 복잡하고 다양하다. 해외 주식펀드에 투자할 때 반드시 알아야 할 사항들에 대해 살펴보자.

❶ 환율 변동에 따른 환위험을 고려해야 함

해외 펀드는 달러, 엔화, 유로화 등 외국 통화로 투자되기 때문에 특성상 환율 위험에 노출되는 경우가 많음. 예를 들어 일본 주식형 펀드에 가입해 일본 주식에 투자하여 얻은 투자수익이 10% 올랐음에도 불구하고 만약 엔화의 가치가 5% 떨어졌다면 일본 주식형 펀드의 총투자수익은 5%에 불과. 반면 엔화가치가 5% 올랐다면 일본 주식형 펀드의 총투자수익률은 15%가 됨

따라서 환율 변동으로 인해 추가 수익 또는 원금손실이 발생할 수 있기 때문에 환율 변동 위험을 인식하고 투자를 해야 함

❷ 신뢰할 만한 자산운용사를 선택해야 함

해외 펀드는 국내 펀드와 달리 예측하지 못한 투자위험이 많음. 아무리 사전에 투자할 국가와 대상에 대해서 철저히 분석하고 투자한다고 하지만, 국가 간의 상관관계 등 예측하지 못한 변수로 인해 투자손실이 발생할 가능성이 높음

❸ 해외 주식펀드 관련 동향을 체크해 보아야 함

세계 주식 관련 펀드 동향파악을 위해서는 www.epfr.com사이트를 통하여 리서치를 먼저 실행하는 방법이 있음

국내 주식펀드 VS 해외 주식펀드

① 환매기간 : 국내 펀드는 환매신청 후 환매대금을 지급받을 때까지 3~4일, 해외 펀드는 7~10일 정도 소요된다. 따라서 해외 펀드는 투자국가 및 투자대상에 따라 매입 및 환매기간에 차이가 있으므로 반드시 투자설명서를 확인해야 한다. 또한 국내 펀드 중 주식형 펀드의 경우에는 환매신청 다음 날 환매금액이 확정(이는 오후 3시 이전의 경우이며, 오후 3시 이후는 3영업일에 확정된다)되는 반면, 해외 펀드는 환매신청 후 대부분 4영업일 후에 결정된다. 따라서 해외 펀드는 환매신청 후 며칠 동안 주가 변동성에 노출될 수 있다는 사실을 알아야 한다.

② 수수료 : 일반적으로 국내에서 판매되고 있는 해외 펀드 대부분은 펀드 가입 시에 투자금액에서 일정 부분의 선취판매수수료를 부과하는 A클래스형 펀드가 많다. 국내 펀드의 경우(A클래스형) 선취판매수수료는 평균적으로 1.00%를 부과하는데 비해, 해외 펀드는 평균적으로 1.50%~2.00%의 높은 선취판매수수료를 부과한다. 따라서 펀드 가입 시에 투자설명서 및 집합투자규약 등 펀드 관련 수수료 및 보수 등을 반드시 확인해야 한다.

③ 세금 : 펀드를 환매할 때에 15.4%(소득세 14.0%+주민세 1.4%) 또는 9.5%(세금우대)의 세금은 기존과 동일하게 원천징수한다.

표 3-5	해외 주식형 펀드 분석 Process

체크 내역	내 용
펀드 개요	펀드운용사
	펀드매니저
	펀드매니저 과거 실적
	운용규모
	펀드출범일
	투자 기준 통화
	회계방식
	펀드 수탁사
	매수/매도 시 기준가 적용 방법
	벤치마크 종류
기준가	일별 기준가 움직임
성과분석	기관성과(1D, 1M, 3M, YTD, 1Y, 2Y, 3Y, 설정일 이후)
	%순위
	BM 대비
	유형평균 대비
Risk 분석	표준편차
	베타
	추적오차(Tracking Error)
	Sharpe Ratio
	젠센의 알파
	IR(Information Ratio, 정보비율)
포트폴리오 분석	자산구성비율(주식, 채권, 현금 등)
	국가별 투자 비중
	통화별 투자 비중
	업종별 투자 비중
	주요 보유 내역
	기타 현금 운용 방법
기 타	펀드 및 투자종목 관련 뉴스
	매니저 이동 여부
Fee	각종 수수료(운용, 판매, 환매 등)
	조기환매 수수료 부과 기간, 비용
Fund Feature	초기 최소 투자금액
	최소 환매금액

(3) 해외 채권

❶ 해외 채권시장 개요

현실적으로 주식시장과 달리 해외 채권시장을 분석하는 것은 매우 어려운 일임. 채권은 주식과 달리 표준화, 접근성, 거래편리성이 낮고, 정보수집의 한계 및 환율 헤지 등 위험이 다양하고 주식보다 위험이 높은 관계로 직접투자하기가 만만치 않은 상품. 따라서 직접투자보다는 간접투자형태인 채권형 펀드, 또는 채권 ETF를 통한 투자가 바람직하다 할 수 있음

❷ 미국 국채, 회사채 투자

미국 재무부채권은 연방정부의 재정적자보전을 위하여 미재무부 명의로 일반 대중에게 발행된 양도가 가능한 국채. 미국 재무부채권은 연방정부의 통화증발에 의한 인플레이션을 초래하지 않으면서 재정적자를 보전하는 수단이 되며, 외국 정부 및 외국 중앙은행의 대외지급준비 운용수단으로 이용되기도 하고 각종 금융기관, 기관투자자의 투자수단 및 제2선의 지급준비수단 역할을 함

재무부증권은 발행시의 만기와 이자지급방법에 따라 크게 Treasury-bill, Treasury-note, Treasury-bond로 구성되어 있음

ㄱ. 만기별로 보면 T-bill은 1년 이하(3,6,12개월)의 단기채 : 이자가 없고 1만 달러의 최저거래단위를 가짐. 국채인데 이자가 없는 이유는 만기가 짧기 때문에 대신 할인발행하는 할인채로 발행하여 이자를 대신함

ㄴ. T-note는 1년 이상 10년 이하(2,3,5,7,10년)의 중기채 : 특징으로는 1,000달러~ 100만 달러의 액면가를 가짐. 이표가 있어 6개월마다 이자를 받을 수 있음

ㄷ. T-bond는 10년 이상(30년)의 장기채 : 역시 이표가 있어 6개월마다 이자를 받을 수 있음

만기가 1년 이하인 국채는 단기금융시장의 여타 투자대상보다 수익률은 다소 낮지만 이자소득에 대한 주세(州稅) 및 지방세가 면제되며, 파산위험이 거의 없고 공급량도 많은 데다 상환기간도 1년 이내에서 세분화되어 안정성과 유동성이 상대적으로 높음. 따라서 단기금융시장에서 투자가들에게 가장 안전한 투자수단의 하나로 이용되고 있음

또한 30년물 및 10년물 국채는 미국에서 발행하는 양키본드나 글로벌본드의 기준금리로 사용. 한국 정부가 발행하는 글로벌 본드 형식의 외국환평형기금채권(외평채)의 기준금리이기도 함

즉 미국 재무부채권은 미국 국채인 만큼 위험성이 없는 채권으로 간주되며, 기타 국

가의 채권은 미재무부채권(TB) 금리에 위험도에 따라 '가산금리'가 붙는 것임. 채권의 위험도가 적으면 가산금리가 낮아지고, 많으면 높아짐. 가산금리가 오르면 채권값과 국가신인도가 그만큼 하락하는 것을 의미함

미국 국채 투자 시 유의사항으로는 ① Yield Curve분석, ② 수급, ③ 달러 움직임, ④ 안전자산 선호, ⑤ 미국 연준(Fed)의 금리정책, ⑥ 기타(물가, GDP, 실업률 등)을 들 수 있음

❸ 브라질 채권 투자

브라질 채권은 주로 금리가 높다는 측면과 이자소득에 대해서 비과세라는 측면에서 금융종합과세를 피해갈 수 있다는 유리한 점이 부각되면서 관심을 받고 있음

국내에서 판매되고 있는 브라질 채권의 만기는 주로 6년 이상의 장기채임. 장기채가 판매되는 주요 이유는 채권을 살 때 부과되는 토빈세(6%) 때문임. 따라서 단기채를 사서는 실익이 크지 않음

국내에서 브라질 채권을 팔 때 원화(KRW)와 헤알화(BRL)사이에 헤지(Hedge)가 되지 않은 것이 일반적. 하지만 환율 헤지를 하지 않았다고 꼭 손실만 입는 것은 아님. 환율 변동은 성과에 긍정적으로 작용될 수도 있고 부정적으로 작용될 수도 있음. 금융거래세와 마찬가지로 시간이 투자 기간이 길어지면 그 변동분이 완화되는 것이 일반적인 추세

브라질 통화는 원화 대비 가치가 2011년 이후 크게 절하되었음.이는 브라질 어떤 자산에 투자를 했다면 환손실이 발생했다는 것을 의미. 원화 대비 헤알화 가치는 2011년부터 2015년 9월까지 약 60% 하락. 이 기간 농안 환위험을 헤지하지 않았다면 대부분의 투자자에게는 손실이 불가피하였을 것임. 반면 2015년 10월 이후 2016년 11월까지는 헤알화 가치가 약 20% 가까이 상승. 이 기간 동안에는 환헤지가 없었다면 투자수익률에 환차익까지 누렸을 것임

브라질 채권투자상품은 중도해지 시 몇 가지 고려사항을 체크해보아야 함

ㄱ. 금융거래세를 감안하고도 이익이 발생했는지를 점검해야 함. 다시 말해, 6년 이상

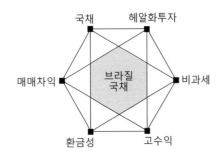

판매 종목	헤알화 표시 브라질 국채
신용등급	BBB(Fitch)/BBB(S&P)/Baa2(Moody's)
발행일	2012.03.09
만기일	2023.01.01
이자지급주기	6개월 이표채(복리로 이표 계산)
거래 단위	100,000BRL(한화 약 6,500만 원)
표면금리	10%(연, 세전)
금융거래세(토빈세)	헤알화 환전 시 거래금액의 6% 지급

| 표 3-6 | 환율 변동에 따른 환차손익 사례 |

		헤알화		
		5% 약세	보합	5% 강세
원화	5% 약세	–	5%	10.5%
	보합	−4.8%	–	5.35
	5% 강세	−9.5%	−5%	–

보유했다면 매년 수익률에 미치는 영향이 1% 정도이겠지만 1년 안에 현금화를 한다면 6%가 모두 연수익률에 반영됨

ㄴ. 둘째는 환율 변동에 따른 이익, 손실을 따져봐야 함

ㄷ. 브라질 국채 유통 금리 여부

　브라질 국채는 6개월마다 이자가 지급되는 이표채. 보통 채권 만기수익률을 계산할 때 암묵적으로 시장금리로 이자를 재투자한다고 가정. 하지만 표면이자가 10%인 브라질 채권 만기 시 한국에서는 불가능한 수익률. 보통 증권사를 통해 브라질 채권을 매수하는 경우 이자를 다시 브라질 국채에 재투자하는 서비스를 제공하고 있는데, 이를 반드시 확인해야 하며 만기 몇 년짜리로 재투자할 지에 대해서도 반드시 체크해야 할 사항임

④ 딤섬본드

최근 국내 기업들이 미국 본토나 유럽에서 금융위기로 인한 달러채권, 유로채권 발행이 어려워지면서, 상대적으로 유동성이 풍부한 홍콩에서 딤섬본드를 발행하는 기업이 늘어나고 있음

　딤섬본드는 대체로 신용등급이 높은 회사채로 채권수익률이 낮은 편임. 또한, 만기가 2~3년 정도의 단기채가 많아 채권 가격 상승을 기대한 매매차익 거래보다는 만기보유 전략이 선호돼 회사채 신용도가 무엇보다도 중요

	발행지역	발행자	표시 Currency	발행자격
딤섬본드	홍콩	외국기업	위안화	없음
판다본드	중국 본토	외국기업	위안화	QFII

　딤섬본드는 쿠폰이 낮아 대부분의 수익이 환차익에서 발생되기 때문에 위안화 가치 방향성이 매우 중요. 중국 정부가 위안화 국제화를 추진하고, 2015년 11월 위안화가

IMF SDR 통화바스켓 포함이 결정되는 등 위안화의 절상 가능성이 증가하고 있음. 반면 중국 경제의 버블 우려로 해외자금이 이탈하여 위안화 가치가 약세를 보일 것이라는 시각도 존재하여 위안화 가치의 변동 위험은 중요한 투자 요소가 되었음

국내 기업들은 초창기 딤섬본드 발행을 꺼려했음. 그 이유는 딤섬본드를 발행한 이후 이를 다시 달러로 환전을 해야 했기 때문에 환전비용을 감안하면 달러채권으로 바로 발행하는 것이 낫다고 판단했기 때문임

하지만 미국이 금융위기를 거치면서 달러채권 발행 비용(금리)이 올라가자 다시 딤섬본드의 매력이 부각되기 시작하였음. 또한 원화와 위안화의 직거래가 시작되어 환전비용이 감소할 가능성도 커졌음

<h2>section 02   해외투자 포트폴리오의 구축</h2>

1   해외 투자전략의 기본방향

해외 증권투자는 더 이상 연금기금이나 보험 등 기관투자가의 전유물은 아니다. 개인투자가들도 해외 투자신탁을 통해서 해외 증권투자가 가능하게 되었으며 해외 투자의 정보비용과 거래비용이 낮아짐에 따라 해외 증권투자는 더욱 보편화될 전망이다. 그러나 해외 투자의 결정을 내리고 최적의 해외투자 포트폴리오를 구축하는 것은 많은 정보와 경험을 필요로 하는 고도의 전문적인 업무이기 때문에 해외 투자가들은 해외 투자펀드 등을 통하여 포트폴리오 매니저를 선정하여 이들에게 위임하여 결정하는 것이 일반적이다.

포트폴리오 매니저는 고객으로부터 투자의 위임을 받으며 위임계약에서 투자의 목적과 투자의 범위 등을 명시한다. 투자의 목적에서는 투자대상 증권의 범위와 그에 합당한 특정의 벤치마크 지수 및 벤치마크 지수의 수익률을 기준으로 하는 목표수익률을 명시하는 것이 일반적이다.

해외 투자에 있어서 벤치마크 지수는 투자자 본국의 주가지수를 쓰기도 하지만 투자대상국의 주가지수 혹은 투자의 목적에 비추어 가장 근접하는 국제지수를 사용하는 것이 일반적이

다. 벤치마크 지수는 투자자의 투자성과를 평가하는 기준이 될 뿐만 아니라 해외투자 포트폴리오 구축 전략을 수립함에 있어서 기준이 된다. 해외 투자의 벤치마크로 사용되는 국제지수는 투자자의 기준통화, 투자대상 국가의 범위, 투자의 기본방향 등에 따라 다양하다. 현재 해외 주식투자의 가장 많은 부분은 미국 투자자들에 의한 것인 만큼 달러를 기준으로 하는 MSCI(Morgan Stanley Capital International)지수가 국제지수 가운데서 가장 큰 영향력을 발휘하고 있다. MSCI지수는 수익률을 달러로 환산하여 계산한다. 영국 자본의 경우에는 FTSE지수가 활용된다. 해외 투자에서 많이 활용되는 벤치마크 국제주가지수는 다음과 같다.

❶ 세계지수 : Morgan Stanley Capital International World Index(MSCIWI)
❷ 유럽, 오스트레일리아, 극동(선진국지수) : Morgan Stanley Capital International Europe, Australia, Far East Index(MSCI EAFE)
❸ 신흥시장 : International Finance Corporation Investable(IFC Investable), MSCI Emerging Markets
❹ 중남미 : IFC Latin America

2 │ 공격적 투자와 방어적 투자

포트폴리오 구축에 있어서 포트폴리오의 성격과 투자전략방향을 결정짓는 중요한 요인은 예측의 활용 및 위험에 대한 자세이다.

해외 투자전략은 위험 및 예측 활용에 대한 태도에 따라 ① 환율과 주가전망과 예측을 적극적으로 포트폴리오 구성의 결정에 반영하여 위험을 부담하면서도 수익률을 극대화하고자 하는 적극적(공격적) 전략과, ② 환율과 주가전망을 투자결정에 거의 반영하지 않고 벤치마크 지수의 구성을 모방함으로써 잘 분산된 포트폴리오인 벤치마크와의 수익률 격차를 최소화하려하는 소극적(방어적) 전략으로 나누어진다.

공격적 전략은 투자자가 가진 정보에 따라 투자 대상국의 주가 및 환율을 전망하고 가장 전망이 밝은 나라의 투자비중을 높임으로써 수익률의 극대화를 꾀하는 전략이다. 적극적 전략방향을 가진 투자 포트폴리오에서는 목표수익률을 벤치마크의 수익률보다 높게 설정한다. 주가 및 환율의 예측을 적극적으로 포트폴리오의 구성에 이용한다는 것은 기본적으로 시장의 비효율성이 존재하여 관련된 정보가 가격에 천천히 반영됨으로써 예측이 의미가 있음을 믿는다는 것을 의미한다.

반면 방어적 전략은 주관적인 판단과 예측에 따른 수익률의 극대화를 꾀하기보다는 벤치마크 지수의 구성을 모방함으로써 벤치마크의 수익률과의 괴리를 최소화하고자 하는 전략이다. 이는 시장이 효율적인 상황에서 어떤 정보를 이용하여 예측을 하더라도 초과수익을 얻을 수 없다는 판단에 근거하고 있다. 소극적 전략에서의 목표수익률의 상한은 벤치마크의 수익률이 된다. 소극적 전략의 포트폴리오의 전형적인 예는 인덱스펀드로서 벤치마크 지수의 수익률을 목표로 하고 벤치마크 포트폴리오의 구성을 모방하는 전략을 취한다.

예컨대 EAFE(Europe, Australia, Far East)지수[1]가 벤치마크 지수일 때 공격적인 투자라면 국별 시장전망에 따라 EAFE의 비중과 괴리되게 결정함으로써 벤치마크보다 높은 수익률을 추구하게 될 것이고 보수적인 투자자인 경우에는 EAFE지수의 비중과 근접하게 투자전략을 수립하게 될 것이다.

즉, 포트폴리오의 구성이 벤치마크 지수의 구성과 근접하게 되면 주가에 대한 전망이 빗나가더라도 벤치마크의 수익률과 크게 괴리되지 않을 것이다. 그러나 벤치마크 지수의 국별 비중의 차이를 크게 하는 경우 국가별 경제와 주가에 대한 전망대로 실현된다면 벤치마크를 크게 상회하는 수익률을 얻을 수 있지만 전망이 어긋났을 경우 벤치마크 지수의 수익률을 크게 하회하는 위험에 노출된다.

3 방어적 투자전략

소극적 투자전략에서는 벤치마크 수익률을 목표로 하고 있기 때문에 벤치마크 지수의 포트폴리오 구성과 유사하도록 포트폴리오를 구성하는 것이 포트폴리오 전략의 기본방향이 된다.

벤치마크 지수의 수익률은 거래비용을 고려하지 않은 것이기 때문에 벤치마크 포트폴리오를 정확하게 모방했다고 하더라도 거래비용만큼 수익률은 낮아진다. 특히 벤치마크 포트폴리오의 구성을 정확하게 모방하는 경우(full replication)에 거래비용은 아주 높아지게 된다. 따라서 방어적 전략에서는 벤치마크를 모방하면서도 그에 따른 거래비용을 줄일 수 있도록 하여 벤치마크의 수익률에 근접하도록 하는 것이 가장 중요한 과제가 된다.

벤치마크 포트폴리오의 구성을 모방하여 투자수익률을 벤치마크 수익률에 근접하도록 하는 것을 지수화(indexing)라고 한다. 벤치마크 지수에 근접하도록 모방하는 데 따르는 거래비용

---

1 MSCI(Morgan Stanley Capital International) EAFE 지수이며 주요 선진국 중심으로 구성된 국제 벤치마크 포트폴리오 지수이다. 여기에는 영국, 독일, 프랑스 등의 유럽국가들과 오스트레일리아, 일본 등의 국가들의 지수가 각국 주식시장의 자본총액의 비중으로 구성되어 있다.

을 피하면서도 수익률은 벤치마크에 근접하도록 하는 방법들로는 다음과 같은 방법이 있다.

❶ 분류집단별로 대표적인 증권의 샘플을 추출
❷ 시뮬레이션 등을 통하여 수익률에 근접하는 포트폴리오 구성을 추정
❸ 파생상품을 이용하여 현물증권의 포지션과 유사한 포지션을 만드는 금융공학적 방법

극단적으로 소극적인 전략에서는 벤치마크 지수의 구성과 아주 근접하도록 포트폴리오를 구성하게 되는데 이같이 소극적인 전략으로 벤치마크 지수의 수익률을 이기기는 어렵다. 왜냐하면 벤치마크 지수의 수익률은 거래비용이 없고 항상 100% 투자가 이루어지도록 구성되어 있지만 실제투자에서는 거래비용이나 세금이 실질 수익률을 떨어뜨리고 투자에 있어서도 현금보유가 있을 수 있기 때문이다.

일반적으로 국내 투자에서는 적극적인 투자전략이 소극적인 투자전략보다 더 나은 결과를 가져오는 경우가 거의 없는 것으로 나타난다. 적극적으로 시장을 전망하고 포트폴리오의 구성을 결정하는 것이 별로 도움을 주지 못한다. 이는 국내 증권시장은 하나의 통합된 시장으로써 상당히 효율적이어서 대부분의 정보가 빨리 가격에 반영되기 때문에 시장정보를 이용한 예측을 적극적으로 투자전략에 반영하는 것이 별로 의미를 가지지 못한다는 증거이기도 하다.

4   해외 투자와 공격적 전략

공격적 전략의 중요한 과제는 가격 예측을 보다 적극적으로 활용하여 높은 수익률을 얻을 수 있도록 포트폴리오를 구성하는 것이다. 전통적으로 해외 주식투자는 환율과 각국의 주가 예측을 통한 공격적 전략이 중심이 되어 왔다. 이는 국제 주식시장이 국경에 의해서 분리된 시장으로 존재해 왔다는 것을 의미한다.

해외 투자에서는 공격적인 투자전략이 더 큰 비중을 차지해 왔으며 때로는 엄청나게 높은 수익률을 얻은 경우도 적지 않다. 이는 국제자본시장이 통합되지 않은 상태에 있으며 국가 간의 차이에 대한 정보를 적극적으로 활용함으로써 초과수익을 얻을 수 있는 기회가 존재한다는 증거로 볼 수 있다.

공격적 투자에서는 가격 예측에 따른 포트폴리오의 구성 비중을 결정하는 자산배분(asset allocation)이 가장 중요한 의사결정사항이 된다. 해외 투자에서의 자산배분에 있어서는 무엇보다도 국가비중을 결정하게 되는데 글로벌화하는 오늘날의 세계경제에서는 산업비중 및 기업

선택 역시 중요성을 더해가고 있다. 해외 투자에서 중요한 예측은 국가별 비중, 산업별 비중, 환율 예측이다. 국가별 주가 예측과 환율 예측은 국가별 비중 결정에 매우 중요한 요인인다. 그러나 산업별 상관계수도 중요도가 높아지고 있어 상관관계를 고려한 산업별 비중 결정도 투자 성과에 영향을 미치는 중요한 요인이다.

5 해외 투자펀드

해외 투자에서는 헤지펀드가 중심적인 역할을 해왔다. 헤지펀드를 한 마디로 정의할 수 없지만 헤지펀드의 공통적인 특징은 소수의 부유한 투자자나 기관투자자들로 구성되며, 펀드의 운용에 대한 규제가 적다는 점이다. 부유한 투자자나 기관투자자들은 규제를 통한 보호가 필요 없다고 보기 때문에 헤지펀드에 대한 규제가 적으며, 규제가 적기 때문에 보다 공격적인 투자가 가능하다.

규제가 적다는 점은 다른 투자펀드와 헤지펀드를 구별하는 가장 중요한 요인이라고 할 수 있으며 보다 자유롭게 해외 투자에 임할 수 있는 유인이 된다. 헤지펀드의 투자자들은 이미 잘 분산된 포트폴리오를 가지고 있기 때문에 상대적으로 덜 위험 회피적이다. 뮤추얼 펀드에 투자하는 일반투자자들은 투자를 통하여 분산투자의 목적을 이루고자 하는 반면, 이미 잘 분산된 포트폴리오를 가진 헤지펀드의 투자자에게 있어서는 특정 투자대안이 가지는 위험은 전체 포트폴리오에 편입되어 금방 분산되나 높은 수익률은 그대로 반영되기 때문에 보다 공격적인 투자를 요구하게 된다.

한편 국제자본시장은 여전히 국경으로 분리된 시장으로 존재하고 있으며 보다 공격적인 투자가 성공할 수 있는 여지를 가지고 있다. 헤지펀드의 투자자들의 위험선호나 규제가 적다는 특성과 분리된 시장으로 국제자본시장의 특성은 상호 적합성을 가지고 있으며 헤지펀드가 해외 투자에서 주도적인 역할을 해왔다는 것은 어쩌면 당연한 것이라고 할 수 있을 것이다. 그러나 국제자본시장의 글로벌화가 진전되면서 공격적 전략이 보다 높은 수익률을 가져다줄 가능성은 점점 줄어든다고 볼 수 있다. 또한 헤지펀드의 공격적 전략이 LTCM이나 Tiger Fund와 같은 커다란 실패로 연결된 경험 때문에 헤지펀드의 투자전략이 점점 방어적이 되어가고 있는 것은 하나의 특기할 만한 변화이다. 또한 뮤추얼펀드의 해외 투자 비중도 증가하게 되어 전반적으로 해외 투자에서 헤지펀드의 상대적 비중은 줄어가고 있다.

최근 들어서 해외 주식투자의 또 하나의 중요한 주역으로 등장한 것이 사모투자펀드(Private

Equity Fund : PEF)이다. 사모주식펀드는 시장의 비효율성이나 지배구조의 문제, 일시적 경영악화 등의 이유로 주가가 하락한 기업을 인수하여 이러한 문제를 해소함으로써 높은 시세차익을 꾀하는 펀드이다. PEF는 높은 수익을 꾀하는 만큼 헤지펀드의 투자대상이 되기도 한다. 오늘날 PEF의 투자는 세계적으로 일어나며 주식시장 국제화에서 중요한 역할을 한다.

6　해외 포트폴리오의 자산배분

해외 투자에서 보다 적극적인 전략방향을 취하는 만큼 포트폴리오의 구성을 위한 자산배분의 결정이 방어적 투자가 중심이 되는 국내 투자보다는 중요성을 가진다. 해외 포트폴리오 투자전략에서 중심이 되는 의사결정은 결국 어느 나라의 어느 주식에 얼마나 투자하느냐 하는 투자대상에 대한 배분이다. 국가 비중을 결정하는 것은 해당 국가의 주식가치 변동 위험에 대한 노출뿐만 아니라 해당국의 통화가치 변동 위험에 대한 노출 정도를 결정하는 문제가 된다. 이러한 결정을 위한 접근방법은 크게 두 가지 방법으로 대별된다.

하나는 각국의 거시경제 변수를 보고 국가 비중을 우선적으로 결정한 다음, 각국에서 산업과 개별 기업별 비중을 결정하는 하향식 접근방법(top-down approach)이 있고, 다른 하나는 기업분석과 산업분석을 통하여 투자대상의 주식과 주식별 투자액을 미리 정하고 그 결과 전체 포트폴리오에서 차지하는 각국의 투자 비중이 결정되는 상향식 접근방법(bottom-up approach)이 있다.

하향식 접근방법에서는 투자대상국의 성장률과 물가, 환율 등 거시경제지표의 변화를 예측하고 낙관적으로 전망되는 국가의 투자비중을 높인다. 특정 시점의 거시경제 상황이 균형에서 괴리될 수 있으며, 이러한 괴리의 조정과정에서는 주가와 환율 등이 크게 변동할 수 있다. 주가와 환율의 변동은 위험을 증가시키는 동시에 투자국의 거시경제변수를 면밀히 분석함으로써 대폭적인 초과수익의 기회를 제공하기도 한다. 또한 국가별 경제전망이 서로 달라짐에 따라서 벤치마크 포트폴리오와의 괴리가 발생하며 벤치마크 지수의 수익률과도 크게 달라질 수 있다. 일단 국별 투자비중이 결정되면 이에 따라 각국에 배정된 투자액을 산업별, 기업별로 배분하게 된다.

하향식 접근방법에서 국가 분석을 중요하게 생각하고 하향식 접근방법을 위주로 하는 투자전략을 위해서는 거시경제 및 국가 분석이 연구의 중심이 된다. 국가 비중의 결정이 포트폴리오 투자결정의 핵심이 되는 것은 세계경제를 완전히 통합되지 않고 분리된 각국 경제의 결합체로 보고 있다는 것을 의미한다.

상향식 접근방법에서는 주요 산업과 기업을 글로벌 경쟁의 관점에서 분석하고 성장성이 있는 산업 및 각 산업에서 혁신을 선도하는 기업을 선정하여 투자한다. 상향식 접근방법에서 국가의 비중은 산업 및 기업선정의 결과로써 결정된다. 상향식 접근방법을 위주로 하는 투자전략에서는 산업 및 기업분석이 연구의 중심이 된다. 상향식 접근방법에서는 기본적으로 각국 경제의 통합이 진전되어 세계 경제를 글로벌화된 산업들의 집합으로 보고 있다. 상향식 접근방법에서는 글로벌화된 산업들과 세계 경제에서 전망이 좋은 기업들을 선정하는 것이 의사결정의 중심이다. 실제투자에 있어서 주식 파생상품을 적극적으로 활용함으로써 거래비용을 절약하고 상황의 변동에 탄력적인 전략을 구사할 수 있음을 간과해서는 안 된다.

거래소를 통한 주식파생상품거래는 일반적으로 현물시장보다 유동성이 높기 때문에 필요한 경우에 언제든지 낮은 거래비용으로 포지션을 확대 혹은 축소할 수 있는 융통성을 주기도 한다. 투자대상국의 주가지수에 대한 선물시장이 개설되어 있는 경우에는 주가지수선물의 매입포지션을 가짐으로써 해당 국가의 주가지수에 투자한 것과 동일한 효과를 가질 수 있다. 해당 국가의 지수에 투자하고자 하는 경우, 실물에 투자한다면 지수와 유사한 포트폴리오를 구성하고 개별 주식을 비중대로 매입해야 하나 주가지수선물을 이용하는 경우에는 이미 구성된 포트폴리오에 투자하는 결과가 되므로 개별 주식을 매입하여 잘 분산된 포트폴리오를 구성하는 데 드는 노력과 거래비용을 대폭적으로 줄일 수 있다. 단, 주식파생상품을 이용한 투자전략에서는 초기 투자자금의 투입이 실물주식에 투자하는 경우보다는 훨씬 적은 것이 일반적이기 때문에 수익률의 변동이 증폭되는 레버리지 효과가 크다.

파생상품을 이용한 투자전략의 일환으로서 주가지수선물을 포함한 주식의 노출도(exposure)를 주가 하락 시에는 늘리고 주가 상승 시에는 줄이는 포트폴리오 보험과 같은 투자전략 또한 구사할 수 있을 것이다. 해당국가에 주식옵션시장이 존재하는 경우에는 주식옵션을 이용하는 투자전략도 이용될 수 있다. 콜옵션의 매입은 주가 하락 위험에 대한 보호도 마련하면서 주가가 상승하였을 때는 당해 주식에 투자한 것과 동일한 결과를 얻을 수 있다.

콜옵션 매입은 실제 주가보다는 훨씬 적은 액수인 옵션 프리미엄을 투자하는 한편 주가 변동과 유사한 손익을 얻기 때문에 주가가 상승하는 경우 수익률이 현물에 투자하는 것보다 훨씬 높아지는 한편, 주가가 하락하게 되면 투자액인 옵션 프리미엄을 전부 잃게 되므로 옵션을 이용한 투자전략은 높은 레버리지 효과를 갖는다.

주가지수옵션 시장이 있는 경우에는 주가지수옵션에 투자함으로써 개별 주식 매입을 통한 지수 포트폴리오와 같은 효과를 얻을 수 있다. 일정한 금액이 특정 국가에 배정되는 경우에는 주가지수의 콜옵션을 매입하고 프리미엄을 지급하고 남은 금액을 정기예금에 투자함으로써 주가 하락에 대한 보호를 마련하는 한편 상승하는 경우에는 주가상승률보다 더 높은 수익률을 얻을 수 있는 합성 주식상품(synthetic equity product)을 만들 수 있다.

section 03 해외 투자의 환위험 관리와 성과평가

1 환위험 관리전략

제1장에서 살펴본 것처럼 해외 투자 포트폴리오를 구성함에 있어서 환율의 변동은 투자성과에 결정적인 영향을 미치게 된다. 따라서 해외 투자전략을 수립함에 있어서 환위험을 어떻게 관리할 것인가 하는 문제가 반드시 우선적으로 고려되어야 한다. 투자대상국 통화로는 벤치마크 지수를 훨씬 상회하는 이익이 났다 하더라도 투자자의 본국 통화에 비해서 투자대상국 통화의 가치가 하락하면 투자자 본국 통화로 환산한 이익은 손해로 돌변할 수도 있기 때문이다.

해외 투자에 있어 환위험 관리전략은 투자대상의 위험과는 별도로 투자대상국 통화가치의 변동에 대한 노출을 어떻게 다룰 것인가를 결정하는 것이다. 예컨대 해외 주식투자를 하는 경우 해외 주식 가격 변동 위험에 대한 노출을 필연적으로 가지게 되겠지만 환율 변동 위험에 대한 노출은 필요한 경우 줄이거나 없앨 수 있으며, 혹은 환율 변동 위험에 대한 전망에 따라 적극적으로 환노출을 가질 수도 있다.

환율 변동은 해외 투자에서 추가적인 위험요인이기는 하지만 동시에 추가적인 수익률 요인이 되기 때문에 환율 변동으로 인한 위험과 기대수익률 간에 균형을 찾아 결정해야 한다. 다른 위험 관리의 문제에서처럼 이에 대한 결정은 투자의사결정자의 환위험에 대한 태도에 따라 달라진다.

환위험 관리의 기본방침을 제시하는 가이드라인의 설정은 적극적인 태도와 소극적인 태도로 나누어볼 수 있다. 적극적인 태도는 허용 위험한도(exposure limit)를 높게 잡는 한편 환율예측을 적극적으로 활용하여 유리하다고 판단되는 경우에 환율 변동 위험에 대한 노출을 헤지하지 않고 남겨두는 의사결정을 하게 된다. 반면 소극적인 태도에 입각한다면 허용 위험한도를 낮게 잡고 환율 예측과 관계없이 가능한 환노출을 헤지함으로써 위험을 최소화하는 전략을 취하게 된다. 환노출의 헤지는 다양한 방법이 사용될 수 있는데 다음과 같은 몇 가지의 헤지 방법과 전략대안이 있다.

❶ 선물환, 통화선물, 통화옵션, 통화스왑 등과 같은 통화파생상품의 이용
❷ 투자대상국의 주식파생상품 혹은 금리파생상품을 이용하여 해당국 통화에 대한 노출을 최소화하면서 투자자산 가격에의 노출은 그대로 보유
❸ 투자대상 증권과 환율 간의 상관관계를 이용한 내재적 헤지(implicit hedge)
❹ 통화의 분산
❺ 아무런 헤지도 하지 않음

투자펀드의 성격과 투자펀드가 설정한 위험관리 가이드라인에 따라서 원하는 헤지의 정도와 노출의 형태를 결정하고 헤지의 방법과 규모, 기간을 결정하게 된다. 통화 파생상품시장이 존재한다고 하더라도 충분한 유동성이 없다면 유용한 헤지수단으로 이용될 수는 없다. 경우에 따라서는 원화와 가치가 비슷하게 움직이는 통화, 예컨대 엔화파생상품을 이용하든지 달러화로 헤지하고 다시 원달러의 통화파생상품을 이용하는 방법을 사용할 수 있을 것이다. 후자의 경우에는 높은 헤지비용과 부정확한 헤지효과 등이 우려된다.

투자기간(time horizon)을 고려한 헤지기간 결정에 있어서는 투자기간의 전체 기간을 일시에 헤지하는 장기헤지와 몇 개의 단기간으로 나누어서 하나의 기간이 만기가 되면 또 다른 헤지를 이어서 하는 롤링헤지로 나누어 볼 수 있다. 헤지기간을 길게 잡으면 합당한 파생상품의 헤지수단을 얻기 어려우며, 설사 그러한 헤지수단이 있다하더라도 비용이 높고 유동성이 낮아서 탄력적인 헤지전략을 쓰기 어렵다. 반면 헤지기간을 짧게 하면 투자기간이 끝날 때까지 여러 번 헤지의 의사결정을 반복하게 된다.

짧은 헤지기간을 연결해서 전체 투자기간을 헤지하는 것을 롤링헤지(rolling hedge)라고 한다. 이 경우에는 유동성 높은 헤지수단을 이용할 수 있어 비용을 낮출 수 있으나, 헤지기간이 종료될 때마다 파생상품에서 발생한 손익을 정산해야 하므로 정산에 필요한 현금을 확보해야 한다는 단점이 있다.

통화 관련 파생상품의 헤지수단을 쓰지 않고 해외 증권투자의 환노출을 줄이는 방법은 투자하는 나라의 관련 증권의 선물이나 옵션 등의 파생상품에 투자하는 것이다. 예컨대 해외 주식에 투자하려고 하는 경우라면 그 나라의 주가지수선물이나 옵션을 매입하는 방법을 생각할

수 있다. 주가지수선물의 가격은 주가와 비슷하게 움직이게 되는 반면, 거래 증거금(margin)만큼만의 투자를 필요로 한다. 따라서 주가지수선물을 매입하고 증거금 불입을 제외한 나머지는 투자자 본국 통화표시의 확정금리상품에 투자하게 되면 주식에 투자한 것과 동일한 노출을 가지는 한편, 환노출은 전체 투자액의 일부에 불과한 증거금 불입에 국한된다.

해외에 투자하려는 미국의 투자자라면 파생상품을 이용하지 않고 투자 그 자체가 환위험에 대한 헤지를 포함하는 것과 같은 경우가 있을 수 있다. 즉 자국 통화와 주가 간의 음의 상관관계를 이용하는 방법이다. 특히 각국의 기업들 중에서는 달러화 자산과 달러표시 현금유입이 많은 기업들이 있는데 이들 기업은 달러에 대한 자국 통화의 가치하락으로 긍정적인 영향을 받는 경우가 드물지 않다. 이러한 기업의 주식에 미국 투자자들이 투자하게 되면 투자대상국의 통화가치 하락이 주가의 상승으로 상쇄되어 효과적인 헤지가 가능하다. 이 방법을 통한 헤지효과를 얻기 위해서는 투자대상의 기업의 주가가 투자자 본국 통화와 유의한 상관관계를 보여야 한다. 달러화 이외에는 외국의 주가와 유의한 상관관계를 갖는 경우가 드물기 때문에 미국의 투자자 이외에는 이러한 헤지효과를 기대하기 어렵다.

달러화의 가치와 높은 양의 상관관계를 가지는 주식에 투자하는 미국의 투자자라면 환손실과 주가에서의 환율요인이 상쇄됨으로써 투자의 환노출이 낮아지는 결과를 가져온다. 이처럼 주가와 통화가치 간의 상관관계에 의해 환노출이 낮아지는 경우 이를 내재적 헤지(implicit hedge)라 하며 별도의 헤지비용 없이 효과적인 환위험헤지로 이용될 수 있다.[2]

여러 종류의 통화에 분산투자함으로써 환노출을 줄이는 방법도 고려해볼 수 있다. 국제 분산투자와 마찬가지로 통화 간의 움직임이 서로 어긋남으로써 통화위험을 분산하는 것인데 이는 통화 간의 움직임의 상관관계에 따라 헤지효과가 결정된다. 일반적으로 달러화에 대해서는 여타의 통화들이 비슷하게 움직이는 경향이 나타나기 때문에 미국 투자자의 관점에서 통화분산을 통한 환노출 헤지의 효과는 크지 않을 것으로 보여진다. 자국 통화와 투자대상국 통화가 비슷한 움직임을 보이는 경우에는 투자수익률의 환율 변동 민감도는 상대적으로 낮기 때문에 환리스크를 줄일 수 있을 것이다.

마지막으로 환노출 헤지와 관련된 중요한 전략방향의 하나는 아무것도 하지 않는 것이다. 장기적으로 보았을 때 특정한 헤지방법이 우수한 성과를 가져올 것이라는 보장은 없다. 헤지란 비용을 수반하는 것이기 때문에 장기적으로는 헤지를 하는 전략이 헤지비용만을 초래하는 결과를 가져올 수도 있다. 따라서 헤지를 하지 않는 환노출 관리의 방향도 언제나 하나의 가

---

2 그러나 이러한 방법은 한국의 해외 주식투자자에게는 맞지 않는다. 그 이유는 원화가 국제통화가 아니기 때문이 투자대상국의 주가가 환율과 그다지 유의한 상관관계를 갖지 않기 때문이다. 이러한 헤지방법을 쓸 수 있는 것은 미국의 국제투자자들만이라고 할 수 있다.

능성으로 고려되지 않으면 안 된다. 뿐만 아니라 환율 변동은 위험요인인 동시에 수익의 요인도 되기 때문에 면밀한 환율 분석을 통하여 적극적으로 환율에 노출을 가짐으로써 높은 초과수익을 얻을 수도 있다.

2 해외 증권투자의 성과평가

해외 투자 펀드매니저나 고객에 있어서 투자 포트폴리오 운용성과 평가의 필요성은 두말할 필요가 없다. 일반적으로 국제 투자에 있어서 펀드매니저와 고객은 투자관리를 위임하는 계약을 맺으면서 특정의 벤치마크 포트폴리오를 기준으로 상대적인 투자성과평가를 하므로 가장 중요한 관심은 합의한 벤치마크보다 더 나은 수익률을 올릴 수 있는가 하는 점이다. 동시에 비슷한 투자유형을 가진 다른 펀드매니저에 비해서 어떤 성과가 났는지도 중요한 관심사가 된다. 합의한 벤치마크나 다른 펀드매니저에 대한 상대적 성과평가도 중요하지만 특정의 투자성과가 어떻게 발생하는가 하는 투자결과의 원인 분석 또한 중요하다. 결국 투자고객과 펀드매니저가 투자성과를 측정함에 있어서 가지는 관심은 다음의 세 가지로 요약해볼 수 있다.

❶ 투자고객을 위한 포트폴리오가 합의한 벤치마크보다 더 좋은 결과를 가저 왔는가?
❷ 펀드매니저는 비슷한 투자유형의 다른 펀드매니저보다 우수한 결과를 가져왔는가?
❸ 특정의 투자성과가 어떻게 이루어졌는가?

이러한 목적을 위한 투자성과평가를 위한 첫걸음은 일정한 기간 동안 포트폴리오의 수익률과 위험을 계산하는 데 있다. 투자전략의 집행에 따라 일부 투자액이 회수되는 등 포트폴리오의 투자액과 구성이 변화하기 때문에 수익률을 계산하는 것은 복잡성을 띠게 된다. 포트폴리오의 수익률을 계산하는 방법은 다양하지만 가장 자주 쓰이는 수익률 계산방법은 시간가중평균 수익률(Time Weighted Rate of Return : TWR), 내부수익률(Internal Rate of Return : IRR), 금액가중평균 수익률(Money Weighted Rate of Return : MWR) 등이 있다. 포트폴리오 수익률의 계산이 힘든 까닭은 투자기간 중에서 계속 현금의 유출과 유입이 있기 때문이다. 이들 각각의 수익률 계산방법의 예를 보기 위해서 다음의 개념들을 사용한다.

$$\text{금액가중평균 수익률(MWR)} = \frac{V_1 + C_t - V_0}{V_0 - \frac{1}{2}C_t}$$

V_0 : 투자 초기의 가치

V_1 : 투자 말기의 가치

C_t : t시점에서의 현금인출

내부수익률(IRR)은 다음의 방정식을 성립시키는 r값이다.

$$V_0 = \frac{C_t}{(1+r)^{t/365}} + \frac{V_1}{(1+r)}$$

시간가중평균 수익률(TWR)은 현금인출 여부와 관계없이 달러당 수익률을 계산하는 방법으로 인출된 현금이 기간 말까지 계속 투자되는 것을 하고 가정하고 수익률을 계산하는 방법이다. V_t를 t시점에서 인출 전 계좌의 가치라고 한다면 전 측정기간 중 t시점까지와 t시점부터의 수익률은 다음과 같이 표시된다.

$$1 + r_t = \frac{V_t}{V_0}$$

$$1 + r_{t+1} = \frac{V_t}{V_t - C_t}$$

여기서 전 측정기간의 시간가중평균 수익률은 다음과 같다.

$$1 + r = (1 + r_t)(1 + r_{t+1})$$
$$= \left(\frac{V_t}{V_0}\right)\left(\frac{V_1}{V_t - C_t}\right)$$

해외 투자에서 이러한 수익률 계산방법은 여러 통화, 여러 시장이라는 해외 투자 특유의 문제 때문에 더욱 복잡하게 된다.

고객과 매니저 간의 투자관리 위임계약에서는 매니저의 성과를 평가하는 기준이 될 벤치마크가 명시된다. 예컨대 해외에 투자하는 미국 연금기금의 경우에는 투자관리자의 성과가 MSCI EAFE 지수에 의해 평가될 것을 명시하는 경우가 많다. 신흥시장에 투자하는 경우라면 IFC Investable 지수에 의해서 평가되는 경우가 많다. 혹은 미국 투자자가 해외에 투자하는 경우라도 S&P 500이나 미국 물가상승률을 5% 초과하는 것이 명시적으로 요구될 수 있다. 미국 달러가 급락하는 상황이라면 이러한 성과평가의 기준을 충족하기는 쉽겠지만 해외에 투자하면서 국내 지수를 기준으로 하는 것은 적절한 기준이라고 할 수는 없을 것이다.

벤치마크 지수와 실제 운용되는 포트폴리오 간에는 개념적으로 차이가 있으며 이러한 차이가 실제 포트폴리오 성과분석에서 충분히 감안되어야 합리적 평가가 이루어질 수 있을 것이다. 첫째, 지수는 항상 100% 투자되어 있다. 즉 지수는 그 구성 포트폴리오에 현금이 포함되어 있지 않다. 반면 실제투자 포트폴리오에서는 시장 상황에 대한 전망에 따라 현금(예금)을 보유하게 되기도 한다. 둘째, 지수에는 거래비용이 없다. 지수를 포함하고 있는 개별 종목의 변화는 자동적으로 조정이 된다. 그러나 실제투자에서 비중의 변화는 그에 따른 거래비용이 발생하게 된다. 셋째, 지수의 대부분에는 세금이 반영되지 않는다. 그러나 세금을 고려한 지수도 있으므로 필요에 따라서 적절한 지수를 선택하여 성과분석시 합리적 평가가 이루어질 수 있도록 해야 한다.

한편 해외 투자의 벤치마크 지수들은 시가총액에 의한 가중치로 계산되는 경우가 많다. 그러나 어떤 매니저들은 시가총액에 의한 가중치가 합리적인 가중치로서의 구실을 하지 못한다고 지적한다. 시가총액에 의한 가중치는 당해 시장의 가격이 오르면 가중치도 커지기 때문에 이에 따라 투자한다면 오르는 시장의 주식을 지나치게 많이 가지게 될 가능성이 높다는 점이 지적되고 있다. 어떤 매니저들은 GDP 가중평균이 보다 합리적인 방법이며 안정적인 가중치를 유지할 수 있다고 한다.

01 다음 중 국제 주식시장의 동조화 현상에 대한 설명으로 적절하지 않은 것은?

① 국제 금융시장에서 불안감이 높아질 때 일시적 동조화 현상이 나타날 수 있다.

② 동조화 현상은 뉴스의 빠른 전파에 따라 일어난다.

③ 현재 국제 주식시장의 동조화 현상은 일시적인 것으로 보인다.

④ 산업 간 동조화 정도에는 차이가 있다.

02 다음 중 국제 포트폴리오 투자에서 환위험관리에 대한 설명으로 적절하지 않은 것은?

① 투자대상국의 주가지수선물투자는 국제 투자의 환위험을 줄일 수 있는 환위험 헤지 수단이 될 수 있다.

② 국제 투자에서 환위험의 내재적 헤지는 주가와 환율 간의 상관관계를 이용하는 것이다.

③ 국제 투자에서 환위험을 외환파생상품을 이용하여 헤지하려는 경우 파생상품시장의 유동성 부족이 제약조건이 될 수 있다.

④ 국제 투자에서는 환위험을 적극적으로 헤지하는 것이 가장 바람직한 투자전략이다.

해설

01 ③ 오늘날 국제주식시장에서 가장 두드러진 현상의 하나는 동조화 현상이다. 과거에 국제금융시장에서 불안감이 높아질 때 일시적으로 동조화 현상이 나타났으나 현재 보이는 국제주식시장의 동조화 현상은 글로벌화로 인한 구조적인 것으로 보인다. 동조화 현상은 실제 경제현상의 전염에 의해서가 아닌 기대되지 않았던 뉴스의 전파에 의해서 일어난다. 산업 간에는 글로벌화의 정도에 차이가 있고 따라서 산업 간에 동조화의 정도에는 차이가 있다.

02 ④ 국제투자에 있어 외환위험의 헤지는 외환파생상품을 통하여 이루어질 수 있다. 그러나 외환파생상품 시장의 유동성 부족은 헤지수단으로서 제약조건이 될 수 있다. 투자대상국의 주가지수선물 투자는 투자수익은 현물투자와 같은 반면 투자자금이 위탁증거금에 한정되는 만큼 환위험을 줄일 수 있는 수단으로 이용될 수 있다. 주가와 환율 간의 상관관계를 이용한 내재적 헤지도 국제투자의 환위험을 줄이기 위한 수단으로 효과적으로 이용될 수 있다. 그러나 국제투자의 중요한 동기는 환차익을 얻는 데 있으므로 환위험을 적극적으로 헤지하는 것은 언제나 바람직한 전략이라고 할 수는 없다.

03 다음 중 환율이 국제 투자의 수익률과 위험에 미치는 영향을 설명한 것 중 적절하지 않은 것은?

① 투자대상국의 통화가치와 주가 간에 양의 상관관계가 크면 투자위험이 감소한다.

② 투자대상국의 통화가치가 상승하면 투자수익률이 상승한다.

③ 국제 투자로 인하여 투자대상국의 통화가치와 주가 간에 양의 상관관계를 갖게 된다.

④ 투자대상국 통화가치 상승에 대한 기대는 외국인 투자 유인을 크게 한다.

04 다음 중 국제 주가지수에 대한 설명으로 적절하지 않은 것은?

① 현재 국제 투자에서 가장 많이 활용되는 국제 주가지수는 MSCI 지수이다.

② 현재 한국 증시는 MSCI 지수에서 신흥시장으로 편입되어 있다.

③ 국제 투자에서 국제 주가지수와 국가 주가지수가 서로 보완적으로 벤치마크로 활용된다.

④ 국제 주가지수는 국제 포트폴리오 구성의 기준이 된다.

05 다음 중 각국 주식시장의 상관관계를 상관계수로 측정하고 그 의미를 해석하는 데 있어 적절하지 않은 것은?

① 각국 주식시장 간의 상관계수가 낮으면 국제 분산투자효과가 커진다.

② 국제자본이동 규모가 커지면서 각국 주식시장 간의 상관계수는 높아진다.

③ 국제 금융시장이 불안해지면 일시적으로 각국 주식시장 간 상관계수가 높아진다.

④ 각국 주식시장 간 상관계수를 측정하기 위해서는 가능한 한 오랜 기간의 데이터를 사용하는 것이 바람직하다.

해설

03 ① 국제투자 수익률과 위험은 환율과 주식의 수익률과 위험에 의해서 결정된다. 이로 인하여 주가와 통화가치 간에 양의 상관관계가 생긴다. 즉, 통화가치 상승에 대한 기대는 외국인 주식투자유인을 크게 하고 주가 상승을 가져온다. 또한 주가상승에 대한 기대는 외국자본의 유입을 증가시켜 통화가치 상승을 가져온다. 주가와 통화가치의 양의 상관관계는 주가위험과 환위험으로 구성되는 국제투자의 위험을 증가시킨다.

04 ③ 국제주가지수는 국제투자에서 주된 벤치마크로 활용된다는 데 중요한 의미가 있다. 이러한 의미에서 국제주가지수는 국제 포트폴리오 구성의 기준이 될 뿐만 아니라 성과평가의 기준이 되기도 한다. 현재 국제투자의 벤치마크로 가장 많이 활용되는 국제주가지수는 MSCI(Morgan Stanley Capital International)이며 한국이 여기서 신흥시장으로 분류되어 편입되어 있다.

05 ④ 각국 주식시장 간 상관계수는 과거 자료를 이용하여 측정한다. 국가 간 상관관계의 정도는 국제 분산투자의 효과를 결정하는 데 각국 주식시장 간 상관계수가 낮을수록 국제 분산투자효과는 커진다. 국제자본이동 규모가 커질수록 각국 주식시장 간 상관계수는 높아지며 국제 분산투자효과는 작아진다. 국제금융시장에서 불안감이 높아지면 일시적으로 각국 주식시장 간 상관계수가 높아지는 현상이 나타난다. 상관계수를 측정하기 위해서는 과거 자료를 이용하는 데 통계값의 안정성과 구조적 일관성을 고려하여 적절한 자료기간을 결정해야 한다.

06 다음 중 한국 기업의 해외 상장의 방법이 될 수 없는 것은?

① 한국거래소 상장기업의 ADR 발행을 통한 나스닥 상장

② 한국거래소 상장기업의 달러 DR 발행과 런던증시 상장

③ 한국거래소 비상장기업의 나스닥 직상장

④ 한국거래소 상장기업의 주식을 런던증시에 직수입 상장

07 다음 중 해외 투자에서 중심적 역할을 해온 헤지펀드에 대한 설명으로 적절하지 않은 것은?

① 헤지펀드의 투자자들은 공격적 투자를 선호한다.

② 헤지펀드의 투자는 효율적 금융시장에 보다 적합하다.

③ 해외 투자에서 헤지펀드의 투자는 환투기 요소가 강하다.

④ 헤지펀드의 투자자는 위험분산보다는 수익률 제고가 투자의 더 중요한 목적이다.

08 해외 포트폴리오 투자에서 국가비중을 결정하는 것은 가장 중요한 의사결정 문제의 하나이다. 이 결정의 고려요인에 대한 다음의 설명 중 적절하지 않은 것은?

① 통화가치가 상승할 것으로 예상되는 국가의 비중을 높인다.

② 세계자본시장이 통합되어 갈수록 국가비중의 결정의 문제는 더욱 중요해진다.

③ 국가비중 결정의 기준이 되는 것은 MSCI 지수와 같은 국제 주가지수이다.

④ 높은 경제성장이 기대되는 국가의 비중을 높인다.

해설

06　④ 한국거래소에 상장된 기업의 해외상장은 DR 발행을 통해서 일어난다. DR은 원화표시 주식을 외화표시로 바꾸어준다는 데서 중요한 의미를 가진다. 일반적으로 달러표시 DR로 발행하며 이를 미국의 증시에 상장하는 경우 ADR, 미국 이외의 거래소에 상장하는 경우 EDR이라고 한다. 한국거래소에 상장하지 않은 한국기업이 외국기업에 직상장할 수도 있다. 한국거래소에 상장된 기업이 DR 발행 없이 해외 거래소에 직수입 상장하는 것은 한국 원화가 국제통화가 아닌 만큼 현재로서는 가능한 대안이 아니다.

07　② 헤지펀드는 비교적 소수의 대형투자자들로 구성된 펀드이다. 대형투자자들은 이미 잘 분산된 포트폴리오를 가진 투자자들로 추가적인 위험분산보다는 보다 공격적 투자를 통한 수익률 제고가 투자의 더 중요한 목적이다. 따라서 헤지펀드의 투자는 효율적인 금융시장 보다는 시장의 비효율성을 이용한 투기이익을 올리는 동기가 강하다. 특히 해외투자에서는 환투기가 중요한 동기가 된다.

08　② 해외 포트폴리오 투자에서 국가비중 결정의 기준이 되는 것은 MSCI지수와 같이 벤치마크가 되는 국제주가지수이다. 여기에 환율 변동과 경제성장의 전망에 따라 국가비중을 결정하게 되는데 통화가치가 상승할 것으로 예상되는 국가, 높은 경제성장이 예상되는 국가의 비중을 높인다. 세계자본시장의 통합의 정도가 높아질수록 국가비중 결정의 문제의 중요성은 낮아진다.

09 해외 포트폴리오 투자는 국내 투자에 비해서 보다 공격적인 전략을 취하게 된다고 한다. 공격적 전략과 방어적 전략을 비교한 다음의 설명 중 적절하지 않은 것은?

① 공격적 전략은 시장이 보다 효율적인 경우에 적합하다.

② 공격적인 전략에서는 보다 많은 예측의 노력이 요구된다.

③ 공격적 전략에서는 포트폴리오의 구성이 벤치마크와 보다 큰 차이를 갖게 된다.

④ 공격적 전략에서는 목표수익률을 벤치마크 수익률 위에 둔다.

10 한 한국기업의 뉴욕증시 상장이 발표되면서 이 기업의 주가가 크게 뛰었다. 이에 대한 설명으로 적절하지 않은 것은?

① 미국시장에서의 홍보효과

② 투명성과 기업지배구조에 대한 인식제고로 할인율 감소

③ 투자자 인지도 제고로 자본비용 저하

④ 영업위험의 축소로 인한 자금조달비용 저하

해설

09 ① 공격적 전략과 방어적 전략의 차이는 시장 효율성을 보는 관점의 차이에서 시작한다. 시장이 효율적이 될수록 예측을 위한 노력은 무의미하며 예측보다는 분산투자에 중점을 두는 방어적 전략으로 가게 된다. 공격적 전략에서는 예측을 적극적으로 포트폴리오의 구성에 반영하므로 포트폴리오의 구성이 벤치마크와는 차이를 갖게 된다. 목표수익률 역시 벤치마크 수익률보다 높게 제시하게 된다.

10 ④ 뉴욕시장 상장이 주가상승으로 연결되는 경우는 뉴욕시장 상장이 가져오는 경제적 효과를 시장이 평가하기 때문이다. 뉴욕시장 상장이 가지는 경제적 효과로는 홍보효과와 투자자 인지도 제고, 투명성과 지배구조에 대한 인식제고로 인한 할인율 저하 등을 들 수 있다. 뉴욕시장 상장이 영업위험 축소를 가져온다고 할 수는 없다.

정답 01 ③ | 02 ④ | 03 ① | 04 ③ | 05 ④ | 06 ④ | 07 ② | 08 ② | 09 ① | 10 ④

part 03

투자분석기법
― 기본적 분석

certified investment manager

chapter 01

증권분석의 개념 및 기본체계

section 01 **증권분석의 개념**

❶ 기본적 분석은 크게 질적 분석과 양적 분석으로 구분할 수 있다. 질적 분석(qualitative analysis)은 경제 및 산업동향, 개별 기업의 사업내용, 경영진 등 재무제표에 나타나지 않아 계량화가 불가능한 자료들을 분석하는 것. 반면에, 양적 분석(quantitative analysis)은 재무제표를 중심으로 비교적 계량화가 가능한 자료들을 분석하는 방법

❷ 질적 분석의 접근방법에는 기업으로부터 시작해서 산업 그리고 경제로 옮겨가는 미시방식(bottom-up방식)과 경제로부터 산업 및 기업의 순으로 분석하는 거시방식(top-down방식)이 있음. 일반적으로 거시방식이 많이 사용됨. 전체 투자환경의 많은 부분이 거시환경에 의해서 지배되고 있으며, 거시분석을 통해 양호한 산업이 선택되면 그때는 증권을 선택하는 분석적 노력을 선택된 산업으로 집중시킬 수 있기 때문임

❸ 거시방식을 통한 접근방법은 투자결정의 여러 국면에서 기초 자료로 활용되기도 함. 경제분석을 통해서는 시장 동향을 파악할 수 있고, 주식 또는 채권 등 여러 종류의 증권 중에서 어떤 증권에 얼마만큼의 자금을 배분하느냐 하는 포트폴리오 구성 문제에 참고할 수 있음. 산업분석에서는 투자대상을 주식으로 한정하면 어떤 업종 또는 어떤 산업의 주식이 유망하고, 과소·과대평가되어 있는가에 대한 지침을 줌. 기업분석에서는 어

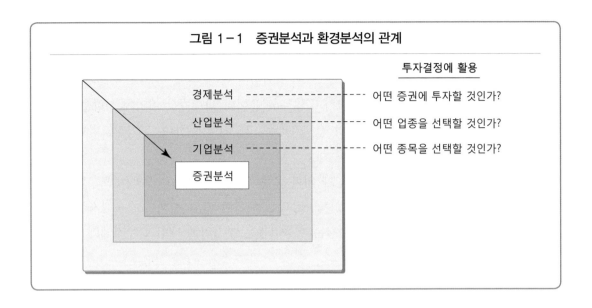

그림 1-1 증권분석과 환경분석의 관계

투자결정에 활용

경제분석 --------------- 어떤 증권에 투자할 것인가?

산업분석 --------------- 어떤 업종을 선택할 것인가?

기업분석 --------------- 어떤 종목을 선택할 것인가?

증권분석

떤 특정 기업의 주식이 동종의 산업 내에서 투자가치가 큰가에 대한 판단을 제공해 줌. 증권분석과 환경분석의 관계를 나타낸 것이 〈그림 1-1〉. 이것은 곧 증권분석은 각기 다른 차원의 상황을 분석하여 통합할 수 있어야 함을 뜻하는 것. 또한 화살표는 거시방식에 따른 질적 분석의 절차를 나타낸 것

section 02 가치평가와 현금흐름

1 현금흐름 추정의 기본원칙

투자안의 가치에 관한 의사결정과정에서 가장 중요한 것은 회계이익이 얼마나 되느냐가 아니고, 그 투자자산으로부터 발생되는 현금흐름이 과연 얼마나 되느냐이다. 현금흐름을 추정하는 과정에서 지켜야 할 기본적 원칙은 다음과 같다.

❶ 현금흐름은 증분기준(incremental basis)으로 추정되어야 함. 예컨대, '어느 기업이 한 투자

안을 채택하였을 때 기업 전체의 현금흐름이 어떻게 영향을 받는가'라는 관점에서 현금흐름이 추정되어야 한다는 의미

❷ 현금흐름은 세후 기준(after-tax basis)으로 추정되어야 함

감가상각비는 현금유출을 수반하지 않는 비용이나 과세대상 이익에 영향을 미쳐 법인세가 달라지므로 감가상각비의 절세효과는 고려되어야 하며, 감가상각방법에 따라 현금흐름에 차이가 날 수 있음

❸ 현금흐름의 추정에는 해당 투자안에 의한 모든 간접적 효과(indirect effects)도 고려되어야 함. 예를 들어, 현재 고려되고 있는 공장확장 계획이 기업 전체의 순운전자본의 증가를 전제로 한다면 그러한 순운전자본의 증가분은 투자안에 대한 순투자액에 포함되어야 함

❹ 현금흐름을 추정할 때 현금유입과 현금유출의 시점을 정확히 추정해야 함. 회계상 이익은 실제 현금유입과 현금유출 시점과 다를 수 있으므로 주의해야 함

❺ 현금흐름을 추정할 때 매몰원가(sunk cost)는 고려의 대상이 아니나 기회비용(opportunity cost)은 고려해 주어야 함. 매몰원가는 과거의 투자결정에 의하여 이미 지출된 비용이므로 현재의 투자결정에는 영향을 미치지 않음. 그러나 다른 용도로 이용할 수 있는 자원을 사용하는 경우에는 기회비용은 고려해 주어야 함

2 순현금흐름

❶ 현금흐름의 산출

$$현금흐름(CF) = 영업이익(EBIT)(1 - 법인세율) + 비현금비용 \tag{1-1}$$

비현금비용의 대표적인 항목으로는 감가상각비(D)를 들 수 있음

❷ 투자안 검토에서는 무엇보다도 투자안의 각 기간별 현금유입과 현금유출의 차이인 세후증분 순현금흐름(incremental after-tax net cash flows : NCF)을 사용하여야 함

$$NCF = (\Delta R - \Delta C)(1 - \tau) + \tau \times \Delta D \tag{1-2}$$
$$= (\Delta R - \Delta C - \Delta D)(1 - \tau) + \Delta D$$
$$= \Delta NPAT + \Delta D + \Delta I(1 - \tau)$$

❸ 위의 식은 ΔR을 $R_2 - R_1$, ΔC를 $C_2 - C_1$ 그리고 ΔD를 $D_2 - D_1$로 정의함으로써 순현금흐

름을 더 명확하게 이해할 수 있음. 여기서

R_1 : 그 투자안이 채택되지 않았을 때 해당 기업의 매출액

R_2 : 그 투자안이 채택되었을 때 해당 기업의 매출액

C_1 : 그 투자안을 제외한 해당 기업의 현금영업비용(현금기준 매출원가 및 판매비와 관리비)

C_2 : 그 투자안을 포함한 해당 기업의 현금영업비용

D_1 : 그 투자안을 제외한 해당 기업의 감가상각액

D_2 : 그 투자안을 포함한 해당 기업의 감가상각액

τ : 법인세율

I : 이자비용

그러므로 $NCF = \{(R_2 - R_1) - (C_2 - C_1) - (D_2 - D_1)\}(1 - \tau) + (D_2 - D_1)$

또한, 세후 순이익(Net Profit After Tax) $NPAT = (R - C - I)(1 - \tau)$이므로 위에서

$$NCF = (\Delta R - \Delta C - \Delta D)(1 - \tau) + \Delta D$$
$$= (\Delta R - \Delta C - \Delta I + \Delta I - \Delta D)(1 - \tau) + \Delta D$$
$$= \Delta NPAT + \Delta D + \Delta I(1 - \tau) \tag{1-3}$$

3 가치평가절차[1]

기업가치 평가의 일반적 절차는 다음과 같다.

첫째, 기업의 경제적 수명을 예측한다.

둘째, 경제적 수명기간 동안 매년 예상되는 현금흐름의 크기를 추정한다.

셋째, 현재가치로 할인하기 위한 할인율로서 기업의 자본비용을 추정한다.

넷째, 기업의 경제적 수명기간 동안 창출되는 현금흐름을 기업의 자본비용을 할인율로 가정하여 할인하고 이들을 모두 합산하면, 현재 이 기업의 가치를 평가할 수 있다.

❶ 경제적 수명 예측 : 기업의 경제적 수명을 예측하기 위해서는 먼저 기업이 공급하는 제품들의 수명주기(product life cycle)를 추정해야 함. 제품별 수명주기를 예측한다는 것은

---

1 이 내용은 주로 다음의 자료를 토대로 정리한 것임. 강효석, 이원흠, 조장연, 「기업가치평가론 : EVA와 가치창조경영」 제3판, 홍문사, 2001. 강효석, 「기본적분석」, 투자신탁협회, 2000.

그 제품이 고객의 수요를 창출할 수 있는 기간을 추산한다는 의미이므로 결국 제품의 라이프사이클 패턴과 그에 따른 매출량, 매출가격을 예측할 수 있어야 함

❷ 현금흐름 추정 : 현금흐름은 현금유출과 현금유입으로 구분. 현금유출(cash outflow)은 매출액이나 영업이익을 얻는 데 필요한 투자에 소요되는 금액을 의미. 현금유입(cash inflow)은 투자사업으로부터 창출되는 부가가치를 의미하는데, 현금유입의 추정은 기업의 경제적 수명기간 동안 손익계산서상의 영업이익을 계산하는 것과 같음. 현금유입액은 손익계산서에서 추정되고, 현금유출액은 재무상태표상의 비유동자산과 유동자산 및 유동부채로부터 추정. 따라서 기업가치를 평가하는 두 번째 절차는 미래의 경제적 수명기간 동안 추정손익계산서와 추정 재무상태표를 작성해 가는 과정이라고 이해할 수 있음

! 예시

▶ '우리기업'의 현금흐름 측정
  ① 자금운용 접근법
    ㄱ. 현금유입액 = 영업이익 + 감가상각비 – 법인세
         = 100 + 50 – (100 × 0.4) = 110억 원
    ㄴ. 투하자본 = 순운전자본 + 시설자금
         = (25 + 20 – 45) + 400 = 400억 원
  ② 자금조달 접근법
    ㄱ. 현금유입액 = 법인세비용차감전 순이익 + 지급이자 – 법인세 – 법인세 절감효과 + 감가상각비
         = 80 + 20 – 32 – (20 × 0.4) + 50 = 110억 원
    ㄴ. 현금유입액 = 세후 당기순이익 + 지급이자 – 법인세 절감효과 + 감가상각비
         = 48 + 20 – (20 × 0.4) + 50 = 110억 원
    ㄷ. 투하자본 = 이자부담부채 + 자기자본 = 300 + 100 = 400억 원

---

❸ 기업분석에는 재무상태표와 손익계산서를 종합적으로 고려해야 올바른 현금흐름 예측에 입각한 기업가치를 평가할 수 있음

❹ 재무제표에서 현금흐름을 측정하는 기법은 크게 자금운용 접근법(operating approach)과 자금조달 접근법(financing approach)으로 구분. 자금운용 접근법은 재무상태표의 차변(왼쪽) 항목인 운전자본, 시설자금 등 본업에 투자된 투하자본의 크기를 추출하는 방법. 자금조달 접근법은 재무상태표의 대변(오른쪽) 정보, 즉 부채와 자기자본에 관한 정보를 위

표 1-1　우리기업의 요약재무제표

2××8년 손익계산서	(단위 : 억 원)
매출액	450
생산 · 판매비용	300
감가상각비	50
영업이익	100
지급이자	20
법인세비용차감전 순이익	80
법인세(세율 40% 가정)	32
당기순이익	48

2××8년 재무상태표	(단위 : 억 원)	
	2××7년	2××8년
매출채권	20	25
재고자산	20	20
비유동자산	350	400
자산합계	390	445
매입채무	40	45
비유동부채	250	300
부채합계	290	345
자기자본	100	100
부채 · 자본 합계	390	445

주로 투하자본의 조달방법과 크기를 추출하는 방법론. 물론 두 가지 방법으로 도출한 자금운용액 및 자금조달액에 관한 정보는 결과적으로 동일하게 됨. 손익계산서로부터 현금유입액을 추정하는 데에도 현금유출액 추정에서와 같이 각각 자금운용 접근법과 자금조달 접근법이 있음

　자금운용 접근법은 재무상태표의 왼쪽인 운전자본, 시설자금 등 본업에 투자된 투하자본이 창출하는 현금흐름의 크기를 추정하는 방법. 기업의 본원적 활동으로부터 창출된 부가가치는 매출액에서 생산과 판매에 소비된 제반 비용을 제하고 남은 영업이익이 되며 감가상각비 혹은 무형자산상각비는 비현금성 지출비용이므로 영업이익에 다시 가산해 줌

　자금조달 접근법은 재무상태표의 오른쪽 정보, 즉 부채와 자기자본이라는 자금조달 원천별로 기업이 창출한 현금유입액에 대해서 얼마만큼 배분받을 권리(claim)가 있는가를

추정하는 방법. 채권자 몫인 지급이자와 주주의 몫인 법인세비용차감전 순이익 합계액은 영업이익이 되기 때문에 현금유입액은 자금운용 접근비용법으로 추정하든, 자금조달 접근법으로 추정하든 동일

1　이자

돈은 시간가치를 가지고 있다. 화폐의 시간가치(time value of money) 개념은 바로 돈의 가치가 시간의 흐름에 따라 영향을 받는다는 것을 의미한다. 여기서 가치의 변화는 돈으로 이자를 벌어들일 수 있다는 사실로부터 비롯되고 있다. 이 개념에 따르면, 오늘의 100원은 미래시점에서의 100원보다 그 가치가 크다.

예를 들어, 어떤 사람이 연 10%의 이자를 지급하는 저축예금에 100만 원을 예금한다고 하자. 1년 후 그 사람의 예금잔고는 110만 원이 될 것이다. 이 금액은 본래의 원금 100만 원에 은행이 그 돈을 1년 동안 사용하는 대가로 이자 10만 원을 합한 것이다.

(1) 이자의 개념

❶ 돈이 이자를 벌어들이는 능력을 가지고 있기 때문에 이 예에서 연초의 100만 원은 연말의 110만 원과 가치면에서 같다고 할 수 있음. 다른 식으로 표현하자면, 연간 이자율이 10%이기 때문에 연말의 110만 원은 오늘 100만 원과 그 가치가 동일

❷ 이자(interest)는 현재의 소비나 투자를 억제하고 그 돈을 채권－채무관계를 맺은 상대방에게 빌려주는 데 따르는 보상을 의미. 원금(principal)은 본래 빌려준 돈의 액수 그리고 만기(maturity)란 차입자가 원금을 사용할 수 있는 기간을 가리킴. 또한 이자율(rate of interest)은 채무자가 채권자에게 소비나 투자기회를 포기하는 데 대하여 매 기간 지불해야 하는 보상으로 원금에 대한 백분율을 말함

(2) 단리이자

단리이자(simple interest)는 본래의 원금에 대해서만 지불되는 이자를 가리킨다. 따라서 단리이자는 식 (1-4)와 같이 원금에 이자율과 기간을 곱해서 얻어진다.

$$I = PV_0 \times i \times n \tag{1-4}$$

여기서 I는 단리이자액수, PV_0는 시점 $t=0$에서의 원금 또는 현재가치, i는 기간이자율 그리고 n은 기간의 수를 의미한다.

다음의 예를 살펴보자.

 예시 1

100만 원을 연리 10%로 6개월간 저축할 때의 단리이자는?

(풀이)

원금 100만 원을 PV_0에, 10%(0.10)를 i에 그리고 6/12(0.5)을 n에 다음과 같이 각각 대입하여 계산하면 원하는 답을 얻을 수 있을 것이다.

$$I = 100만\ 원 \times 0.10 \times 0.5 = 5만\ 원$$

한편 어떤 사람이 미래의 특정 시점에 받게 될 것으로 기대되는 돈의 액수를 계산하는 일도 매우 중요하다. 이러한 경우를 미래가치(future value) 또는 종료가치(terminal value)라고 부르는데, 보통 FV_n으로 나타낸다. 미래가치는 식 (1-5)와 같이 원금과 이자의 합계로 표시되고 있다.

$$FV_n = PV_0 + I \tag{1-5}$$

여기서 식 (1-4)와 식 (1-5)를 결합하여 FV_n에 대하여 정리하면 식 (1-6)과 같은 식을 얻는다.

$$FV_n = PV_0 + (PV_0 \times i \times n)$$

혹은

$$FV_n = PV_0 \{1 + (i \times n)\} \tag{1-6}$$

! **예시 2**

　심 실장은 앞으로 2년간 매년 10%의 단리이자를 지급하기로 약속하는 어떤 벤처 기업에 1,000만 원을 투자하기로 하였다. 2년 후 그는 모두 얼마를 받게 되는가?

(풀이)

　이자율 i를 10%, 기간의 수 n을 2로 하고 식 (1-6)을 이용하여 심 실장이 2년 뒤 받을 금액을 산출하면 다음과 같다.

$$
\begin{aligned}
FV_2 &= PV_0 + (PV_0 \times i \times n) \\
&= 1{,}000만\ 원 + (1{,}000만\ 원 \times 0.10 \times 2) \\
&= 1{,}200만\ 원
\end{aligned}
$$

(3) 복리이자

　화폐의 시간가치 효과는 복리의 경우 극대화된다. 복리(compound interest)란 한 기간에 발생한 이자가 그 다음 이어지는 기간 동안 그 이자 자체가 이자를 벌어들이는 경우를 가리킨다. 가령 어떤 사람이 100만 원을 연리 10%로 오늘 예금하였고, 앞으로 3년 동안 인출할 계획이 없다고 하자.

　첫 해에 그 사람은 이자로 10만 원을 벌어 첫해 말 시점에서 예금잔고가 110만 원이 된다. 그러나 둘째 해의 이자는 11만 원(=10%×110만 원)이 되어 둘째 해 말 시점의 예금잔고는 121만 원이 된다. 셋째 해의 이자는 121,000원(=10%×121만 원)이 될 것이고, 그 결과 예금잔고는 1,331,000원이 된다. 처음 예금할 당시의 원금이 100만 원이었기 때문에, 이 사람은 연리 10%로 3년 동안 331,000원을 이자로 번 셈이 된다. 즉 매년 발생하는 이자가 그 후의 기간 동안 다시 이자를 벌어들이고 있기 때문에 해를 거듭할수록 예금잔고는 점점 더 많아지고 있다. 이 것은 바로 이자가 복리로 계산되기 때문이다.

| 2 | 미래가치 |

　미래가치(future value)는 미래의 특정 시점 n에서 관찰되는 돈의 액수를 의미하며, FV_n으로 표기한다. 이자율은 i로 그리고 복리계산이 일어나는 기간의 수를 n으로 나타내자. 끝으로, 어떤 액수의 현재가치와 그것의 미래가치를 같게 하는 것은 바로 이자율과 기간 사이의 상호작

용이라는 사실을 유념해두자. 예를 들어, 어떤 사람은 연리 6%로 1년에 한 번씩 복리로 이자를 지급하는 저축예금에 1,000만 원을 저금하였다. 1년 후 그의 예금잔고는 다음과 같을 것이다.

$$FV_1 = PV_0(1+i)$$
$$= 1,000만 원(1+0.06) = 1,060만 원$$

만일 그 사람이 1,000만 원과 첫해에 발생한 이자를 1년 더 그 계좌에 놓아둔다면, 2년 후의 예금잔고는 다음과 같아질 것이다.

$$FV_2 = FV_1(1+i)$$
$$= 1,0600,000원(1+0.06) = 11,236,000원$$

이자가 복리로 계산되면, 매 기간의 이자는 원금에 대해서만이 아니라 이전 기간에 발생하여 아직 인출되지 않은 이자에 대해서도 발생하게 된다는 점을 기억하자. 만일 이 경우 그 사람이 복리이자를 받지 않고 단리이자를 받는다면, 2년 후 그의 예금잔고는 11,236,000원이 아니라 11,200,000원이 될 것이다. 여기서 차액 36,000원은 첫 해에 발생한 이자 60만 원에 대한 둘째 해의 이자(0.06×60만 원)이다. 만일 그 사람이 한 푼도 인출하지 않은 채 1년을 더 둔다면, 3년째 되는 해의 말 시점에서 예금잔고는 다음과 같게 된다.

$$FV_3 = FV_2(1+i)$$
$$= 11,236,000원(1+0.06) = 11,910,160원$$

만일 그 금융기관에서 복리이자 대신에 단리이자를 지급한다면, 3년 뒤의 예금잔고는 11,800,000원이 될 것이다.

위의 결과를 근거로 복리계산에 의한 미래가치 공식을 일반화시키면 식 (1-7)과 같이 표현되는데, 이것은 가장 기본적인 화폐의 시간가치 공식이 된다.

$$FV_n = PV_0(1+i)^n \tag{1-7}$$

> ! **예시**
>
> 갑수는 저축예금에 100만 원을 예금하였다. 이자율이 연 10% 그리고 이자는 1년에 한 번씩 계산한다고 가정하면, 10년 후 그의 예금잔고는 얼마가 될 것인가?

(풀이)

$$FV_n = PV_0(1+i)^n$$
$$FV_{10} = 100만\ 원(1+0.10)^{10} = 100만\ 원(2.593742) = 2,593,742원$$

3 현재가치

투자안의 선택은 일반적으로 미래 시점에서 발생하는 일련의 현금흐름을 대가로 하는 현재 시점의 현금유출을 다루고 있다. 합리적인 투자결정을 내리기 위해서 재무담당자는 미래 현금흐름의 현재가치를 구해야 한다. 만일 미래 현금흐름의 현재가치가 투자에 소요되는 비용보다 크면, 그 투자는 수행하는 것이 바람직하다고 할 것이다. 이와 같이 간단한 의사결정규칙을 사용하면 재무담당자는 해당 기업의 주가를 극대화할 수 있는 방향으로 투자결정을 내리게 될 것이다.

(1) 현재가치 공식

식 (1-7)에 있는 기본적 시간가치 공식을 간단히 재구성하면 우리는 쉽게 현재가치 공식을 얻게 된다. 즉 식 (1-7)을 식 (1-8)과 같이 현재가치를 나타내는 변수 PV_0에 대하여 풀면 된다.

$$FV_n = PV_0(1+i)^n \tag{1-8}$$
$$PV_0 = FV_n\left(\frac{1}{(1+i)^n}\right)$$

i는 이자율을 가리키지만, 현재가치를 구하는 공식에서는 그것을 할인율(discount rate)이라고 부른다. 왜냐하면 현재가치는 미래의 현금흐름을 현재의 시점으로 할인하여 구하기 때문이다.

! 예시 1

어느 은행에서는 현재 X원을 예금하면 연리 5%로 이자를 쳐서 5년 후 2,552,000원을 돌려준다고 할 때, X원을 구하시오.

(풀이)

현재 예금해야 하는 액수 X를 알아내기 위해서는 앞에서 논의한 현재가치 공식을 다음과 같이 적용해야 할 것이다.

$$PV_0 = FV_5 \cdot \frac{1}{(1 + 0.05)^5} = 2,552,000원(0.7835) = 200만\ 원$$

그러므로 그 금융상품은 오늘 현재 200만 원을 예금할 때 5년 뒤 552,000원의 투자이익을 가져다주고 있다. 현재가치 공식은 또한 이자율에 대해서 풀 때에도 사용될 수 있다. 다음의 경우를 살펴보자.

! 예시 2

김 사장은 어떤 저축은행으로부터 운영자금으로 쓸 5,000만 원을 차입하려고 한다. 그 저축은행에서는 김 사장이 4년 후 6,802만 원을 일시에 상환하는 조건으로 그 돈을 대출해주고자 한다. 이 경우 적용되는 연간 이자율은?

(풀이)

$$PV_0 = FV_4(PVIF_{i,4})$$

$$5,000만\ 원 = 6,802만\ 원(PVIF_{i,4}) = 6,802만\ 원 \cdot \frac{1}{(1 + i)^4}$$

$$(1 + i)^4 = 1.3604 \Rightarrow 1 + i = 1.3604^{1/4} = 1.08$$

그러므로 $i = 0.08$ 또는 8%

(2) 현금흐름이 여러 번에 걸쳐 발생할 때의 현재가치

투자안들은 일반적으로 1회 이상의 미래 현금흐름을 수반하고 있다. 여러 차례에 걸쳐 발생하는 현금흐름의 총 현재가치를 구하려면 각 현금흐름의 현재가치를 구해서 그들의 합계를 산출하면 된다.

! 예시

○○종합건설(주)에서는 어느 투자안의 채택 여부를 심각하게 고려하고 있다. 그 투자안은 첫해 말에 1,500만 원, 둘째 해와 셋째 해의 말에 각각 500만 원씩 그리고 넷째 해의 말에 1,500만 원의 현금유입을 가져다준다고 한다. 연간 할인율이 10%라고 가정할 때, 그 투자안이 발생시키는 미래 현금흐름의 총현재가치는?

(풀이)

이 경우 연간 할인율이 10%이므로, 향후 4년간 발생되는 현금흐름을 각각 10%로 할인하여 현재가

치를 구한 다음, 그들을 모두 합하여 총 현재가치를 산출하는데 그 과정을 식으로 나타내면 다음과
같다.

$$PV = 1{,}500만\ 원\frac{1}{(1.1)^1} + 500만\ 원\frac{1}{(1.1)^2} + 500만\ 원\frac{1}{(1.1)^3} + 1{,}500만\ 원\frac{1}{(1.1)^4}$$

$$= 1{,}500만\ 원(0.9091) + 500만\ 원(0.8264) + 500만\ 원(0.7513) + 1{,}500만\ 원(0.6830)$$

$$= 3{,}177만\ 원$$

이 예에서 미래에 발생하는 현금흐름은 모두 4,000만 원이지만, 그것의 현재가치는 3,177만
원에 불과하다. 여기서 다시 한번 강조하자면, 미래 현금흐름의 현재가치는 현금흐름이 발생
하는 패턴(현금흐름이 발생하는 미래 시점이 현재 시점으로부터 가까울수록 그 현금흐름의 현재가치는 더 크다)과
미래 현금흐름이 할인되는 이자율에 따라 달라진다.

4　**연 2회 이상 이자를 계산할 때의 미래가치 및 현재가치**

❶ 앞에서 논의한 미래가치와 현재가치에서는 이자가 연 1회 계산된다는 가정을 하였음.
　그러나 현실에 있어서는 복리계산이나 할인의 경우 연 2회 이상 시행하는 경우가 흔함.
　은행을 비롯한 금융기관에서는 대부분의 금융상품에 대하여 이자를 보통 연 2회 이상
　지급. 예를 들면, 은행에서는 저축예금에 대해 연 5% 정도의 금리를 적용하지만 이자계
　산은 분기마다 한 번씩 하고 있음. 이자계산을 자주 할수록 저축자의 입장에서 보면 이
　자에 대한 이자를 벌기까지 기다려야 하는 시간이 그만큼 짧아진다는 것을 의미. 따라
　서 다른 모든 조건이 동일한 경우 이자지급 횟수가 많아질수록 미래가치는 더 커지는
　반면, 현재가치는 더 작아지게 됨
❷ 〈표 1-2〉에서는 연 2회 이상 복리계산이나 할인을 하는 경우의 미래가치와 현재가치를
　보여주고 있음. 이 표에서 미래가치는 현재 1,000원을 연리 12%로 1년 동안 예금하는
　것을 가정하고 있으며, 현재가치는 1년 후 시점에서 얻게 되는 1,000원의 현재가치를
　연리 12%로 할인하는 것을 가정. 이 표에도 분명히 나타나 있듯이, 동일한 기간 동안
　이자계산 횟수가 많아질수록 미래가치는 더 커지게 됨. 반면에, 동일한 기간 동안 할인
　횟수가 많아질수록 현재가치는 더 줄어들게 됨
❸ 금융기관들이 연 2회 이상 이자를 지급하는 관행은 이자율이 정부당국의 강력한 규제

표 1-2 **이자계산을 자주할 때 미래가치 또는 현재가치에 미치는 효과** (원금 1,000원을 연리 12%에 1년 동안 예금)

연간 이자계산 횟수	미래가치	현재가치
연 1회	1,120원	893원
연 2회(반기마다 1회)	1,124원	890원
연 4회(분기마다 1회)	1,126원	888원
연 12회(매월 1회)	1,127원	887원

하에 있을 때부터 비롯되었음. 이제 이자율은 자유화되었지만 이자율 규제 당시 금융기관들은 이자율 상한(interest rate ceilings)을 지키면서도 저축을 보다 많이 유치하고자 법의 허점을 이용. 즉 이자율 상한규제에 관한 관련 법률은 단순히 적용하는 이자율의 최고 한도만을 말할 따름이지 연간 이자지급 횟수에 대해서는 언급이 없었음. 따라서 금융기관들은 이자지급 횟수를 보다 많게 책정함으로써 이자율 상한을 피하는 방법을 터득하였음. 즉 연 2회 이상 이자를 지급함으로써 연간 유효이자율(annual effective interest rate)을 이자율 상한보다 높게 만들 수 있었으며, 이러한 방법으로 타 금융기관에 대한 경쟁력을 확보하려 하였음

❹ 연 2회 이상 복리계산을 하거나 할인을 하는 경우, 앞에서 논의된 공식들은 수정되어야 함. 특히 이자지급 횟수는 늘어나야 하는 반면, 기간별 이자율은 줄어들어야 할 것임. 예컨대, 연간 복리계산 횟수 혹은 할인 횟수를 m이라고 표현하면, 식 (1-7)은 식 (1-9)와 같이 수정되어야 함

$$FV_n = PV_0\left(1 + \frac{i}{m}\right)^{mn} \tag{1-9}$$

예를 들어, 이자계산을 분기 말마다 하는 경우에는 다음과 같이 연간이자율 i는 4로 나누어져야 하고 총이자지급 횟수는 연수인 n에다 연간 이자지급 횟수인 4를 곱해야 하는 것임

$$FV_n = PV_0\left(1 + \frac{i}{4}\right)^{4n}$$

증권분석을 위한 통계 기초

통계자료의 분포 특성을 하나의 수치로 요약하는 기준으로는 중심위치, 산포 경향 등이 있다.

1 중심위치(Central Tendency)

중심위치란 자료가 어떤 값을 중심으로 분포하는가를 나타내는 대표치로 산술평균, 최빈 값, 중앙값 등이 자주 쓰인다.

❶ 산술평균(mean)

ㄱ. 모집단 평균 : $\mu = \dfrac{1}{N}(X_1 + X_2 + \cdots + X_N) = \dfrac{1}{N}\sum\limits_{i=1}^{N} X_i$

ㄴ. 표본평균 : $\overline{X} = \dfrac{1}{n}(X_1 + X_2 + \cdots + X_n) = \dfrac{1}{n}\sum\limits_{i=1}^{n} X_i$

❷ 최빈값(mode) : 빈도수가 가장 높은 관찰치를 의미
❸ 중앙값(median) : 관찰치를 크기 순서대로 나열하였을 때, 정가운데 있는 값을 의미하며 n이 홀수일 때는 $(n+1)/2$ 번째 값을, n이 짝수일 때는 $n/2$번째 값과 $(n/2)+1$째 값의 평 균을 구하여 측정

n이 홀수일 때, $m_d = (X_{n+1})/2$

n이 짝수일 때, $m_d = (X_{n/2} + X_{n/2+1})/2$

> **! 예시**
>
> 1, 3, 10, 15, 16 $\rightarrow$ $m_d = 10$
> 1, 3, 10, 13, 15, 16 $\rightarrow$ $m_d = (10+13)/2 = 11.5$

자료가 중심위치로부터 어느 정도 흩어져 있는가를 나타내는 지표로 범위, 평균편차, 분산, 표준편차 등이 자주 쓰인다.

❶ 범위(range) : 최대값−최소값

❷ 평균 편차(mean deviation) : 각각이 평균으로부터 떨어진 거리들의 평균으로 측정

$$M_D = \frac{\sum |X_i - \overline{X}|}{n}$$

❸ 분산과 표준편차(variance, standard deviation) : 분산은 각각이 평균으로부터 떨어진 거리의 제곱들을 평균한 것이고 분산의 제곱근이 표준편차

$$분산 : \sigma^2 = \frac{\sum (X_i - \mu)^2}{N}$$

$$표준편차 : \sigma = \sqrt{\frac{\sum (X_i - \mu)^2}{N}}$$

모집단이 아니고 표본인 경우에는 분산과 표준편차를 다음과 같이 자유도(degree of freedom : 분산과 표준편차의 경우에는 $n-1$)로 나누어 측정하는데 그래야 모집단 분산(표준편차)의 불편 추정치(unbiased estimator)가 되기 때문임

$$표본 분산 : S^2 = \frac{\sum (X_i - \overline{X})^2}{n - 1}$$

$$표본 표준편차 : S = \sqrt{\frac{\sum (X_i - \overline{X})^2}{n - 1}}$$

❶ 정규분포의 의의 : 정규분포란 확률변수 X의 분포가 종모양으로 좌우가 대칭이며 $\mu =$ median＝mode인 연속 확률 분포도이고 평균＝μ, 분산＝σ^2인 경우 간단히 $X \sim N(\mu, \sigma^2)$으로 표기. 그리고 그 확률 분포 함수는 다음과 같음

$$f(x) = \frac{1}{\sqrt{2\pi \cdot \sigma^2}} e^{-\frac{1}{2}\left(\frac{x-\mu}{\sigma}\right)^2}$$

정규분포는 평균과 분산에 의해 결정. 따라서 평균과 분산이 다르면 여러 가지 다른 분포로 나타나는데 이를 정규화하여 하나의 표준 정규분포를 이용하면 확률 분포에 관한 일반적 응용이 가능

❷ 표준 정규분포(standard normal distribution) : 표준 정규분포란 정규분포 중 $\mu = 0$, $\sigma^2 = 1$인 표준화된 정규분포를 의미하며, $Z \sim N(0, 1)$로 표현

여기서, 표준화된 정규 확률변수 $Z = \dfrac{x-\mu}{\sigma}$가 됨

표준 정규분포표를 이용하여 여러 정규분포를 쉽게 비교하고 정규분포의 일정 구간 사이의 확률을 쉽게 계산할 수 있음

표준 정규분포의 확률 분포 함수는 $f(z) = \dfrac{1}{\sqrt{2\pi}} e^{-\frac{1}{2}z^2}$이 됨

표준 정규분포표에 의하여 계산하면

ㄱ. 68%가 $\mu \pm 1\sigma$ 사이에

ㄴ. 90%가 $\mu \pm 1.65\sigma$ 사이에

ㄷ. 95%가 $\mu \pm 1.96\sigma$ 사이에

ㄹ. 99%가 $\mu \pm 2.58\sigma$ 사이에 있음을 알 수 있음

---

4 공분산(Covariance)과 상관계수(Correlation Coefficient)

공분산과 상관계수는 두 확률변수 간의 관계를 측정하기 위한 지표로 공분산(covariance)은 다음과 같이 측정된다.

$$Cov(X, Y) = E(X-\mu_x)(Y-\mu_y)$$
$$= \sigma_{xy}$$

이렇게 측정된 공분산은 $-\infty$에서 ∞의 어떤 값이든지 가질 수 있다. 공분산이 0보다 크면 양의 관계, 0보다 작으면 음의 관계, 0이면 아무런 선형의 상관관계가 없는 것을 의미한다. 상관계수(correlation coefficient)는 두 변수의 관계의 방향과 정도를 나타내 주는 측정치로 공분산을 변수 각각의 표준편차의 곱으로 나누어준 값이다.

상관계수 : $\rho = \dfrac{\sigma_{xy}}{\sigma_x \sigma_y}, \quad -1 \le \rho \le +1$

상관계수는 -1에서 1 사이의 값을 갖는다.

chapter 02

유가증권의 가치평가

section 01 ## 자산의 가치평가

자산의 가치는 그 자산의 수명이 다할 때까지 받게 될 것으로 예상되는 미래 기대이익(expected future benefits)의 함수이다. 즉, 자산의 가치는 해당 자산이 내용연수 동안 발생시키는 기대현금흐름의 총 현재가치가 된다.

❶ 현금흐름 할인(Discounted Cash Flow, DCF)모형

$$V_0 = \frac{CF_1}{(1+k)^1} + \frac{CF_2}{(1+k)^2} + \cdots + \frac{CF_n}{(1+k)^n} = \sum_{t=1}^{n} \frac{CF_t}{(1+k)^t} \qquad (2\text{-}1)$$

V_0 : 현재 시점의 자산가치, CF_t : 기간 t에서의 기대현금흐름

k : 요구수익률 또는 할인율, n : 보유기간의 길이

> **예시**
>
> 어떤 회사가 발행한 장기증권은 앞으로 6년 동안 매년 10,000원씩 현금수익을 발생시킬 것으로 기대되고 있다고 하자. 그 유가증권에 대한 투자자들의 요구수익률이 8%라고 가정하면, 현금흐름 할인 모형에 따라 그 증권의 가치는?

(풀이)

$$V_0 = \sum_{t=1}^{6} \frac{10,000원}{(1 + 0.08)^t} = 10,000원(PVIFA_{8\%,6})$$

$$= 10,000원\left(\frac{1.08^6 - 1}{0.08} \cdot \frac{1}{1.08^6}\right) = 10,000원(4.6229) = 46,229원$$

❷ 자산에 대한 요구수익률은 해당 자산이 발생시키는 수익의 불확실성 또는 위험의 함수가 됨. 자산의 위험 수준이 높을수록 해당 자산에 대한 투자자들의 요구수익률도 상승

section 02 채권의 가치평가

지급불능 위험(default risk) 때문에 투자자들은 보통 회사채를 매입하기 전에 무위험이자율보다 높은 수익률을 요구하게 된다. 채권자들의 요구수익률은 지급불능 위험의 크기에 따라 기업, 회사채마다 다르게 나타난다. 다른 모든 조건이 같다면 회사채의 지급불능 위험이 높을수록 채권자들의 요구수익률은 더 높아진다.

1 만기가 있는 채권

❶ 만기가 있는 채권은 두 종류의 현금흐름을 가져다줌. 하나는 n기간 동안 매 기간 지급하게 되는 이자(I_1, I_2, $\cdots$, I_n)이고, 다른 하나는 n기간 후에 상환하는 원금(F)

$$P_0 = \frac{I_1}{(1 + k_d)^1} + \frac{I_2}{(1 + k_d)^2} + \cdots + \frac{I_{n-1}}{(1 + k_d)^{n-1}} + \frac{I_n + F}{(1 + k_d)^n} \qquad (2\text{-}2)$$

P_0 : 현재 시점($t = 0$)에서의 채권가치

k_d : 해당 채권에 대한 투자자들의 요구수익률

❷ 이자지급액은 일반적으로 동일. 즉, $I_1 = I_2 = \cdots = I_{n-1} = I_n = I$

$$P_0 = \sum_{t=1}^{n} \frac{I}{(1+k_d)^t} + \frac{F}{(1+k_d)^n} \tag{2-3}$$

△△식품(주)에서는 표면이자율이 7%이고 만기가 2020년인 무보증사채(debentures)를 발행하였다. 이 채권의 액면가는 10만 원이다. 문제를 단순화시키기 위하여, 이 채권은 2020년 말에 만기가 되며, 이자도 매년 말 지급된다고 가정하자. 이 회사채를 2008년 12월 31일에 매입하고자 하는 어떤 투자자는 이 회사채에 대하여 8%의 수익률을 요구하고 있다고 한다. 이 채권의 2008년 말 현재의 가치는 얼마인가?

(풀이)

먼저 그 투자자는 그 채권을 만기까지 보유하면서 모두 12번의 이자를 수령하고 만기에 원금도 되돌려 받는다고 가정하자. 이 채권에 대한 현금흐름은 다음의 그림과 같다.

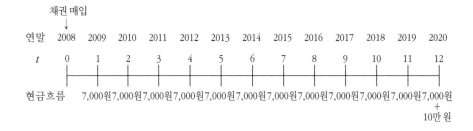

이 현금흐름과 $k_d = 8\%(0.08)$를 위의 식에 대입하여 채권가치를 산출해보자.

$$P_0 = \sum_{t=1}^{12} \frac{7{,}000원}{(1+0.08)^t} + \frac{10만\ 원}{(1+0.08)^{12}} = 92{,}463원$$

2 영구채권(Perpetual Bond 또는 Consol)

영구채권은 만기가 없는 채권, 즉 $F=0$인 채권이다. 영구채권의 가치평가는 일반채권의 경우보다 더 간단하며, 식 (2-4)와 같이 나타낼 수 있다. I를 표면이자율에 따른 지급이자라고 하면,

$$P_0 = \sum_{t=1}^{\infty} \frac{I}{(1+k_d)^t} = \frac{I}{k_d} \tag{2-4}$$

어느 철도회사에서는 연리 4%의 만기가 없는 무보증사채를 발행하였다. 이 채권에 대한 요구수익률이 8%인 투자자는 이 영구채권의 가치를 얼마로 평가하겠는가? 액면가는 10만 원이고, 이자는 1년에 한 번씩 지급한다고 한다.

(풀이)

이자는 $I = 0.04 \times 10$만 원$= 4,000$원이고, $k_d = 8\%$이므로, 위의 식을 이용하여 다음과 같이 답을 구할 수 있다.

$$P_0 = \frac{4,000원}{0.08} = 50,000원$$

section 03 | 채권의 만기수익률

채권의 만기수익률(Yield to Maturity : YTM)은 채권을 주어진 가격에 사서 만기까지 그대로 보유할 때 얻어지는 수익률을 말한다.

① 채권의 현재 가격 P_0, 매년의 이자지급액 I 그리고 액면가 F를 알고 있다면, 만기가 있는 채권의 만기수익률은 식 (2-5)와 같은 방정식을 풀어야 비로소 구할 수 있음

$$P_0 = \sum_{t=1}^{n} \frac{I}{(1 + YTM)^t} + \frac{F}{(1 + YTM)^n} \tag{2-5}$$

② 영구채권의 만기수익률은 다음과 같음

$$P_0 = \frac{I}{YTM} \tag{2-6}$$

$$\therefore YTM = \frac{I}{P_0}$$

어느 철도회사에서는 연리 4%의 만기가 없는 무보증사채를 발행하였는데, 액면가는 10만 원이고

이자는 1년에 한 번씩 지급한다고 한다. 만일 이 채권의 현재 가격이 64,000원이라면, 만기수익률은?

(풀이)

P_0 = 64,000원 그리고 I = 4,000원을 식 (2-6)에 대입하여 다음과 같이 그 영구채권의 만기수익률을 구한다.

$$YTM = \frac{4,000원}{64,000원} = 0.0625 \text{ 혹은 } 6.25\%$$

section 04 우선주의 가치평가

우선주는 만기가 없으므로, 우선주에 대한 현금흐름은 영구 연금(perpetuity)으로 취급될 수 있다. 그와 같은 영구 연금을 자본화시키면 다음과 같은 가치평가모형으로 나타낼 수 있다.

$$P_0 = \sum_{t=1}^{\infty} \frac{D_p}{(1 + k_p)^t} = \frac{D_p}{k_p} \tag{2-7}$$

여기서 D_p는 매 기간 지급되는 우선주 배당금, 그리고 k_p는 우선주 주주들의 요구수익률을 가리킨다.

 예시

○○산업(주)에서는 그 회사가 발행한 바 있는 누적 우선주에 대하여 매년 말 575원의 배당금을 지불하고 있다. 요구수익률이 9%인 투자자들이 판단하고 있는 이 우선주의 가치는?

(풀이)

식 (2-7)에서 D_p 대신에 575원, 그리고 k_p 대신에 0.09를 대입하면 다음과 같이 답을 구할 수 있을 것이다.

$$P_0 = \frac{575원}{0.09} = 6,389원$$

보통주의 가치평가를 위한 일반모형

1 단일기간 배당 평가모형

어떤 투자자는 보통주 한 주를 매입하여 1기간 동안 보유하려고 한다. 이 기간 말 그는 현금배당 D_1을 받으며, 배당을 받은 직후 그 주식을 가격 P_1에 팔 예정이다. 이 경우 투자자의 요구수익률이 k_e라면, 이 주식의 현재가치는 식 (2-8)과 같다.

$$P_0 = \frac{D_1}{1+k_e} + \frac{P_1}{1+k_e}$$
(2-8)

> ❗ **예시**

○○기업에서는 보통주에 대해서 1기간이 지난 후 주당 1,000원의 배당금을 지불할 예정이며, 그 시점에 주당 27,500원에 팔릴 것으로 예상되고 있다. 주주들의 요구수익률이 14%일 때 이 주식의 가치는?

(풀이)

$$
\begin{aligned}
P_0 &= \frac{1,000원}{(1+0.14)} + \frac{27,500원}{(1+0.14)} \\
&= 1,000원(0.8772) + 27,500원(0.8772) \\
&= 25,000원
\end{aligned}
$$

그러므로 그 주식을 1주당 25,000원에 매입하는 투자자는 1기간 후 주당 1,000원의 배당금을 받고 그 직후 주당 27,500원에 그 주식을 처분한다. 그 결과 그 사람의 투자수익률은 14%가 될 것이다.

2 2기간 배당 평가모형

주식을 사서 2기간 동안 보유하고자 하는 투자자의 경우를 보자. 투자자가 얻는 현금흐름은 첫 기간과 둘째 기간에 각각 받게 되는 현금배당금 D_1과 D_2 그리고 둘째 기간의 말에 주식 처분으로부터 받는 주가 P_2가 될 것이다. 이러한 수입을 투자자의 요구수익률 k_e로 할인하면,

(2-9)와 같은 식을 얻는다.

$$P_0 = \frac{D_1}{(1+k_e)^1} + \frac{D_2}{(1+k_e)^2} + \frac{P_2}{(1+k_e)^2} \qquad (2\text{-}9)$$

> **예시**

　　○○기업의 예로 돌아가서, 이번에는 보통주에 대해서 매 기간 말에 주당 1,000원의 배당금을 지불할 예정이며, 2기간이 지난 후 시점에 주당 30,350원에 팔릴 것으로 예상되고 있다. 주주들의 요구수익률이 14%일 때 이 주식의 현재가치는?

(풀이)

　　이 경우 $D_1 = D_2 = 1,000$원, 그리고 $P_2 = 30,350$원을 식 (2-10)에 대입하면 그 주식의 현재가치를 구할 수 있을 것이다.

$$\begin{aligned}
P_0 &= \frac{1,000원}{(1+0.14)^1} + \frac{1,000원}{(1+0.14)^2} + \frac{30,350원}{(1+0.14)^2} \\
&= 1,000원(0.8772) + 1,000원(0.7695) + 30,350원(0.7695) \\
&= 25,000원
\end{aligned}$$

3　n기간 배당 평가모형

　　우리는 앞에서 논의한 배당 평가모형을 어렵지 않게 n기간에 대하여 일반화시킬 수 있다. 투자자가 얻는 현금흐름은 n기간 동안 매 기간 지급되는 현금배당($D_1, D_2, \cdots, D_n$)과 n기간이 지난 시점에서 그 주식을 처분해서 받는 주가 P_n이 된다.

$$\begin{aligned}
P_0 &= \frac{D_1}{(1+k_e)^1} + \frac{D_2}{(1+k_e)^2} + \cdots + \frac{D_n}{(1+k_e)^n} + \frac{P_n}{(1+k_e)^n} \\
&= \sum_{t=1}^{n} \frac{D_t}{(1+k_e)^t} + \frac{P_n}{(1+k_e)^n}
\end{aligned} \qquad (2\text{-}10)$$

> **예시**

○○기업의 예로 다시 돌아가자. 어느 투자자는 이 기업의 주식을 사서 5년 동안 보유한다고 가정

하자. 그의 요구수익률이 14%라고 한다. 이 주식에 대한 배당금은 첫 3년 동안 매년 말에 주당 1,000원, 그리고 넷째 해 말과 다섯째 해의 말에는 각각 1,250원이 될 것으로 예상된다. 5년 후 다섯 번째의 배당을 지급하고 난 직후 시점에서 그 주식은 주당 41,000원에 팔릴 것으로 추정된다. 이 주식의 현재가치는?

(풀이)

위의 식을 이용하여 그 투자자가 판단하는 해당 주식의 가치를 평가하면 다음과 같다.

$$P_0 = \frac{1,000원}{(1+0.14)^1} + \frac{1,000원}{(1+0.14)^2} + \frac{1,000원}{(1+0.14)^3} + \frac{1,250원}{(1+0.14)^4} + \frac{1,250원+41,000원}{(1+0.14)^5}$$
$$= 25,000원$$

그 투자자의 예정 보유기간이 1년, 2년 또는 5년으로 달라진다고 해도 그것과는 관계없이 그 주식의 현재가치는 여전히 25,000원이 된다.

4 배당 평가 일반 모형

❶ P_n은 그 시점 이후에 투자자가 받을 것으로 예상하는 모든 배당금의 함수로 표현될 수 있음

$$P_n = \sum_{t=n+1}^{\infty} \frac{D_t}{(1+k_e)^{t-n}} \tag{2-11}$$

❷ 이 식을 n기간 모형에 대입하면 식 (2-12)를 얻게 됨

$$P_0 = \sum_{t=1}^{n} \frac{D_t}{(1+k_e)^t} + \sum_{t=n+1}^{\infty} \frac{D_t}{(1+k_e)^t} = \sum_{t=1}^{\infty} \frac{D_t}{(1+k_e)^t} \tag{2-12}$$

❸ 주식의 가치는 예상되는 모든 미래 배당흐름의 총 현재가치라고 말할 수 있음

❹ 배당 평가모형에서는 미래의 배당을 영원히 지속되는 현금흐름으로 취급하고 있음. 물론 계속기업의 경우 이러한 가정은 합당. 그러나 곧 다른 기업에게 합병되거나 또는 청산될 가능성이 있는 기업들에 대해서는 보다 짧은 기간을 적용하는 것이 바람직

보통주의 가치평가를 위한 성장모형

배당 평가 일반 모형은 미래 배당금이 무성장(no growth), 항상성장(constant growth) 그리고 초기 고속성장(super-normal growth) 등 일정한 패턴을 보일 경우 간단하게 정리될 수 있다.

1 무성장모형(No Growth Model)

❶ 가정 : 기업의 미래 배당금이 매 기간 일정하고 전혀 성장하지 않음

　　　즉, 성장률 $g = 0$

❷ 배당 평가 일반 모형에서 D_t는 다음과 같이 상수 D로 대체될 수 있음. 이것은 항상 성장 모형의 특수한 경우

$$P_0 = \sum_{t=1}^{\infty} \frac{D}{(1 + k_e)^t} = \frac{D}{k_e} \tag{2-13}$$

> **! 예시**

△△식품(주)에서는 매년 주당 1,500원의 배당금을 지급하고 있는데, 이러한 배당금은 앞으로도 그대로 지속될 것이라고 한다. 만일 투자자들의 요구수익률이 12%라고 하면, 이 회사가 발행한 주식의 가치는?

(풀이)

예상되는 미래의 배당성장률이 0으로 추정되므로, 이 경우는 바로 무성장모형에 해당한다. 그러므로 무성장모형에서 D 대신에 1,500원을, 그리고 k_e 대신에 0.12를 각각 대입하면 다음과 같은 결과를 얻는다.

$$P_0 = \frac{1,500원}{0.12} = 12,500원$$

2 항상 성장모형(Constant Growth Model) : Gordon 모형

① 가정

ㄱ. 미래 배당금이 매 기간 일정한 비율 g로 지속적으로 성장

ㄴ. 주주들의 요구수익률 k_e가 배당성장률 g보다 큼

$$D_t = D_0(1+g)^t$$

D_0 : 현재($t=0$)의 배당금

② 이것을 배당 평가 일반 모형에 대입하면 식 (2-14)를 얻게 됨

$$P_0 = \sum_{t=1}^{\infty} \frac{D_0(1+g)^t}{(1+k_e)^t} = \frac{D_1}{k_e - g} \tag{2-14}$$

③ 항상 성장모형은 투자자들이 보통주를 보유하면서 얻을 수 있는 수익원천을 두 가지로 구분하여 보여주고 있음. 투자자들의 요구수익률은 예상 배당수익률(expected dividend yield) D_1/P_0와 자본이득 수익률(capital gains yield) g의 합으로 나타나고 있음

$$k_e = \frac{D_1}{P_0} + g \tag{2-15}$$

! 예시

○○철강(주)에서는 내년에 보통주 배당금으로 주당 900원을 지급할 예정이라고 한다. 이 회사의 이익과 배당금은 과거 수년 동안 매년 5% 정도 성장해왔으며, 이러한 성장률은 당분간 지속될 것으로 추정되고 있다. 투자자의 요구수익률이 11%라면, 이 회사가 발행한 보통주의 1주당 가치는?

(풀이)

배당성장률이 일정할 것으로 추정되므로, 여기에는 항상 성장모형을 적용할 수 있다. 위의 모형에 다 D_1 대신에 900원을, g 대신에 0.05를, 그리고 k_e 대신에 0.11을 각각 대입하여 정리하면 그 회사의 보통주 가치를 구할 수 있다.

$$P_0 = \frac{900원}{0.11 - 0.05} = 15,000원$$

따라서 투자자의 요구수익률 11%는 배당수익률 6%($D_1/P_0 = 900원/15,000원$)와 자본이득 수익률 5%로 구성되어 있음을 알 수 있다.

❶ 많은 기업들은 매출액, 이익 및 배당에 있어서 성장률이 일정하지 않음. 특히 신기술을 개발하거나, 새로운 시장을 개척하는 경우 해당 기업은 정상적인 수준보다 훨씬 더 높은 성장률을 구가하게 됨. 이러한 상황은 대개 기업의 라이프사이클 중 초기단계에서 발생하고 있음

❷ 급성장기간이 지나면, 이익과 배당성장률은 안정을 찾게 됨. 성장률이 이와 같이 하락하는 것은 기업이 원숙단계로 접어들었다는 것을 의미하며, 그 이후에는 성장률이 크게 신장되지 않는 것이 일반적

❸ 2단계적인 성장구도 : 첫 m년은 초기 고속성장기간으로서 매년 배당성장률은 g_1. 그 기간이 끝나면 $m+1$년부터 시작하여 배당금은 매년 정상적인 성장률인 g_2로 커지며, 이러한 추세는 언제나 지속될 것으로 가정. 이러한 상황에서 보통주의 가치는 다음과 같음

$$P_0 = \sum_{t=1}^{m} \frac{D_0(1+g_1)^t}{(1+k_e)^t} + \frac{P_m}{(1+k_e)^m} \qquad (2\text{-}16)$$

$$P_0 = \sum_{t=1}^{m} \frac{D_0(1+g_1)^t}{(1+k_e)^t} + \frac{1}{(1+k_e)^m}\left(\frac{D_{m+1}}{k_e - g_2}\right)$$

❹ 보통주의 가치는 초기 고속성장기간 동안에 발생하는 배당금의 현재가치와 초기 고속성장기간이 끝나는 시점에서의 주가를 현재의 시점으로 할인한 현재가치의 합으로 나타남. $m+1$년부터 배당금은 일정한 비율인 g_2로 성장하기 때문에 m년 말 시점에서의 주가 P_m을 구하는 데는 항상 성장모형을 적용할 수 있으며, 그것은 $D_{m+1}/(k_e - g_2)$으로 나타남

> ! **예시**

○○전자(주)에서는 앞으로 5년 동안 이익 및 배당금의 성장률을 12%로 내다보고 있다. 이러한 초기 고속성장기간이 끝난 뒤에는 성장률이 6%로 안정되며, 그러한 추세는 언제까지나 지속될 것으로 예상된다. 이 회사의 현재 배당금 D_0는 주당 2,000원이다. 투자자의 요구수익률이 15%라고 하면, 이 회사 보통주의 가치는?

(풀이)

이 예제의 풀이는 〈표 2-1〉에 요약되어 있다. 초기 고속성장기간 동안 받게 되는 배당금의 현재가치는 9,246원이다. 항상 성장모형을 사용하여 5년 말 시점에서의 주가 P_5를 구하면 41,522원이 된다. 그러므로 P_5의 현재가치와 초기 고속성장기간 동안 발생하는 배당의 현재가치를 합하면 이 회사의 주가가 1주당 29,890원으로 추정되고 있다.

표 2-1 초기 고속성장모형에 의한 ○○전자(주)의 보통주 가치 산출

연도, t	배당금, $D_t = 2{,}000$원$(1+0.12)^t$	현가 요소, $PVIF_{15\%, t}$	배당금의 현재가치
첫 5년 동안 발생하는 배당의 현재가치, $\sum_{t=1}^{5} \dfrac{D_0(1+g_1)^t}{(1+k_e)^t}$			
1	$2{,}000$원$(1+0.12)^1 = 2{,}240$원	0.8696	1,948원
2	$2{,}000$원$(1+0.12)^2 = 2{,}509$원	0.7561	1,897원
3	$2{,}000$원$(1+0.12)^3 = 2{,}810$원	0.6575	1,848원
4	$2{,}000$원$(1+0.12)^4 = 3{,}147$원	0.5718	1,800원
5	$2{,}000$원$(1+0.12)^5 = 3{,}525$원	0.4972	1,753원
			9,246원

5년 뒤의 보통주 가치, $P_5 = \dfrac{D_6}{k_e - g_2}$

$$P_5 = \frac{D_6}{0.15 - 0.06}$$

$$D_6 = D_5(1+g_2)$$
$$\quad = 3{,}525원(1+0.06) = 3{,}737원$$

$$P_5 = \frac{3{,}737원}{0.15 - 0.06} = 41{,}522원$$

P_5의 현재가치, $PV(P_5) = \dfrac{P_5}{(1+k_e)^5}$

$$PV(P_5) = \frac{41{,}522원}{(1+0.15)^5}$$
$$\quad = 20{,}644원$$

보통주의 현재가치, $P_0 = PV$(첫 5년 동안의 배당금) $+ PV(P_5)$

$$P_0 = 9{,}246원 + 20{,}644원$$
$$\quad = 29{,}890원$$

chapter 03

기업분석(재무제표분석)

section 01 기업분석의 개념

1 기업분석(Company Analysis)

기업분석은 기업의 재무적 능력을 분석함으로써 해당 주식의 가치를 평가하는 방법을 말하며, 이것은 기본적 분석(fundamental analysis)에서 가장 중요한 위치를 차지하고 있다.

2 기업분석의 방법

기업분석에서 사용하는 자료의 일차적 원천은 기업의 재무제표, 그 중에서도 특히 재무상태와 손익계산서가 된다.

유가증권에 대한 분석을 보다 정확하게 하기 위하여 기본적 분석가들은 공개시장에서 유가증권의 가격에 영향을 미칠 것으로 판단하고 있는 다음과 같은 네 가지 중요한 분야에 대해 집중적으로 분석을 행한다.

❶ 경영현황 : 기업 경영진의 경영스타일, 프로정신 그리고 경영실적
❷ 재무현황 : 수행하고 있는 사업유형, 속해 있는 산업, 기업이 직면하고 있는 경영환경 그리고 경쟁기업의 재무상태를 고려한 기업의 현재 재무상태
❸ 이익현황 : 주주들의 몫이 될 이익의 규모
❹ 시장 승수 : 투자자들이 기업이익을 얻는 대가로 기꺼이 지불하고자 하는 가격으로 나타나는 기업이익에 부여된 가치

3   재무현황

가장 중요한 두 가지 재무제표로는 재무상태표와 손익계산서를 든다. 이 두 가지는 형태와 작성 목적에 있어서 현격한 차이가 있는데, 각기 기업에 대해 전혀 다른 내용의 정보를 담고 있다. 세 번째로 중요한 재무제표는 현금흐름표(cash flow statement)인데, 이것은 재무상태표와 손익계산서의 자료를 한데 묶어 작성한 표이다.

재무상태표는 대개 연도별은 물론 분기별 및 반기별로도 작성된다. 기업의 자산총계는 그 기업의 부채 및 자기자본의 합계와 같아야 한다. 재무상태표는 보유하고 있는 자산들에 투자한 자금을 마련하기 위해 그 기업이 부채는 얼마나 부담하며 자기자본의 형태로는 얼마나 조달되었는가를 보여준다. 즉 부채와 자기자본의 합계만큼의 보유자산이 구체적으로 어떻게 구성되어 있는가를 나타내고 있다. 기업이 보유하고 있는 수많은 개별 자산, 부채 및 자기자본을 보여줄 때 개별 자산을 일일이 수록하는 대신 유사한 자산들은 그룹별로 묶어서 유형별로 총액을 보고한다.

〈표 3-1〉에서는 ㈜○○물산의 재무상태표를 보여주고 있다. 재무상태표만을 이용해서도 기업의 경영현황을 평가하기 위한 수많은 지표를 산출할 수 있다. 몇몇 중요한 지표들을 살펴보면 다음과 같다.

표 3-1   (주)○○물산의 재무상태표

(단위는 발행주식수를 제외하고는 모두 100만 원)	2××8. 12. 31	2××7. 12. 31	2××6. 12. 31
유동자산			
현금 및 현금성 자산	₩178,552	₩302,862	₩156,159
매출채권(대손충당금으로 2008년에 ₩54,850, 2007년에 ₩47,084, 2006년에 ₩43,672를 각각 차감)	717,532	609,998	650,986
재고자산			
제품	674,186	640,723	579,107
반제품	109,213	86,382	72,466
원자재	344,054	284,614	284,753
	1,127,453	1,011,719	936,326
기타 유동자산	65,335	35,827	36,010
유동자산	2,088,872	1,960,406	1,779,481
유가증권	88,763	116,320	43,366
기타자산	258,053	230,133	184,965
유형자산(취득원가)			
토지	64,203	51,023	46,670
건물	822,594	720,741	577,046
기계장비	1,345,120	1,356,151	1,095,171
건설계정	210,043	100,354	58,865
금융리스자산	42,599	38,700	40,265
	2,484,559	2,266,969	1,818,017
(감가상각누계액)	(1,067,855)	(1,026,399)	(821,756)
순비유동자산	1,416,704	1,240,570	996,261
무형자산	1,159,678	644,246	499,033
총자산	₩5,012,070	₩4,191,675	₩3,503,106
유동부채			
지급어음	₩94,599	₩219,354	₩95,611
외상매입금	769,733	510,580	404,605
미지급부채	905,180	766,322	595,604
미지급법인세	11,813	20,892	39,745
장기부채 중 만기도래분	22,145	75,993	13,485
금융리스 중 만기도래분	2,691	2,121	2,017
유동부채	1,806,161	1,595,262	1,151,067

사채	877,014	617,424	617,267
금융리스	16,420	15,200	16,895
이연법인세	298,952	280,527	282,705
기타부채	213,426	192,307	202,494
비유동부채	1,405,812	1,105,458	1,119,361
전환우선주(액면가는 5,000원)	75,000	75,000	75,000
우선주(액면가는 5,000원)	150,000	−	−
보통주(액면가는 5,000원)	159,461	159,461	79,730
자본잉여금	24,212	3,667	6,965
이익잉여금	1,597,259	1,408,504	1,320,475
환차익(환차손)	(205,855)	(155,677)	(252,492)
자기자본	1,800,097	1,490,955	1,229,678
부채 및 자기자본의 합계	₩5,012,070	₩4,191,675	₩3,503,106

section 02 **이익현황**

손익계산서에서는 다음의 세 가지 사항이 보고되고 있다. 즉, 정해진 기간 동안에 기업이 얼마만큼의 매출액을 실현하였는가, 그와 같은 이익을 실현하기 위해서 얼마만큼의 비용이 발생하였는가 그리고 같은 기간 동안의 순이익 또는 순손실이 얼마나 되는가를 보여준다.

표 3-2 (주)○○물산의 손익계산서

(단위는 주당 자료를 제외하고는 모두 100만 원)	회계연도		
	2××8. 1. 1~ 2××8. 12. 31	2××7. 1. 1~ 2××7. 12. 31	2××6. 1. 1~ 2××6. 12. 31
순매출액	₩10,423,816	₩9,154,588	₩7,937,722
매출원가	7,096,756	6,309,565	5,403,149
판매비와 일반관리비	2,717,504	2,328,704	2,122,809
영업이익	609,556	516,319	411,764
이자비용	119,925	105,632	73,110
이자수입	(23,705)	(37,159)	(16,943)
	9,910,480	8,706,742	7,582,125

법인세 차감전 이익	513,336	447,846	355,597
법인세	188,261	180,787	132,142
순이익	325,075	267,059	223,455
우선주 배당금	(9,394)	(4,125)	(4,491)
보통주 주주들의 이익	₩315,681	₩262,934	₩218,964
주당순이익	₩2,827	₩2,354	₩2,023
총발행주식수	111,670,000	111,687,000	108,211,000

section 03 활동성 지표

활동성 지표(activity measures)들은 보유하고 있는 자산을 기업이 얼마나 잘 활용하고 있는가를 보기 위해서 그 효율성을 측정하고 있다.

1   비유동자산회전율(Noncurrent Asset Turnover : NAT)

$$NAT = \frac{순매출}{비유동자산} \tag{3-1}$$

비유동자산(고정자산)회전율은 기업이 비유동자산에 투자한 자금을 얼마나 빠른 속도로 회전시키고 있는가를 측정하고 있다. 일반적으로, 비유동자산회전율이 높을수록, 기업은 보다 효율적으로 영업을 하고 있음을 의미한다. 기업의 지표를 동종 산업의 평균 지표와 비교해보면 기업의 수치가 너무 높은지 또는 너무 낮은지를 판단할 수 있게 된다.

NAT가 높다는 것은 기업의 생산공정이 매우 효율적이거나 또는 비유동자산에 충분하지 않은 투자를 하고 있다는 것을 의미한다. 만일 전자의 경우라면 기업에 유리한데, 후자의 경우라면 기업의 장기적 전망을 어둡게 할 수도 있는 것이다. 낮은 NAT는 기업이 부동산, 플랜트 그리고 기계장비에 투자한 자금에 비해서 빈약한 매출을 올리고 있다는 것을 의미하는데, 여기에 대해서는 여러 가지 원인을 찾을 수 있다.

이 지표가 상승하고 있으면 매출의 증가, 효율성의 제고 혹은 자산 활용도의 개선 등의 신호로 보아도 무방하다. 재고자산회전율, 매출채권회전율 등 손익계산서 항목과 재무상태표 항목을 대응시키는 재무비율의 경우, 손익계산서 항목은 일정기간 동안 측정된 항목이고, 재무상태표는 일정 시점에서의 측정치이므로 재무상태표 항목의 경우는 통상 기초와 기말의 평균값을 사용한다. 하지만 본서에서는 편의상 당기말의 수치를 이용하였다.

 예시

▶비유동자산회전율(NAT)

$$NAT_{2 \times \times 8} = \frac{10,423,816}{1,416,704} = 7.36$$

$$NAT_{2 \times \times 7} = 7.38$$

(주)○○물산의 NAT는 2××8년도에 거의 변하지 않았다. 비유동자산의 증가가 매출액의 증가와 서로 상쇄되었기 때문이다. (주)○○물산의 NAT는 산업평균인 7.0보다 약간 높으므로 이 회사가 아주 효율적인 영업을 하고 있다는 것을 의미하고 있다.

2 재고자산회전율(Inventory Turnover : IVT)

$$IVT = \frac{순매출}{재고재산} \quad 또는 \quad IVT = \frac{매출원가}{재고재산} \tag{3-2}$$

IVT란 기업이 보유하고 있는 재고자산을 판매하는 속도를 측정하는 지표이다. 일반적으로, IVT가 높을수록 기업이 더욱 효율적으로 영업을 하고 있다는 것을 의미한다. 높은 IVT는 재고자산의 관리상태가 매우 효율적이거나 반대로 재고자산의 규모가 불충분하다는 것을 나타낸다. 다시 말하면, IVT가 높으면 보통 좋은 의미로 해석되지만, 만일 그 높은 수치가 불충분한 재고 수준으로 인하여 발생하였다면 그 기업은 매출의 일부를 상실하고 있거나 아마 주문이 적체되고 있을 것이다. 낮은 IVT는 매출액이 빈약하거나 재고자산의 규모가 너무 크다는 것을 의미한다. IVT가 낮으면 기업의 매출액에 비해서 지나치게 많은 자금이 재고자산에 묶여 있다는 것을 시사하고 있으며, 그 결과 그러한 수준의 재고자산을 보유하는 데 따르는 비용이 너무 많이 지출되고 있다는 것을 의미하고 있다. 이 지표가 하락하고 있으면 아마 매출이 둔화되고 있거나, 재고가 자꾸 누적되고 있거나 또는 기업이 보유자산을 비효율적으로 사용하고 있다는 것을 의미한다. 반대로 이 지표가 상승하고 있다면 그것은 기업의 매출이 증가하고 있거나 경영통제가 매우 엄격하게 이루어지고 있다는 것을 의미하고 있다.

IVT는 또한 기업의 부실예측에도 활용되고 있다. IVT가 갑자기 낮아지면 전술한 바와 같이 매출이 둔화되어 재고가 누적되고 있음을 시사한다. 하지만 IVT가 급격히 증가하는 것도 부실의 징후가 될 수 있다. 이는 현금흐름에 어려움을 겪는 기업이 덤핑으로 재고를 처분하고 있는 가능성을 시사하기 때문이다. 따라서 IVT가 증가하든지, 감소하든지 간에 급격한 변화가 나타나는 경우에는 그 원인을 철저히 분석할 필요가 있다.

 예시

▶재고자산회전율(IVT)

$$INT_{2\times\times8} = \frac{10,423,816}{1,127,453} = 9.25$$

$$IVT_{2\times\times7} = 9.05$$

또는

$$INT_{2\times\times8} = \frac{7,096,756}{1,127,453} = 6.29$$

$$IVT_{2\times\times7} = 6.24$$

(주)○○물산의 IVT는 약간 개선되고 있으며, 이것은 이 회사의 재고자산에 대한 통제가 약간 더 효율적으로 이루어지고 있음을 나타낸다.

3 매출채권회전율(Accounts Receivable Turnover : ART)

$$ART = \frac{순매출}{순매출채권} \tag{3-3}$$

ART는 기업이 매출액을 현금으로 전환시키는 속도를 측정하는 지표이다. 일반적으로, ART가 높을수록 기업이 더욱 효율적으로 영업을 수행하고 있다고 할 수 있다. 높은 ART는 매우 효율적인 대금회수 정책과 자산 활용도를 나타내는 신호로 볼 수 있다. 그러나 이러한 현상은 기업의 대금회수 정책이 너무 엄격한 경우에도 볼 수 있으며, 이 경우 잠재적인 매출의 손실이 발생하고 있을 수도 있다. ART가 낮으면 매출이 너무 빈약하거나 대금회수가 너무 느린 경우 또는 기업의 대금회수 정책이 너무 느슨한데다 매출액의 신장이 그에 부응하지 못하는 경우가 이에 해당한다. 이 지표가 하락하고 있으면 그것은 매출이 둔화되고 있거나 고객들의 대금지불이 지연되고 있다는 신호로 볼 수 있는데, 두 가지 경우 모두 기업의 입장에서는 적지 않은 문제가 될 수도 있다.

재고자산회전율의 경우와 마찬가지로 ART가 급격히 상승하는 경우도 오히려 부실의 징후가 될 수 있다. 현금흐름에 어려움을 겪는 기업이 매출채권을 높은 할인율로 현금화하였을 가능성이 있어 그 원인을 분석할 필요가 있다.

 예시

▶매출채권회전율(ART)

$$ART_{2\times\times8}=\frac{10,423,816}{717,532}=14.53$$

$$ART_{2\times\times7}=15.01$$

(주)○○물산의 ART는 약간 하락하고 있다. 2××8년도에는 매출액이 13% 이상 증가하였기 때문에 그 지표의 하락은 매출액의 둔화와는 관련이 없다. 또한 반품이나 대손충당금도 매출액의 증가에 상응하도록 조정되었기 때문에 대금회수 정책에서 근본적인 문제점이 노출되지 않고 있다. ART가 하락한 원인은 매출채권이 매출액보다 더 빠른 속도로 증가하였기 때문으로 풀이된다. 그러나 이러한 변화는 대단치 않은 것이므로 투자자들은 별로 걱정할 필요는 없다고 본다.

4 평균 회수기간(Average Collection Period : ACP)

$$ACP=\frac{\text{순매출채권}\times365\text{일}}{\text{순매출액}} \tag{3-4}$$

평균 회수기간은 기업이 매출액을 현금으로 전환하는 속도를 측정하고 있다. ACP가 짧다는 것은 매출채권의 회수와 자산의 활용 정도가 꽤 효율적으로 이루어지고 있음을 나타내고 있다. 그러나 이 지표가 너무 낮을 경우에는 기업이 너무 엄격한 회수 정책을 사용하고 있지 않은지 의심해볼 만하고, 그럴 경우 잠재적 매출액을 상실하고 있다고 보아도 무방할 것이다. ACP가 길면 그것은 곧 매출이 빈약하고, 대금회수가 느리거나 너무 느슨한 신용정책을 구사하고 있으나 별 효과를 거두지 못하고 있는 경우일 가능성이 크다.

ACP가 점차 늘어나고 있다면 그것은 매출이 둔화되고 있거나 대금회수가 지연되고 있다는 것을 의미하는데, 그 어느 것이라도 기업이 안고 있는 근본적인 문제점을 미리 예고하고 있는 것이다. 반대로 ACP가 점차 짧아지고 있으면 그것은 매출이 증가하고 있거나, 자산활용의 효율성이 제고되고 있거나, 엄격한 경영통제가 이루어지고 있음을 나타낸다.

 예시

▶평균 회수기간(ACP)

$$ACP_{2\times\times8} = \frac{717,532\times365}{10,423,816} = 25.13(일)$$

$$ACP_{2\times\times7} = 24.32(일)$$

(주)○○물산의 ACP가 2××7년의 24.32일에서 2××8년에는 25.13일로 증가하였다. 2××8년의 수치를 보면 청구서를 보내고 그 대금을 회수까지 거의 25일이 걸렸다는 것을 나타내고 있다. ACP가 1일만큼 증가한 것은 그리 대단한 것은 아니며, (주)○○물산의 ACP는 동종 산업의 평균이 26일인 점을 감안해볼 때 별 문제가 없는 것으로 보인다.

5 총자산회전율(Total Asset Turnover : TAT)

$$TAT = \frac{순매출}{총자산} \tag{3-5}$$

TAT는 기업이 투자한 자산에 의하여 창출되는 매출액을 측정하는 지표이다. 일반적으로, 총자산회전율이 높을수록, 즉 기업의 투하자산 1단위당 매출액이 증가하면 할수록 기업이 더욱 효율적으로 영업을 수행하고 있다는 의미로 받아들일 수 있다. 그러나 TAT가 지나치게 높으면 그것은 기업이 충분한 자산을 보유하고 있지 않거나 또는 생산시설이 더 필요하다는 신호로 해석될 수 있다. 기업의 결산보고서와 분석가들의 평가보고서를 살펴보면 해당 기업의 총자산회전율을 어떻게 해석해야 하는가를 알아낼 수 있다.

매출이 둔화되었거나 전체적인 비효율이 발생하였을 때에는 TAT가 낮아진다. 특히 기업이 비효율적인 방법으로 자산을 배치한 경우 즉, 자산의 배치를 정당화시킬 만큼 매출이 충분히 증가하지 못한 경우에 TAT가 유난히 낮다. TAT가 하락하고 있다면 그것은 기업의 매출이 둔화되고 있거나, 경영효율이 하락하고 있거나 또는 기계설비가 노후해지고 있는 경우에 발생하며, 이 때 기업은 엄청난 현금창출을 일으키고 있으나 그 활용은 매우 빈약하다는 것을 의미한다. 이 지표가 상승하고 있을 경우 그것은 보통 기업의 매출이 신장되고 있거나 자산의 활용이 더욱 효율적으로 이루어지고 있다는 것을 나타낸다.

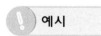
예시

▶ 총자산회전율(TAT)

$$TAT_{2 \times \times 8} = \frac{10,423,816}{5,012,070} = 2.08$$

$$TAT_{2 \times \times 7} = 2.18$$

(주)○○물산은 매출액이 비록 2××8년도에 13% 이상 증가하였음에도 불구하고 TAT는 약간 하락하였다. 재무상태표를 살펴보면, 이 기간 동안 이 회사가 무형자산을 크게 증가시켰다는 사실을 알 수 있을 것이다.

무형자산(intangible assets)이란 영업권(goodwill), 판권(copyrights), 특허권(patents), 상표권(trademarks) 또는 정기대차권(leasehold) 등과 같이 실제 가치를 결정하기가 어렵거나 거의 불가능한 자산들을 일컫는다. 2××8년도에 (주)○○물산은 몇몇 회사들을 인수함으로써 그의 무형자산 총액을 크게 증가시켰다.

section 04 보상비율

보상비율(coverage measures)은 현재 기업이 부담하고 있는 재무적 부담을 이행할 수 있는 능력을 측정하고자 한다.

1 배당성향(Dividend Payout Ratio : DPR)

$$DPR = \frac{보통주\ 배당금}{보통주\ 주주들의\ 이익} \tag{3-6}$$

DPR은 보통주 주주들의 몫인 이익에서 실제로 그들에게 지불된 금액의 백분율을 측정하는 지표이다.

DPR이 자주 낮게 나타나는 기업은 대개 이익을 주주들에게 지불하는 대신 투자에 활용하고자 하는 경우에 해당한다. 특히 영업손실이 발생하였거나 수익성이 낮아져 운전자본을 더 필요로 하는 기업들, 그리고 급속한 팽창을 추구하기 위하여 가지고 있는 모든 현금을 다 활용하고자 하는 기업들의 경우는 보통 배당성향이 낮게 나타난다. DPR이 아주 높게 나타나면 그것은 기업이 별다른 사업계획이 없기 때문에 이익의 대부분 주주들에게 지불하는 것으로 해석된다. 주주들의 입장으로서야 많은 배당금을 받게 되니 즐겁겠지만, 이익이 기업의 발전을 위하여 유보되지 않으므로 기업의 성장률에 미치는 영향은 아주 이롭지 못할 것이다. 그러나 전에 없이 높은 배당성향이 나타나면 그것은 기업이 해당기간 동안 예외적으로 매우 저조한 경영실적을 올렸으나 이사회에서는 전과 같은 일관성 있는 배당정책을 유지시키고자 하는 경우에 해당될 가능성이 아주 크다. DPR이 상승하고 있으면 그것은 해당 기업이 점차 성숙단계에 접어들고 있어 더 이상의 확장이나 많은 운전자본이 필요하지 않는 경우의 신호로 보면 지나치지 않을 것이다. 마찬가지로, 기업의 성장률이 둔화되고 있을 때 배당성향이 일반적으로 높게 나타난다.

 예시

▶배당성향(DPR)

$$DPR_{2 \times \times 8} = \frac{126,272.4}{315,681} = 0.40 \text{ 혹은 } 40\%$$

$$DPR_{2 \times \times 7} = 0.39 \text{ 혹은 } 39\%$$

2××8년 (주)○○물산에서는 보통주 주주들의 몫인 이익금의 40%를 배당금으로 지불하였다. 이 수치는 성숙 산업 내의 성숙 기업의 경우 평균적인 배당성향으로 볼 수 있다. 이익금의 60%를 유보시킨 사실로 미루어 볼 때 이 회사에서는 신규 사업으로의 진출을 강렬하게 희망하고 있는 것으로 볼 수 있겠다. 최근에 이 회사에서 기업을 인수한 것은 이러한 전략을 나타내는 증거라고 할 수 있다. 결산보고서는 이 회사의 인수 및 투자회수 활동을 파악할 수 있게 해준다.

$$ICR = \frac{\text{이자 및 법인세 차감전 이익(또는 영업이익)}}{\text{이자비용}} \quad\quad (3\text{-}7)$$

ICR은 기업이 창출하고 있는 이익으로 지불해야 하는 이자비용을 어느 정도 보상할 수 있는지 그 지불능력을 측정하려고 한다. 즉, 이 비율은 기업이 채권자들에게 부담하고 있는 재무적 의무를 이행하기 위하여 이익 측면에 있어서 어느 정도의 여유를 가지고 있는가를 가늠하고 있는 것이다. 이 비율이 높을수록 채권자들은 더 잘 보호되고 있으며, 주주들의 입장도 더 안정적이라고 말할 수 있는데다가, 기업에서는 차입을 통해서 추가적으로 필요한 자금을 조달하기가 더욱 쉬워진다고 할 수 있다. 그러나 레버리지가 낮은 상태에서 이 비율이 높다면 기업은 주주들의 부를 극대화하기 위하여 레버리지 효과를 최대한 활용을 하지 않고 있는 것으로 볼 수 있다. ICR이 낮으면 그 원인은 두 가지로 볼 수 있는데, 하나는 기업에서 지나치게 높은 레버리지를 사용하는 등 매우 공격적인 경영전략을 구사하고 있는 경우가 될 것이고, 다른 원인으로는 기업이 차입한 자본에 대해서 충분한 수익을 올리지 못하고 있는 경우가 될 것이다. 고정비용보상비율(FCC)만큼은 완전하지 못하지만 ICR은 기업이 차입비용을 얼마나 잘 부담할 수 있는가를 측정하는 좋은 지표가 되고 있다.

▶ 이자보상비율(ICR)

$$ICR_{2 \times \times 8} = \frac{633,261}{119,925} = 5.28$$

$$ICR_{2 \times \times 7} = 5.24$$

(주)○○물산의 2××7년도 ICR은 상승하였다. 이자를 보상하기 위한 영업이익은 이자비용의 5.28배에 달하며, 이 수치는 채권자들이 자신들의 투자자금에 대한 보상을 받는 데 대하여 불안감을 전혀 느끼지 않을 정도로 높다고 할 수 있다. 또한 보통주 주주들도 기업이 부담하고 있는 재무적 의무를 이행하는데 어려움이 있어 채권자들이 강제집행을 하는 경우가 발생할 확률이 매우 낮기 때문에 안도감을 느낄 것이다.

$$FCC = \frac{\text{고정비용 및 법인세 차감전 이익}}{\text{고정비용}} \tag{3-8}$$

여기서 고정비용 및 법인세 차감전 이익은 매출액에서 이자비용, 리스료, 법인세 및 특별비용 등을 제외한 모든 비용을 차감한 금액을 나타낸다. 고정비용은 이자지급액과 총리스료 등을 합한 금액을 말한다. FCC는 기업이 부담하고 있는 고정비용을 이익이 보상하는 정도를 측정하게 된다. 이 지표는 기업의 채권자들과 리스업자들에게 부담하고 있는 재무적 의무를 이행하기 위하여 기업이 가지고 있는 이익규모의 여유가 어느 정도인가를 가늠하고 있는 것이다. 보통 이 비율이 높을수록 채권자들과 리스업자들은 더욱 잘 보호되고 있다고 할 수 있으며, 주주들의 입장도 더욱 안정될 뿐만 아니라 기업에서도 추가 차입을 통해 자금을 조달할 수 있는 여력이 충분히 있다고 판단된다. 즉 이 비율이 높다는 것은 해당 기업이 부채의 레버리지 효과를 충분히 활용하고 있지 않다는 것을 나타내며, 그 결과 주주들의 부를 극대화시키고 있지 못하다는 것을 의미하고 있다. 이 비율이 낮다면 기업이 지금 과다한 레버리지를 사용하면서 매우 저돌적인 경영전략을 구사하고 있거나, 아니면 차입한 부채 규모나 리스료에 비해서 충분한 수익을 올리고 있지 못하다는 것을 나타내고 있다. 만일 이 비율이 점차로 하락하는 추세에 있다면 기업의 매출액과 수익성이 하락하고 있는 것으로부터 부채, 부채비용, 또는 리스료 부담이 증가하고 있는 것까지 그 원인은 매우 다양하다. 기업이 차입자금에 대해서 지불하고 있는 이자율은 이 비율에 지대한 영향을 미치게 되는데, 이자율이 상승하면 FCC는 하락하게 될 것이다.

> ⓘ **예시**

▶고정비용보상비율(FCC)

$$FCC_{2 \times \times 8} = \frac{734,461}{221,125} = 3.32$$

$$FCC_{2 \times \times 7} = 3.20$$

(주)○○물산의 FCC는 2××8년도에 실제 고정비용의 3.32배로서 2××7년도에 비해서 0.12배가 증가하였다. 하지만 여전히 고정비용을 부담할 수 있는 능력 면에서는 아주 양호하다고 할 수 있다.

이익지표(earnings measures)는 기업이 발행한 보통주 1주당 벌어들이는 이익의 크기를 보여주려고 한다.

1 주당이익(Earnings Per Share : EPS)

$$EPS = \frac{순이익 - 우선주\ 배당금}{총\ 보통주\ 발행주수} \tag{3-9}$$

EPS는 보통주 주주들과 연계되어 있기 때문에 기업의 전체적인 경영성과를 측정하고 있다고 할 수 있다. 그것은 기업이 벌어들인 이익을 배당으로 지급하든 아니면 유보이익의 형태로 유보하여 기업의 미래를 위하여 재투자하든 관계없이 이익의 모두를 보통주 주주들에게 지불한다고 가정하였을 때 보통주 1주당 분배될 수 있는 이익의 크기를 가리킨다. 낮은 EPS는 기업이 이익을 충분히 내지 못하고 있음을 나타낸다. 여기에는 여러 가지의 원인이 있을 수가 있다. 즉, 기업이 매우 비효율적으로 경영되고 있거나, 부채비율이 너무 높아 재무적 부담이 너무 크거나, 혹은 기업이 연구개발에 지나친 투자를 행하고 있으면서 너무 보수적인 회계원칙을 채택하고 있는 경우에 주당이익이 낮게 나타나는 것이다.

만일 어느 기업의 EPS가 하락하고 있다면 그것은 기업의 수익성이 하락하고 있거나 유상증자를 행하여 총발행주수가 늘어난 경우에 해당될 것이다. 그것은 또한 기업이 경영상 곤란을 겪고 있거나, 아니면 정반대로 기업이 아직은 영업이익의 창출에 별로 공헌이 없어도 나중에 어려울 때를 대비해서 미리 기술개발에 엄청난 투자를 행하고 있는 경우에 나타난다.

 예시

▶ 주당이익(EPS)

$$EPS_{2 \times \times 8} = \frac{325,075,000 - 9,394,000}{111,670} = 2,827(원)$$

$$EPS_{2 \times \times 7} = 2,350(원)$$

(주)○○물산의 2××8년도 주당이익은 약 20% 정도 증가하였으며, 이것은 매출액의 증가분 14%를 훨씬 초과하였다. 매출액의 증가를 초과하여 주당이익이 증가한 것은 경영효율 개선과 법인세율의 하락에 기인하고 있는 것으로 풀이된다.

2 완전 희석 주당이익(Fully Diluted Earnings per share : FDE)

$$FDE = \frac{\text{순이익} - \text{우선주 배당금} + \text{전환우선주 배당금} + \text{전환사채이자} - \text{이자 법인세 조정액}}{\text{전환을 가정한 경우의 총 보통주 발행주식수}} \qquad (3\text{-}10)$$

여기서 전환우선주 배당금은 기업이 발행한 전환우선주를 보유하고 있는 우선주 주주들에게 지급되는 배당금의 총액을 말한다. 전환사채이자는 기업이 발행한 전환사채에 대하여 지급되는 이자의 총액을 말한다. 그리고 이자 법인세 조정액(interest tax adjustment)은 전환사채가 모두 보통주로 전환되는 것으로 가정하여 전환사채에 대한 이자비용이 더 이상 발생하지 않고 그 결과 법인세 감면효과가 더 이상 발생하지 않음에 따라 추가적으로 지급해야 하는 법인세를 가리킨다.

전환을 가정한 경우의 보통주 총발행주식수는 기업이 발행한 모든 전환증권들이 보통주로 전환한다고 가정한 경우 주주들이 보유하고 있을 것으로 추정되는 보통주의 총주식수를 의미한다. FDE는 보통주 주주 및 잠재적 보통주 주주들과 연계되어 있기 때문에 기업의 전체적 경영성과를 측정하고 있다고 할 수 있다. 이 지표는 이익 중에서 각 보통주 주주들이 궁극적으로 받게 될 자기들의 몫을 산출하고 있는 것이다. FDE가 낮다는 것은 곧 기업이 충분한 이익을 창출하고 있지 못하다는 것을 나타내고 있으며, 따라서 이것은 많은 문제점을 노출하고 있는 것이다.

즉, 해당 기업이 비효율적으로 경영되고 있거나, 부채비율이 너무 높아 재무적 부담이 너무 클 가능성이 있거나, 또는 연구개발에 엄청난 투자를 행하고 있는 동시에 지나치게 보수적인 회계원칙을 채택하고 있는 경우일 가능성도 있다. 이 비율이 (−)일 경우는 기업이 실제로 손실을 입고 있는 경우에 해당되는데, 정상적으로 기업이 경영될 수 있도록 하기 위해서 기업에서는 자기자본을 사용하고 있는 셈이 된다. 이 비율이 (−)이거나 아주 낮은 경우 기업은 시장에서 추가 자본을 조달하는 데 큰 어려움을 느끼게 될 것이다.

예시

▶완전 희석 주당이익(FDE)

$$FDE_{2\times\times8} = \frac{315,681,000 + 4,547,000}{111,670 + 1,500} = 2,830(원)$$

$$FDE_{2\times\times7} = 2,350(원)$$

2××8년도 (주)○○물산의 FDE는 주당이익(EPS)과 그 수치와 큰 차이가 없다. 그러므로 보통 주주들은 비록 전환우선주가 모두 보통주로 전환된다고 할지라도 그들의 지분이 희석되는 것에 대해 크게 우려할 필요는 없을 것이다. (주)○○물산은 전환사채를 발행한 바 없으며, 따라서 전환사채에 대한 조정이나 법인세 조정은 할 필요가 없다. 우선주 배당금이나 보통주 배당금은 세금공제혜택이 없기 때문에 이 계산에서 법인세 조정은 전혀 할 필요가 없을 것이다.

section 06 안정성 지표

안정성 지표(safety measures)는 기업의 중장기적 채무이행능력을 나타내는 지표로 주로 부채비율로 판단한다.

1 부채–자산비율(Debt–Asset Ratio : DAR)

$$DAR = \frac{총부채}{총자산} \tag{3-11}$$

부채－자산비율(DAR)은 기업의 총자산 중에서 채권자들이 제공한 자금의 비율을 측정한다. 다시 말하면, 이 지표는 기업이 활용하고 있는 재무레버리지의 크기를 나타내는 것이다. 일반적으로 부채－자산비율이 50% 미만인 기업들은 레버리지나 위험의 측면에서 균형이 잘 잡힌 것으로 인식되고 있다. 그러나 이 비율이 50%를 상회하게 되면 너무 지나친 레버리지를 사용하고 있는 것으로 간주되고 위험도가 매우 높다고 할 수 있다. 기업이 부채를 많이 사용하면

할수록 이자비용은 더욱 커지게 된다. 지불하는 이자비용에 비하여 기업이 훨씬 더 많은 수익을 올리게 되면 부채의 레버리지 효과는 그 기업에 매우 유익할 것이다.

그러나 만일 기업이 창출하는 수익이 이자비용보다 낮을 경우 레버리지 효과는 기업에 아주 해롭게 작용한다. 본질적으로, 부채의 레버리지 효과는 기업의 투자자산에 대하여 창출하고 있는 수익을 더욱 확대시키는 경향이 있는 것이다. 특히 레버리지가 높으면 이익의 변동성을 더욱 크게 한다. 이 비율이 높을수록 기업이익의 변동성이 더욱 커지고, 그 결과 위험도 더욱 커지며 또한 주주들의 기대수익률도 더욱 높아지게 된다.

그러나 이 비율이 낮으면 낮을수록 기업의 이익은 더욱 안정적이고, 이 회사가 발행한 주식의 위험은 그만큼 더 낮게 되며, 그 결과 주주들의 기대수익률도 더 낮아지게 된다. 채권자들과 우선주 주주들은 부채비율이 낮은 기업들을 더 선호하게 되는데, 그 이유는 그러한 기업들이 부담하고 있는 재무적 의무를 이행하지 못할 가능성이 아주 낮을 뿐만 아니라, 가능성은 아주 낮지만 만일의 경우 지급불능 사태가 발생하게 될 때 차입자금을 상환하기 위한 자산의 비율이 그만큼 더 높아지기 때문이다.

▶ 부채-자산비율(DAR)

$$DAR_{2 \times \times 8} = \frac{3,211,973}{5,012,070} = 0.64 \text{ 혹은 } 64\%$$

$$DAR_{2 \times \times 7} = 0.64 \text{ 혹은 } 64\%$$

언뜻 보면, (주)○○물산의 DAR은 매우 높아 보인다. 그러나 이 회사는 그만큼의 부채를 부담하는 데 아무런 문제를 안고 있지 않을 뿐 아니라, 채권자들을 큰 위험에 노출시키고 있지도 않다. 더욱이 이 회사는 충분한 현금흐름을 창출하고 있어서 이자 및 고정적인 재무적 비용을 지불하는데 아무런 문제점을 느끼고 있지 않다. 즉, 고정비용보상비율(FCC)은 3.3에 이르고, 이자보상비율(ICR)은 5.3이다. 이러한 사실로 볼 때 (주)○○물산은 현재의 부채구조를 잘 소화하고 있다고 할 수 있겠다. 그러므로 (주)○○물산에서는 레버리지의 재무적 효과를 더욱 크게 하기 위하여 부채비율을 증가시켰다고 볼 수 있다.

$$DER = \frac{\text{총부채}}{\text{자기자본}} \qquad\qquad\qquad (3\text{-}12)$$

부채-자기자본비율(DER)은 기업이 자기자본의 형태로 조달한 자본에 비하여 채권자들이 제공한 자금이 얼마나 되는가를 백분율로 측정한다. 이 지표는 주주들이 출자한 자본에 대한 레버리지 효과의 크기를 나타내는 것이다. 일반적으로, 부채-자기자본비율이 100% 이상인 경우는 높은 것으로 인식되고 있다. 이익의 측면에서 보면, 기업에서 부채를 많이 사용할수록 이자비용의 지출이 그만큼 더 커지게 된다. 기업이 차입자금에 대하여 지불하는 이자비용에 비하여 훨씬 더 많은 수익을 올릴 수만 있다면 부채의 레버리지 효과는 그 기업에 매우 유익하게 작용할 것이다.

그러나 만일 기업이 창출하는 수익이 그만한 수준이 되지 못한다면 레버리지 효과는 기업에 아주 해롭게 작용하게 된다. 본질적으로 부채의 레버리지 효과는 기업이 투자자산에 대하여 창출하고 있는 수익을 더욱 확대시키는 경향이 있다. 특히 레버리지가 높으면 이익의 변동성을 더욱 크게 한다. 이 비율이 높을수록 기업의 위험이 더욱 커지며 또한 주주들의 기대수익률도 더욱 높아지게 된다. 그러나 이 비율이 낮으면 낮을수록 기업의 이익은 더욱 안정적이고, 이 회사가 발행한 주식의 위험은 그만큼 더 낮게 되며, 그 결과 주주들의 기대수익률도 더 낮아지게 된다.

> **예시**

▶ 부채 - 자기자본비율(DER)

$$DER_{2\times\times8} = \frac{3,211,973}{1,800,097} = 1.78 \text{ 혹은 } 178\%$$

$$DER_{2\times\times7} = 1.81 \text{ 혹은 } 181\%$$

2××8년 (주)○○물산의 부채-자기자본비율(DER)은 178%로 나타나고 있다. 일반적인 기준 100%보다는 높게 나타나고 있으나, 2××7년에 비해서는 다소 낮아진 것을 확인할 수 있다.

유동성 지표(liquidity measures)는 기업이 부담하고 있는 단기부채를 얼마나 쉽게 상환할 수 있는가를 살펴보는 지표라고 할 수 있다.

1   현금비율(Cash Ratio : CAR)

$$CAR = \frac{현금 + 시장성 \ 유가증권}{유동부채} \qquad (3\text{-}13)$$

CAR은 단기부채를 부담할 수 있는 기업의 능력을 측정하며, 다음에 논의하게 될 유동비율(CR)이나 당좌비율(QR)보다는 덜 자주 쓰이지만 기업의 현금 보유상태에 대해서는 그 어느 지표보다 훨씬 더 정확하게 알려주고 있다. 이 비율은 특히 현금보유고가 비교적 큰 산업에 속하고 있는 기업들의 경우 더욱 유용하게 쓰인다.

CAR이 너무 낮은 기업들은 특히 경기침체기 동안에 원활한 영업활동을 하기 위해서 필요한 자금이 부족하게 될 위험이 있으며, 원자재의 구입대금을 제때에 지급하지 못하여 생산이 중단되는 사태가 발생할 가능성이 있고, 또한 마케팅 활동의 일환인 광고 캠페인을 지연시킬 수밖에 없는 처지에 직면할 수도 있다.

그러나 이 비율이 너무 높으면 기업이 지나치게 보수적인 경영정책을 채택하고 있는 경우이거나, 또는 타기업의 인수를 모색하고 있거나 혹은 그 자신이 인수 대상이 되고 있는 경우일 가능성이 있음을 말해주고 있다. 동종 산업에 속하고 있는 타기업의 비율과 비교해 봄으로써 적정 수준을 정할 수 있을 것이다.

 예시

▶ 현금비율(CAR)

$$CAR_{2\times\times8} = \frac{178,552}{1,806,161} = 0.10 \ 혹은 \ 10\%$$

$$CAR_{2\times\times7} = 0.19 \ 혹은 \ 19\%$$

2××8년 (주)○○물산의 CAR은 크게 하락하였다. CAR이 0.10이라는 것은 이 회사의 유동부채 중에서 단지 10%만 현금으로 지급할 수 있다는 뜻이 된다. 따라서 유동부채를 상환하기 위해서 (주)○○물산은 재고자산을 시장가치 이하로 처분해야 하거나, 보통 시간이 걸리는 외상매출금을 회수하거나[(주)○○물산의 경우는 평균 회수기간(ACP)이 25일], 또는 필요한 자금을 차입해야 하는데, 이것 모두 그리 쉽지 않고 많은 비용이 든다.

2 유동비율(Current Ratio : CR)

$$CR = \frac{유동자산}{유동부채} \tag{3-14}$$

이 식에서 유동자산은 기업이 보유하고 있는 현금, (원가로 평가된) 시장성 유가증권, 외상매출금, 받을어음, 재고자산, 그리고 선급금과 같이 현금 또는 비교적 단시간 내에 현금으로 전환될 수 있는 자산항목의 합계를 가리킨다. 그리고 유동부채는 외상매입금, 미지급비용, 미지급법인세, 미경과수입, 지급어음, 지급배당금, 그리고 고정부채 중에서 당 회계연도 내에 상환하여야 하는 금액 등과 같이 단기에 갚아야 하는 부채의 총액을 말한다. CR은 단기부채를 상환하기 위한 현금을 창출할 수 있는 기업의 능력을 검정한다. CR이 높을수록 기업은 훨씬 쉽게 단기부채를 상환할 수 있게 될 것이다. 그동안 건전한 기업의 유동비율은 최저 2.0 이상이 되어야 하는 것으로 인식되어 왔다.

그러나 현금관리기법이 더욱 발전함에 따라 기업들은 전보다 훨씬 더 적은 규모의 현금을 보유해도 문제가 없게 되었으며, 그 결과 유동비율의 적정 수준은 그 이하로 낮추어졌다고 할 수 있다. 유동비율은 반드시 기업의 다른 지표들은 물론 동종 산업 내의 다른 기업들의 수치와 함께 평가되어야 한다.

유동비율의 수준은 산업요인의 영향을 매우 크게 받는데, 그 이유는 이 비율을 산출하는 공식의 분자에 재고자산과 외상매출금이 들어가 있기 때문이다(재고자산은 부패할 수도 있고, 노후화될 수도 있으며, 기타 원인으로 인하여 판매할 수 없는 지경에 이를지도 모르고, 외상매출금은 오랫동안 회수가 되지 않은 채로 남거나 아예 회수 불가능할 수도 있다). 유동비율이 너무 낮은 기업들은 자금부족의 위험에 처할 가능성이 있으며, 최소한 비용지출에 있어서 곤란을 겪고 있다는 신호로 볼 수 있다. 그 이유는 아주 간단한데, 기업이 실제로 유동부채를 제때에 상환할 수 있는가는 결국 기업의 현금보유고, 외상매출금의 적기 회수, 그리고 다른 유동자산을 현금으로 재빨리 전환시키는 능력 등에 달려있기 때문이다.

 예시

▶ 유동비율(CR)

$$CR_{2 \times \times 8} = \frac{2,088,872}{1,806,161} = 1.16 \text{ 혹은 } 116\%$$

$$CR_{2 \times \times 7} = 1.23 \text{ 혹은 } 123\%$$

2××8년 (주)○○물산의 CR은 오랫동안 최소 적정 수준이라고 인식되어온 2.0보다 훨씬 낮게 나타났다.

그러나 그 수치는 2000년대 들어 크게 변함이 없으며, 다른 회사들의 CR에 비하여 크게 낮지도 않은 것으로 드러났다. 해당산업의 매출은 비교적 큰 변동이 없이 안정적이라는 특성을 고려할 때 CR이 낮더라도 용인될 수 있을 것이다.

3 당좌비율(Quick Ratio : QR)

$$QR = \frac{\text{유동자산} - \text{재고자산} - \text{선급금}}{\text{유동부채}} \tag{3-15}$$

QR은 일시적인 재무위기에 처해 있을 때 현금을 동원할 수 있는 기업의 능력을 검정한다. 이 비율은 흔히 산성시험비율(acid-test ratio)이라고도 부른다. QR이 높을수록 기업은 긴급한 상황에서도 쉽게 현금을 동원할 수 있게 될 것이다. 유동성이 너무 낮은 기업들은 자금부족의 위험에 처할 가능성이 있으며, 최소한 비용지출에 있어서 곤란을 겪고 있다는 신호로 볼 수 있다. QR은 반드시 부채비율이나 활동성 지표들과 함께 검토되어야 한다. 이 비율의 크기는 흔히 기업이 수행하고 있는 사업의 종류와 그 기업이 속해있는 산업의 경기에 따라서 달라지는 경향이 있다.

 예시

▶ 당좌비율(QR)

$$QR_{2 \times \times 8} = \frac{2,088,872 - 1,127,453}{1,806,161} = 0.53 \text{ 혹은 } 53\%$$

$$QR_{2\times\times 7} = 0.59 \text{ 혹은 } 59\%$$

다른 유동성 지표의 경우와 마찬가지로, 2××8년 (주)○○물산의 QR도 약간 낮게 나타났다. 그러나 이 회사는 현재 여러 가지의 측면에서 볼 때 건실한 상태에 있다고 할 수 있다. 이 회사는 매우 안정적인 산업에 속해 있을 뿐만 아니라 재무적 의무를 이행하기에 충분한 현금흐름을 창출하고 있다.

section 08　수익성 지표

수익성 지표(profitability measures)는 기업의 수익성이 어느 정도인가를 측정한다.

1　매출액영업이익률(Operating Profit Margin : OPM)

$$OPM = \frac{영업이익}{순매출액} \tag{3-16}$$

여기서 영업이익은 총매출액에서 할인액과 반품액, 매출원가, 그리고 모든 영업비용 및 감가상각액을 차감한 금액을 말하며, 이자 및 법인세 차감전 이익(Earnings Before Interest and Taxes : EBIT)이라고도 부른다. OPM은 기업의 영업효율성을 측정한다. 이것은 법인세전을 기준으로 하여 매출액의 각 한 단위가 창출하는 영업이익에의 공헌비율을 측정하는 지표이다. OPM이 높을수록 기업은 더욱 효율적으로 영업을 수행하고 있다는 의미가 된다.

그러나 이 비율이 지나치게 높게 나타난다면 그것은 매우 효율적인 영업수행과 효과적인 경영을 나타내는 신호로 볼 수도 있지만 연구개발에 충분한 투자를 행하고 있지 않은 경우에도 그러한 현상이 나타날 수도 있기 때문에 주의를 기울여 해석해야만 한다. OPM이 낮으면 전반적인 영업의 비효율 혹은 비효과적인 경영을 의미하는 신호로 해석될 수 있을 것이다.

그러한 상황은 또한 연구개발에 엄청난 투자를 수행하고 있는 경우나, 혹은 기업의 기본설비투자를 충분히 정당화시킬 수 있을 만큼의 매출액을 달성하고 있지 못한 경우에도 나타날 수 있다. OPM이 하락하고 있는 추세를 보인다면 그것은 기업이 보유하고 있는 시설이나 장비가 노후화되고 있거나, 매출액이 감소하고 있거나, 전체적인 효율성이 하락하고 있거나, 혹은 부적절한 경영정책을 채택하고 있다는 신호로 받아들일 수 있다. 나타날 가능성이 있는 각 항목을 면밀하게 검토해 봄으로써 정확한 분석을 할 수 있을 것이다.

 예시

▶영업이익률(OPM)

$$OPM_{2\times\times8} = \frac{609,556}{10,423,816} = 0.0585 \text{ 혹은 } 5.85\%$$

$$OPM_{2\times\times7} = 0.0564 \text{ 혹은 } 5.64\%$$

(주)○○물산의 OPM은 2××7년부터 2××8년에 걸쳐 약간 상승하였다. OPM은 매출액 중에서 생산과 영업에 관련된 모든 비용을 차감한 나머지 부분(영업이익)이 차지하고 있는 비중을 나타내는 것이기 때문에, 이 비율의 상승은 긍정적인 것으로 볼 수 있다. 식품산업의 영업이익률 평균과 비교하여 보면 보다 정확한 (주)○○물산의 OPM의 위치를 파악할 수 있을 것이다.

2 총자산이익률(Return On Assets : ROA)

$$ROA = \frac{순이익}{총자산} \tag{3-17}$$

또는

$$ROA = \frac{순이익}{순매출액} \times \frac{순매출액}{총자산}{}^1 \tag{3-18}$$

ROA는 기업이 보유하고 있는 자산을 얼마나 효율적으로 활용하였는가를 측정하는 지표이다. 즉, 이 지표는 기업이 자산을 근거로 이익을 창출시키는 능력을 나타내고 있는 것이다. 두 번째의 산출공식에서 총자산에 대한 순매출액비율을 총자산회전율(Total Asset Turnover : TAT)이라고 부른다. 일반적으로 ROA가 높을수록 기업은 더욱 효율적으로 영업을 수행하고 있다는 의미가 된다. 그러나 이 비율이 지나치게 높게 나타난다면 그것은 매우 효율적인 영업수행과

---

1 총자산이익률을 계산함에 있어서, 먼저 매출액에 대한 순이익비율을 계산하고 그 결과에다 총자산에 대한 매출액비율을 곱해 줌으로써 ROA가 자산의 순이익률과 효율적 활용도 모두에 의하여 영향을 받고 있다는 사실을 분명하게 일러주고 있다.

효과적인 경영을 나타내는 신호로 볼 수도 있지만, 연구개발에 충분한 투자를 행하고 있지 않은 경우에도 그러한 현상이 나타날 수도 있다. 이 비율은 투하자본수익률(ROIC)이나 자기자본이익률(ROE)과 매우 흡사하다.

각각의 산출공식을 살펴보면 분자는 서로 같고 분모에서 총자산은 자기자본보다 작지 않기 때문에 그 특성상 총자산수익률이 높게 나타나면 자기자본수익률도 높게 나타나기 마련이다. ROA가 낮으면 전반적인 영업의 비효율 혹은 비효과적인 경영을 의미하는 신호로 해석될 수 있을 것이다. 그러한 상황은 또한 연구개발에 엄청난 투자를 수행하고 있는 경우나, 혹은 기업의 기본설비투자를 충분히 정당화시킬 수 있을 만큼의 매출액을 달성하고 있지 못한 경우에도 나타날 수 있다. ROA가 하락하고 있는 추세를 보인다면 그것은 기업이 점차로 쇠퇴해지고 있거나, 매출이 둔화되고 있거나, 전체적인 효율성이 하락하고 있거나, 혹은 부적절한 경영정책을 채택하고 있다는 신호로 받아들일 수 있다.

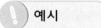 예시

▶총자산이익률(ROA)

$$ROA_{2 \times \times 8} = \frac{325,075}{5,102,070} = 0.0649 \text{ 혹은 } 6.49\%$$

$$ROA_{2 \times \times 7} = 0.0637 \text{ 혹은 } 6.37\%$$

또는

$$ROA_{2 \times \times 8} = \frac{325,075}{10,423,816} \times \frac{10,423,816}{5,012,070} = 0.0649 \text{ 혹은 } 6.49\%$$

$$ROA_{2 \times \times 7} = 0.0637 \text{ 혹은 } 6.37\%$$

(주)○○물산의 2××8년도 ROA는 2××7년에 비해 약간 상승하였다. 상승폭은 비록 작지만 이 회사의 총자산규모가 증가한 사실을 고려하면 매우 고무적이라고 할 수 있다.

3 자기자본이익률(Return On Equity : ROE)

$$ROE = \frac{\text{순이익}}{\text{자기자본}}$$ (3-19a)

$$ROE = \frac{ROA}{\text{자기자본비율}}$$

또는

$$ROE = \cfrac{ROA}{1 - \cfrac{\text{총부채}}{\text{총자산}}}^2$$

(3-19b)

ROE는 주주들의 투자자본인 자기자본총액을 얼마나 효율적으로 활용하였는가를 측정하는 지표이다. 그것은 기업이 자기자본을 근거로 하여 이익을 창출시키는 기업의 능력을 나타내고 있다. 두 번째의 산출공식에서 총자산에 대한 총부채의 비율은 바로 부채비율(DR)이다. ROE는 기업의 경영진이 궁극적으로 이 비율을 극대화시키는 의무를 짊어지고 있다는 점에서 볼 때 재무분석에 있어 가장 중요한 지표라고 할 수 있다.

일반적으로, ROE가 높을수록 기업은 더욱 효율적으로 영업을 수행하고 있으며, 주주들에게 돌아가는 이익의 몫이 더 나아졌다는 의미가 된다. 그러나 이 비율이 아주 높게 나타난다면 그것은 매우 효율적인 영업수행과 효과적인 경영을 나타내는 신호로 볼 수도 있지만 부채를 너무 많이 사용하여 레버리지가 지나치게 높은 경우이거나, 연구개발에 충분한 투자를 행하고 있지 않은 경우에도 그러한 현상이 나타날 수 있다.

따라서 ROE를 분석할 때에는 반드시 순이익률(Net Profit Margin : NPM)과 재무레버리지(Degree of Financial Leverage : DFL)를 함께 검토함으로써 어떠한 요인이 ROE를 상승시키고 있는가를 알아내야 한다. ROE가 낮으면 전반적인 영업의 비효율 혹은 비효과적인 경영을 의미하는 신호로 해석될 수 있을 것이다.

그러한 상황은 또한 연구개발에 엄청난 투자를 수행하고 있는 경우나, 혹은 기업의 기본설비투자를 충분히 정당화시킬 수 있을 만큼의 매출액을 달성하고 있지 못하거나, 기업의 자본구조에서 부채를 아주 적게 사용하고 있는 경우에도 나타날 수 있다. ROE가 하락하고 있는 추세를 보인다면 그것은 기업이 점차로 쇠퇴해지고 있거나, 매출이 둔화되고 있거나, 전체적인 효율성이 하락하고 있거나, 혹은 부적절한 경영정책을 채택하고 있거나, 또는 기업의 부채부담이 감소하고 있다는 신호로 받아들일 수 있다.

---

2 자기자본이익률(ROE)을 계산하는 데 있어서, ROA를 (1-부채비율)로 나누어줌으로써 부채가 자기자본수익률을 증가시키는 데 어떠한 역할을 하는가를 알 수 있게 해준다. ROE는 자산의 효율적 활용도와 부채의 조심스러운 사용의 함수라고 할 수 있다. 부채의 사용은 ROE를 증가시키지만, 너무 지나치게 부채를 사용하게 되면 기업이 자칫 이자를 제때에 지급하지 못해 지급불능 사태에 직면할 수도 있으므로 기업을 곤경에 빠뜨릴 수도 있다.

예시

▶자기자본이익률(ROE)

$$ROE_{2\times\times8} = \frac{325,075}{1,800,097} = 0.1806 \text{ 혹은 } 18.06\%$$

$$ROE_{2\times\times7} = 0.1764 \text{ 혹은 } 17.64\%$$

또는

$$ROE_{2\times\times8} = \frac{6.49\%}{1 - \dfrac{3,211,973}{5,012,070}} = 0.1806 \text{ 혹은 } 18.06\%$$

$$ROE_{2\times\times7} = 0.1764 \text{ 혹은 } 17.64\%$$

(주)○○물산의 재무레버리지가 약간 감소하였음에도 불구하고, 이 회사의 2××8년도 ROE는 약간 상승하였다. 이 비율 역시 식품산업의 자기자본수익률의 평균과 서로 비교함으로써 (주)○○물산의 ROE가 괜찮은 편인지, 혹은 식품산업의 전반적인 추세에 비추어볼 때 산업평균보다 약간 낮은 것은 아닌지를 판단할 수 있을 것이다.

section 09 ‖ 레버리지 분석

1 레버리지 분석의 의의

기업이 경영활동을 수행하는 과정에는 많은 자금이 필요하다. 이들 필요자금의 일부는 자기자본 확충을 통해 충당이 되고 일부는 타인자본, 즉 부채를 통해 조달이 된다. 특히, 기업이 설비확장을 하거나 신규 사업부문으로 진출하고자 할 경우, 기업의 내부자금으로 부족한 것이 대부분이며 기업 외부로부터 추가적인 소요자금의 충당이 불가피하다.

기업이 타인자본을 사용하게 되면 차입자금에 대한 이자와 같이 기업의 경영성과와 무관하게 고정적으로 지급해야 하는 비용이 발생한다. 마찬가지로 기업이 고정자산을 보유하고 있거나 고정자산을 리스로 조달하는 경우에도 고정비용이 발생하게 된다.

표 3-3 손익계산서와 레버리지

결합레버리지	영업레버리지	매출액(Total Revenue) −매출원가(COGS) 매출총이익 −판매비 및 일반관리비 영업이익(EBIT)
	재무레버리지	−이자 세전이익(EBT) −법인세 세후 순이익(EAT)

그런데 이러한 고정적 비용이 존재하는 경우 매출액의 증감에 따라 이자·법인세 차감전 이익(Earning Before Interest and Tax : EBIT)이나 주당이익(Earning Per Share : EPS)은 매출액과 같은 비율로 변하지 않고 확대되어 나타나는 현상이 발생한다.

만약 기업의 모든 비용이 변동비만으로 구성되어 있다면 매출액과 총비용은 동일한 비율로 변하기 때문에 영업이익이나 주당이익은 일정한 비율로 변하게 된다. 그러나 이자비용, 감가상각비와 같은 고정비가 존재함으로써 지렛대 작용(leverage)을 일으켜 기업의 손익은 확대되어 나타난다. 이러한 고정적 비용의 존재로 인해 나타나는 손익 확대 효과를 분석하는 것을 레버리지 분석이라 한다.

2 영업레버리지 분석

(1) 영업레버리지(operating leverage)의 의미

영업레버리지는 기업의 영업비 중에서 영업활동의 정도와 관계없이 발생하는 고정 영업비의 존재로 인해 발생한다. 기업이 어떤 제품을 생산할 때 다른 기업보다 실비자산을 많이 사용한다면 그 기업은 설비자산이 적은 기업보다 고정비 비중이 높아 매출액 변동이 영업손익에 미치는 효과가 다르게 나타난다. 이와 같이 고정비의 비중이 영업손익에 미치는 효과를 영업레버리지 효과라고 한다.

이와 같이 매출액의 변화율과 영업이익의 변화율이 서로 다르게 나타나고 영업이익의 변화율이 매출액의 변화율보다 높게 나타나는 것은 매출액의 증감과 관계없이 발생하는 고정비

표 3-4 고정 영업비용과 변동 영업비용

고정 영업비용	변동 영업비용
건물과 기계의 감가상각비	직접노무비
임차료	직접재료비
경영진의 보수	판매수수료
기타 유지비용	

표 3-5 영업레버리지와 영업이익의 변화   (단위 : 억 원)

	10% 감소	현 재	10% 증가
매 출 액	450	500	550
(−) 고정비	290	290	290
(−) 변동비	180	200	220
영 업 이 익	−20	10	40
	← 300% 감소 →	← 300% 증가 →	

때문인데 매출액의 증감에 비해 영업이익이 확대되어 나타나는 현상을 영업레버리지 효과(operating leverage effect)라고 한다. 따라서 고정비를 부담하지 않는 기업에서는 영업레버리지 효과가 발생하지 않는다.

그런데 영업레버리지 효과를 각 기업의 손익분기점 분석을 통해 살펴볼 수 있다. 〈그림 3-1〉에서 어떤 기업이 제품 수요가 많아 추가인력 투입 등으로 제품 생산 단위당 변동비가 높아 이를 개선하기 위해 설비투자를 확대했다고 하자. 설비투자를 확대하면 그 기업의 고정비용은 증가하지만 단위당 변동비는 낮아진다. 설비투자 전후의 손익분기점 매출량이나 생산량이 같다고 하면 손익 분기점 매출량이나 생산량을 초과하는 경우 설비투자를 했을 때의 영업이익이 더욱 증가하는 한편, 매출량이나 생산량이 손익분기점 이하인 경우에는 영업이익이 감소하는 것을 확인할 수 있다.

이와 같이 영업레버리지 효과는 영업레버리지가 높은 기업일수록 높게 나타나고 있음을 알 수 있다. 이러한 관계를 보다 쉽게 이해하기 위해 영업레버리지도를 구하여 비교해 보자.

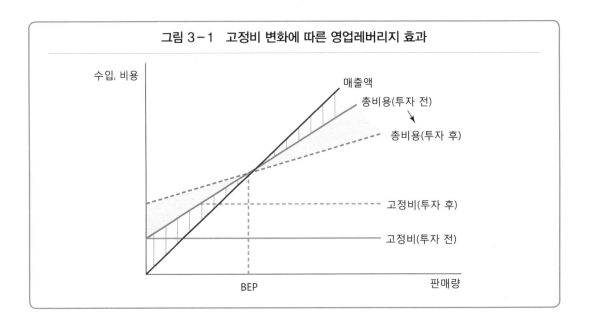

그림 3-1 고정비 변화에 따른 영업레버리지 효과

(2) 영업레버리지도(Degree of Operating Leverage : DOL)

영업레버리지도는 매출액(판매량)의 변화율에 대한 영업이익의 변화율의 비율을 말하며 아래와 같다.

$$DOL = \frac{\text{영업이익의 변화율}}{\text{판매량의 변화율}} = \frac{\dfrac{\Delta EBIT}{EBIT}}{\dfrac{\Delta Q}{Q}}$$

$\Delta EBIT$: 영업이익의 변화분

$EBIT$: 영업이익

ΔQ : 판매량의 변화분

Q : 판매량

예를 들어 어느 기업의 판매량이 500개에서 550개로 증가할 때 영업이익이 15억 원에서 18억 원으로 증가할 때 판매량이 500개일 때의 영업레버리지도는 다음과 같이 구할 수 있다.

$$DOL == \frac{\dfrac{\Delta EBIT}{EBIT}}{\dfrac{\Delta Q}{Q}} = \frac{\dfrac{(18억\ 원 - 15억\ 원)}{15억\ 원}}{\dfrac{(550-500)}{500}} = 2$$

영업레버리지도는 매출량이 1단위 변화할 때 영업이익의 변화율을 의미하므로 이 기업의 경우 매출량의 변화율에 대해 영업이익률은 2배 변화한다는 것을 의미한다.

3 재무레버리지 분석

(1) 재무레버리지(financial leverage)의 의미

재무레버리지는 기업이 경영을 위해 조달한 총자본 중에서 타인자본이 차지하는 비율을 의미한다. 결국, 재무레버리지가 큰 기업은 레버리지 비율이 높아 그만큼 타인자본 의존도가 높다는 것이다. 기업이 부채나 우선주 발행을 통해 자금을 조달하게 되면 영업이익의 유무에 관계없이 이자나 우선주 배당금과 같은 고정적 재무비용을 지급해야 한다. 이러한 재무비용으로 인해 주주에게 귀속되는 순이익 또는 주당이익이 영향을 받게 된다. 즉, 기업이 부채를 사용하는 경우 영업이익의 변화율에 대한 주당이익의 변화율은 확대되어 나타나는데 이를 재무레버리지 효과(financial leverage effect)라 한다. 이것은 영업이익의 변화가 고정 재무비용의 존재로 인해 자기자본 소유주의 이익에 미치는 영향을 분석하는 것이다.

이와 같이 고정 이자비용의 존재로 인해 EBIT의 변동보다 순이익의 변동이 증폭되는 현상이 발생하게 되며 타인자본 의존도가 크면 클수록 재무레버리지 효과는 더욱 커진다.

(2) 재무레버리지도

재무레버리지도(Degree of Financial Leverage : DFL)는 영업이익의 변화율에 대한 주당이익의 변화를 나타내는 비율이다. 영업이익은 영업레버리지에 의하여 결정되며, 영업이익 1단위의 변

표 3-6 재무레버리지와 세후 순이익(EAT)의 변화			(단위 : 억 원)
	40% 감소	현재	40% 증가
영 업 이 익	60	100	140
이 자	20	20	20
세전이익(EBT)	40	80	120
법 인 세	20	40	60
세후 순이익	20	40	60
	← 50% 감소 →	← 50% 증가 →	

화는 그대로 보통주 주주에게 귀속되는 주당이익에 반영된다. 따라서 재무레버리지도는 다음과 같이 나타낼 수 있다.

$$재무레버리지도(DFL) = \frac{주당이익의\ 변화율}{영업이익의\ 변화율}$$

$$DFL = \frac{\frac{\Delta EPS}{EPS}}{\frac{\Delta EBIT}{EBIT}}$$

$$EPS = \frac{(EBIT - I)(1 - t)}{N}, \quad 단,\ I는\ 이자비용,\ N은\ 발행주식수$$

$$\therefore \frac{\Delta EPS}{EPS} = \frac{\frac{\Delta EBIT(1 - t)}{N}}{\frac{(EBIT - I)(1 - t)}{N}}$$

$$= \frac{\Delta EBIT}{EBIT - I}$$

$$\therefore DFL = \frac{\frac{\Delta EBIT}{EBIT - I}}{\frac{\Delta EBIT}{EBIT}}$$

$$= \frac{EBIT}{EBIT - I}$$

위의 식에서도 알 수 있듯이 재무레버리지도는 타인자본 의존도가 높을수록 크고 영업이익이 커질수록 낮아진다. 재무레버리지도가 높다는 것은 영업이익이 조금만 변해도 주주에게 돌아가는 주당이익은 많이 변동하게 된다는 것을 의미한다.

재무레버리지가 높은 기업에 대해 주주들은 위험을 느끼게 되고 높은 기대수익률을 요구하게 된다. 즉, 타인자본 의존도가 높아지면 자기자본비용이 상승하는 것이다.

---

4   결합레버리지 분석

(1) 결합레버리지(combined leverage)의 의의

이 매출액의 변화가 주당이익에 어떤 영향을 미치는지를 분석하기 위해서는 영업레버리지와 재무레버리지를 동시에 분석하는데 이 두 레버리지를 결합한 것을 결합레버리지(combined leverage effect)라 한다.

(2) 결합레버리지도

결합레버리지도(DCL)는 매출액(또는 판매량)의 변화율에 대한 주당순이익의 변화율의 비율로 정의된다. 그런데 결합레버리지도는 영업레버리지도와 재무레버리지도의 합이 아니라, 두 레버리지도의 곱으로 얻어진다.

$$DCL = \frac{\frac{\Delta EPS}{EPS}}{\frac{\Delta Q}{Q}} = \frac{\frac{\Delta EBIT}{EBIT}}{\frac{\Delta Q}{Q}} \times \frac{\frac{\Delta EPS}{EPS}}{\frac{\Delta EBIT}{EBIT}}$$

$$= DOL \times DFL$$

$$= \frac{PQ - VQ}{PQ - VQ - FC} \times \frac{EBIT}{EBIT - I}$$

$$= \frac{PQ - VQ}{EBIT - I} = \frac{PQ - VQ}{PQ - VQ - FC - I}$$

위 식으로부터 영업고정비와 이자비용이 존재하는 한 결합레버리지는 항상 1보다 크다는 것을 알 수 있다. 기업의 영업고정비와 이자비용을 많이 지급할수록 결합레버리지는 커지며 기업의 주당순이익 변화율은 매출액 변화율보다 항상 확대되어 나타난다. 특히 영업고정비를 많이 지출하는 중화학공업 또는 장치산업에 속하는 기업이나 타인자본 의존도가 높은 기업은 결합레버리지도가 높다.

section 10 현금흐름 분석(Cash-flow Analysis)

현금흐름 분석이란 '현금흐름표'를 이용하여 기업 현금흐름의 내용 및 변동원인을 중심으로 기업의 재무상태를 분석하는 기법을 의미한다. 기업의 수익성이 나쁘지 않음에도 불구하고 단기적 현금흐름의 문제로 기업의 '흑자도산'할 수도 있어 현금흐름 분석은 중요하다.

현금흐름표는 일정기간 동안 현금의 조달과 운용내역을 나타내는 회계보고서로 일정기간 동안 현금조달 및 운용상황을 '영업활동', '투자활동', '재무활동' 등 3가지로 분류하여 부문별로 현금흐름에 관한 정보를 제공하고자 작성하는 재무제표의 하나이다.

재무상태표나 손익계산서에서 구할 수 없는 정보(유용성)

① 분석대상 기업의 미래 현금흐름 추정에 도움
② '당기순이익'과 영업활동에서 발생한 '현금흐름'의 차이 및 원인 파악 가능
③ 현금흐름을 부문별로 구분, 파악함으로써 실상 파악 및 중점관리 부문 파악에 도움
④ 기업의 부채상환능력 및 배당지급능력 파악
⑤ 기업의 투자활동과 재무활동을 파악함으로써 자산, 부채의 증감 원인을 구체적으로 파악

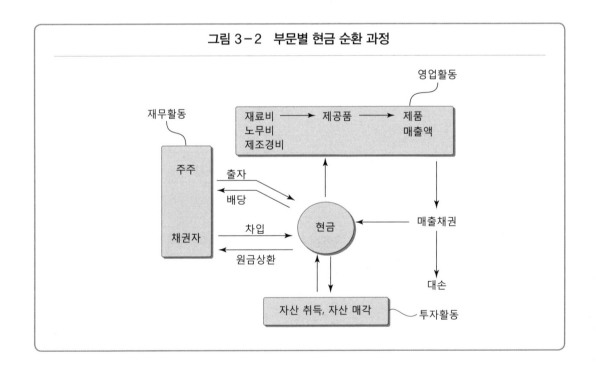

그림 3-2 부문별 현금 순환 과정

2　현금의 범위

현금의 범위는 현금 및 현금성 자산으로 정의된다.

❶ 현금 : 보유현금과 요구불예금
❷ 현금성 자산 : 유동성이 매우 높은 단기 투자자산
　→ 큰 거래비용 없이 현금화가 가능하고 가치 변동 위험이 경미한 것.
　　예) 취득 당시 만기 3개월 이내의 채권, 만기 3개월 이내의 환매채(RP) 보유

3　현금흐름표의 작성

(1) 영업활동으로 인한 현금흐름

원재료 및 상품 등의 구매활동과 제품 생산활동 및 판매활동에서 발생한 현금흐름뿐만 아니라 투자활동과 재무활동 이외의 현금흐름을 수반하는 모든 거래를 포함한다.

❶ 직접법 : 현금을 발생시키는 수익이나 비용항목을 총액으로 표시하며, 현금유입액을 원천별로 표시하고 현금유출액을 용도별로 구분하여 표시하는 방법
❷ 간접법 : 당기순이익에서 출발하여 역으로 특정 항목을 가감하는 방식을 의미
　ㄱ. 현금유출 없는 비용과 투자 및 재무활동으로 인한 손실→가산
　ㄴ. 현금유입 없는 수익과 투자 및 재무활동으로 인한 이익→차감
　ㄷ. 손익계산서에서 반영되지 않은 영업활동으로 인한 자산 및 부채의 증가 또는 감소를 가감

(2) 투자활동으로 인한 현금흐름

투자활동이란 현금의 대여와 회수활동 그리고 유가증권, 투자자산 및 비유동자산의 취득과 처분 활동을 의미한다.

표 3-7 간접법(영업활동으로 인한 현금흐름)

당기순이익

(＋)

현금유출이 없는 비용	투자와 재무활동상 손실
감가상각비	
대손상각비	유가증권 처분손실
재고자산 평가손실	설비자산 처분손실
유가증권 평가손실	

(－)

현금유입이 없는 수익	투자와 재무활동상 이익
	유가증권 처분이익
유가증권의 평가이익 등	설비자산 처분이익

(－)   (＋)

영업활동으로 인한 자산 증가 및 부채 감소	영업활동으로 인한 자산 감소 및 부채 증가
매출 채권의 증가	매출 채권의 감소
재고 자산의 증가	재고 자산의 감소
매입 채무의 감소	매입 채무의 증가 등

＝영업활동으로 인한 현금흐름

현금유입	현금유출
대여금 회수	대여금 대여
유가증권 처분	유가증권 매입
설비자산 처분	설비자산 취득

(3) 재무활동으로 인한 현금흐름

현금유입	현금유출
차입금 차입	차입금 상환
유상증자	자기주식의 취득
자기주식 처분	신주, 사채 등의 발행비용

chapter 04

주식투자

주가배수 모형에 의한 기업가치분석

현금흐름 할인 모형 등은 미래의 장기예측이 힘든 경우가 많기 때문에 실무적 대안으로 비교 가능한 유사기업들의 주가배수(price multiples)를 바탕으로 분석대상 기업의 주가를 측정한다. 이 점에서 상대가치분석(comparative analysis)모형이라고도 불린다. 미래 기업의 성장 및 이익예측에 대한 어려움을 시장에 반영된 주가를 통해 해결하려는 방법으로 P/E(순이익), P/B(순자산), P/FCF(잉여현금흐름), P/S(매출액) 등 여러 비율이 사용될 수 있다.

1 PER(Price-Earnings Ratio, 주가이익비율)

$$PER = \frac{1주당\ 가격}{주당이익}$$

여기서 주당이익(Earnings Per Share : EPS)은 순이익을 기업이 보통주 주주들에게 모두 지급한다고 가정하였을 때 보통주 1주당 분배될 수 있는 이익의 규모를 말한다. PER은 투자자들이 기업의 이익규모에 두고 있는 가치를 측정하는 지표이다. 이 지표는 기업의 장래 전망에 대한 투자자들의 신뢰도를 보여준다고 할 수 있다. 일반적으로, PER이 높을수록 투자자산의 변동성은 더욱 커지고 그 결과 투자위험도 더 높아진다.

PER이 높다는 것은 투자자들이 그 기업의 이익이 폭발적으로 성장할 것으로 기대하고 있거나, 혹은 투자자들이 어떤 이유에서건 그 기업의 주식에 크게 매혹당하고 있다는 것을 나타낸다. 기업이 이익을 전혀 내지 못하거나 실제로 손실이 발생하고 있을 때에는 주가이익비율은 아무런 의미가 없다. PER이 낮으면 투자자들이 해당 기업을 보수적이고 안전위주의 경영을 하는 회사로 인식하고 있다는 것이다.

따라서 기업의 이익은 감소하거나 이익성장률이 둔화될 것이고, 투자자들은 그 기업의 이익이나 이익 추이에 대하여 전혀 신뢰를 주고 있지 않는다는 신호로 이해할 수 있다. 혹은 투자자들이 산업이나 경제전반에 대하여 전망을 아주 어둡게 할 경우에도 PER이 낮게 나타난다. 대체로, 역사가 오래되고 보다 안전하며 더 성숙한 기업일수록 역사가 일천하고 높은 성장률을 구가하며 위험도가 높은 기업들에 비해서 PER이 더 낮게 나타난다. PER이 상승하고 있다면 그것은 보통 좋은 현상으로 받아들여진다.

이 지표가 상승하고 있는 것은 해당 기업의 이익이 감소하기 때문이 아니고 분명히 이익보다도 주가 상승이 더 클 경우에 한정되기 때문이다. 보통의 기대와는 달리 어떤 투자전략에서는 주로 낮은 PER을 가지고 있는 종목들을(저평가되었다고 판단하기 때문에) 집중적으로 투자하고, 그 대신 이 비율이 매우 높은 종목들은(고평가되었다고 판단하기 때문에) 처분(또는 공매)한다.

Gordon의 성장모형에 의하면 주식가치는 내년도에 기대되는 배당을 자본비용(k)과 성장률(g)의 차이로 할인한 값이다.

$$P_0 = \frac{D_1}{k - g}$$

P_0 : 주식의 가치

k : 주주의 요구수익률(required rate of return)

D_1 : 내년의 예상 배당액

g : 영구적인 배당성장률

만일, 주당순이익이 매년 g%씩 일정하게 성장하고 배당성향이 $(1-b)$라면 예상 배당금은 $D_1 = E_0 \times (1-b) \times (1+g)$이 된다. 이를 위 식에 대입하면

$$P_0 = \frac{E_0 \times (1-b) \times (1+g)}{k-g}, \text{ 여기서 금년도 주당순이익}(E_0)\text{으로 나누어주면}$$

$$\frac{P_0}{E_0} = \frac{(1-b) \times (1+g)}{k-g}, \text{ 또한 } E_1 = E_0(1+g)\text{이므로 } E_1 \text{ 기준으로 표시하면}$$

$$\frac{P_0}{E_1} = \frac{(1-b)}{k-g}, \text{ 성장률}(g) = b \times ROE\text{이므로 이를 달리 쓰면}$$

$$\frac{P_0}{E_1} = \frac{(1-b)}{k - b \times ROE} \text{ 으로 구성된다.}$$

그러므로 PER은

❶ 성장률 g와 (+), 자본비용 k(즉 위험)와는 (−)의 상관관계가 있음

❷ 배당성향$(1-b)$과 PER의 관계는 b가 분모와 분자에 모두 포함되어 있으므로 일정하지 않음. 만일 $ROE < k$이면 배당성향과 (+), $ROE > k$이면 배당성향과 (−)의 관계가 있음

PER 이용 시 유의할 점은

❶ PER계산식에서 분자의 주가자료는 분석 시점의 현재 주가를 사용하는 방법이 적절

❷ 분모의 EPS는 대개 편의상 최근 일정기간의 평균을 이용하지만 이론적으로는 다음기의 예측된 주당이익을 이용하는 것이 합당할 것

❸ EPS를 계산할 때 법인세비용차감전 순이익이 이용될 수 있으며, 또 발행주식수에는 전환증권의 발행 등으로 희석되는 주식수를 포함시킬 수도 있음

❹ 분모인 EPS는 회계이익으로서 기업마다 회계처리법이 상이할 경우 직접비교에 무리가 따름. 또 PER은 경기에 매우 민감하게 반응하는 문제점이 있음

---

2 PEGR

PER이 높다고 하는 것은 그 기업의 성장성이 주가에 높이 반영되어 있다는 의미이다. 마찬가지로 PER이 낮다고 하는 것도 그 기업의 성장성이 낮을 것이라는 인식이 주가에 반영되어 있다고 보는 것이 타당하다. 따라서 PER은 성장성의 지표이지 주가의 지표는 아니라 할 수 있다. 즉, PER이 낮다고 해서 향후 주가 전망이 좋다고 하는 것은 매우 피상적인 발상이라는 것이다. 당연히 성장성이 높은 업종의 주식들은 대부분 PER이 높고 성장성이 낮은 업종의 주식들은 PER이 낮게 나타나는 것이 일반적인 현상이다. 따라서 PER의 이용시 그 기업의 성장성

에 비해서 주가가 높게 혹은 낮게 평가되었는지를 판단해야 할 것이다.

이런 필요성으로 특정 주식의 PER이 그 기업의 성장성에 비해 높은지 낮은지를 판단하기 위해 고안된 지표가 PEGR이다.

$$PEGR = \frac{PER}{\text{연평균 } EPS \text{ 성장률}}$$

PEGR은 특정 주식의 PER을 당해 기업 주당순이익(EPS)의 성장률로 나누어준 수치이다. 따라서 PEGR이 낮다면 그 기업의 이익 성장성에 비해 PER이 낮게 나온 것이므로 향후 성장성이 충분히 반영된다면 그것이 주가 상승으로 이어질 가능성이 높다고 해석할 수 있을 것이다. 성장률의 계산은 주로 과거 수년간의 EPS를 이용하지만 엄밀한 의미에서는 여러 가지 분석에 의한 미래의 성장률을 추정해 내야 할 것이다.

3 PBR(또는 MV/BV 비율)

(1) PBR의 의미

PBR은 자기자본의 총시장가치를 총장부가치로 나누어 준 비율로서 주식 1주를 기준으로 표시한 주가순자산비율(PBR) 개념이다. Gordon모형으로 평가 가능한 주식의 발행주식 총수가 N이라면,

$$MV = P_0 \times N = \frac{E_0 \times (1 - b) \times (1 + g)}{k - g} \times N,$$

여기서 $ROE = \dfrac{N \times E_0}{BV}$ 이므로,

$$MV = \frac{BV \times ROE \times (1 - b) \times (1 + g)}{k - g},$$

이를 BV로 나누어 주면,

$$\frac{MV}{BV} = \frac{ROE \times (1 - b) \times (1 + g)}{k - g}$$

만일 여기서 예상 순이익을 바탕으로 ROE_1를 계산한다면

$$（즉\ ROE_1 = \frac{N \times E_1}{BV}），$$

$$\frac{MV}{BV} = \frac{ROE_1 \times (1 - b)}{k - g},$$

여기에 $g = b \times ROE_1$를 대입하여 달리 쓰면,

$$\frac{MV}{BV} = \frac{P}{B} = \frac{ROE_1 - g}{k - g}$$

그러므로 PBR은

❶ ROE와 (＋)의 관계

❷ 위험과는 (－)의 관계

❸ $ROE >$ 자본비용(k)이면 PBR은 1보다 크고 g가 높을수록 커짐

❹ $ROE <$ 자본비용(k)이면 PBR은 1보다 작고 g가 높을수록 작아짐

본래 재무상태표상에 보통주 한 주에 귀속되는 주당순자산가치가 실질적 가치를 정확히 반영하게 되면, PBR은 1이 되어야 한다. 그러나 주가와 주당순자산이 같지 않으므로 1이 안되는데 그 이유로는 다음 몇 가지 점을 들 수 있다.

❶ 시간성의 차이 : 분자의 주가는 미래 지향적인 반면에 분모의 주당순자산은 역사적 취득원가에 준하여 과거 지향적

❷ 집합성의 차이 : 분자의 주가는 기업을 총체적으로 반영한 것이지만, 분모의 BPS는 수많은 개별 자산의 합에서 부채를 차감한 것에 불과

❸ 자산 · 부채의 인식기준의 차이 : 자산이나 부채의 장부가액은 일정한 회계관습에 의하여 제약을 받을 수 있음

　　PBR을 이용하여 주식의 이론적 가치를 추정하는 방법은 PER 이용방법과 동일해, 정상적 PBR에 BPS를 곱하여 이론적 가치를 추정

$$P_0^* = PBR^* \times BPS_0$$
$$PBR^* : \text{비교 대상 기업의 정상적 주가순자산비율}$$
$$BPS_0 : \text{분석 대상 기업의 주당순자산}$$

(2) PER과의 관계

$$PBR = \frac{순이익}{매출액} \times \frac{매출액}{총자산} \times \frac{총자산}{자기자본} \times (PER) = ROE \times (P/E)$$

$$= (마진) \times (활동성) \times (자기자본비율의 역수) \times (PER)$$

즉, PBR은 PER에 기업의 마진, 활동성, 부채비율이 추가로 반영된 지표로서 자산가치에 대한 평가뿐 아니라 수익가치에 대한 포괄적인 정보가 반영된다는 점에서도 PBR 이용의 유용성이 높다.

PBR과 유사한 개념인 Tobin's Q 비율

Tobin's Q=MV(market value)÷*RC*(replacement cost)
자본의 시장가치 대 자산의 대체원가

① Tobin's Q비율은 자산의 대체원가를 추정하기 어려운 단점이 있다. 그러나 대체원가는 장부가가 아니라 자산들의 현재가치에 기반을 두고 있으므로 PBR의 문제점 중 하나인 '시간성의 차이'를 극복하고 있는 지표라 할 수 있음
② Q비율이 높을수록 투자수익성이 양호하고 경영이 효율적임
③ Q비율이 낮을수록 적대적 M&A대상이 되는 경향이 있음

---

4   EV/EBITDA 비율

순수하게 영업으로 벌어들인 이익에 대한 기업가치의 비율을 기준으로 특히 상장기업의 전체 기업가치(EV : Enterprise Value)를 추정하는 방식이다.

❶ EV는 주주 가치와 채권자 가치를 합계한 금액을 의미

EV = [주주 가치 + 채권자 가치]
EV = [주식 시가총액 + (이자지급성 부채 − 현금 및 유가증권)]

❷ EBITDA(Earnings before Interest, Tax, Depreciation and Amortization)는 이자 및 세금, 상각비 차감전 이익을 의미하며 영업이익에 감가상각비, 무형자산상각비를 더한 금액으로 계산
❸ 상장기업의 시장가치 추정 시 유사기업의 EV/EBITDA를 산출하고 이를 상장기업의 EBITDA와 비교하여 추정할 수 있음. 구체적으로,
ㄱ. (유사기업의 EV/EBITDA) × 상장기업의 EBITDA ⇒ 상장기업의 EV를 추정

ㄴ. 상장기업의 EV − {채권자 가치(이자지급성 부채 − 현금 및 유가증권)} ⇒ 예상 시가
총액 추정

ㄷ. 예상 시가총액 ÷ 공모 후 발행주식수 = 주당 가치 추정

❹ 장점 및 한계 : EV/EBITDA 방식에 의한 가치 추정은 당기순이익을 기준으로 평가하는
주가이익비율(PER) 모형의 한계점을 보완. 즉, 기업 자본구조를 감안한 평가방식이라는
점에 유용성이 있음. 또한 추정방법이 단순함. 분석기준이 널리 알려져 있고 회사 간 비
교 가능성이 높아 공시정보로서의 유용성이 큼. 그러나 시가총액의 경우 분석기준 시
점에 따라서 변동되므로 추정 시점과 실제 상장 시의 시가변동에 대한 차이를 고려하여
야 함

section 02 | EVA 모형

기업경영의 성과 또는 경영자의 성과를 평가함에 있어서 그동안 많은 사람들이 기업의 실
제가치가 아니라 장부가치인 주당순이익, 영업이익, 자기자본이익률(ROE), 또는 총자산수익률
(ROA) 등의 회계적 수치를 통상적으로 사용해 왔기 때문에 경영성과를 효과적으로 평가할 수
있는 경영지표의 개발이 요구되었다. 경영활동 전반에 관하여 재인식하는데 결정적인 기여를
한 것이 바로 80년대 후반 미국의 경영 컨설턴트회사인 Stern Stewart사가 LBO경영을 기초로
새로운 경영관리 지표로서 개발한 EVA이다.

1 | EVA의 의의

(1) EVA 정의

❶ EVA(Economic Value added : 경제적 부가가치)의 정의

$$EVA = NOPLAT - WACC \times IC = (NOPLAT/IC - WACC) \times IC$$
$$= (ROIC - WACC) \times IC = 초과수익률 \times 투하자본$$

ㄱ. *IC* : Invested Capital(영업용 투하자본)

ㄴ. *ROIC* : Return on Invested Capital(투하자본 이익률)

❷ NOPLAT(Net Operating Profit Less Adjusted Taxes : 세후 순영업이익) : 기업 본연의 영업활동에서 창출한 영업이익에서 실효 법인세를 차감한 이익.

❸ WACC＝타인자본/(타인자본＋자기자본)×타인자본비용×$(1-t)$＋자기자본/(타인자본 ＋자기자본)×자기자본비용, t＝법인세율

ㄱ. 투자자들이 제공한 투하자본에 대한 비용

ㄴ. 외부차입에 의한 타인자본비용 외에도 주주가 제공한 자기자본비용까지 포함된 가중평균 자본비용의 개념임

ㄷ. 일반적으로 자기자본은 타인자본보다 위험에 대한 프리미엄이 높기 때문에 자기자본비용은 타인자본비용보다 높게 나타남

❹ $ROIC=\dfrac{\text{매출액}}{\text{투하자본}}\times\dfrac{\text{세후 영업이익}}{\text{매출액}}$으로 분해하여 매출액이익률과 자본 회전율의 기준으로 수익성을 분석하므로 종전의 손익계산서 관리에서 벗어나 재무상태표와 손익계산서를 종합적으로 관리하게 함

❺ EVA가 (＋)이면, 현시점에서 자본제공자의 기회비용을 초과해 경제적으로 새로운 가치를 창조하였다는 것을 의미함

❻ NOPLAT과 IC의 조정을 통해 기업이 고유의 영업활동을 통해 창출한 순가치의 증분만을 측정. 수익률이 아닌 금액으로 표시함으로써 가치창조경영의 기준 지표로 사용됨

❼ EVA는 세후 순영업이익에서 투하자본에 대한 자본비용(특히 자기자본비용)을 공제한 잔여이익

❽ EVA와 당기순이익의 비교

ㄱ. 일반적으로 기업의 영업성과를 파악하기 위한 측정수단으로서는 손익계산서상의 당기순이익이 중시되었으며 이에 따라 경영자도 당기순이익의 증가에만 관심을 기울여 왔음. 그러나 손익계산서상의 당기순이익은 기업이 일정기간 동안 경영활동에 투입한 자기자본에 따른 비용은 반영되어 있지 않음

ㄴ. 기업이 당기순이익에 근거해 영업의 성과를 측정·평가하게 되면 지분투자자들의 기대수익에 미치지 못하는 당기순이익이 발생하였음에도 불구하고 긍정적인 평가를 하는 불합리한 경우가 있을 수 있음

ㄷ. 이에 반해 EVA를 영업성과의 측정도구로서 사용하게 되면 투자자들이 제공한 자본비용(타인자본비용＋자기자본비용) 이상의 이익을 실현하는 것을 기업투자의 목표로 설

정하게 됨

ㄹ. EVA는 주주자본비용의 기회비용적 성격을 명확히 설정할 수 있게 함. 아울러 세후 순영업이익에서 자본비용을 차감한 잔여이익은 기업의 최종적 위험부담자인 주주에게 귀속시킴으로써 기업재무의 궁극적인 목표인 주주 부(wealth)의 극대화로 연결시키는 도구가 됨

ㅁ. EVA는 회계관습과 발생주의 회계원칙의 결과로 산출된 회계이익이 경제적 이익을 반영하도록 수정하는 대체적 회계처리 방법을 사용함

(2) EVA와 MVA와의 관계

❶ MVA(Market Value Added : 시장 부가가치)

ㄱ. 시장에서 형성된 기업가치에서 주주와 채권자의 실제 투자액을 차감한 금액

ㄴ. MVA가 양이면 해당 기업이 추가적인 기업가치를 창출하는 것을 의미하며, 음이면 기업가치를 감소시키는 것을 의미함

❷ EVA와 MVA와의 관계

ㄱ. 주가는 미래의 모든 예상 현금흐름을 반영하므로, 효율적 시장에서는 모든 미래 EVA의 현재가치의 합계가 MVA로 나타나게 됨

ㄴ. 그러나 MVA가 미래 여러 기간에 대한 예상 초과이익의 할인가로서 주식시장의 영향을 받는 반면, EVA는 매기 초과이익을 나타내므로 경영관리분야에서 단기성과지표인 EVA가 더욱 유용한 수단이 됨

ㄷ. 기업가치는 미래 이익 흐름의 현재가치 합이며, 미래이익은 자본비용 해당 금액과 이를 상회하는 초과이익으로 분해할 수 있고, 단순화를 위해 이 금액이 영구히 지속된다고 가정하면,

$$
기업가치 = \Sigma PV(자본비용\ 해당금액) + \Sigma PV(초과이익)
$$

$$
= \left\{ \frac{IC \times k_o}{(1+k_o)} + \frac{IC \times k_o}{(1+k_o)^2} + \cdots \right\} +
$$

$$
\left\{ \frac{IC \times (ROIC - k_o)}{(1+k_o)} + \frac{IC \times (ROIC - k_o)}{(1+k_o)^2} + \cdots \right\}
$$

$$
= \frac{\dfrac{IC \times k_o}{(1+k_o)}}{1 - \dfrac{1}{1+k_o}} + \frac{\dfrac{IC \times (ROIC - k_o)}{(1+k_o)}}{1 - \dfrac{1}{1+k_o}}
$$

$$= \frac{IC \times k_o}{k_o} + \frac{IC \times (ROIC - k_o)}{k_o}$$

$$= IC + PV(\text{초과이익}) = IC + MVA$$

❸ K_0 : 가중평균 자본비용(WACC)

만약 사업에 사용되지 않는 자산이 있다면

기업가치 $= IC + MVA +$ 비사업자산가치

위의 식의 초과이익은 EVA와 같은 의미이므로, 기업가치 중 투하자본을 초과하는 부분, 즉 MVA는 미래 EVA의 현재가치의 합이 됨

☞ 초과이익의 현재가치 부분은 미래에 발생되는 추가 투자에서 창출되는 EVA를 포함함

 예시 1

▶기본형

세후 영업이익 $= 15$억 원, 자본비용 $= 12\%$, 자기자본 $= 100$억 원인 무부채기업의 EVA와 기업가치는?

$$EVA = 15 - 100(0.12) = 3\text{억 원}$$

$$\text{기업가치} = 100 + \frac{3}{0.12} = 125\text{억 원}$$

예시 2

▶비사업자산의 존재

세후 영업이익 $= 15$억 원, 자본비용 $= 12\%$, 자기자본 $= 100$억 원(사업자산 80억 원)인 무부채기업의 경우는?

$$EVA = 15 - 80(0.12) = 5.4\text{억 원}$$

$$\text{기업가치} = 80 + \frac{5.4}{0.12} + 20 = 145\text{억 원 (20억 원 증가)}$$

예시 3

▶자산재평가의 경우

세후 영업이익 $= 15$억 원, 자본비용 $= 12\%$, 자기자본 $= 100$억 원(사업자산 80억 원이 120억 원으로

자산재평가 됨)인 무부채기업의 경우는?

$$EVA = 15 - 120(0.12) = 0.6억 원$$

$$기업가치 = 120 + \frac{0.6}{0.12} + 20 = 145억 원(20억 원 증가)$$

 예시 4

▶부채의 영향

세후 영업이익 = 15억 원, 자기자본비용 = 12%, 자기자본 = 50억 원,
세후 타인자본비용 = 8%, 타인자본 = 50억 원일 경우는?

$$EVA = 15 - 100(0.1) = 5억 원$$

$$기업가치 = 100 + \frac{5}{0.1} = 150억 원$$

$$주주가치 = 150 - 50 = 100억 원$$

2 각종 경영성과지표의 비교

경영성과지표	정 의	장 점	단 점
시장부가가치 (MVA)	미래의 경제적 이익을 자본비용으로 할인한 현재가치의 합	• 회계지표의 한계극복 • 전략 및 투자결정에 유용 • 장기적 경영 가능	측정이 복잡함
경제적 부가가치 (EVA)	세후 영업이익−투하자본×자본비용	자본비용을 고려한 단기적 가치창출 계산	단기적 성과에 치중
투하자본수익률 (ROIC)	세후 영업이익÷투하자본	• 투하자본의 수익성 측정 • I/S와 B/S 모두 고려	자본의 기회비용 무시
자기자본이익률	순이익÷자기자본	주주 입장에서의 수익성 측정	영업외 활동의 영향 포함
매출액 영업이익률	영업이익÷매출액	이해하기 용이	보유자산의 활용도 무시

잉여현금흐름(FCF) 모형[1]

잉여현금흐름 접근법(Free Cash Flow method)은 미래 현금유입액 중 추가적인 부가가치 창출에 기여할 투하자본의 증가액을 차감한 잉여현금흐름으로 기업가치를 평가하는 접근법이다.

여기서 잉여현금흐름이란,

❶ 본업활동이 창출해 낸 현금유입액에서 당해연도 중 새로운 사업에 투자하고 남은 것
❷ 투하자본에 기여한 자금조달자들이 당해연도 말에 자신의 몫으로 분배받을 수 있는 총자금

따라서 사업수명기간 중 발생할 잉여현금흐름을 적절한 자본비용으로 할인하여 합산하면 새로운 투자로 순수하게 증가되는 기업가치의 증식분을 추산할 수 있다.

$$기업가치 = \sum_{t=1}^{n} PV(FCF_t) + 잔여가치의\ 현가$$

여기서, 잔여가치(terminal value)란 사업의 예측기간이 끝난 후 동 사업으로부터 지속해서 얻을 수 있는 경제적 부가가치액의 크기를 의미한다.

1 왜 잔여가치가 더해져야 하는가?

사업수명기간 동안 기대되는 미래의 모든 잉여현금흐름을 측정하여 기업가치를 평가해야 하지만 신뢰성을 유지하면서 미래를 예측하는 데는 현실적인 한계가 있으므로 편의상 예측 가능한 기간의 현금흐름과 그 이후의 현금흐름으로 구분하고 후자를 통틀어 잔여가치라 한다.

---

[1] 3절~6절의 내용은 주로 다음의 자료를 토대로 정리한 것임
강효석, 이원흠, 조장연, 「기업가치평가론 : EVA와 가치창조경영」 제3판, 홍문사, 2001.
강효석, 기본적 분석, 투자신탁협회, 2000.

기업이나 사업에 정통한 실무자들의 예측이 필요한 부분으로서 흔히 사용되는 방법은 예측 가능한 기간을 기준으로 최근 3년 혹은 5년간의 잉여현금흐름액의 평균만큼이 계속 실현될 것으로 가정한다. 또는 예후 가능한 기간의 최종 연도를 기준으로 과거 3개년 혹은 5년간의 물가상승률 혹은 해당 기업이 속한 산업평균 성장률을 고려한 성장률을 적용한다.

3   잉여현금흐름법의 계산방법

일정기간 유입되는 잉여현금흐름액의 현재가치 + 잔여가치

기업가치 $= \Sigma PV(FCF_t) +$ 잔여가치

여기서, 잔여가치(terminal value) $=$

최근 3~5년간 평균 $FCF_t \div (WACC - g)$

$WACC$: 가중평균 자본비용

g : FCF의 성장률

(1) 잉여현금흐름 측정방법

〈Ⅰ단계〉총 현금흐름 유입액

ㄱ. EBIT : 매출액–매출원가–판매비와 관리비

ㄴ. NOPLAT : $EBIT$–법인세–법인세 절감효과 + 이연법인세 증가액

   a. 법인세 절감효과 = 이자비용의 절감효과–이자수입에 대한 세금

   b. 이연법인세 증가액 = (당해연도 이연법인세대–전년도 이연법인세대)–(당해연도

                이연법인세차–전년도 이연법인세차)

   (∵ 법인세 납부이연으로 법인세액이 작게 되었다면(EBIT대비 법인세를 작게 납부

   한 것처럼 간주하여) 법인세액을 감소시켜줌)

ㄷ. 총 현금흐름 유입액 = $NOPLAT$ + 감가상각비

〈Ⅱ단계〉 투하자본 순증가액

ㄱ. 운전자본 증가액＝당해연도 순운전자본(유동자산－유동부채)

－전년도 순운전자본(유동자산－유동부채)

(∵ 본업 활동과 관련없는 유동자산과 유동부채는 제외함)

ㄴ. 시설자금 증가액＝당기 순기계설비(당기 기계설비－감가상각누계액)

－전기 순기계설비(전기기계설비－감가상각누계액)＋감가상각비

(∵본업 활동과 관련없는 시설투자는 제외함)

〈Ⅲ단계〉 잉여현금흐름 측정 : 총 현금흐름 유입액－투하자본 순증가액

(2) 잉여현금흐름 추정사례 – H사

〈Ⅰ단계〉 총 현금흐름 유입액

ㄱ. EBIT : $3,219.8 - 1,749.0 - 947.2 - 84.4 = 439.2$

ㄴ. EBIT대비 세금산출

    a. 이자수입에 대한 세금 : $2.5 \times 39\% = 1.0$

      이자비용에 대한 법인세 절감액 : $29.7 \times 39\% = 11.6$

      따라서 EBIT대비 법인세＝$158.4 + 11.6 - 1.0 = 169.0$

    b. 이연법인세대 증가액＝$203.5 - 172.0 = 31.5$

      총 현금흐름 유입액＝$NOPLAT +$ 감가상각비

$$= 439.2 - 169.0 + 31.5 + 84.4 = 386.1$$

〈Ⅱ단계〉 투하자본 순증가액

ㄱ. 운전자본 증가액＝$(760.9 - 351.7) - (702.3 - 362.7) = 69.5$

    (∵ 예제에서는 시장성 유가증권과 단기차입금을 본업 활동과 관련 없는 것으로 간주함)

ㄴ. 시설자금 증가액＝$(1,797.4 - 501.4) - (1,581.3 - 435.6) + 84.4 = 234.7$

    (∵ 예제에서는 영업권, 기타자산, 출자자산은 본업 활동과 관련 없으며 비유동자산만 관련 있는 것으로 간주함)

〈Ⅲ단계〉 총 현금흐름 유입액－투하자산 순증가액 ＝$386.1 - 69.5 - 234.7 = 81.9$

표 4-1	H사 재무상태표		(매 연도 말 기준, 단위 : 100만 달러)
	2××6	2××7	2××8
현금예금	26.6	29.0	24.1
시장성 유가증권	0.0	42.1	0.0
매출채권	143.0	159.8	173.6
재고자산	379.1	436.9	457.2
기타 유동자산	113.1	76.6	106.0
유동자산 계	661.8	744.4	760.9
기계설비	1,323.6	1,581.3	1,797.4
감가상각누계액	(371.5)	(435.6)	(501.4)
비유동자산 계	952.1	1,145.7	1,296.0
영업권	417.6	421.7	399.8
기타자산	47.3	30.0	37.2
출자자산	0.0	0.0	179.1
자산 총계	2,078.8	2,341.8	2,672.9
단기차입금	64.9	108.1	385.3
매입채무	87.1	114.4	105.2
미지급금	189.3	248.3	246.5
유동부채 계	341.2	470.7	736.9
장기차입금	273.4	282.9	174.3
기타비유동부채	66.2	80.9	92.9
이연법인세대	154.5	172.0	203.5
자본금	139.4	94.8	97.6
이익잉여금	1,077.9	1,214.0	1,365.2
해외사업환산대	26.2	26.4	2.5
자기자본 계	1,243.5	1,335.3	1,465.3
부채, 자본 총계	2,078.8	2,341.8	2,672.9

표 4-2	H사 손익계산서		(매 연도 말 기준, 단위 : 100만 달러)	

	2××6	2××7	2××8
매출액	2,715.6	2,899.2	3,219.8
이자수익	1.7	2.4	2.5
총수익	2,717.3	2,901.6	3,222.3
매출원가	1,526.6	1,621.7	1,749.0
판매비와 관리비	765.7	803.5	947.2
감가상각비	61.7	72.7	84.4
영업권이연상각비	11.0	11.0	11.0
이자비용	26.3	29.3	29.7
총비용	2,391.3	2,538.1	2,821.3
특별손익전 이익	326.0	363.5	401.0
사업구조조정특별이익	35.5	0.0	0.0
세전이익	361.5	363.5	401.0
법인세예정액	145.6	143.9	158.4
세후순이익	215.9	219.5	242.6
이익잉여금처분계산서			
전년도 이익잉여금	949.8	1,077.9	1,214.0
세후 순이익	215.9	219.5	242.6
배당금	87.8	83.4	91.4
차연도 이익잉여금	1,077.9	1,214.0	1,365.2

표 4-3	잉여현금흐름 예측표					(단위 : 100만 달러)

	2××4	2××5	2××6	2××7	2××8	비고
매출액	534	596	648	686	723	2××8년 이후 성장률 둔화 가정
(매출액 성장률)	10.5%	11.5%	8.7%	5.9%	5.5%	
(1) 영업이익	72	80	87	93	98	매출액영업이익률 13.5% 가정
(2) 법인세	29	32	35	37	39	영업이익 대비 법인세율 40% 가정
(3) 감가상각비	12	13	14	15	16	상각대상자산 대비 상각률 8% 가정
(4) 순운전자본비율	3	4	3	5	5	
(+)매출채권 증가액	4	4	4	3	3	
(+)재고자산 증가율	8	7	5	6	6	예상매출액 대비 일정 비율 가정
(-)미지급금 증가액	5	6	5	3	3	
(-)지급어음 증가액	4	1	1	1	1	
(5) 시설자금증감액 (당기감가상각비차감)	19	23	20	16	16	매출액회전율이 일정하다고 가정 하고 시설자금 추정
잉여현금흐름액	33	34	43	50	54	(1)-(2)+(3)-(4)-(5)

주) 잔여가치는 2××8년까지 5년간 FCF평균($42.8백만)이 2××9년부터 영구 발생한다고 가정

옵션모형

기업가치평가에서 옵션 개념의 활용이 중요한 이유는 다음과 같다. 즉, 현재로는 가치가 없으나 미래에 가치창출 잠재력을 포함하는 투자안의 가치는 DCF 등 전통적인 방법으로는 평가가 곤란하다. 가령, 원유 등 천연자원 개발권이나 R&D 투자, 새로운 마케팅 전략, 중도에 확대나 포기가 가능한 투자사업 등은 실물옵션(real options)을 포함하기 때문에 가치평가를 위해서는 옵션 개념으로 접근해야 할 필요가 있다. 또한, 주식가치를 측정하려면 먼저 전체 기업가치 접근법(entity approach)으로 측정한 가치를 기업이 발행한 각종 유가증권별로 배분해야 한다. 이때 보통의 부채와 자기자본 외에 중간 성격인 신주인수권, 전환사채 같은 전환증권(convertible securities)이나 스톡옵션과 같은 금융옵션의 가치평가가 선행되어야 한다.

1 옵션의 기본개념

❶ 종류 : 콜옵션(call option), 풋옵션(put option)

유로피언 옵션(European option), 아메리칸 옵션(American option)

❷ 발행조건 : 기초자산(underlying asset),

행사 가격(exercise price),

만기일(expiration date)

(1) NPV와 옵션 가치의 관계

❶ 투자결정을 더 이상 미룰 수 없는 상황에서 NPV는 옵션 가치와 같음

$$투자안의\ NPV(기업가치\ 증분) = Max[(투자안의\ 현가 - 투하자본),\ 0]$$

$$\Updownarrow$$

$$콜옵션의\ 만기\ 가치 = Max[(기초자산의\ 가치 - 행사\ 가격),\ 0]$$

❷ 반면 미래의 상황 변화에 따라 의사결정 변경이 가능한 경우 NPV법은 투자안의 실제 가치를 과소평가할 수 있음. 즉, 시간의 흐름에 따라 시장규모, 경쟁 정도 등 불확실성이 점차 해소되어 신축적으로 최선의 전략적 선택을 할 수 있기 때문에 신축성은 투자

안의 손실한도 제한, 이익창출 잠재력 제고의 효과가 있음. 이러한 투자안의 가치는 전통적 NPV에 투자를 연기할 수 있는 권리의 가치가 부가된 것이므로 옵션 접근법으로 평가해야 함

(2) 옵션 가격결정 모형

블랙－숄즈(Black & Scholes)의 유로피언 옵션 평가모형(OPM)은 다음과 같은 일련의 가정을 전제하고 있다.

❶ 옵션의 만기일까지 주식으로부터 배당지급은 없음
❷ 무위험이자율과 주식 수익률의 분산은 일정하고 안정적
❸ 주가 변동은 연속적(continuous)이며 급격한 이탈은 없음
❹ 주식 수익률은 로그 정규분포(lognormal distribution)를 따름

$$C = S_o N(d_1) - Xe^{-rT} N(d_2)$$

$$\text{여기서, } d_1 = \frac{\ln(S_0/X) + \left(r + \frac{1}{2}\sigma^2\right)T}{\sigma\sqrt{T}}$$

$$d_2 = d_1 - \sigma\sqrt{T}$$

C : 콜옵션의 현재가치

S_0 : 기초주식의 현재 가격

X : 옵션의 행사 가격

r : 연간 무위험이자율

T : 만기까지의 잔여기간(1년을 1로 표시)

$N(d)$: 누적 표준 정규분포에서 d값보다 작을 확률

e : 자연대수의 밑수(2.718...)

σ^2 : 기초주식의 연간 수익률의 분산

$\ln$: 자연대수

$N(d) = 1$이면 $C = S_o - Xe^{-rT}$, $N(d) = 0$이면 $C = 0$

$N(d)$는 만기에 콜옵션이 내가격(in-the-money)일 가능성을 의미한다. 따라서 콜옵션의 가치는 만기에 옵션 행사로 얻게 될 이득의 현재가치를 옵션이 행사될 확률로 조정한 셈이 된다.

(1) 신주인수권의 가치평가

기존의 발행주식수를 m, 신주인수권을 한꺼번에 행사할 경우 새로 발행되는 주식 수를 n 이라고 하고 신주인수권의 행사 가격을 X라고 하자. 전체 신주인수권 소유주가 기업에 $n \cdot X$만 큼의 현금을 지불하고 신주인수권을 행사하면 그들은 기업에 대해 α만큼의 지분율 $\left(\alpha = \dfrac{n}{m+n}\right)$ 을 확보하게 된다. 부채가 없다고 가정하고 기업가치를 V라고 하면 전체 신주인수권자는 $n \cdot X \cdot (1-\alpha)$만큼의 대가를 치르고 $\alpha \cdot V$를 얻는 셈이다. 따라서 블랙−숄즈의 OPM에서 기초자 산의 현재가치가 $\alpha \cdot V$, 행사 가격이 $n \cdot X \cdot (1-\alpha)$이며 T는 신주인수권의 만기일인 경우에 해 당한다. σ^2은 엄밀하게는 주식과 신주인수권을 포함한 가치, 즉 자기자본가치의 분산이지만 개략적으로 주식 수익률의 분산을 사용한다.

예시

비상장회사인 □□기업은 현재 90만 주의 보통주와 10만 주의 신주인수권을 발행한 상태이다. 신 주인수권의 만기일은 3년이고 각 신주인수권은 만기일에 행사 가격 10,000원에 보통주 1주와 교환 될 수 있다. 만기일까지 배당은 지급하지 않을 예정이며 FCF로 측정한 동사의 기업가치는 200억 원 으로 추정되고 부채총액은 40억 원이다. 연간 무위험이자율은 10%이고 자산가치의 변동성(σ^2)은 15%이다. 블랙−숄즈 OPM을 이용한 신주인수권의 평가가치는?

블랙−숄즈의 OPM을 실증 분석한 결과에 의하면 대체로 옵션만기가 길고 외가격(out of the money)일수록 실제 가격보다 과대평가하는 경향이 있다. 신주인수권은 대개 일반 옵션보다 만기가 길고 발행 당시의 주가보다 행사 가격이 높게 정해지기 때문에 OPM으로 평가한 가치가 과대평가될 가능성이 있다.

표 4-4	OPM에 의한 신주인수권의 가치 계산	

옵션변수	변수값	계산내역
S	16억 원	$\alpha \times$자기자본가치$=0.1(200-40)$
X	9억 원	$(1-\alpha) \times$총행사 가격$=0.9 \times 10,000 \times 10$만
r	10%	연이율
T	3년	만기일
σ^2	15%	자산가치의 변동성
d_1	1.640	$\{\ln(16/9)+(0.1+0.5 \times 0.15) \times 3\} \div \sqrt{0.15 \times 3}$
d_2	0.970	$d_1 - \sigma\sqrt{T}$
$N(d_1)$	0.950	
$N(d_2)$	0.834	
총신주인수권가치	9.64억 원	$16(0.950)-9e^{-0.1 \times 3}(0.834)$
총주식가치	150.36억 원	$160-9.64$
단위 신주인수권 가치	9,640원	9.64억 원/10만 주
보통주 주당 가치	16,700원	150.36억 원/90만 주

주 1) α는 신주인수권 행사 시 취득 지분율로, 10만/(90만+10만)임
  2) σ^2는 자기자본 가치의 변동성이 원칙이지만 자산가치의 변동성으로 대신함

(2) 스톡옵션의 가치평가

❶ 현행 기업회계기준

매기말 비용처리 ⇒ 회계상 수익악화

스톡옵션 비용＝(옵션 행사 가격－주가)×스톡옵션 주식수

☞ 미국의 경우 스톡옵션 비용을 매기말 회계처리하지 않고 재무제표의 각주사항으로 표기하므로 숨겨진 비용이 큼

❷ 스톡옵션 비용의 공정한 평가방법은?

스톡옵션제도의 도입이 오래된 기업일수록 평가 시점에는 행사 가격과 만기가 다른 여러 종류의 스톡옵션이 발행되어 있는 상태일 가능성이 많음. 또한 스톡옵션이 행사될 경우 주식수 증가로 인한 희석효과가 발생. 따라서 평가대상 옵션을 일단 유로피언 콜옵션으로 간주하여 블랙숄즈모형으로 평가한 후 일반옵션과 스톡옵션의 차이를 조정함

예시

▶ 평가대상

    어느 미국회사의 재무제표 주석사항에 표기된 행사 가격 범위 $59.6~87.3에 속한 6,100만 개 스톡 옵션 주가 $105.4, 행사 가격(가중평균)＝$64, 만기일 6.5년, R_f＝5.7%, σ＝32%

  ① B−S OPM에 의한 콜옵션 가치 계산 : $65.6

  ② 종업원 이직 비율 고려하여 옵션이 완전 부여되는(vested) 시점의 실제 옵션수 예측 : 연평균 3.4%가 이직하고 1.5년 후에 완전 부여될 것이므로,

$$6,100 \times (1-0.034)^{1.5} = 5,790만 개$$

  ③ 옵션 행사로 인한 희석효과 조정 : 1/{1＋(스톡옵션 수/만기 행사 시 총주식 수)}

$$\$65.6 \times [1/\{1+(6,100/281,200)\}] = \$64.2$$

    총 가치 ＝ $64.2×5,790만 ＝ $37.2억

  ④ 법인세 감면 효과 고려 : 옵션 내재가치만큼 비용처리 인정한다면,

$$\$37.2억 \times (1-0.35) = \$24.2억$$

01 다음 중 가치평가에 관한 기본적 개념에 관한 설명으로 옳지 않은 것은?

① 일반적으로 자산의 가치는 해당 자산의 수명이 다할 때까지 발생시킬 것으로 예상되는 미래 기대이익에 기초한다.

② 자산의 가격은 그 자산이 가지고 있는 가치보다 높을 수도 있고 낮을 수도 있다.

③ 투자자산의 가치를 평가할 때 가장 먼저 해야 할 일은 해당 자산에 대한 수요를 파악하는 일이다.

④ 증권시장이 효율적이라면 유가증권의 가격은 가치를 제대로 반영할 것이므로 가격과 가치는 동일하게 된다.

02 어떤 사람은 1,000만 원을 연리 12%에 3년 동안 빌리려고 한다. 이 돈은 앞으로 매 반기마다 한번씩 6회에 걸쳐 같은 금액을 분할상환하도록 되어 있다. 이 경우 차입자가 매 반기마다 지불해야 하는 금액은?

① 2,033,626원　　② 2,963,849원　　③ 4,163,582원　　④ 7,117,415원

03 한국보험회사는 1년에 1천만 원씩 7년간 불입하면, 그 후 매년 1천만 원씩 영구히 지급하는 상품을 개발하였다. 이때 이 상품에 적용되는 이자율은?

① 9.75%　　② 7.80%　　③ 14.35%　　④ 10.41%

해설

01　③ ①번, ②번, 그리고 ④번에 대한 설명은 필요 없을 것이다. 다만 ③번에 대해서 틀린 점을 지적하면 다음과 같다. 투자자산의 가치를 평가할 때 최우선적으로 지켜야 할 원칙으로는 해당 투자자산의 특성을 잘 파악하는 일이 된다. 투자자로서 유가증권에 관심이 있든 투자사업에 관심이 있든 불문하고, 해당 투자자산이 적절한 보상을 가져다 줄 것인가와 투자위험의 원천 및 수준을 알아내는 것이 무엇보다 중요하다.

02　① 매 반기마다 분할상환하도록 되어 있으므로, $r=6\%$이고 $n=6$.
따라서 1,000만 원 $= A \cdot \dfrac{(1+0.06)^6 - 1}{0.06} \cdot \dfrac{1}{(1+0.06)^6}$
그러므로, $A = 2,033,626$원

03　④ 7년간 연금의 7년 후 가치＝7년 이후 영구 연금의 7년 후 가치
$1,000\left\{\dfrac{(1+r)^7 - 1}{r}\right\} = \dfrac{1,000}{r}$
$(1+r)^7 - 1 = 1$
$(1+r)^7 = 2$
$r = \sqrt[7]{2} - 1 = 0.1041$

04 ○○은행은 5년 만기 금전신탁을 권유하면서 두 가지 대안을 제시하고 있다. 첫 번째 대안은 투자액 1,000만 원에 대해 연 12%(분기마다 이자계산)의 이자를 지급해 주는 조건이며, 두 번째 대안은 연 13%의 이자를 1년마다 복리로 지급해 준다고 한다. 두 대안의 5년 후 미래가치는?

① 대안 1:1,806원 대안 2:1,896원
② 대안 1:1,806원 대안 2:1,842원
③ 대안 1:1,762원 대안 2:1,842원
④ 대안 1:1,762원 대안 2:1,896원

05 개인투자자인 박 과장은 현재 연 12% 시장이자율의 정기예금에 불입되어 있는 자신의 자금으로 채권에 대한 투자를 고려 중이다. 현재 어느 기업이 발행하는 채권은 만기 2년, 액면가 100,000원, 표면이자율 10%, 액면가 발행조건이며, 이자는 반년 단위로 지급된다고 한다. 다음의 설명 중에서 적절하지 않은 것은?

① 이 채권의 유효수익률은 10% 이상이다.
② 액면발행이므로 만기수익률은 12%가 된다.
③ 이자와 원금의 현금흐름은 6%로 할인해야 한다.
④ 이 채권은 과대평가되어 있으므로 투자하지 않는 것이 좋다.

04 ② 대안 2의 5년 후 미래가치: $1,000(1+0.13)^5 \simeq 1,842$원

05 ② ①, ② 액면발행의 경우 년간 1회의 이자지급 시 채권의 만기수익률은 표면이자율과 같으나 연간 이자지급 횟수가 증가하면 만기수익률은 표면이자율보다 상승하며, 만기수익률은 채권의 유효수익률과 일치한다.

유효수익률 $= r_e = \left(1+\frac{r}{m}\right)^m - 1 = \left(1+\frac{0.1}{2}\right)^2 - 1 = 10.25\%$

③, ④ 이 채권을 매입하는 경우 얻을 수 있는 현금흐름은 김씨의 기회비용인 12%로 할인해야 하며, 반년 단위로 지급되는 5,000원의 금액을 6개월 이자율인 6%로 할인하게 된다.

$B_0 = \dfrac{5,000}{1+0.06} + \dfrac{5,000}{(1+0.06)^2} + \dfrac{5,000}{(1+0.06)^3} + \dfrac{5,000}{(1+0.06)^4} = 96,534.89$원

현재 시장이자율인 정기예금 이자율이 12%이므로 연 10%의 이자를 지급하는 이 채권은 할인발행되어야 하는데 액면발행이라 과대평가되어 있으므로 투자해서는 안 된다.

06 ○○기업(주)의 주식은 1년 후 1,000원, 2년 후에는 1,400원, 3년 후부터는 1,500원씩의 배당이 매년 주어질 것으로 기대된다. 이 주식의 할인율이 15%인 경우 시장이 균형인 상태에서 선봉기업(주)의 주가는?

① 11,791원　　　　　　　　　　② 9,490원

③ 10,000원　　　　　　　　　　④ 11,400원

07 ○○산업(주)은 다음 회계연도의 EPS가 5,000원으로, 유보이익의 재투자수익률은 15%로 기대하고 있다. 시장에서 무위험수익률이 5%, 시장수익률이 10%, 그리고 신진산업(주)의 주식의 베타계수는 2.2이다. 고든모형에 따른 신진산업(주) 주식의 가치가 30,000원이라고 할 때 유보비율은?

① 30%　　　　　　　　　　　② 35%

③ 40%　　　　　　　　　　　④ 45%

06 ② 기본적으로 주식의 가치는 주식의 보유로부터 유입되는 현금흐름(배당과 자본이득)을 주주의 요구수익률(=자기자본비용)로 할인한 현재가치와 같다. 이 기업의 기대배당액을 표시하면 다음과 같다.

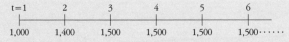

t=1	2	3	4	5	6
1,000	1,400	1,500	1,500	1,500	1,500······

3년 후부터 매년 현금흐름(=배당액)이 1,500원씩 영구히 유입되므로

P_2는 영구연금의 현재가치와 같다. 즉 $P_2 = \dfrac{A}{r} = \dfrac{1,500}{0.15} = 10,000$원.

따라서 $P_o = \dfrac{1,000}{(1+0.15)} + \dfrac{1,400}{(1+0.15)^2} + \dfrac{10,000}{(1+0.15)^2} = 9,489.6$원이다.

07 ③ $k_e = E(R_i) = R_f + [E(R_M) - R_f]\beta_i = 0.05 + (0.1 - 0.05) \times 2.2 = 0.16$

유보율을 b라 하면 $P_o = \dfrac{D_1}{k_e - g} = \dfrac{5,000(1-b)}{0.16 - 0.15b} = 30,000$원

∴ $b = 0.4$

08 다음 설명 중에서 옳지 않은 것은?

① 주당순이익(EPS)이 크면 클수록 주식의 가격이 높은 것이 보통이다.

② 주가이익비율(PER)이 높다면 주당순이익은 평균 수준인데 주가가 높아서인 경우와 주가는 평균 수준인데 주당순이익이 너무 낮은 경우 두 가지로 볼 수 있다.

③ 주가순자산비율(PBR)에서는 주가를 1주당 순자산으로 나누게 된다.

④ 주가이익비율(PER)이 높은 경우에도 주가현금흐름비율(PCR)이 낮으면 해당 주식에 대한 주가의 과대평가의 가능성이 높다.

09 ○○무역(주)에 대한 다음의 자료를 이용하여 ○○무역(주)의 주가는?

배당성향＝30%,	당기의 주당배당액＝600원
자기자본회전율＝9.0,	순이익률＝2.0%
요구수익률(ke)＝16.4%	

① 16,856원   ② 17,779원

③ 18,864원   ④ 19,737원

해설

08 ④ ① 일반적으로, 주당순이익이 크면 클수록 주식의 가격이 높게 결정된다.

② PER이 높은 경우, 그것은 EPS는 평균 수준인데 주가가 높은 경우와 주가는 평균 수준인데 EPS가 너무 낮은 경우의 두 가지로 생각해 볼 수 있다.

③ 주가순자산배율(PBR)에서는 주가를 1주당 순자산으로 나누어 산출된다.

④ PER이 높은 경우, 만일 주가현금흐름비율이 낮다면 그것은 해당 주식에 대한 주가의 과소평가의 가능성이 있다고 판단된다.

09 ② Gordon의 항상 성장모형에 의한 주식 가치는 $P_o = \dfrac{d_1}{k_e - g}$ 이므로 주어진 자료를 통해 d_1, k_e, g를 구해야 한다.

  1) $g = b \cdot r$에서, 배당성향＝1−b＝0.3, b＝0.7

$$\text{자기자본회전율} = \frac{\text{매출액}}{\text{자기자본}}, \text{순이익률} = \frac{\text{순이익}}{\text{매출액}}, \text{그리고}$$

$$\text{자기자본이익률} = \frac{\text{순이익}}{\text{자기자본}} \text{이므로,}$$

재투자수익률(r)＝자기자본이익률(ROI)

      ＝자기자본회전율×순이익률＝9.0×0.02＝0.18

∴ g＝0.7×0.18＝0.126

  2) $d_1 = d_0(1+g) = 600(1+0.126) = 675.6$원

따라서 $P_o = \dfrac{d_1}{k_e - g} = \dfrac{675.6}{(0.164 - 0.126)} = 17,779$원

10 ○○테크㈜는 적정 부채 수준을 결정하는 데 이자보상비율(ICR)을 이용하고 있다. 이 회사가 생각하는 적정 이자보상비율은 7.0이며, 내년도의 영업이익은 1억 4천만 원으로 기대되고 있다. 현재 이 회사의 부채규모는 1억 원이고 부채비용은 10%이며, 앞으로도 동일한 이자율에 차입할 수 있을 것으로 보인다. 이 회사가 내년에 추가적으로 이용할 수 있는 부채규모는?

① 1억 원   ② 1억 5천만 원
③ 2억 원   ④ 2억 5천만 원

11 다음 중 총자산수익률(ROA)에 대한 설명으로 옳은 것은?

① 순이익률×총자산회전율   ② 총자산회전율÷순이익률
③ 자기자본이익률÷자기자본비율   ④ 자기자본비율÷자기자본이익률

12 다음 중 기업의 총자산수익률(ROA) 및 자기자본이익률(ROE)에 대한 설명으로 옳지 않은 것은?

① 순이익이 일정한 상태에서 총자산이 증가하면 ROA는 감소한다.
② 매출액순이익률이 일정한 상태에서 총자산회전율이 증가하면 ROA는 감소한다.
③ 자기자본비율이 일정한 상태에서 ROA가 증가하면 ROE도 증가한다.
④ ROA가 일정한 상태에서 자기자본비율이 증가하면 ROE는 감소한다.

해설

10 ① 이자보상비율 $= \dfrac{\text{이자 및 세전이익}}{\text{이자비용}} = \dfrac{140,000,000}{\text{이자비용}} = 7$이므로
이 회사가 내년에 부담할 수 있는 이자비용은 20,000,000원이다.
∴ 추가 이자비용 $= 20,000,000 - (0.1)(100,000,000) = 10,000,000$원이다.

추가 부채규모 $= \dfrac{10,000,000}{0.1} = 100,000,000$원

11 ① 총자산수익률 $= \dfrac{\text{당기순이익}}{\text{총자산}} = \dfrac{\text{당기순이익}}{\text{매출액}} \times \dfrac{\text{매출액}}{\text{총자산}}$
$= \underset{\text{수익성비율}}{\text{순이익률}} \times \underset{\text{활동성비율}}{\text{총자산회전율}}$

12 ② ① $ROA = \dfrac{\text{당기순이익}}{\text{총자산}}$
∴ 총자산 증가 → ROA 감소
② $ROA = $ 매출액순이익률×총자산회전율
∴ 총자산회전율 증가 → ROA 증가
③, ④ $ROE = \dfrac{ROA}{\text{자기자본비율}}$
∴ ROA 증가 → ROE 증가, 자기자본비율 증가 → ROE 감소

13 2××8년 12월 31 현재 □□기업(주)의 주주의 지분계정이 다음과 같으며, 주식의 시장가치가 주당 20,000원이고 *EPS*가 3,000원이다.

보통주(액면가 5,000원)	125,000,000원
자본잉여금	80,000,000원
유보이익	225,000,000원
총주주지분	430,000,000원

　　□□기업(주)은 주당 2,000원의 현금배당을 실시하는 방안과 동일한 자금으로 자사주를 매입하는 방안을 고려하고 있다. □□기업(주)이 현금배당을 실시하는 경우와 자사주를 매입하는 경우 EPS는?

	현금배당 후 EPS	자사주 매입 후 EPS
①	1,000원	3,000원
②	1,000원	3,333원
③	3,000원	3,333원
④	3,000원	3,000원

14 어떤 회사의 자기자본의 장부가치는 200만 원이고, 발행주식수는 80주이며, 주가 대 장부가치비율은 2이다. 이 회사의 1주당 주가는?

① 25,000원　　　② 40,000원　　　③ 50,000원　　　④ 60,000원

해설

13 ③ 1) 현금배당은 기업의 당기순이익과 발행주식수에 아무런 영향을 미치지 못하므로 현금배당 전·후의 *EPS*는 다음과 같이 동일하다.

현금배당 전·후의 $EPS = \dfrac{당기순이익}{발행주식수} = \dfrac{3,000 \times 25,000}{25,000} = 3,000원$

$(발행주식수 = \dfrac{보통주자본금}{액면가} = \dfrac{12,500만\ 원}{5,000원} = 25,000주)$

2) 먼저 자사주를 매입할 경우 매입 가능한 자사주의 수를 구하면

자사주매입량 $= (2,000원 \times 25,000주) \div 20,000원 = 2,500주$

$\therefore$ 자사주매입 후 $EPS = \dfrac{당기순이익}{자사주매입후 \ 남은 \ 주식수}$

$= \dfrac{3,000 \times 25,000}{25,000 - 2,500} = 3,333원$

14 ③ $P_o = PBR \times BPS$이고, $PBR = 2$, $BPS = \dfrac{2,000,000}{80} = 25,000원$이므로

$P_o = 2 \times 25,000 = 50,000원$

15 다음 설명 중 옳은 것은?

① 항상 성장모형(고든모형)에서 요구수익률이 클수록 주가는 상승한다.

② 배당수익률(dividend yield)이 크다는 것은 주가가 높다는 것을 의미한다.

③ 주가이익비율(PER)은 기대되는 배당성향이 클수록 작아진다.

④ 주가순자산비율(PBR)은 기업의 마진, 활동성, 부채레버리지, 기업 수익성의 질적 측면 (PER) 등이 반영된 지표이다.

16 다음 중 경제적 부가가치(EVA)에 대한 설명으로 옳지 않은 것은?

① 경제적 부가가치는 매출액이나 당기순이익에 비해 기업가치의 극대화 목표에 보다 적합한 경영지표가 될 수 있다.

② 경제적 부가가치는 세후 영업이익에서 자본비용을 차감한 잔액을 말하며, 여기서 자본비용은 투자자들이 제공한 투하자본에 대한 비용을 의미한다.

③ 경제적 부가가치는 기업의 가중평균 자본비용(WACC)을 초과하는 투자수익률(ROIC)에 투하자산을 곱하여 계산한다.

④ 경제적 부가가치를 높이기 위해서는 무엇보다 자본비용을 최소화시키는 것이 가장 중요하다.

해설

15 ④ ① 항상 성장모형(고든모형)에서 요구수익률이 클수록 주가는 하락한다.
② 주가가 높으면 배당수익률은 작아진다.
③ 주가이익비율(PER)은 기대되는 배당성향이 클수록 커진다.
④ 주가순자산비율(PBR)은 기업의 마진, 활동성, 부채레버리지, 기업 수익성의 질적 측면(PER) 등이 반영된 지표로서 자기자본이익률(ROE)과 주가이익비율(PER)의 곱으로 표시된다.

16 ④ EVA는 회계상의 세후 영업이익에서 자본비용을 차감한 잔액을 말하며, 현금흐름의 현재가치에 의한 투자수익이 자본비용을 초과하는 크기의 합으로 계산된다. 이처럼 EVA는 매출액, 당기순이익 또는 자기자본이익률(ROE) 등과 같은 전통적인 회계학적 성과측정지표와는 달리 자본조달의 대가를 명시적으로 고려하고 있으며, 재무제표상의 순이익이 경제적 이익을 반영하도록 수정한다는 점에서 기업가치의 극대화 또는 주주들 부의 극대화 목표에 적합한 경영지표이다.

$$EVA = 세후 영업이익 - 총자본비용$$
$$= 세후 영업이익 - (타인자본비용 + 자기자본비용)$$
$$= 세후 영업이익 - (WACC \times 투하자본)$$
$$= \left(\frac{세후 순영업이익}{투하자본} - WACC \right) \times 투하자본$$
$$= (ROIC - WACC) \times 투하자본$$

17 △△무역의 총자본은 타인자본 40%와 자기자본 60%로 구성되어 있으며 타인자본의 조달비용은 12%, 자기자본의 기회비용은 15%로 추정되고 있다. △△무역의 회계자료가 다음과 같고 법인세율이 30%일 때, △△무역의 EVA는?

매출액	2,900(백만 원)
영업비용	2,600
당기순이익	200
영업활동에 대한 투하 금액	2,800
업무용 운전자본	600
순유형자산	1,700
순기타자산	500
영업활동에 의한 현금흐름	(400)

① −136.08백만 원　　　　　　　　② −176.40백만 원

③ −300.00백만 원　　　　　　　　④ −400.00백만 원

18 새로운 투자안에 따른 세후 영업현금흐름과 회계상 이익 간의 관계는 다음과 같이 나타낼 수 있다.

$$세후\ 영업현금흐름 = 회계상\ 이익 + (a)$$

(a)에 들어갈 적절한 내용은? (단, ㉠ 자본조달에 따른 이자비용은 없는 것으로 간주. ㉡ 감가상각비증분 ΔD, 법인세증분 ΔT, 세율 t)

① ΔD　　　　② $\Delta D + T$　　　　③ ΔDt　　　　④ $\Delta D(1+t)$

17 ① $EVA = 세후\ 영업이익 - 자본비용 = EBIT(1-t) - WACC \cdot I$이므로
먼저,
- $EBIT = 매출액 - 영업비용 = 2,900 - 2,600 = 300$(백만 원)
- 가중평균 자본비용($WACC$)은 법인세가 존재할 경우 다음과 같다.

$$K_o = K_e \cdot \frac{K}{S+B} + K_d(1-t) \cdot \frac{B}{S+B}$$
$$= (0.15 \times 0.6) + 0.12 \times (1-0.3) \times 0.4$$
$$= 0.1236$$

- 영업활동에 대한 투하금액(I)은 업무용 운전자본, 순유형자산, 순기타자산을 합한 2,800백만 원이다.
∴ $EVA = 300 \times (1-0.3) - 0.1236 \times 2,800 = -136.08$(백만 원)

18 ① : 새로운 투자안에 따른 회계상 이익과 세후 영업현금흐름은 다음과 같다.
ⅰ) 회계상 이익 $= (\Delta R - \Delta C - \Delta D)(1-t)$
ⅱ) 세후 영업현금흐름 $= \Delta R - \Delta C - \Delta T = \Delta R - \Delta C - (\Delta R - \Delta C - \Delta D)t = (\Delta R - \Delta C)(1-t) + \Delta Dt = (\Delta R - \Delta C - \Delta D)(1-t) + \Delta D$
ⅰ)과 ⅱ)에서 세후 영업현금흐름 $=$ 회계상 이익 $+$ 감가상각비

19　어느 투자자는 △△기업(주)에 대하여 배당성장률을 추정하려고 한다. 작년의 매출액은 150억 원이었고, 매출액순이익률은 12%이었으며, 작년의 주당이익은 1,000원이었다고 한다. 또한 같은 기간에 대한 1주당 배당금은 400원이었고, 자기자본의 장부가치는 모두 100억 원이었다. 이 회사의 배당성장률은?

20　△△바이오(주)는 2××8년에 2조 3천억 원의 수입이 예상되며, EBIT 3천억 원, 장부상 자산가치는 1조1천억 원, 자기자본의 장부가치는 5천 8백억 원이었다. 한편 이자비용은 1천 5백억 원으로 예상되었다. 장기적으로 이 회사의 예상 수익 증가율은 저가 제약을 중심으로 5% 정도씩 성장할 것으로 추정되었다. 만약 베타계수가 1.25로 측정되고 세율이 40%, 당시 10년 만기 국채수익률이 6%, 그리고 시장의 평균 위험 프리미엄이 3.5%라고 하면 이 회사의 MV는?

21　이자를 단리로 계산할 때와 복리로 계산할 때, 현재의 10,000원을 2년 후의 가치로 환산하면 각각 얼마인가?(단, 이자율은 연 10%이고, 1년에 한 번씩 이자계산을 한다고 가정)

정답

19　유보비율=1−배당성향=1−400/1000=0.6
순이익률=당기순이익/매출액×100
0.12=X/150억 원. 따라서 X=18억 원
∴ 당기순이익은 18억 원이다.
ROE=당기순이익/자기자본=18/100=0.18
g=유보비율×ROE이므로 g=0.6×0.18=0.1080
따라서 성장률은 10.8%이다.

20　자기자본의 총시장가치=9천 570억 원
예상순이익=($EBIT$−이자비용)×(1−법인세율)=(3천억 원−1천5백억 원)×(1−0.4)=9백억 원
ROE=9÷58=15.52%
k=7%+1.25(3.5%)=11.375%(CAPM 이용)

$$\frac{MV}{BV}=\frac{ROE-g}{k-g}=\frac{0.1552-0.05}{0.11375-0.05}=1.65$$

그러므로 예상 $MV=BV\times\frac{MV}{BV}=58\times1.65=95.7$(백억 원)

21　• 단리계산 시 : $P_2=P_0(1+2r)=10,000\{1+2(0.1)\}=12,000$원
• 복리계산 시 : $P_2=P_0(1+r)^2=10,000(1+0.1)^2=12,100$원
재무관리에서는 복리계산을 가정한다.

22 ○○은행의 5년 만기 정기예금은 연 16%의 이자율이 적용된다. 실제로 이 은행은 매 분기 마다 이자를 지급한다. 이 정기예금의 유효이자율(effective interest rate)은?

23 연간 성장률이 9%라고 가정하고, 매출액이 10억 원에서 20억 원으로 2배가 되는데 걸리는 기간은?

24 ○○기업(주)의 현재 연간 매출액은 200억 원이다. 이 기업에서는 앞으로 3년 만에 연간 매출액이 280억 원에 이를 것으로 내다보고 있다. 이 사실로 미루어 앞으로 3년 동안 이 회사의 연평균 성장률은?

25 어느 투자자는 다음의 두 채권을 매입하여 포트폴리오를 구성하려고 한다. 이 채권 포트폴리오의 만기수익률은?

채 권	연간 이자액	액면가	만기수익률	만기
1	85,000원	100만 원	10%	2년
2	0원	100만 원	9%	1년

22 은행에서 제시하는 이자율은 연 16%이나 이자가 분기별로 지급되므로 실제로 이 예금에 가입한 경우에 받을 수 있는 연 이자율은 16%보다는 높다.

유효이자율을 r_e이라고 하면, $(1+r_e) = \left(1 + \dfrac{r}{m}\right)^m$

$(1+r_e) = \left(1 + \dfrac{0.16}{4}\right)^4$, $r_e = (1+0.04)^{20} - 1 = 0.1699$

23 20억 원 = 10억 원 $(1+0.09)^n \Rightarrow 1.09^n = 2$
따라서 $n(\log 1.09) = \log 2 \Rightarrow n = 8$(년)

24 280억 원 = 200억 원 $(1+g)^3 \Rightarrow (1+g)^3 = 1.4$
그러므로 $g = (1.4)^{\frac{1}{3}} - 1 = 0.1187$

25 채권 1: $P_0 = \dfrac{85,000}{(1.10)^1} + \dfrac{85,000 + 1,000,000}{(1.10)^2} = 973,967$(원)

채권 2: $P_0 = \dfrac{1,000,000}{(1.09)^1} = 917,431$(원)

따라서 채권 1과 채권 2의 총가치는 973,967원 + 917,431원 = 1,891,398원이다. 현금의 유출과 유입을 같게 하여 주는 할인율이 곧 만기수익률이므로 다음과 같이 식을 세운다.

$1,891,398 = \dfrac{1,085,000}{(1 + YTM)} + \dfrac{1,085,000}{(1 + YTM)^2}$

이 식을 풀어 만기수익률을 구하면, $YTM = 0.09716$

26 어느 투자자는 그가 매입하고자 하는 종목 D의 가치를 산정해보고자 한다. 그 주식은 현재 주당 50,000원에 거래되고 있으며, 1주당 배당금은 2,000원이다. 그리고 이 회사의 현재 주당이익은 3,000원이라고 한다. 올해 말의 예상 주당이익은 4,000원이며, 배당성향은 일정하다. 주식의 보유기간은 1년, 주주들의 요구수익률은 15%, 배당수익률은 5%, 그리고 거래비용이 없다고 가정하자. 주식 D의 가치는? 그 투자자는 이 주식을 매입하여야 하는가?

27 어느 주식의 현재 가격이 26,250원이라고 하며, 항구적인 성장률은 연 5%로 추정되고 있다. 현재의 배당금은 1주당 1,000원이다. 이러한 주가를 정당화시켜주는 요구수익률은?
(단, 가정이 필요할 경우 분명하게 밝혀야 함)

28 다음은 ○○음료㈜의 재무상태표에 관한 자료의 일부이다.

총자산	10,000,000,000원
외상매입금	2,000,000,000
지급어음(8%)	1,000,000,000
회사채(10%)	3,000,000,000
보통주	1,000,000,000
주식발행초과금	500,000,000
유보이윤	2,500,000,000
부채 및 자기자본의 합계	10,000,000,000

이 회사의 매출액이 200억 원이고, 순이익률(NPM)이 3%라면, 이 회사의 자기자본이익률 (ROE)은?

정답

26 $P_0 = 50,000$, $D_0 = 2,000$, $EPS_0 = 3,000$, $EPS_1 = 4,000$
보유기간 1년, $k = 15\%$, 배당수익률 = 5%, 배당률 = 0.66667(= 2,000/3,000), $D_1 = 2,666.68 (= 4,000 \times 0.66667)$

배당수익률 = $\dfrac{D_1}{P_0}$ 이므로, $\dfrac{2,666.68}{P_0} = 0.05$

그러므로 $P_0 = 53,333.6$(원)이다. 해당 주식의 가치가 현재의 주가보다 높기 때문에 그 주식은 저평가되었다고 할 수 있으며, 따라서 그 투자자는 해당 주식을 매입해야 한다.

27 $26,250 = \dfrac{1,050}{(k - 0.05)}$

$k = 9\%$
여기에서 필요한 가정으로 자본화 비율(자본비용)은 반드시 성장률보다 커야 한다(즉, $k > g$).

28 $ROE = \dfrac{순이익}{자기자본} = \dfrac{순이익}{매출액} \times \dfrac{매출액}{총자산} \times \dfrac{총자산}{자기자본} = 0.03 \times \dfrac{200억 원}{100억 원} \times \dfrac{100억 원}{40억 원} = 0.15$ 또는 15%

※ 다음에 제시한 자료를 바탕으로 문제에 답하시오(29~32).

○○농산(주)에서는 내년도의 매출액을 300억 원으로 예측하고 있다. 고정비용은 50억 원, 그리고 변동비율(즉, 매출액 대비 변동비용의 비율)은 0.75로 추정되었다. 이 회사에서는 50억 원을 차입했었는데, 연간이자율은 10%이다. 매년 주당 3,000원의 고정배당금을 지급하는 우선주의 발행주식수는 100,000주, 그리고 보통주의 발행주식수는 50,000주이다. 이 회사의 법인세율은 40%라고 한다.

29 내년도 ○○농산(주)의 주당이익(EPS)은? 이 회사의 손익계산서를 작성하고, 매출액이 기대치보다 10%만큼 초과할 때의 주당이익은?

30 매출액이 300억 원인 수준에서 ○○농산(주)의 영업레버리지(DOL)는? 산출된 영업레버리지(DOL)의 경제적 의미는?

정답

29

	매출액 300억 원일 경우		매출액 330억 원일 경우	
매출액		30,000,000,000		33,000,000,000
(−) 변동비용	22,500,000,000		24,750,000,000	
고정비용	5,000,000,000		5,000,000,000	
총영업비용		27,500,000,000		29,750,000,000
영업이익		2,500,000,000		3,250,000,000
(−) 이자비용		500,000,000		500,000,000
세전이익		2,000,000,000		2,750,000,000
(−) 법인세		800,000,000		1,100,000,000
당기순이익		1,200,000,000		1,650,000,000
(−) 우선배당금		300,000,000		300,000,000
보통주 주주들의 이익		900,000,000		1,350,000,000
주당이익(5만주)		18,000		27,000

30 ① $DOL = \dfrac{\dfrac{\Delta EBIT}{EBIT}}{\dfrac{\Delta \text{매출액}}{\text{매출액}}} = \dfrac{\dfrac{32억\ 5천만\ 원 - 25억\ 원}{25억\ 원}}{\dfrac{330억\ 원 - 300억\ 원}{300억\ 원}} = 3.0$

$DOL = \dfrac{\text{매출액} - \text{변동비용}}{EBIT} = \dfrac{300억\ 원 - 225억\ 원}{25억\ 원} = 3.0$

② 매출액 300억 원의 수준에서 매출액이 1%가 변하면 영업이익은 매출액의 변화와 같은 방향으로 매출액변화의 3배인 3%가 변하게 될 것이다.

31 매출액이 300억 원일 때 발생한 영업이익의 수준에서 ○○농산㈜의 재무레버리지(DFL)는? 산출된 재무레버리지(DFL)의 경제적 의미는?

32 ○○농산㈜의 결합레버리지(DCL)는? 산출된 결합레버리지(DCL)의 경제적 의미는?

정답

31 ① $DFL = \dfrac{\dfrac{\Delta EPS}{EPS}}{\dfrac{\Delta EBIT}{EBIT}} = \dfrac{\dfrac{27{,}000원 - 18{,}000원}{18{,}000원}}{\dfrac{32억 5천만 원 - 25억 원}{25억 원}} = 1.67$

$DFL = \dfrac{EBIT}{EBIT - I - \dfrac{D_p}{(1-\tau)}} = \dfrac{25억 원}{25억 원 - 5억 원 - \dfrac{3억 원}{(1-0.40)}} = 1.67$

② 영업이익이 본래의 25억 원인 수준에서 1%가 변한다면 영업이익의 변화와 같은 방향으로 주당이익은 1.67%만큼 변한다는 것을 나타낸다.

32 ① $DCL = \dfrac{\dfrac{\Delta EPS}{EPS}}{\dfrac{\Delta 매출액}{매출액}} = \dfrac{\dfrac{27{,}000원 - 18{,}000원}{18{,}000원}}{\dfrac{330억 원 - 300억 원}{300억 원}} = 5.0$

$DOL = \dfrac{매출액 - 변동비용}{EBIT - I - D_p/(1-\tau)} = \dfrac{300억 원 - 250억 원}{25억 원 - 5억 원 - 3억 원/(1-0.40)} = 5.0$

$DCL = (DOL)(DFL) = (3.0)(1.67) = 5.0$

② 매출액이 300억 원인 수준에서 매출액이 1%만큼 변할 때 매출액의 변화와 같은 방향으로 주당이익은 무려 5배인 5%가 변할 것이라는 의미이다.

정답 01 ③ | 02 ① | 03 ④ | 04 ② | 05 ② | 06 ② | 07 ③ | 08 ④ | 09 ② | 10 ① | 11 ① | 12 ② | 13 ③ | 14 ③ | 15 ④ | 16 ④ | 17 ① | 18 ①

part 04

투자분석기법
— 기술적 분석

certified investment manager

chapter 01

기술적 분석

section 01 **기술적 분석의 이해**

1 **주식시장을 접근하는 세 가지 방법**

주식시장에 투자하여 얻을 수 있는 이득(gain)은 크게 두 가지이다. 흔히 매매차익이라고 불리는 자본이득과 주식을 장기간 보유함으로서 받는 배당이득(dividend gain)이다. 이 중 가장 현실적이고 큰 이득은 '매매차익(capital gain)'이다. 흔히 투자원칙을 이야기할 때 매매차익은 'Buy Low Sell High(싸게 사서 비싸게 팔아라)'를 통하여 얻게 된다고 한다. 즉, 주식투자의 성패는 저가매수 고가매도의 시기 예측에 따라 결정되거나 혹은 상승할 주식과 하락할 주식의 예측에 의해 결정된다. 이는 주식투자가 예측의 영역이라는 것을 의미하며 예측 가능성과 예측 불가능성에 따라 시장을 보는 시각도 달라진다. 따라서 시장을 접근하는 방식은 주가 예측이 가능하다고 시장에 접근하는 기본적 분석과 기술적 분석 그리고 주가 예측은 사실상 불가능하여 초과수익률을 낼 수 없다는 랜덤워크 이론으로 나누어진다.

기본적 분석, 기술적 분석은 모두 주가 예측이 가능하다고 믿는다. 실제 주가 예측에 적극적으로 투자분석을 하고 있다. 그러나 이들이 접근하는 방법은 다르다. 기본적 분석은 주가는 가치(value)에 귀결할 것이기 때문에 기업의 가치를 잘 분석하면 된다고 믿는다. 산출된 가치가 주가보다 높으면 시장은 매수기회를 주고 있다고 판단한다. 그러나 기술적 분석은 시장(market)에서는 가치로 거래되는 것이 아니라 가격(price)으로 거래되기 때문에 가치를 포함한 모든 정보는 가격에 들어 있다고 판단한다. 그래서 가격의 흐름을 잘 파악한다면 주가를 예측할 수 있다고 생각한다.

한편 시장에서 주가 예측은 불가능하다고 생각하는 랜덤워크 이론은 과거가 미래를 결정할 수 없기 때문에 미래를 예측할 수 없다고 판단하여, 주식시장에서 초과수익률은 존재할 수 없다고 한다. 이들 시장을 접근하는 3가지 방법은 각각 나름대로 타당성을 가지고 있으며, 한편으로는 한계성도 있다.

2 기술적 분석의 정의

주가는 모든 사람들의 의사 결정에 의해 이루어지고 있으며 일정한 간격을 두고 끊임없이 변해가고 있다. 즉, 어느 투자자는 앞으로 주가가 하락할 것으로 예상하여 주식을 팔고, 또 다른 투자자는 앞으로 주가가 상승할 것으로 예상하여 주식을 사게 되는데 그 결과로 주가가 형성되는 것이다. 따라서 주가가 형성되는 과정을 예측하기 위해 수요와 공급에 영향을 미치는 요인들로 나타나는 주가 그 자체를 그래프를 통해서 분석할 필요가 있는 것이다. 기술적 분석은 주가의 매매시점을 파악할 수 있도록 과거의 시세 흐름과 그 패턴을 파악해서 정형화하고 이를 분석하여 향후 주가를 예측하고자 하는데 그 목적이 있다.

3 기술적 분석의 종류

(1) 추세분석

추세분석은 주가가 일정기간 일정한 추세를 보이며 움직이는 성질을 이용한 기법이다. 주가란 제멋대로 움직이는 것처럼 보이지만 주가 움직임을 도표화하면 상승이나 하락 또는 수평 중에서 어느 하나의 추세선을 따라 움직인다는 것을 알 수 있다. 추세선이란 한번 형성되면 상당기간 지속되는 것이 일반적이다. 하지만 한 방향으로만 지속되는 것이 아니라 상승에서 하락으로 또는 보합으로 계속해서 움직이며 새로운 추세선을 형성한다. 또한 지지와 저항의 수준을 파악하며, 이동평균선과 같은 보조수단을 이용하기도 한다. 추세분석은 이와 같이 변화하는 주가의 움직임으로부터 추출되는 추세선 및 지지선과 저항선, 이동평균선을 관찰하여 주식의 매매 시점을 포착하고자 하는 기법이다.

(2) 패턴 분석

패턴 분석은 추세선이 변화될 때에 나타나는 여러 가지의 주가 변동 모형을 미리 정형화해 놓고 실제로 나타나는 주가 움직임을 주가 변동 모형에 맞추어 봄으로써 앞으로의 주가 추이를 미리 예측하고자 하는 기법이다.

추세분석은 주가 움직임을 동적으로 관찰하여 주가 흐름의 방향을 예측하지만, 패턴 분석은 주식시장의 정적인 관찰에 역점을 둠으로써 주가의 전환 시점을 포착하는 데 목적이 있다고 할 수 있다.

(3) 지표 분석

현재의 시장 수급상태가 과열권인지 또는 침체권인지를 파악해 매매 시점을 판단하고자 하는 분석 방법이다. 즉 현재 주가 수준이 과다 매도 상태인지 또는 과다 매수 상태인지를 판단해 매수·매도 시점을 파악할 수 있도록 보조지표들을 이용하는 분석 방법이다.

(4) 시장구조이론

오랜 기간 동안 시장의 움직임을 분석·연구해 시장의 변동 논리를 해석하는 방법으로 엘리어트 파동이론, 일목균형표, 갠이론, 태양 흑점 이론, 엘리뇨 현상 등이 있다. 예를 들어 엘리뇨 현상이 발생하게 되면 지구상의 온도가 높아지고 농산물 생산에 막대한 영향을 주게 되어 농산물 가격에 커다란 변화가 나타나게 된다. 물론 선물시장 및 주식시장에도 많은 영향을 주게 된다. 따라서 이러한 현상들을 미리 예측하여 주가 및 선물 가격의 움직임을 파악하고자 하는 분석 방법이다.

이외에도 주초 효과, 주말 효과, 휴일 효과, 연초 효과, 연말 효과, 각 계절별 랠리 현상 또한 여성들의 치마 길이에 따른 주가 예측 등이 모두 구조적 이론에 속한다. 즉, 시장 구조 이론은 자연적 현상이나 사회적 현상으로 주가의 설명이나 예측을 하는 시장접근방법으로, 주로 사이클(cycle)이나 파동(wave)원리가 직·간접적으로 사용된다.

4 기본 가정

❶ 증권의 시장가치는 수요와 공급에 의해서만 결정
❷ 시장의 사소한 변동을 고려하지 않는다면, 주가는 지속되는 추세에 따라 상당기간 동안 움직이는 경향이 있음
❸ 추세의 변화는 수요와 공급의 변동에 의해 일어남
❹ 수요와 공급의 변동은 그 발생이유에 상관없이 시장의 움직임을 나타내는 도표에 의하여 추적될 수 있으며, 도표에 나타나는 주가 모형은 스스로 반복하는 경향이 있음

5 장점 및 한계

(1) 장점

❶ 주가에는 계량화하기 어려운 심리적 요인까지도 영향을 미치기 때문에 기본적 분석만으로는 주가를 평가하는데 한계가 있는데, 기술적 분석은 이와 같은 기본적 분석의 한계점을 보완할 수 있음
❷ 기본적 분석방법으로는 매매 시점을 포착하기가 어려우나 기술적 분석은 어떤 정보가 있을 때, 처음부터 주가의 장기적인 변화추세까지는 모르더라도 그것이 변화할 것이라는 것과 변화의 방향은 알 수 있음

(2) 한계

❶ 기술적 분석방법의 전제조건은 과거의 주가 추세나 패턴이 반복하는 경향을 가지고 있다는 것이지만, 이것이 미래에도 반복해서 나타난다는 것은 지극히 비현실적인 가정
❷ 동일한 과거 주가 양상을 놓고 어느 시점이 주가 변화의 시발점인가 하는 해석이 각기 다를 수 있음
❸ 가장 결정적인 한계점으로서 투자가치를 무시하고 시장의 변동에만 집착하기 때문에 시장이 변화하는 원인을 분석할 수가 없음

다우 이론은 기술적 분석의 창시자이며 미국의 월스트리트 저널을 창간한 찰스 다우(Charles H. Dow)가 제창한 이론이다. 찰스 다우는 19세기 말부터 20세기에 걸쳐 주식시장을 분석한 결과 주식시장은 무작위로 움직이는 것이 아니라 주식시장 전체의 흐름 방향이 다음과 같은 세 가지 종류의 주기적인 추세에 의해 영향을 받는다는 가설을 정립하였다. 다우 이론에 의하면 주가는 매일 매일의 주가 움직임을 말하는 단기추세, 통상 3주에서 수개월간 지속되는 중기추세, 1~10년에 걸친 장기적 흐름을 나타내는 장기추세로 구분된다. 또한 장기추세는 3단계로 진행되는데 제1단계는 축적단계(The Accumulation Stage), 제2단계는 기술적 추세추종단계(The Technical Trend Following Stage), 제3단계는 분배단계(The Distribution Stage)이다.

1 장기추세의 진행과정

다우 이론은 장기추세의 진행과정을 시장 상황과 관련하여 구분해 보면 강세장은 매집국면, 상승국면, 과열국면으로 나눌 수 있고 약세장은 분산국면, 공포국면, 침체국면으로 구분할 수 있다.

(1) 강세시장의 3국면

❶ 제1국면(매집국면) : 강세시장의 초기 단계에서는 경제·산업·기업 환경·주식시장 등 모든 여건이 회복되지 못하고 장래에 대한 어두운 전망만 예상된다. 불안감을 느낀 대다수 일반투자자들은 장기간 지속된 약세시장에 지쳐서 보유 주식을 매도해 버리고자 하지만, 경기 호전을 미리 예측한 전문투자자들은 매도 물량을 매수하기 시작해 점차 거래량이 증가하게 됨. 시장에서 전문투자자의 매수세가 쌓이기 시작하여 축적단계(The Accumulation Stage) 혹은 매집국면이라고 함

❷ 제2국면(마크업국면) : 강세시장의 제2국면에서는 전반적인 경제 여건 및 기업의 영업수익이 호전됨으로써 일반투자자들의 관심이 고조되어 주가가 상승하고 거래량도 증가하게 되는데, 이러한 국면을 마크업국면(mark-up phase)이라고도 함. 흔히 이 국면에서는 신고가를 갱신하는 날이 많아지며 경기상승과 기업이익에 대한 기대감이 주가에 잘 반

영되는 국면. 이 국면에서는 기술적 분석을 이용하여 주식투자를 하는 사람이 가장 많은 수익을 올릴 수 있는 국면이어서 기술적 추세추종단계(The Technical Trend Following Stage)라고도 함

❸ 제3국면(과열국면) : 강세시장의 제3국면에서는 경제 전반에 걸쳐 각종 통계자료가 호조를 보이면서 투자가치가 미세한 종목에까지 인기가 확산되기 시작. 또한 신문이나 매스컴에서 주식시장에 관한 내용이 톱뉴스로 부상할 만큼 과열 기미를 보이게 됨. 따라서 이 국면을 과열국면이라고 함. 보통 일반투자자나 주식투자에 경험이 없는 사람들이 뒤늦게 확신을 가지고 적극 매입에 나서기 때문에 장세는 과열되지만, 이 국면에서 매수자는 흔히 손해를 보기 때문에 조심해야 함.

(2) 약세시장의 3국면

❶ 제1국면(분산국면) : 약세시장 제1국면은 강세시장 3국면에서 주식시장이 지나치게 과열된 것을 감지한 전문투자자들이 투자수익을 취한 후 빠져나가는 단계이므로 분배단계(The Distribution Stage)라고 함. 이 단계에서는 주가가 조금만 하락해도 그동안 매수하지 못한 대기매수세에 의하여 거래량이 증가하지만 새로운 상승 추세로 진행되지 됨

❷ 제2국면(공황국면) : 경제 전반에 관한 각종 통계 자료가 악화됨에 따라 주식을 매도하려는 일반 투자자들의 마음이 조급해지면서 매수 세력이 상대적으로 크게 위축. 주가는

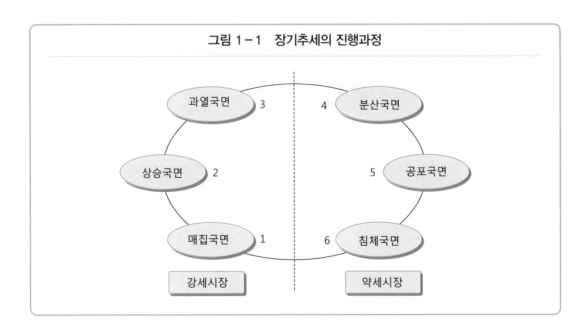

그림 1-1 장기추세의 진행과정

거의 수직 하락을 하게 되며 거래량도 급격히 감소하는데, 이러한 상태를 공황국면 (panic phase)이라 한다. 이후에는 상당히 긴 회복국면이나 보합 상태가 이어짐

❸ 제3국면(침체국면) : 공황국면에서 미처 처분하지 못한 일반 투자자들의 실망 매물이 출회됨으로써 투매 양상이 나타남. 투매 현상이 나타남에 따라 주가는 계속 하락하지만 시간이 경과할수록 주가의 낙폭은 작아짐. 주식시장의 침체와 기업의 수익성 악화 등 좋지 못한 정보가 주식시장 전체에 널리 퍼져 있기 때문에 이를 침체국면이라 함. 약세시장은 발생 가능한 모든 악재가 전부 시세에 반영될 때 끝이 난다고 보는데, 보통 이런 악재가 전부 소멸되기 전에 주식시장은 반전됨

2 **다우 이론의 활용 및 한계**

그랜빌(J. E. Granville)은 강세시장과 약세시장에서 일반투자자와 전문투자자는 서로 반대의 생각을 하게 된다고 하였다. 즉 일반투자자는 강세시장의 제1, 2국면과 약세시장의 제3국면에서 공포심을 갖고 강세시장의 제3국면과 약세시장의 제1, 2국면에서는 확신을 갖게 된다는 것이다. 반면 전문투자자는 반대의 투자패턴을 보이는 것이 일반적이다. 따라서 강세시장의 제2국면에서는 점진적 매도, 제3국면에서는 매도전략이 유효하고 약세시장의 제2국면에서는 점진적 매수, 제3국면에서는 매수전략이 비교적 바람직하다. 그런데 다우 이론은 주추세와 중기추세를 명확하게 구분하기 어려울 뿐만 아니라 추세전환을 확인할 수 있다고 하더라도 너무 늦게 확인되기 때문에 실제 투자에 도움을 주지 못한다. 또 증권시장의 추세를 예측하는데 적절하다고 해서 그것이 곧 분산투자의 여부와 방법을 알려주는 단서가 될 수는 없으며, 증권의 위험에 대하여 아무런 정보를 제공해 주지 못한다.

표 1-1 **투자결정과 투자행위**

시장국면 투자자	강세			약세		
	제1국면	제2국면	제3국면	제1국면	제2국면	제3국면
대중	공포심	공포심	확신	확신	확신	공포심
전문가 (투자전략)	확신 (-)	확신 (점차 매도)	공포심 (매도)	공포심 (-)	공포심 (점차 매수)	확신 (매수)

chapter 02

추세분석

추세분석 개요

추세분석은 기술적 분석의 핵심으로서 사실상 앞서 언급한 다우 이론도 추세를 파악하기 위

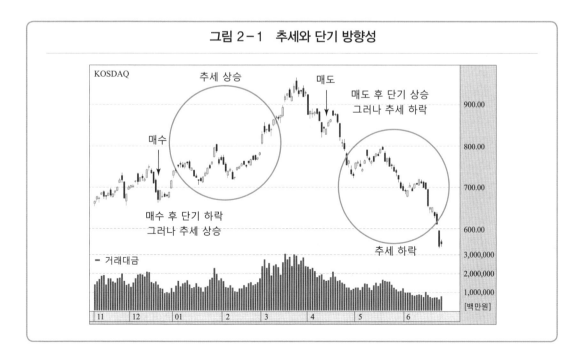

그림 2-1 추세와 단기 방향성

한 것이며, 이후의 대부분의 분석방법도 추세와 관련된 것이다. 서양의 투자격언에 'Trend is my Friend' 라는 말이 있듯이, 주식 투자자 입장에서 추세를 떼어 놓고 시장의 흐름을 판단한다는 것은 불가능에 가깝다. 추세분석은 '추세는 일단 한번 형성되면 상당기간 지속된다'는 속성을 이용한 것이다. 한편 장기적인 주가 흐름을 나타내는 추세와 단기적인 방향을 혼동하면 안 된다.

〈그림 2-1〉과 같이 매도나 매수 이후 단기적으로 방향성이 잘못되었다 하더라도 장기적인 추세를 올바르게 파악했다면 합리적인 투자결정을 한 것이다. 그래서 단기 방향성보다 추세가 중요하다. 추세분석에는 주로 지지와 저항 그리고 이동평균을 이용한 방법 등이 있다.

section 02 | 지지선과 저항선

주가는 일정한 범위 안에서 움직이려는 경향이 많다. 지지선이란 일정 기간에 있어서 주가 하락의 움직임을 멈추게 하는 수준이나 하락 저지가 예상되는 수준을 말한다. 그리고 저항선은 주가 상승을 이끌던 매수세가 매도세에 밀려 추가 상승에 실패하고 하락하게 되는 수준이나 상승세의 둔화가 예상되는 수준을 말한다.

일반적으로 주가가 상승추세에 있을 때 저항선을 상향 돌파하는 경우에는 추가 상승의 의미를 부여할 수 있고, 추가 하락추세에서 지지선을 하향 돌파하는 경우에는 손실을 보더라도 매도해야 하는 시점으로 해석하는 경우가 많다.

저항선은 고점과 고점을 수평으로 이은 선이며, 지지선은 이전의 저점과 저점을 수평으로 이은 선이다. 만일에 이전의 고점을 상향 돌파하게 되면 새로운 고점에서의 수평선이 저항선이 되고, 상향 돌파된 이전의 고점은 지지선으로 역할이 바뀌게 된다. 물론 이러한 원리는 지지선에서도 마찬가지 논리로 적용된다.

이러한 저항선이나 지지선의 돌파를 전후한 시기에 거래량이 크게 증가한다면, 저항이나 지지의 강도가 더 크다고 할 수 있다. 또, 장기적으로 형성된 지지선이나 저항선의 의미가 단기적으로 형성된 지지선이나 저항선의 의미보다 더 크다고 할 수 있다. 특히 저항선과 지지선의 역할은 횡보 장세에서 더 큰데, 이는 상승추세나 하락추세로 전환되는 시기나 상승폭 또는 하락폭을 미리 예상할 수 있게 해주기 때문이다. 일반적으로 직전에 형성된 고점이 저항선의 역할을 하게 되는 경우가 많으며, 반대로 직전에 형성된 저점은 지지선의 역할을 하게 된다.

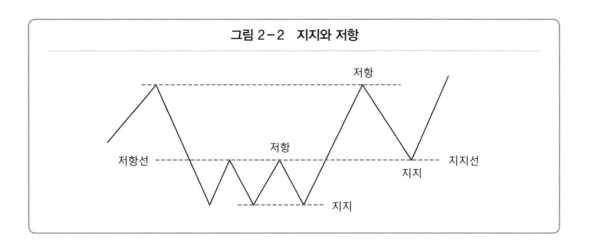

그림 2-2 지지와 저항

저항선과 지지선이 중요한 의미를 갖는 것은 현재 주가 흐름에 있어서 최소 또는 최대 목표 주가를 설정할 수 있고, 지지선이나 저항선의 돌파 여부가 추세의 지속이나 반전을 의미하기 때문이다. 보통 지지선이나 저항선은 장기간에 걸쳐 형성되거나 최근에 만들어진 것일수록 신뢰도가 높다. 저항선과 지지선 사이에서 주가가 움직이다가 지지선을 하향 돌파하는 경우 이 저항선과 지지선 사이의 범위를 저항권이라 하며, 나중에 주가가 상승하더라도 매물대로 작용한다. 한편, 지지권이란 저항권과 반대 개념으로 일정한 저항선 범위와 지지선 사이에서 주가가 움직이다가 저항선을 상향 돌파하는 경우 나중에 주가가 하락하더라도 의미 있는 매수대로 작용하게 된다. 저항선과 지지선이 중요한 의미를 가지는 이유는 다음과 같다.

❶ 현재 주가의 최소·최대 목표치를 설정하는 데 유용
❷ 저항선이나 지지선의 돌파 시도가 여러 번에 걸쳐 성공하지 못할 경우 추세 전환의 신호로 인식할 수 있음
❸ 장기간에 걸쳐 형성된 것일수록 신뢰도가 높음
❹ 최근에 형성된 것일수록 신뢰도가 높음
❺ 매매 전략에 이용할 수 있음
❻ 1만 원, 2만 원, 10만 원과 같이 정액의 가격대에서는 심리적인 지지선이나 저항선으로 작용할 수가 있음

1 추세

추세선(trend line)이란 고점이나 저점 중 의미 있는 두 고점 또는 저점을 연결한 선을 의미하고, 추세선의 종류에는 상승 추세선, 하락 추세선, 평행 추세선이 있다. 상승 추세선은 저점의 위치가 계속 상승하는 경우를 말하고, 하락 추세선은 고점의 위치가 점차 하락하는 경우를 말하며, 평행 추세선은 추세가 명백하지 않고 횡보하는 경우를 말한다. 즉, 상승 추세선은 상승 추세에서 저점을 연결한 추세선이고, 하락추세선은 하락추세에서 고점을 연결한 추세선이며, 평행 추세선은 횡보국면에서 저점이나 고점을 연결한 추세선이다. 그리고 일반적으로 추세선은 중요한 지지선 혹은 저항선 역할을 한다. 정확한 추세선을 위해서는 장중에 형성되는 고가나 저가까지 모두 포함해야 하지만 추세선을 일시적으로 이탈했다가 종가 때에 다시 추세선으로 복귀하는 경우에는 추세선을 이탈했던 고가나 저가에 의미를 크게 부여할 필요가 없다. 그런데 일단 추세선이 확인되면 일정기간 동안 주가는 추세선 상에서 움직일 가능성이 많다.

추세선의 신뢰도는 저점이나 고점이 여러 번 나타날수록, 또 추세선의 길이가 길고 기울기가 완만할수록 크다고 할 수 있다. 추세선의 길이가 길다는 것은 그 추세가 명확하여 주가 움직임이 일관성을 가지고 있다는 것이며, 기울기가 완만하다는 것은 추세의 변화가 금방 나타

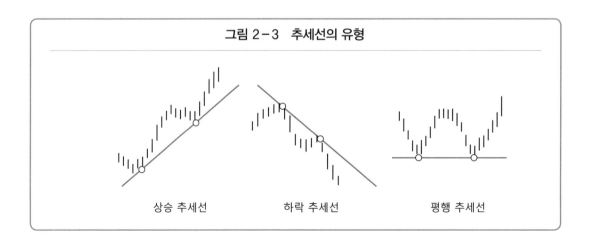

그림 2-3 추세선의 유형

상승 추세선 　　　　　 하락 추세선 　　　　　 평행 추세선

나지 않는다는 것을 의미한다.

　일반적으로 추세선이 상승 추세를 나타낼 때 기울기가 커지는 경우가 있는데 이는 상승 추세의 강화를 나타내며, 반대로 기울기가 작아지면 추세의 약화를 예상할 수 있다.

2 　추세선의 수정

　추세선의 수정이란 이미 설정된 추세선과는 다른 방향으로 주가 흐름이 진행됨으로써 또 다른 추세를 형성하게 되는 것을 말한다.

　그림에서와 같이 a점과 b점을 연결한 최초의 추세선을 설정한 후 또 다른 c점이 기존 추세선을 이탈하여 형성되면 제2의 추세선을 설정할 수 있다. 그 후 주가가 수정된 추세선을 하향 돌파하여 d점을 만들 경우 기존의 추세선을 진정한 추세선으로 확정할 수 있다.

　그러나 〈그림 2-4〉에서와 같이 주가가 수정된 추세선을 하향 돌파하지 않고 c점보다 높은 위치에 새로운 저점인 d점을 만들 경우 수정된 추세선을 진정한 추세선으로 확정하게 된다.

3 　추세선의 변형

　일반적으로 추세선은 직선에 가까운 모습을 갖추지만 주가 상승이나 하락의 움직임이 급격할 경우에는 직선의 추세선과 방향을 같이하면서 곡선으로 나타나기도 한다. 다시 말해 추세의 기울기가 점차 급격해지는 형태를 나타낸다. 이를 추세 곡선이라 부른다.

　주가가 고점들을 연결한 저항선을 상향 돌파한 후 다시 되돌림 현상에 의해서 저항선에 근접하는 경우가 있는데, 이때 저항선 역할을 하던 추세선은 지지선으로 바뀌며, 이러한 추세선을 중심 추세선이라고 한다. 물론 반대의 경우에도 마찬가지다.

　즉, 저항선에서 지지선으로 또는 지지선에서 저항선으로 역할이 변경된 추세선을 중심 추세선이라고 한다. 주가가 상승추세에서 하락 추세로 전환된 후 하락하던 주가가 상승을 시도하다 다시 하락하는 경우 최고점으로부터 상승을 시도한 고점을 이은 선이 저항선의 역할을 하게 되는데, 이러한 과정이 반복되어 저항선의 기울기가 완만해지면서 저항선이 여러 개 생기는 경우 부채형 추세선이라고 한다. 주가가 하락 추세에서 상승추세로 전환된 경우에도 마찬가지로 부채형 추세선이 형성될 수가 있다. 부채형 추세선이 시간을 두고 여러 개가 형성

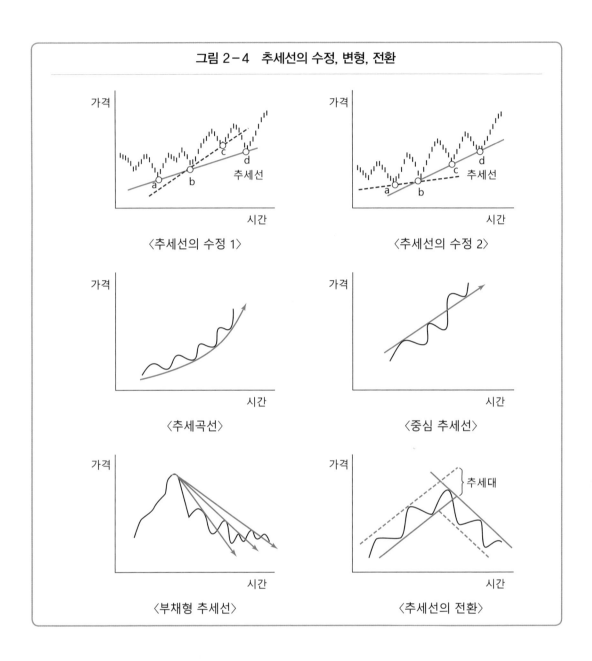

그림 2-4 추세선의 수정, 변형, 전환

〈추세선의 수정 1〉

〈추세선의 수정 2〉

〈추세곡선〉

〈중심 추세선〉

〈부채형 추세선〉

〈추세선의 전환〉

된다는 것은 기존의 추세가 둔화되면서 향후 추세전환의 가능성이 커지고 있다는 것을 시사한다.

일단 형성된 추세는 한 방향으로 진행되기는 하지만 수요와 공급에 의해 방향을 전환하면서 새로운 추세를 형성하게 된다. 이러한 추세전환의 가능성은 몸체가 긴 음선 또는 긴 양선이 발생하며 추세선을 돌파하는 경우 그리고 3%나 5% 등 일정 비율 이상 추세선을 벗어나는 경우에 나타난다. 또, 3일이나 5일 등 일정기간 이상 동안 추세선을 벗어나게 된다든지 거래량의 변화가 수반되는 경우에도 추세전환의 신호로 이해할 수 있다.

일반적으로 추세가 전환되는 시점, 특히 추세가 저항선을 상향 돌파하는 경우에는 거의 필연적으로 거래량의 증가가 수반되는 경우가 많다.

section 04 이동평균선

1 개념

이동평균선 분석은 추세분석의 중심이 되는 방법으로, 추세를 하나의 대표 값으로 표시하여 시장의 흐름을 파악한다. 즉, 일정기간의 주가 평균치의 진행 방향을 확인하고 현재의 주가 진행방향과 어떤 관계가 있는지를 분석함으로써 미래의 주가 동향을 미리 예측하고자 하는 지표이다.

그래프상에서 이동평균선을 이용하는 경우에 단기지표로는 5일, 20일 평균선을, 중기지표로는 60일 평균선을, 장기지표로는 120일 또는 200일 이동평균선을 주로 사용하고 있다. 이동평균선을 이용하는 장점으로는 계산하기가 편리하고 계산 결과와 모양에 따라서 기계적으로 매수·매도 신호를 객관적으로 도출해 낼 수 있는 반면, 단점으로는 이미 지나가버린 과거 주가를 평균하여 미래의 주가 방향을 분석하는 데 따르는 후행성(time-lag) 문제이다.

2   이동평균선의 특징

이동평균선은 주가의 분석기간을 이동하면서 평균한 값이다. 즉, 추세의 대표값이라는 측면에서 이동평균선을 이용하여 주가를 분석을 할 경우에는 다음과 같은 주요한 특징을 알고 판단할 필요가 있다.

1. 일반적으로 주가가 이동평균선을 돌파하는 시점이 의미있는 매매 타이밍
2. 이동평균을 하는 분석기간이 길수록 이동평균선은 완만해지며, 짧을수록 가팔라지는 경향이 있음
3. 주가가 이동평균선과 괴리가 지나치게 클 때에는 이동평균선으로 회귀하는 성향이 있음
4. 주가가 장기 이동평균선을 돌파할 경우에는 주추세가 반전될 가능성이 큼
5. 강세국면에서 주가가 이동평균선 위에서 움직일 경우 상승세가 지속될 가능성이 높음
6. 약세국면에서 주가가 이동평균선 아래에서 움직일 경우 하락세가 지속될 가능성이 높음
7. 상승하고 있는 이동평균선을 주가가 하향 돌파할 경우 추세는 조만간 하락 반전할 가능성이 높음
8. 하락하고 있는 이동평균선을 주가가 상향 돌파할 경우 추세는 조만간 상승 반전할 가능성이 높음

section 05   이동평균선을 이용한 분석 방법

1   이격도 분석

이격도란 현재의 주가와 이동평균선의 괴리도가 어느 정도인가를 나타내는 지표이다. 만약 20일 이격도가 105라면 현재 주가가 20일 이동평균선보다 5% 위에 위치하고 있음을 나타낸다. 따라서 이격도는 현주가의 과열이나 침체 정도를 파악하는 중요한 척도가 된다.

5일, 20일, 60일, 120일 이동평균선의 방향이 상승 중인지 하락 중인지를 확인하는 방법으로서, 단기·중기·장기 이동평균선의 방향이 차례로 전환되기 때문에 쉽게 추세 전환을 판단할 수가 있다. 하락 추세에서 상승 추세로 전환할 때는 {단기선 상승 ⇒ 중기선 상승 ⇒ 장기선 상승}의 과정을 거치고 상승 추세에서 하락 추세로 전환할 때도 단기선·중기선·장기선 순으로 하락과정을 거친다.

배열도란 특정 시점에서 주가와 이동평균선들의 수직적 배열상태를 나타내는 표현으로, 정배열이란 {현재 주가＞단기 이동평균선＞중기 이동평균선＞장기 이동평균선} 순서로 위에서 아래로 배열된 상태를 말하며 역배열은 반대의 경우이다. 따라서 정배열의 구조를 가진 종목은 전형적인 상승종목이며, 역배열의 구조를 가진 종목은 전형적인 하락종목이다.

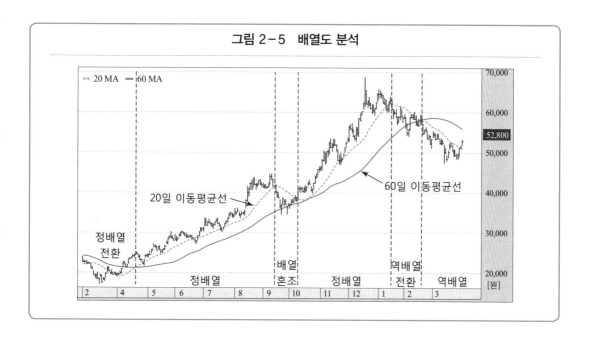

그림 2-5   배열도 분석

　이동평균 가격은 일정기간 동안의 매도세와 매수세의 평균 가격이다. 따라서 주가가 이 수준을 하회하게 되면 일정기간 동안 매수한 투자자는 평균적으로 손실을 보게 된다. 이를 막으려는 노력이 지지(support)이다.

　따라서 주가가 상승 중일 때에는 단기·중기·장기 이동평균선을 지지선으로 상승하게 되며, 하락 반전될 때에는 이동평균선을 차례로 하향 이탈하게 된다. 이를 지지선 분석이라 한다.

그림 2-6　지지선 분석

　'지지'와 반대로 주가보다 높은 수준의 이동평균 가격은 '저항'의 역할을 한다. 만약 이동평균 가격보다 주가가 낮은 상태에서 주가가 단기적으로 상승하여 이동평균 가격에 근접할 경우, 그동안 평균적으로 손실을 보고 있던(평균 매수 가격인 이동평균 가격보다 주가가 더 낮으므로 잠재적 손실) 투자자들의 잠재적 매도세가 집중되는데 이를 저항(resistants)이라 한다.

　주가가 하락 중일 때에는 단기·중기·장기 이동평균선이 차례로 저항선이 되어 주가가 하

그림 2-7 저항선 분석

락하게 되나 상승 반전될 때에는 각 이동평균선을 차례로 상향 돌파하면서 주가가 상승하게
된다. 이를 저항선 분석이라 한다. 저항선 분석을 할 때에도 단기·중기·장기 이동평균선의
각 특성을 잘 파악하여 비정상 거래로 인한 일시적인 속임수를 예방하고 수익률을 극대화시
켜야 한다.

6 크로스 분석

이동평균선 분석 중에서 가장 널리 알려진 분석 방법으로, 단기 이동평균선이 장기 이동평
균선을 아래에서 위로 상향 돌파하는 골든크로스와 단기 이동평균선이 장기 이동평균선을 위
에서 아래로 하향 돌파하는 데드크로스가 있다.

일반적으로 골든크로스는 매수 신호로 데드크로스는 매도 신호로 알려져 있으며, 크로스
분석에는 보통 20일 이동평균선과 60일 이동평균선을 사용하여 매수·매도 시점 판단을 하고
있다.

그림 2-8   크로스 분석

7   밀집도 분석

이동평균선들의 밀집 혹은 수렴은 주가가 변화하는 한 반드시 발생한다. 이동평균선이 밀집화된다는 것은 투자기간이 다른 투자자들의 평균 매수 가격이 유사한 수준으로 수렴되고 있음을 나타낸다. 따라서 이동평균선들이 밀집되면 투자자들의 이해관계가 거의 같은 수준이어서 작은 모멘텀에서도 주가는 크게 변화하는 경향을 보인다. 즉, 주가와 이동평균선의 수렴은 향후 변동성이 크게 확장될 가능성을 시사하는 것으로 단기적으로 큰 폭의 주가 변화가 나타날 수 있다. 결국 이동평균선의 밀집 및 수렴은 주가 변화의 중요한 시그널이 될 수 있으며, 투자자들은 변동성이 확장될 때 형성되는 주가 방향성대로 매매하는 것이 좋다.

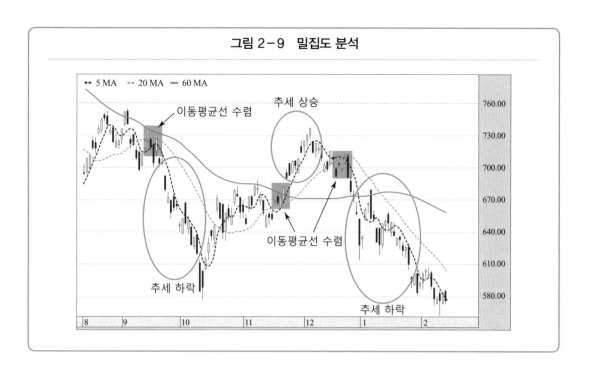

그림 2-9 밀집도 분석

거래량 이동평균선

---

1   개념

일반적으로 거래량은 주가에 선행 또는 동행하는 경향이 있어 거래량의 동향을 분석하면 가까운 장래의 주가를 미리 예측해 볼 수 있다. 상승추세에서의 거래량은 주가가 상승할 때는 증가하고 하락할 때는 감소한다. 그러나 하락추세에서는 주가가 하락할 때 거래량은 증가하고, 반등할 때는 오히려 감소한다. 즉, 거래량은 추세의 방향과 일치한다.

감소세를 보이던 거래량이 증가하기 시작하면 조만간 주가 상승이 예상되고, 반대로 증가세를 보이던 거래량이 감소하기 시작하면 조만간 주가 하락이 예상된다. 또한 주가가 큰 폭 상승한 이후 주가의 지속적인 상승에도 불구하고 거래량이 감소하기 시작하면 조만간 천장권이 예상되고, 반대로 주가가 큰 폭 하락한 이후 주가의 지속적인 하락에도 불구하고 거래량이

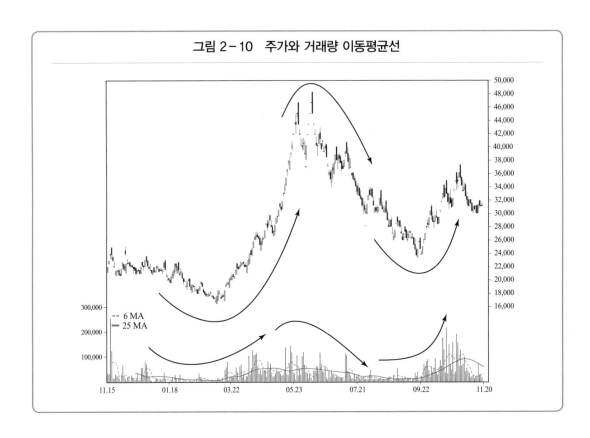

그림 2-10   주가와 거래량 이동평균선

증가하기 시작하면 조만간 바닥권이 예상된다. 이와 같은 원리를 이용하여 미래의 주가를 예측하고 매매 시점을 찾고자 거래량 이동평균선을 이용한다. 거래량 이동평균선도 주가 이동평균선과 같은 방법으로 산출하는데, 단기 지표로는 5일 이동평균선을, 중기 지표로는 20일 이동평균선을, 장기 지표로는 60일, 120일 이동평균선을 주로 이용하고 있다.

<table>
<tr><td>2</td><td>분석 방법</td></tr>
</table>

거래량 이동평균선을 이용한 주가 예측 방법으로는 주가 이동평균선의 분석 방법과 같이 거래량 이동평균선이 상승추세인지 하락추세인지를 살펴보는 방향성 분석을 비롯하여 정배열과 역배열 상태를 확인하는 배열도 분석, 단기 지표인 5일 이동평균선과 중기 지표인 20일 이동평균선과의 골든크로스와 데드크로스를 확인하여 매수·매도 시점을 확인하는 크로스 분석 등이 이론의 중심이 되고 있다. 주가가 상승추세를 이루는 과정에서는 거래량이 증가하면

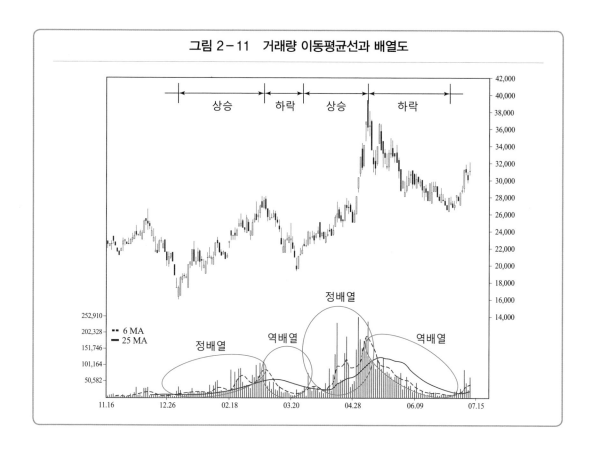

그림 2-11　거래량 이동평균선과 배열도

서 장기·단기 거래량 이동평균선이 골든크로스가 발생한 이후 정배열 상태를 보이고 있다.
또한 주가가 하락추세를 이루는 과정에서는 거래량이 감소하면서 장기·단기 거래량 이동평
균선이 데드크로스가 발생한 이후 역배열 상태를 보이고 있다. 즉, 거래량 이동평균선이 정배
열 상태를 보이는 도중에는 주가의 상승추세를, 반대로 거래량 이동평균선이 역배열 상태를
보이는 도중에는 주가의 하락추세를 볼 수가 있다.

3　거래량과 주가의 연관성

일반적으로 거래량은 주가에 선행하는 경향을 가지지만 하락 추세에서의 거래량 패턴과 상
승 추세에서의 거래량 패턴은 서로 다르다. 즉, 상승추세에서의 거래량은 주가가 상승할 때는
증가하고 하락할 때는 감소한다. 그러나 하락 추세에서는 주가가 하락할 때 거래량은 증가하
고, 반등할 때는 오히려 감소한다.

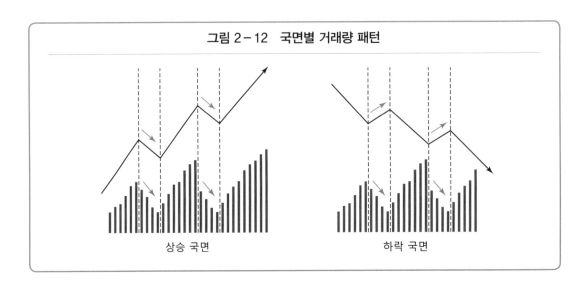

그림 2-12   국면별 거래량 패턴

상승 국면   하락 국면

---

section 07   그랜빌의 주가·이동평균선

〈그림 2-13〉은 매입 신호로 보는 경우이다.

❶ 이동평균선이 하락한 뒤에 보합이나 상승 국면으로 진입한 상황에서 주가가 이러한 이
  동평균선을 상향 돌파할 때는 매입 신호
❷ 이동평균선이 상승하고 있을 때 주가가 일시적으로 이동평균선의 아래로 하락하는 경
  우는 매입 신호. 왜냐하면 이동평균선의 상승은 장기적인 추세 상승을 의미하므로 주가
  하락은 일시적일 가능성이 큼
❸ 주가가 이동평균선 위에서 빠르게 하락하다가 이동평균선 부근에서 지지를 받고 재차
  상승하면 중요한 매입 신호
❹ 주가가 하락하고 있는 이동평균선을 하향 돌파한 후 급락 시는 이동평균선까지 반등 가
  능성이 크므로 단기차익을 위한 매입 신호

그리고 〈그림 2-14〉의 그림들은 매도 신호로 본다.

❶ 이동평균선이 상승한 후 평행 또는 하락 국면에서 주가가 이동평균선을 하향 돌파시 매

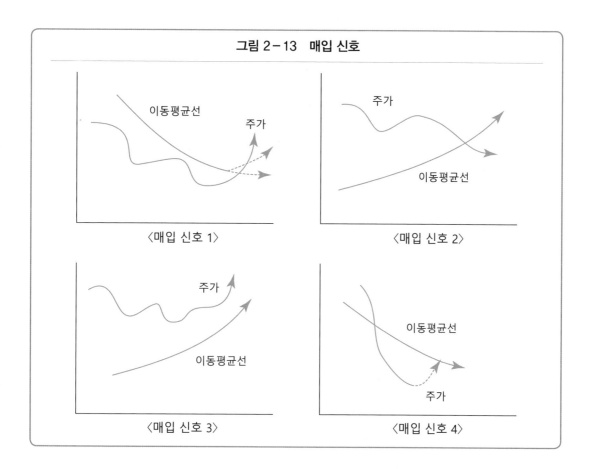

그림 2-13   매입 신호

〈매입 신호 1〉

이동평균선

주가

〈매입 신호 2〉

주가

이동평균선

〈매입 신호 3〉

주가

이동평균선

〈매입 신호 4〉

이동평균선

주가

도 신호

❷ 이동평균선이 하락하고 있을 때 주가가 일시적으로 이동평균선의 위로 상승하는 경우
는 매도 신호. 왜냐하면 이동평균선의 하락은 장기적인 추세 하락을 의미하므로 주가
상승은 일시적일 가능성이 큼

❸ 주가가 이동평균선 아래에서 상승세를 보이다가 이동평균선을 상향 돌파를 못하고 하
락하는 경우 중요한 매도 신호

❹ 주가가 상승하고 있는 이동평균선을 상향 돌파한 후 다시 급등 시, 이동평균선 쪽으로
자율 반락 가능성이 있으므로 매도 신호

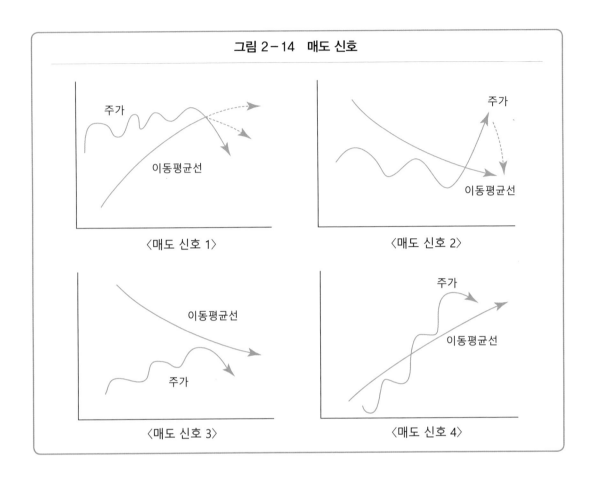

그림 2-14   매도 신호

〈매도 신호 1〉

주가

이동평균선

〈매도 신호 2〉

주가

이동평균선

〈매도 신호 3〉

이동평균선

주가

〈매도 신호 4〉

주가

이동평균선

section 08 **갭, 반전일, 되돌림**

1   갭의 개념

그래프를 살펴보면 어느 날 갑자기 급등하거나 급락함으로써 주가와 주가 사이에 빈 공간이 나타나는데, 이 빈 공간을 갭(gap)이라고 한다. 갭은 일본식 캔들 차트 분석에서 나오는 공(空)이나 창(窓)과 거의 같은 개념이다. 캔들 차트 그래프상에 갭이 발생하는 이유는 지금까지 유지되어오던 매도세와 매수세 사이의 균형이 어느 한쪽으로 치우친 결과로, 앞으로 주식시장에 예기치 못한 변화가 발생하리라는 것을 예고해 준다.

일반적으로 갭은 주가 흐름의 불연속 구간으로서 갭이 발생한 가격대는 앞으로 지지선이나 저항선의 역할을 할 수도 있다. 즉 상승추세에서 발생한 갭은 강력한 지지선 역할을 하며, 하락추세에서 발생한 갭은 강력한 저항선 역할을 한다. 그러나 갭이 일단 채워지면 그 갭은 갭으로서 더 이상의 의미가 없어진다.

<table>
<tr><td>2</td><td>갭의 종류</td></tr>
</table>

갭의 종류에는 보통 갭(common gap), 돌파 갭(break-away gap), 급진 갭(run-away gap), 소멸 갭(exhaustion gap) 그리고 갭으로 구성된 섬꼴 반전(island reversal)이 있다.

(1) 보통 갭(common gap)

보통 갭은 횡보 국면에서 자주 나타나는데 큰 의미를 부여하지는 않는다. 일반적으로 거래가 매우 적은 경우에 확인할 수 없는 풍문 등에 의하여 시초가부터 큰 폭의 갭이 발생하는 경우로서 조만간 풍문이 확인되거나 정상적인 거래가 유지되면 갭은 다시 채워지는 것이 보통이다.

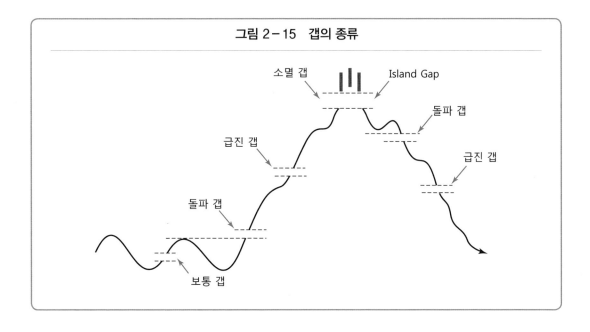

그림 2-15 갭의 종류

(2) 돌파 갭(break-away gap)

돌파 갭은 일반적으로 장기간에 걸친 조정 국면이나 횡보 국면을 마감하고 주가가 과거 중요한 지지선이나 저항선을 돌파할 때 나타난다.

돌파 갭의 발생은 새로운 주가 움직임이나 새로운 추세의 시작을 알리는 신호가 되기도 한다. 돌파 갭은 많은 거래량을 수반하면서 나타나며 보통 갭과 달리 갭이 채워지는 경우가 거의 없다.

(3) 급진 갭(run-away gap)

급진 갭은 주가가 거의 일직선으로 급상승하거나 또는 급하락하는 도중에 주로 발생한다. 급진 갭은 주가 움직임이 급속히 가열되거나 냉각되면서 이전의 추세가 더욱 가속화되고 있음을 확인시켜주는 갭으로 볼 수 있다.

급진 갭은 다우 이론의 추세추종국면이나 엘리어트 파동이론의 3번 파동에서 주로 발생한다. 급진 갭은 주가의 예상 목표치의 중간 지점에서 주로 발생하기 때문에 또한 급진 갭을 확

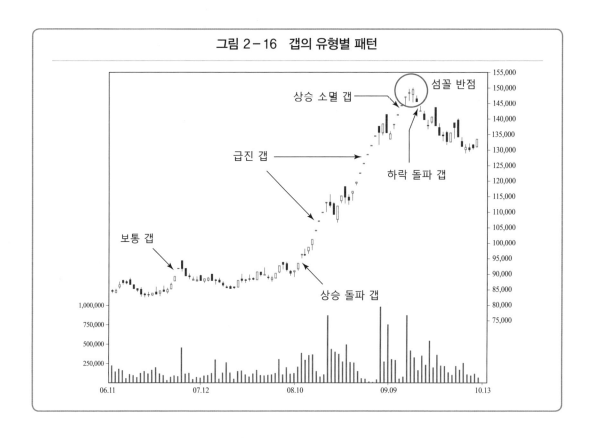

그림 2-16 갭의 유형별 패턴

인할 수만 있다면 향후 주가 움직임을 미리 알 수가 있기 때문에 급진 갭을 중간 갭 또는 측정 갭이라 부르기도 한다.

(4) 소멸 갭(exhaustion gap)

주가가 장기간에 걸쳐 급격한 수직 상승을 지속하는 도중에 나타난다. 주가의 상승추세가 가속화되면 시장은 완전히 과열된 강세 시장으로 진입하게 된다. 이렇게 되면 모험적인 투자자들이 공매를 시도하게 되는데, 그들의 예상이 빗나가고 주가가 계속 상승하게 되는 경우나 또는 이제까지 주식시장의 수직 상승에 불안감을 느끼던 잠재 매입 세력(초보 및 소액 투자자)들이 서둘러 매수에 참여한다. 이들 매입 세력에 의하여 주가 상승 막바지에 한두 갭이 발생하는데, 그 후 바로 주가 상승이 멈추고 하락(자율 반락 포함)으로 반전되는 경우 바로 앞에서 발생한 갭을 소멸 갭이라 한다. 따라서 일단 소멸 갭이 발생하면 주가는 곧 기존의 상승추세가 반전된다고 예상할 수 있다.

(5) 섬꼴 반전(island reversal)

주가가 장기간 상승세를 유지하다가 하락세로 반전되면서 갭이 발생한 경우 상승추세가 마무리되면서 발생한 갭을 상승 소멸 갭이라 하고, 반전되어 하락추세가 시작되면서 발생한 갭을 하향 돌파 갭이라 하는데, 그 사이에 나타난 작은 섬 모양의 주가들을 섬꼴 반전(도형반전 : 嶋型反轉)이라 한다. 섬꼴 반전은 상승 소멸 갭에 의해 발생한 갭 상승과 뒤이어 하향 돌파 갭에 의해 발생한 갭 하락이 동시에 나타나면서 형성된 모양이다. 그래프상에서 섬꼴 반전을 분석하는 중요성은 이제까지의 상승추세가 끝나고 새로운 하락추세가 시작된다는 반전 신호로 인식하는 데 있다.

---

3 반전일

어느 날 대량 거래를 수반한 주가가 최고치 또는 최저치를 기록하면서 그 날 이후로 주가 흐름이 갑자기 반전하게 되는데, 추세 반전이 일어나는 바로 그 날을 반전일(key reversal day)이라 한다. 반전일은 하락 반전일(top reversal day)과 상승 반전일(bottom reversal day)로 구분된다.

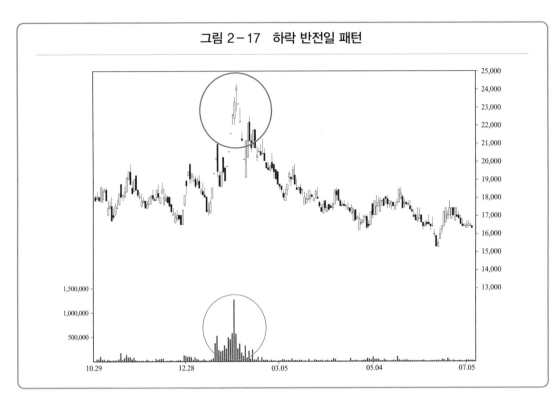

그림 2-17 하락 반전일 패턴

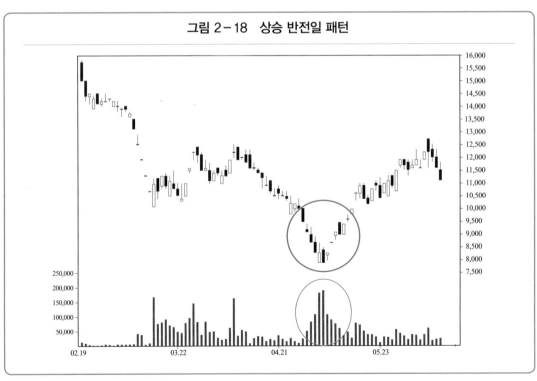

그림 2-18 상승 반전일 패턴

4 되돌림

주가 움직임은 일방적인 방향으로 상승이나 하락만을 계속할 수 없고, 반드시 움직이던 추세와 반대 방향으로 되돌림 현상이 나타난다. A폭 상승한 주가가 (1/2)A폭 만큼, B폭 상승한 주가가 (1/3)B폭 만큼, C폭 상승한 주가가 (2/3)C폭 만큼 되돌림 현상이 나타난 것을 볼 수 있다.

이와 같이 지속적인 상승에 반발하여 자율 반락하는 현상을 되돌림(retracement)이라 한다. 또한 다른 말로 풀─백(pull-back) 현상이라 부르기도 한다. 주가 움직임은 일방적인 상승이나 하락만을 반복할 수 없으므로, 일단 되돌림 현상이 확인되면 그동안 상승폭(또는 하락폭)의 어느 특정 비율 부근에 강력한 지지선이나 저항선이 형성될 것임을 미리 예측해 볼 수 있다. 일반적으로 중요하다고 알려진 되돌림의 비율은 25%(1/4), 33%(1/3), 50%(1/2), 66%(2/3), 75%(3/4)이다. 이러한 비율은 여러 분석가들에 의하여 매우 중요한 지지선이나 저항선으로 작용하고 있다고 알려져 왔다.

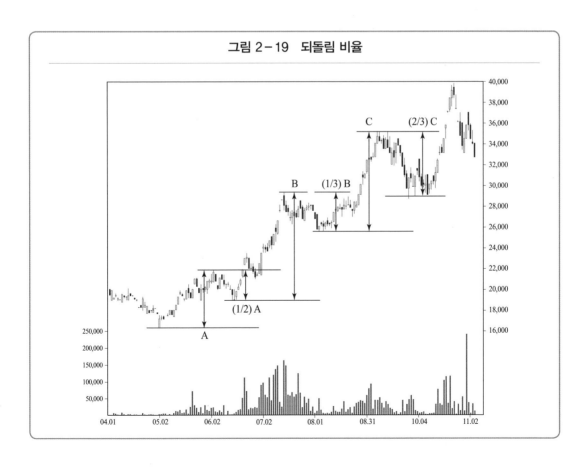

그림 2-19 되돌림 비율

chapter 03

패턴 분석

패턴 분석 개요

패턴 분석은 주가 흐름을 정형화하여 확률적으로 발생 가능성이 높은 주가 흐름을 예측하는 분석방법이다.

이러한 패턴 분석에는 크게 반전형 패턴(추세 전환 패턴)과 지속형 패턴(추세 지속 패턴)으로 나뉜다. 반전형 패턴은 이전의 주가 움직임과 다른 추세로 전환되는 패턴을 말하며, 지속형 패턴은 이전의 주가 움직임과 같은 방향으로 움직이는 패턴을 말한다. 예를 들어 상승추세가 하락추세로(혹은 하락추세가 상승추세로) 변화할 것을 시사하는 패턴을 반전형 패턴이라 하고, 상승추세(하락추세)가 일정한 조정 흐름을 보이다가 재차 상승(하락)하는 것을 시사하는 패턴을 지속형 패턴이라 한다. 그러나 오늘날 주식시장에서는 이러한 구분이 때때로 모호해지는 경우가 있어, 전형적인 지속형 패턴이 반전형 패턴으로 사용되는 경우도 있다.

1　헤드 앤 숄더

(1) 개념

　헤드 앤 숄더(Head & Shoulder) 패턴은 반전형 중에서 가장 널리 알려져 있으며, 말 그대로 머리와 양쪽 어깨로 구성된 하락 전환 패턴이다. 이 패턴은 상승과 하락이 세 번씩 반복해서 일어나며, 가운데 봉우리를 머리(head), 왼쪽을 왼쪽 어깨(left shoulder), 오른쪽을 오른쪽 어깨(right shoulder)라 한다. 헤드 앤 숄더 패턴이 형성되는 과정의 특징을 살펴보도록 하자. 먼저 왼쪽 어깨는 주가가 주추세선을 따라 큰 폭으로 상승하고 있으며 동시에 거래량의 증가세가 현저하게 나타나는 시점이다. 상승 분위기가 확산되면서 장세를 낙관한 세력이 적극적인 매매를 한다. 거래량은 주가의 상승 과정에서 매우 활발하고 하락 과정에서 감소하는데, 헤드 앤 숄더 전체로 볼 때는 왼쪽 어깨가 형성되는 과정으로 거래량이 가장 많은 편이다.

　머리는 두 번째 상승으로 왼쪽 어깨보다 높게 나타나지만 일반적으로 하락할 때는 왼쪽 어

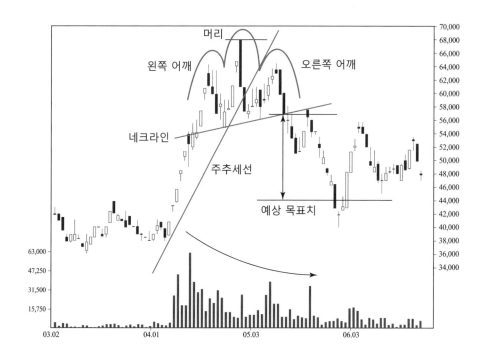

깨의 바닥 수준까지 하락한다. 거래량은 왼쪽 어깨와 마찬가지로 상승 과정에서는 많이 나타나지만 전체 거래량은 왼쪽 어깨보다 많지 않다. 오른쪽 어깨는 세 번째 상승으로 머리의 정상까지 올라가지 못하고 하락 폭의 1/2에서 2/3 수준까지만 회복하고 다시 하향 전환된다.

이 과정에서는 왼쪽 어깨와 머리 부분과 달리 상승 과정에서 거래량이 현저하게 줄어든다. 만일 이때 거래량이 증가하면 주가는 헤드 앤 숄더 패턴이 아닌 다른 패턴으로 움직일 가능성이 크다는 점에 유의해야 한다.

(2) 역 헤드 앤 숄더

헤드 앤 숄더 패턴을 거꾸로 뒤집어 놓은 것이 역 헤드 앤 숄더 패턴이다. 헤드 앤 숄더 패턴은 상승추세에서 하락추세로 반전할 때 나타나는 패턴인 반면, 역 헤드 앤 숄더 패턴은 하락추세에서 상승추세로 반전할 경우에 나타나는 패턴이다.

또한 헤드 앤 숄더 패턴과는 달리 거래량이 증가하면서 하락추세가 상승추세로 전환되는 패턴이다.

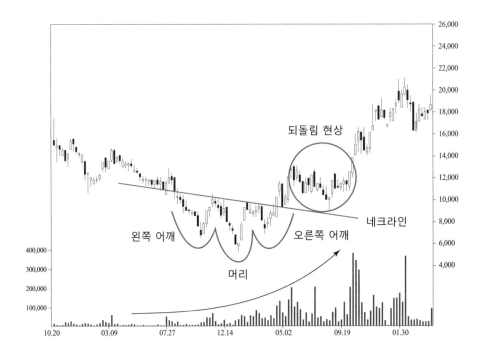

이중 천장형은 거래량이 감소하면서 상승추세가 하락추세로 전환될 때 형성되며, 이중 바닥형은 거래량이 증가하면서 하락추세가 상승추세로 전환될 때 형성된다.

(1) 이중 천장형

이중 천장형(double top)은 그래프상에서 자주 볼 수 있는 패턴으로 상승추세가 하락추세로 전환될 때 주로 발생한다. 이중 천장형은 'M자형'으로 그리고 이중 바닥형은 'W자형'이라 부르기도 한다.

이중 천장형을 확인하기 위해서는 일반적으로 양 봉우리를 형성하는 데 걸린 시간이 장기간(1개월 이상)일수록 또는 주가 움직임의 진폭이 클수록 신뢰도가 높다고 볼 수 있다. 이중 천장형의 최소한의 예상 목표치는 두 봉우리 고점에서 단기 바닥인 골까지의 거리만큼 앞으로 더 하락하리라고 예상한다. 이중 천장형이 형성되는 과정을 살펴보면, 첫 번째 고점에 비해 두 번째 고점에서는 보조지표의 고점이 현격하게 낮아지고 있음을 볼 수가 있어 상승 에너

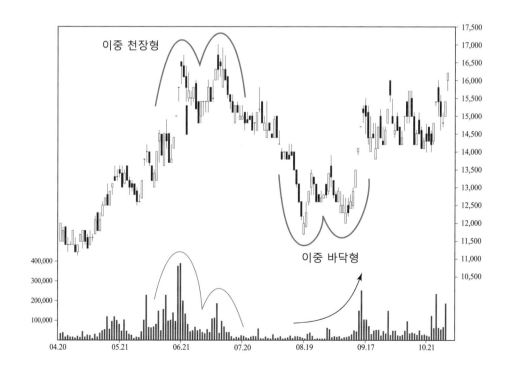

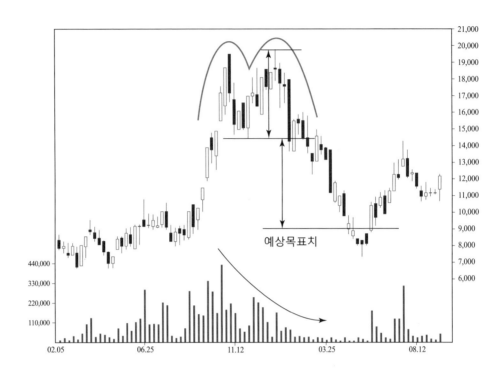

지가 급격히 분산되고 있음을 볼 수가 있다. 그리고 이중 천장형은 일반적으로 첫 번째 고점이 두 번째 고점보다 높지만 때때로 두 번째 고점이 더 높게 나타나는 등 일률적이지 않다.

(2) 이중 바닥형

이중 바닥형(double bottom)은 두 번째 바닥이 첫 번째 바닥보다 더 완만하게 그리고 더 높게 형성된다. 때로는 상승 시에 플랫폼(platform)이 형성되기도 한다.

이중 바닥형은 이중 천장형을 그대로 뒤집어 엎어놓은 형태이나 이중 바닥형만이 가지고 있는 독특한 특징들이 있는데 다음과 같다.

❶ 이중 바닥형에서는 두 번째 저점이 첫 번째 저점보다 높음
❷ 이중 바닥형에서는 주가 급락에 따라 첫 번째 저점은 가파르게 형성되는 데 반해서 두 번째 저점은 완만하게 형성
❸ 거래량 측면에서 첫 번째 저점에서 반등하는 때의 거래량보다 두 번째 저점에서 반등할 때의 거래량이 월등히 많음

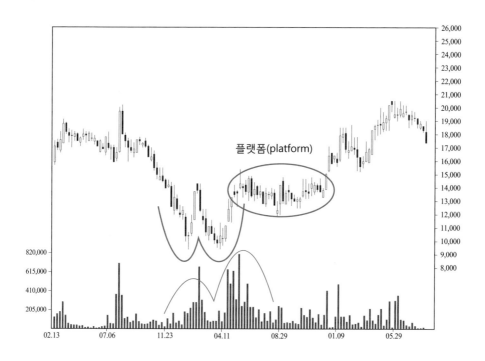

플랫폼(platform)

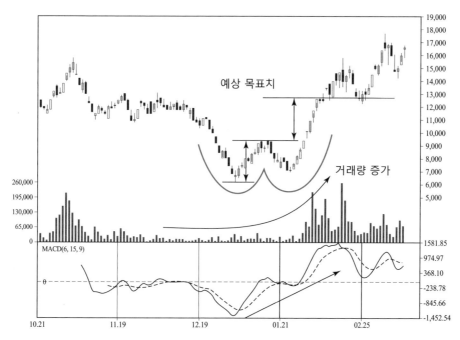

예상 목표치

거래량 증가

MACD(6, 15, 9)

(1) 선형

선형(line)은 그래프상에서 살펴보면 적은 등락 폭으로 장기간에 걸쳐 보합권을 유지하며 횡보한 후 거래량이 증가하면서 지금까지의 등락 폭보다 상당히 큰 폭으로 저항선을 상향 돌파하면서 주가가 상승하는 패턴이다.

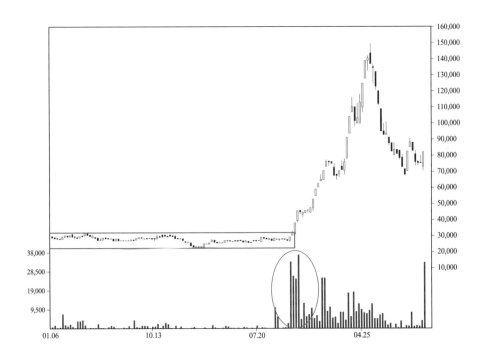

(2) 원형 바닥형

원형 바닥형(rounding bottom)은 패턴의 모양이 접시처럼 생겨 일명 접시형(saucer)이라고 하며, 판독하기가 매우 쉽고 성공할 확률도 높은 동시에, 앞으로 주가 이동 방향과 추세 전환 시점을 서서히 그리고 정확하게 가르쳐 준다. 따라서 투자 결정 및 매매전략을 수립하는 데 충분한 시간적인 여유를 준다는 장점이 있지만, 인기가 높고 거래가 활발한 주식에 있어서는 거의 찾아보기 어렵다. 원형 바닥형의 중요한 특징은 거래량 패턴도 원형 바닥을 이룬다는 것이다.

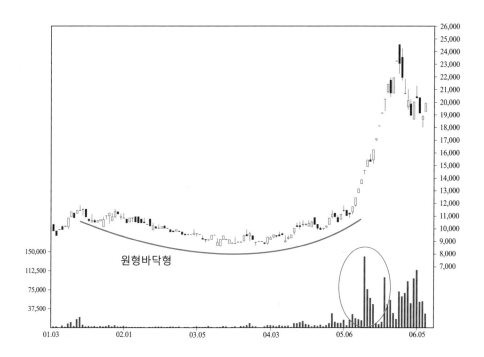

원형바닥형

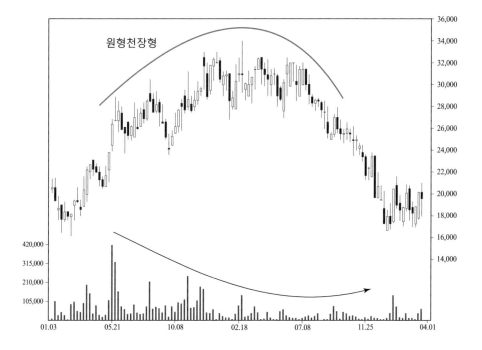

원형천장형

(3) 원형 천장형

원형 바닥형이 하락추세가 상승추세로 전환되는 과정인 데 비해, 원형 천장형(rounding top)은 주가의 상승추세가 완만한 곡선을 그리면서 서서히 하락추세로 전환되는 패턴으로 비교적 형성되는 기간이 선형보다 짧다.

4 확대형

확대형(broadening formation)은 좁은 등락 폭으로 움직이던 주가가 점점 그 등락 폭이 확대되는 형태를 말한다. 주가의 고점들은 점점 높아가는 반면 반대로 주가의 저점들은 점점 낮아지는 모양을 하고 있다. 점차 발산하는 형태를 가져 발산형, 확산형 패턴이라고도 하며, 생김새가 메가폰과 같다하여 메가폰 패턴이라고도 한다.

확대형이 진행되고 있으면 주가의 등락 폭이 점차 확대되면서 거래량도 증가하게 되는데, 이는 상황이 매우 혼란하여 미래에 대한 예측이 불가능한 상태이거나 또는 투자가들의 투자심리가 극히 민감하고 극도로 불안정 상태에 있다는 것을 의미한다. 확대형은 거래량이 활발하면서 주로 시장이 상승추세를 보이고 있을 때 나타나는 경향이 높다. 따라서 확대형은 상승

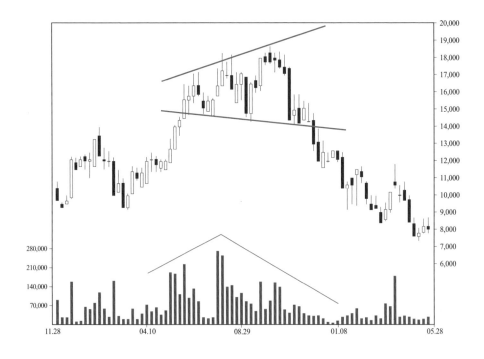

추세의 말기적 현상으로 간주되며 확대형은 일정한 매수 세력이나 매도 세력을 확인하기가 어려우며 또한 주가의 향방을 예측하기가 불확실한 일부 투기적인 세력에 의해서 움직이고 있다고 보아야 한다. 따라서 이 패턴이 나타난 이후에는 대부분 주가의 큰 폭 하락이 있었다.

section 03 | 지속형

1 | 지속형의 개념

지속형(continuation pattern)이란 이전까지의 주가 움직임이 잠시 횡보 국면을 보이면서 앞으로 현재의 주가 추이를 지속시키기 위한 모양을 형성하는 과정을 말한다. 지속형은 이전까지의 주가 움직임이 일시적으로 정지한 상태에서 진행하므로, 반전형에 비하여 그 형성 기간이 비교적 짧으며 그 영향력도 일시적이다.

2 | 삼각형

삼각형(triangle pattern)은 그래프상에 가장 빈번하게 나타나는 지속형 중 하나이다. 삼각형은 반복적인 등락을 하는 동안 점점 그 등락 폭이 줄어들어 전체적인 주가의 움직임이 삼각형 모양을 이루고 있다. 삼각형에서 고점들을 이은 추세선은 강력한 저항선으로, 각 저점들을 이은 추세선이 강력한 지지선으로 작용을 하므로 점점 그 폭이 줄어들게 되어 결국 두 추세선을 수렴하게 된다. 삼각형은 최소한 4번 이상 주가의 등락이 있어야 하며 또한 밑변(base)과 꼭지점(apex)으로 구성되어 있다. 삼각형을 형성한 주가는 보통 밑변과 꼭지점 간 거리의 2/3 지점을 통과한 이후에 추세선을 돌파하게 된다.

삼각형의 종류에는 대칭 삼각형(symmetrical triangle pattern), 상승 삼각형(ascending triangle pattern), 하락 삼각형(descending triangle pattern) 등이 있다. 대칭 삼각형은 약세장에서 나타나면 큰 폭 하락을 나타내고, 반대로 강세장에서 나타나면 큰 폭 상승을 가져온다.

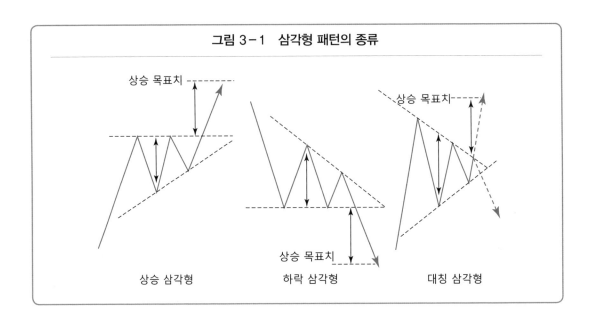

그림 3-1 삼각형 패턴의 종류

상승 목표치

상승 목표치

상승 목표치

상승 삼각형 　　　　하락 삼각형 　　　　대칭 삼각형

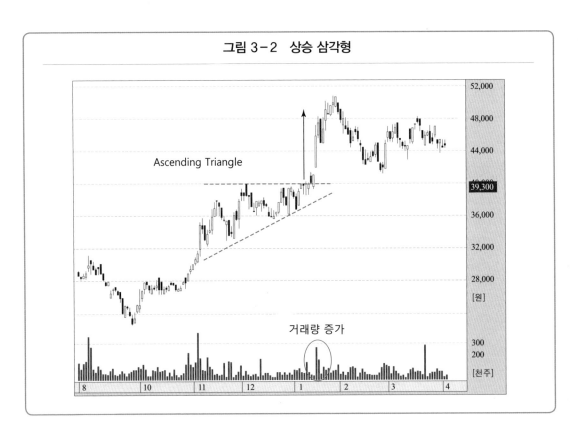

그림 3-2 상승 삼각형

Ascending Triangle

거래량 증가

그림 3-3 하락 삼각형

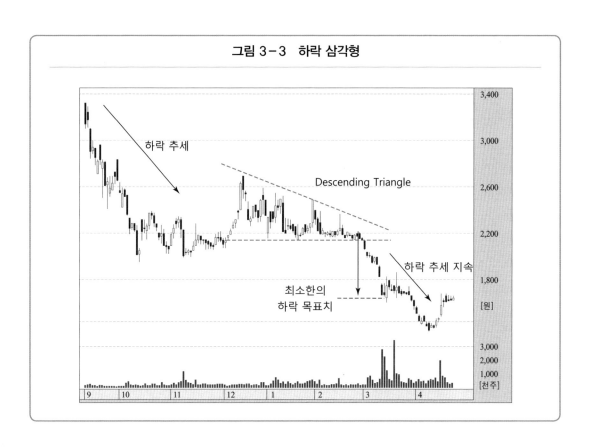

하락 추세

Descending Triangle

하락 추세 지속

최소한의
하락 목표치

그림 3-4 대칭 삼각형

Symmetrical Triangle

거래량 증가

상승 삼각형은 고점이 저항에 직면하지만 저점을 높이면서 매수세가 강화되는 패턴으로, 주가가 상승하는 도중에 자주 나타나므로 앞으로 주가가 계속 상승하리라는 것을 예고하는 신호로 인식하고 있다. 하락 삼각형은 저점이 지지선을 형성하지만 고점이 낮아지면서 매도세가 강화되는 패턴으로, 주가가 하락하는 도중에 자주 나타나므로 앞으로 주가가 하락하리라는 것을 예고하는 신호로 인식하고 있다. 대칭 삼각형은 매도세와 매수세가 균형을 이루어 고점도 낮아지고, 저점도 높아지지만 종국에는 기존의 추세와 같은 방향으로 진행되는 추세 지속 패턴이다.

3   **깃발형과 페넌트형**

깃발형(flag pattern)과 페넌트형(pennant pattern)은 주가가 거의 수직에 가까운 빠른 속도로 움직인 이후 기존의 주가 움직임에 일시적으로 반발하는 세력들이 등장하여 잠시 횡보 국면을 보이는 과정에서 나타나는데, 이때 주가의 수직적인 움직임은 마치 깃대(flag pole)와 같다.

4   **쐐기형**

쐐기형(wedge pattern)은 앞서 설명한 깃발형과 삼각형의 혼합형이다. 쐐기형은 고점을 연결하는 저항선과 저점을 연결하는 지지선이 서로 평행하지 않고 두 선이 점점 좁아져 한 곳으로 모이는 모양이라 페넌트형과 구별된다.

또한 쐐기형과 삼각형과의 차이점은 다음과 같다. 먼저 대칭 삼각형의 경우는 두 추세선의 방향이 서로 다르고 상승·하락 삼각형의 경우는 어느 한쪽 추세선이 거의 수평을 이루고 있지만, 쐐기형은 깃발형과 같이 아래위의 두 추세선이 모두 같은 방향을 향하고 있다. 쐐기형은 상승 쐐기형과 하락 쐐기형으로 구분된다. 하락 쐐기형은 상승추세 이후 조정 과정에서 쐐기형이 만들어진 후 재차 상승하는 상승 지속 패턴으로(쐐기형이 형성될 때 하락하므로 하락 쐐기형이지만, 상승추세 지속 패턴이다) 급상승에 대한 경계 심리, 이익 실현, 저가 매수 등으로 저항선의 기울기가 지지선의 기울기보다 더 급하게 하락하며 이 패턴이 완성된 이후에는 계속 상승하게 된다. 상승 쐐기형은 하락추세 이후 반등과정에서 쐐기형이 만들어진 후 재차 하락하는 하락 지속 패턴이다(쐐기형이 형성될 때 상승하므로 상승 쐐기형이지만, 하락추세 지속 패턴이다).

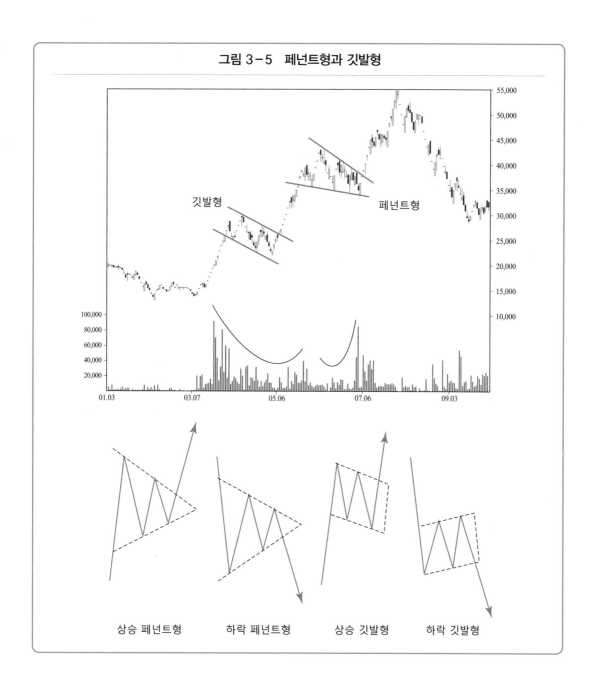

그림 3-5   페넌트형과 깃발형

깃발형

페넌트형

상승 페넌트형   하락 페넌트형   상승 깃발형   하락 깃발형

아래 지지선의 기울기가 위 저항선의 기울기보다 급경사를 이루고 있으며, 주가 상승 시에 나타나는 하락 쐐기형은 그 반대의 경우로 위 저항선의 기울기가 아래 지지선의 기울기보다 급경사를 이루고 있다.

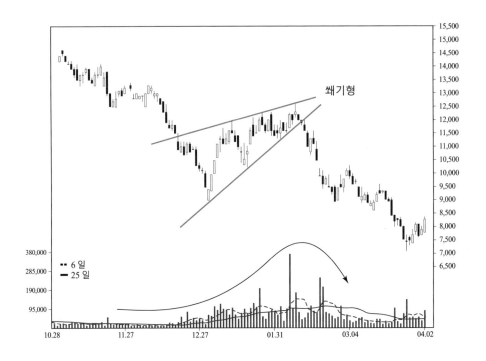

5　　**직사각형**

　직사각형(rectangle pattern)은 매도 세력과 매수 세력이 서로 균형을 이루고 있으나 거래가 활발하지 못한 경우에 나타나게 된다. 주가가 수주일에서 수개월에 걸쳐 장기간 매수·매도 양 세력이 서로 균형을 이루면서 횡보하는 모양으로, 위·아래 두 저항선과 지지선이 수평으로 평행선을 이루고 있다.

　직사각형이 형성되기 위해서는 위 저항선을 그을 수 있는 최소한 두 개의 산과 아래 지지선을 그을 수 있는 최소한 두 개의 골이 형성되어서 4번 이상 주가 등락이 있어야 한다.

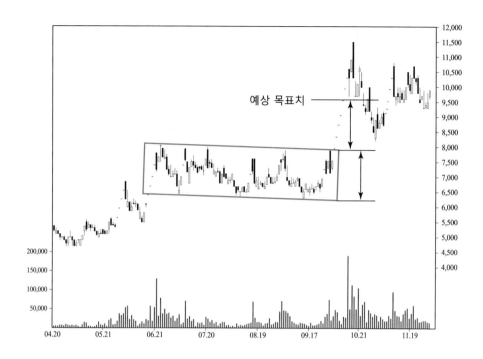

예상 목표치

6 　다이아몬드형

다이아몬드형(diamond pattern)은 확대형과 대칭 삼각형이 서로 합쳐진 모양으로, 주가의 큰 변동이 있고 난 이후 많이 나타나는 패턴이다. 다이아몬드형이 형성되는 동안 주식 시장은 과열된 상황에서 점차 안정되는 과정을 겪는다. 따라서 패턴의 초기에는 거래량이 크게 증가하지만 점차 주가가 수렴하면서 거래량도 감소한다. 이는 불안정한 투자 심리 상태가 점차 안정되면서 기존 추세의 방향성대로 주가가 움직이는 추세 지속형 패턴이다.

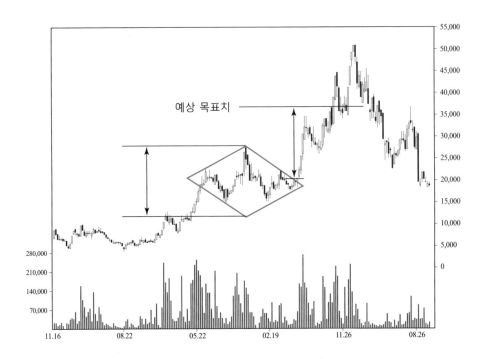

예상 목표치

chapter 04

캔들 차트 분석

section 01 **캔들 차트의 구조**

캔들 차트의 구조를 살펴보면 직사각형 부분과 그 위, 아래 가는 선으로 구성되어 있다. 캔들 차트의 직사각형 부분을 몸통(real body)이라고 부르는데, 장중 시가와 종가 사이의 거래 범위를 나타낸다.

몸통이 양선(white candlestick)이면 종가가 시가보다 높은 상승 신호를, 몸통이 음선(black candlestick)이면 종가가 시가보다 낮은 하락 신호를 나타낸다. 몸통의 위, 아래 가는 선을 그림자(shadow) 또는 꼬리라고 하며 장중 고가(high)와 저가(low)를 나타낸다. 몸통 위에 있는 그림자를 윗 그림자(upper shadow)라 하며 몸통 아래에 있는 그림자를 아래 그림자(lower shadow)라 한다.

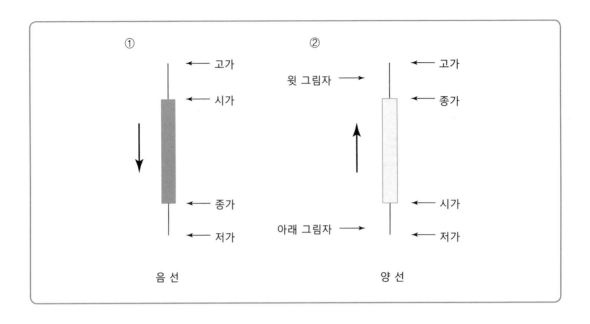

①	②
고가	고가
시가	종가
윗 그림자 →	
종가	시가
저가	아래 그림자 → 저가
음 선	양 선

1 한 개의 캔들

(1) 우산형(umbrella)

추세의 천장권이나 바닥권에서 아래로 달린 꼬리가 몸체의 두 배 이상되는 모양의 캔들이 나타나면 추세 전환의 신호로 보는데, 이러한 패턴을 우산형(umbrella)이라고 한다. 망치형의 경우 더 이상 주가가 하락하지 않고 상승추세로 돌아설 가능성이 많은데, 음선보다는 양선 출현시 신뢰도가 높다.

교수형의 경우 과도한 매수상태로 향후 하락추세로 반전할 가능성이 많은데, 양선보다는 음선의 경우 신뢰도가 높다.

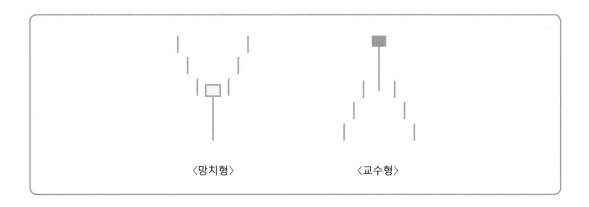

〈망치형〉　　　　　　〈교수형〉

(2) 샅바형(belt-hold line)

상승 샅바형은 하락추세에서 시가가 당일 중의 저가를 기록한 후 지속적인 상승을 보여 긴 몸체의 양선을 나타낸 것이고, 하락 샅바형은 상승추세에서 시가가 당일 중의 고가를 기록한 후 계속 하락을 보여 긴 몸체의 음선을 나타낸 것을 말한다. 그러나 상승 샅바형이 출현한 후 다음날 종가가 샅바형 양선 아래에서 형성되면 매도세의 지속으로 본다. 또 하락 샅바형이 출현한 후 다음날 종가가 샅바형 음선 위에서 형성되면 상승세의 지속으로 본다. 샅바형은 우산형보다 신뢰도가 다소 떨어지는 경향이 있다.

〈상승 샅바형〉　　　　　　〈하락 샅바형〉

(3) 유성형과 역전된 망치(해머)형

유성형(shooting star)은 상승추세가 한계에 다다라 추세의 하락 반전을 예고하는 신호이다. 유성형은 대개 갭(gap)을 동반하여 작은 몸체와 위로 몸체보다 2배 이상 되는 긴 꼬리를 갖춘 캔들의 모습을 하는데, 양선보다 음선의 신뢰도가 높다.

그리고 역전된 망치형(inverted hammer)은 하락국면에서 작은 몸체에 위로 긴 꼬리를 갖춘 캔들을 말하는데, 망치형보다는 신뢰도가 다소 떨어진다. 역전된 망치형은 다음날 캔들이 양선이거나 갭을 만들면서 전일 종가보다 높게 형성되면 강한 추세 전환 시도로 본다.

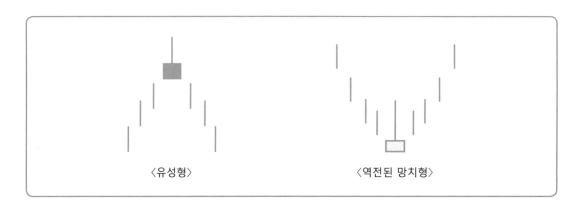

〈유성형〉 〈역전된 망치형〉

2 두 개의 캔들

(1) 장악형(engulfing pattern)

하나의 캔들에 나오는 우산형이나 십자형, 유성형 등은 몸체보다 꼬리의 길이를 중요시 하는 반면에 장악형은 두 개의 캔들로 구성되고 꼬리보다 몸체의 길이가 더 중요시된다. 장악형에는 상승 장악형과 하락 장악형이 있으며, 전일의 몸체보다 다음날 몸체가 크면 클수록 새로운 추세의 에너지가 강한 것으로 본다. 그런데 상승 장악형이란 하락추세에서 전일보다 몸체가 큰 양선이 발생하는 것으로 상승 전환 신호로 본다. 또 하락 장악형이란 상승추세에서 전

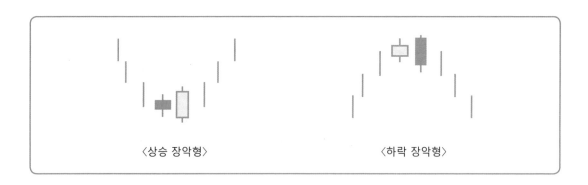

〈상승 장악형〉 〈하락 장악형〉

일보다 몸체가 큰 음선이 발생하는 것으로 하락 전환 신호로 본다. 상승 장악형에서는 음선＋양선, 하락 장악형에서는 양선＋음선일 경우 신뢰도가 높은데, 꼬리보다는 몸체 위주로 판단한다. 장악형의 둘째 날 거래량이 급증하게 되면 강력한 추세 전환 신호로 본다.

(2) 먹구름형과 관통형

먹구름형(dark cloud cover)은 첫째 날에 몸체가 긴 양선이 나타나고 둘째 날 시가는 전일 고가보다 높게 형성되나 종가는 전일의 시가 부근에서 형성되는 경우로 천장권에서는 하락 전환 시도로 본다. 둘째 날 종가가 전일 양선의 몸체 중심선 이하로 내려올 경우 먹구름형의 신뢰도가 높은데 하락 장악형보다는 신뢰도가 약하다. 그리고 관통형(piercing pattern)은 두 개의 캔들로 구성되고 몸체가 긴 음선이 출현된 후, 다음날 몸체가 긴 양선이 나타나는 경우인데, 하락추세에서 상승 전환 신호로 본다. 둘째 날 시가는 전일 종가 아래에서 낮게 시작된 후 주가가 점차 상승하여, 종가가 전일 음선 몸체의 50% 이상의 수준에서 형성되는 관통형은 종가가 고가에 가까울수록 신뢰도가 크다.

〈먹구름형〉　　　　　　　　〈관통형〉

(3) 잉태형

잉태형(harami)이란 몸체가 긴 캔들과 몸체가 짧은 캔들이 연이어 나오는 패턴으로 마치 어머니가 아이를 잉태한 모습과 같아 붙여진 이름이다. 장악형은 두 번째 캔들의 몸체가 첫 번째 캔들 차트 몸체를 감싸 안을 정도로 크지만 잉태형은 그 반대의 경우이다. 하락 잉태형에서는 양선＋음선, 상승 잉태형에서는 음선＋양선이 되면 신뢰도가 높다. 그리고 잉태형에서는 둘째 날 캔들이 십자형으로 나타나면 신뢰도가 더욱 높아지는데, 이를 십자 잉태형(harami cross)이라고 한다. 상승추세에서의 십자 잉태형은 강력한 하락 전환 신호로 여겨진다.

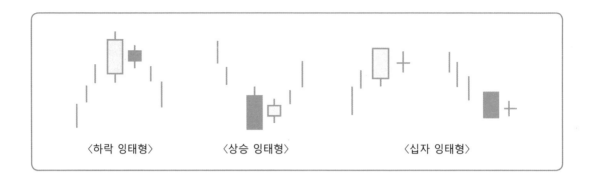

〈하락 잉태형〉　　　　　〈상승 잉태형〉　　　　　〈십자 잉태형〉

3　　**세 개 이상의 캔들**

(1) 별형

상승추세나 하락추세에서 몸체가 긴 캔들이 출현한 후, 갭을 발생하면서 작은 몸체를 가진 캔들이 나타나는 경우 둘째 날의 캔들을 별형(star)이라고 한다. 별형 패턴에서 둘째 날의 작은 몸체는 매수·매도의 공방 속에서 오는 교착상태를 의미한다. 즉, 상승추세에서의 별형은 매수세의 약화와 매도세의 강화를 나타내므로 추세 전환의 신호로 본다. 그런데 별형에서는 샛별형(morning star)과 석별형(evening star)이 있다. 샛별형은 하락추세에서 몸체가 긴 음선이 나타난 후 갭을 만들면서 다음날 몸체가 작은 캔들이 출현하고, 셋째 날 몸체가 긴 양선이 발생하는 경우를 말하는데, 상승 전환 신호이다. 이 경우 첫째 날과 둘째 날 사이에 발생하는 갭에서 꼬리는 의미가 별로 없으며 둘째 날의 별형은 양선인 경우 신뢰도가 높다. 셋째 날 양선의 종가는 첫째 날 음선의 중심선을 돌파해야 하며, 둘째 날과 셋째 날 사이에 갭이 생길 경우 신뢰도는 더 높아진다. 샛별형은 관통형과 비슷한데 그 사이에 별형이 끼어 있는 점이 다르다.

석별형은 상승추세에서 몸체가 긴 양선이 출현한 후 다음날 갭이 나타나면서 몸체가 작은 캔들이 출현한다. 그 후 셋째 날에 몸체가 긴 음선이 출현하면서 첫째 날 양선의 몸체 중심선을 관통하여 종가가 형성된다. 석별형은 하락 전환 신호로 먹구름형과 비슷하지만 별형이 끼어 있는 점이 다르다.

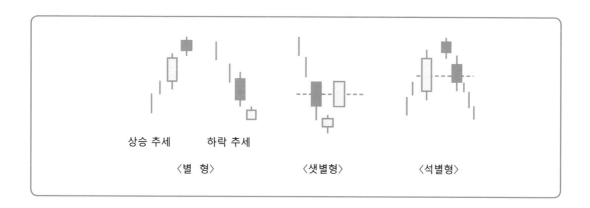

상승 추세   하락 추세

〈별 형〉   〈샛별형〉   〈석별형〉

(2) 까마귀형

까마귀형(upside-gap two crows)은 천장권에서 나타나는 하락 전환 신호이다. 우선 상승추세에서 긴 양선이 출현한 후 둘째 날 갭이 발생하면서 음선이 나오고, 연이어 셋째 날 음선이 출현하면서 갭을 메우게 되는 것이다.

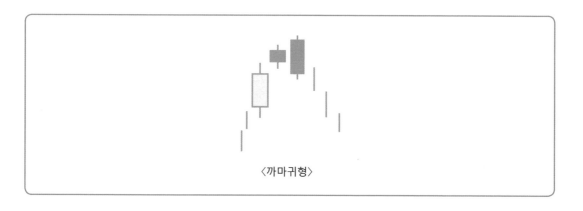

〈까마귀형〉

4 사께다 전법

(1) 삼공(三空)

공(空)은 미국식 차트에서 Gap과 같은 의미로, 3공이란 주가가 상당기간 상승하는 데 있어 인기가 과열되어 공간, 즉 Gap을 3회 연속으로 만드는 경우를 말하며 단선 3공과 복선 3공이 있다.

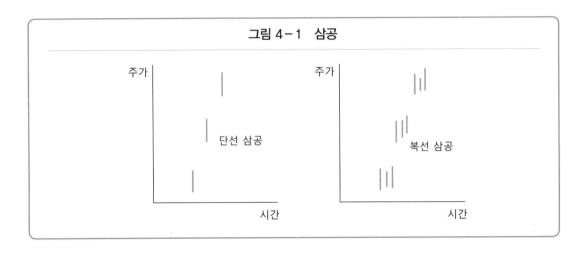

그림 4-1 삼공

이 상태에서 마지막 상승선 다음에 하락선이 전일보다 높은 시세에서 출발하여 전일의 종가 아래로 떨어지는 모양이 나타나거나 십자형의 모양이 나타나면 전형적인 천장의 패턴이 된다.

(2) 삼병(三兵)

❶ 적삼병(赤三兵) : 이 적삼병은 상승 시작의 신호로 오랜기간 동안의 침체 국면에서 평행으로 움직이던 주가가 단기간에 걸쳐 양선의 몸체 3개가 겹쳐서 연이어 형성하는 주가 패턴을 말하는 것으로 바닥권에 있는 주가가 서서히 상승 시세로 진입하는 첫 단계의 주가 흐름으로 볼 수 있음

  그리고 이 패턴에서 가장 주의해야 할 것은 바닥권에서 출현해야 의미가 있으며 주가

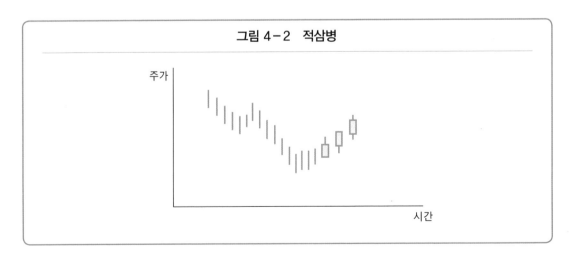

그림 4-2 적삼병

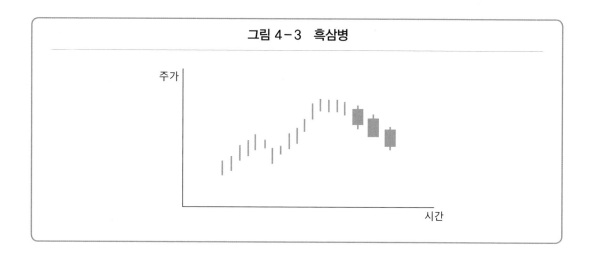

그림 4-3 흑삼병

가 이미 어느 정도 상승한 상태에서 적용하기는 위험이 따름

❷ 흑삼병(黑三兵) : 흑삼병은 적삼병과 상반되는 패턴으로 주가가 천장권에서 음선의 몸체 3개가 겹쳐서 연이어 형성되는 패턴으로 고가권에서 나타날 경우 주가가 급락으로 이어질 가능성이 큼. 특히, 이중 천장형이 형성되는 과정에서 두 번째 천장부근에서 나타날 경우 매우 유효

(3) 삼산(三山)

삼산 모형은 미국식 패턴 분석의 삼중 천장형(Triple Top)과 같은 형태로서 주가가 크게 상승한 후 매수세력이 계속되는 가운데 매물이 출회되어 더 이상 상승을 하지 못하는 패턴이며,

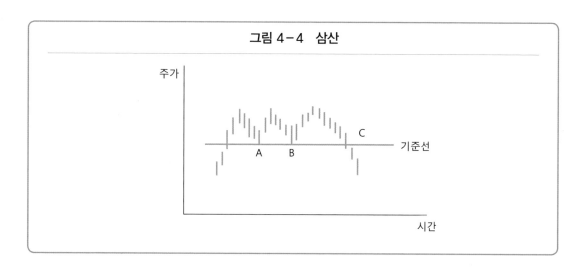

그림 4-4 삼산

자주 발생되는 패턴이 아니므로 경솔하게 판단해서는 안된다. 삼산형이 형성된 후에는 추세가 하락하는 것이 일반적이다.

(4) 삼천(三川)

삼천은 삼산과 반대 패턴으로 미국식 패턴 분석의 삼중 바닥형(Triple Bottom)과 같은 형태로서 대세바닥을 형성하는 전환 패턴이다. 즉, 주가가 장기간 크게 하락하였다가 일정한 시점 안에서 같은 기준선을 두고 상승과 하락하는 모양을 형성한다.

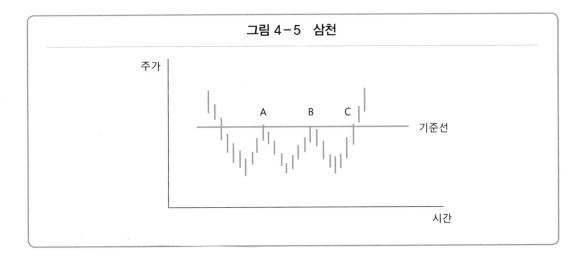

그림 4-5 삼천

chapter 05

지표 분석

추세추종형 지표

    추세추종형 지표(Trend Following Indicator)는 주가가 한번 형성되면 일정기간 한 방향으로 진행된다는 특성을 고려하여 만든 지표로 주가 흐름을 잘 따르는 특징을 가지고 있다. 따라서 상승추세이든 하락추세이든 추세시장(Trend Market)에서는 매우 유용한 지표로서 추세 전환에 있어 다소 느리게 반응하지만 매매 시그널이 자주 발생하지 않음으로써 추세에 대한 중기적인 흐름파악에 용이하다. 가장 대표적인 추세추종형 지표인 MACD를 비롯 MAO, 소나 차트 등이 있다.

1   MACD(Moving Average Convergence & Divergence)

(1) 개요

    골든크로스와 데드크로스를 이용한 투자전략은 때때로 투자손실을 가져온다. 그것은 추세의 전환점이 발생한 이후 상당한 시차가 나타난 후 매매 시그널이 발생하기 때문이다. 이를 개선하기 위해서 장·단기 두 이동 평균 사이의 관계를 보여주는 운동량 지표로서 MACD가 제럴드 아펠(Gerald Appel)에 의해 개발되었다. MACD는 이동평균선이 모이고, 다시 벌어지는 (Convergence & Divergence) 원리에 착안하여 장기지수 이동 평균과 단기지수 이동 평균의 차이가 가장 크게 벌어질 때를 매매타이밍으로 한 기법이다. 그래서 단기이동평균에서 장기이동평균을 뺀 값을 MACD라 하며, 이 MACD의 지수 이동 평균을 '시그널(signal)'이라 부르는데, 이 두 곡선의 교차점을 이용하여 매매 시점을 포착하고자 한다. 이때 사용되는 이동평균선은 단순한 이동평균이 아니라 지수이동평균선(Exponential Moving Average)을 사용한다는 점이 기존의 이동 평균분석과 다르다.

(2) 계산

$$MACD = 단기지수\ 이동\ 평균 - 장기지수\ 이동\ 평균$$
$$시그널 = n일\ MACD\ 지수\ 이동\ 평균$$

(3) 설명

MACD의 원리는 장기와 단기 두 이동평균선이 서로 멀어지게 되면(diverge) 언젠가는 다시 가까워져(converge) 어느 시점에서 서로 교차하게 된다는 성질을 이용하여 두 개의 이동평균선이 멀어지게 되는 가장 큰 시점을 찾고자 하는 것이다.

❶ MACD와 시그널과의 교차 : 이 방법은 MACD를 이용하는 가장 기본적인 기법으로서 MACD가 시그널을 아래에서 위로 상향 돌파할 때를 매수 시점으로, MACD가 시그널을 위에서 아래로 하향 이탈할 때를 매도 시점으로 인식하고 매매하는 방법

❷ MACD 오실레이터(MACD-OSC)

ㄱ. MACD-OSC의 값은 주가 움직임을 미리 선도하는 경향이 크므로 전일의 MACD-OSC의 움직임과 반대 방향으로 움직이면 매매 신호로 인식해야 함

ㄴ. 주가 움직임과 MACD-OSC 사이에서 다이버전스가 발견되면 추세반전이 강력히 예견될 수 있음

ㄷ. MACD-OSC의 값이 0선을 돌파할 때도 추세 전환이 임박했다는 중요한 신호로 인식. (−)에서 0선을 상향 돌파하여 (+)로 변하면 상승추세로의 전환, 즉 매수시점으로 판단하고, 반대로 (+)에서 0선을 돌파하여 (−)로 변하면 하락추세로의 전환, 즉 매도 시점으로 판단

그림 5-1   이동평균선의 크로스와 MACD

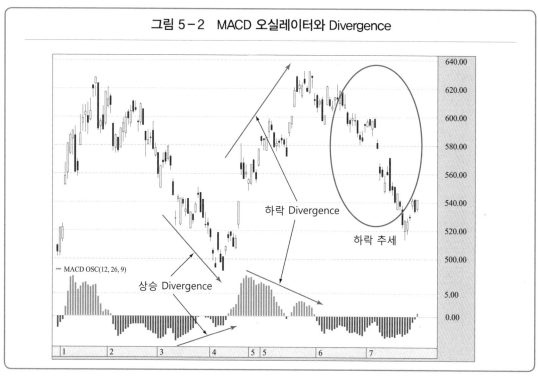

그림 5-2   MACD 오실레이터와 Divergence

(1) 개요

MAO는 단기 이동평균값에서 장기 이동평균값을 뺀 차이를 그래프상에 나타내어 현재 주가의 움직임이 어떻게 진행되고 있는지를 판단하기 위한 추세분석기법이다.

(2) 계산

$$MAO = 단기\ 이동평균값 - 장기\ 이동평균값$$

(3) 설명

MAO의 값이 (＋)이면 현재 주가가 상승추세에 있고, (－)이면 하락추세에 있음을 나타낸다. 또한 MAO가 0선을 교차하는 시점이 장·단기 이동평균선이 서로 교차하는 시점이므로 두 이동평균선의 교차에 의한 매매 시점 포착이 가능하다.

❶ MAO의 0선 교차 : MAO를 이용한 가장 기본적인 방법

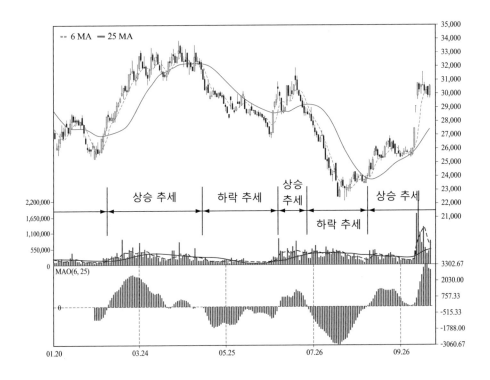

❷ MAO값이 (+)에서 0선을 하향 돌파하여 (−)로 전환될 때를 매도 시점으로, (−)에서 0선을 돌파하여 (+)로 전환될 때를 매수 시점으로 인식하는 매매 방법

❸ MAO의 움직임 분석 : MAO가 일정기간 동안 지속적인 상승 또는 하락을 한 후 움직임을 멈추었다면, 그것은 현재 주가 추세가 조만간 전환될 가능성이 높다는 경고 신호로 받아들여야 함

❹ 다이버전스 발생 : 중요한 추세 전환 신호로 받아들여야 함

❺ 0선 돌파의 실패 : MAO가 0선에 접근하다가 0선 돌파를 실패했거나 돌파는 했으나 바로 재진입하는 경우에는 기존 움직임을 그대로 유지하려는 세력에 압도되었다고 해석할 수 있음

section 02 추세반전형 지표

추세반전형 지표(Trend Reverse Indicator)는 주가의 변화를 민감하게 파악하여 추세반전을 보다 빨리 알기 위한 목적으로 만든 지표로 일정한 범위 내에서 지표가 움직이는 경우가 많아 오실레이터(Oscillator)라고도 한다. 이러한 민감한 속성에 따라 언제든 추세변화를 빨리 포착하지만 추세시장(Trend Market)에서는 오히려 잦은 매매 시그널이 발생하여 충분히 추세를 누리지 못하는 단점도 있다.

그러나 단기적인 주가 변화를 가장 빨리 포착한다는 점에서 추세반전 시그널을 파악하는 데 용이하다.

1 스토캐스틱(Stochastics)

(1) 개요

스토캐스틱은 주가가 움직이는 특성을 가장 잘 반영하는 지표 중 하나로서 조지 레인(George Lane)에 의해 개발되었다. 일정기간 동안의 주가 변동폭 중 금일 종가의 위치를 백분율

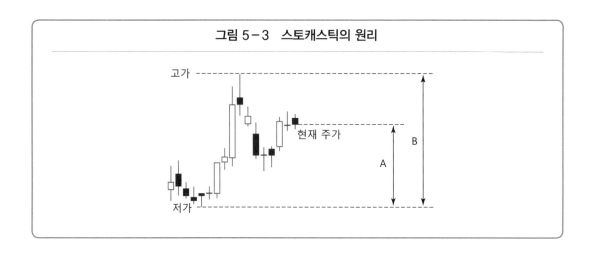

그림 5-3 스토캐스틱의 원리

고가

현재 주가

저가

A

B

로 나타내는 것이다. 상승중일 때에는 금일 종가가 주가 변동폭의 최고가 부근에, 하락중일 때에는 금일 종가가 주가 변동폭의 최저가 부근에서 형성된다.

(2) 계산

$$\%K = \frac{\text{금일 종가} - \text{최근 } n\text{일 중 최저가}}{\text{최근 } n\text{일 중 최고가} - \text{최근 } n\text{일 중 최저가}} \times 100$$

(단, 최근 n일 : %K를 구하고자 하는 기간)

%D : %K의 이동 평균

즉, %K의 기본개념은 〈그림 5-3〉과 같이 일정기간의 주가 변동폭 중 현재 주가가 자리잡고 있는 위치를 말한다.

(3) 설명

스토캐스틱은 %K와 %D 두 지표로 나타낸다. 주요선은 %K이며 %K의 이동평균선을 %D라 부른다. 스토캐스틱을 이용하여 분석하는 방법은 다음과 같이 설명할 수가 있다.

❶ 스토캐스틱이 침체권인 일정 수준(30%) 이하로 내려갔다가 다시 재상승하게 되는 경우에는 매수 신호. 스토캐스틱이 과열권인 일정 수준(70%) 이상으로 올라갔다가 다시 재하락하게 되는 경우에는 매도 신호

❷ %K선이 %D선을 상향 돌파하여 상승하게 되면 매수 신호이고, %K선이 %D선을 하향 돌파하여 하락하게 되면 매도 신호

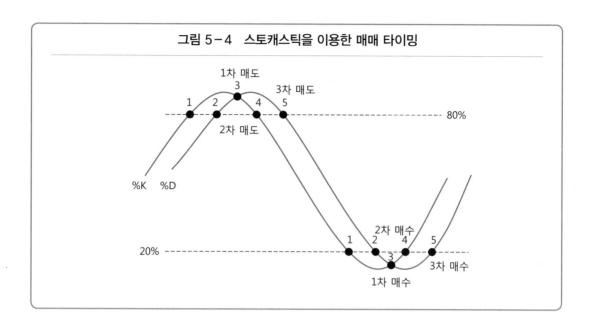

그림 5-4 스토캐스틱을 이용한 매매 타이밍

③ 다이버전스를 이용한 매매 방법. 주가의 고점은 점점 높아지며 신고가를 경신하는데 스토캐스틱의 고점은 직전 고점을 돌파하지 못하는 경우에 하락 다이버전스가 발생했다 하며 매도 신호로 인식한다. 매수 신호는 반대의 경우

④ '추세 전환의 실패(failure)' 패턴을 분석하는 방법이다. %K값이 과열권인 일정 수준 이상(80%)이거나 침체권인 일정 수준 이하(20%)인 상황에서 %K선과 %D선이 서로 교차하여 매매 신호가 발생한 후 머지않아 %K와 %D선이 다시 교차하는 경우가 종종 발생하는데, 이를 '추세 전환의 실패(failure)'라 부름. 이 패턴이 발생하면 기존 추세가 더욱 강화된다고 볼 수 있음

2 RSI(Relative Strength Index)

(1) 개념

RSI는 일정기간 동안 개별 종목과 개별 업종과의 주가 변화율을 대비한 것과 개별 업종과 종합주가지수의 주가 변화율로 대비한 종목별 상대 강도지수와 업종별 상대강도지수가 있다. 기간설정에 있어서는 웰더가 RSI를 개발했을 때 14일간의 움직임을 검증한 경과가 가장 효과적인 것으로 나타났다. 그러나 이 14일이라는 기간은 변경할 수 없는 것은 아니며, 기술적 분

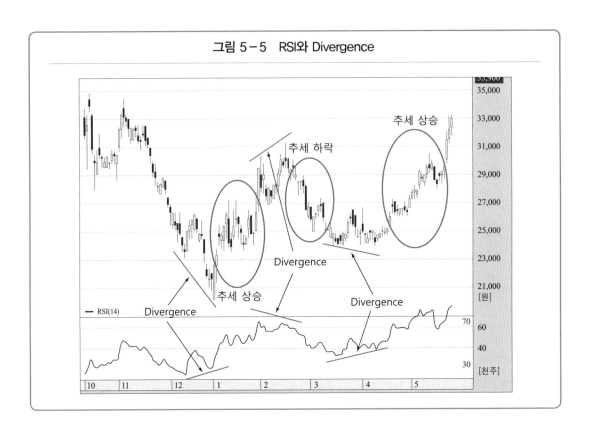

그림 5 - 5　RSI와 Divergence

석마다 나름대로의 기간을 정하여 독창적으로 공식을 바꾸어 쓸 수 있다.

(2) 특성

❶ RSI의 값이 100에 접근하면 할수록 더 이상 올라갈 수 없는 수준에 가까워지는 것이 되며, 반대로 0에 가까워지면 가까워질수록 더 이상 하락할 수 없는 수준까지 내려가고 있는 것

❷ 상승폭과 하락폭을 모두 평균값으로 구하므로 시장 가격이 기간 중에 일시적으로 비정상적인 움직임을 보이더라도 전체적인 분석에는 큰 영향을 미치지 못함

❸ 최대 100에서 최소 0 사이에서 RSI값이 움직이며 100 이상이 되거나 (−)값을 가질 수 없음

❹ RSI의 값이 100에 접근하면 할수록 절대적인 상승폭이 하락폭보다 월등하게 컸음을 의미

(3) 작성방법

작성방법은 일정기간 동안 상승과 하락을 평균하여 상대강도로 나타내는 방법과 종목과 업종 간의 상대적 개념으로 이들의 강도를 측정하여 사용하는 방법이 있는데 여기서는 일정기간 동안 상승과 하락을 평균하여 상대강도로 나타내는 방법을 살펴보고자 한다.

위의 공식을 구체적으로 풀어 쓰면 다음과 같다.

$$RSI = \frac{14일간\ 상승폭\ 합계}{14일간\ 상승폭\ 합계 + 14일간\ 하락폭\ 합계}$$

한편, 분석방법은 RSI가 75%(70~80%) 수준이면 경계신호로 상한선을 나타내며 강세장세 유지로 이 선을 돌파할 때는 매도전략을 세워야 한다. 반면 25%(20~30%) 수준이면 하한선을 나타내는 경계신호로 약세장이 지속되어 하향 돌파할 때는 매수행동을 하여야 한다. 또한, 주가지수가 평행하거나 상승추세인데도 RSI가 하향 추세이면 가까운 장래에 하락을 예고하는 신호이며 주가지수가 평행하거나 하향 추세인데도 RSI가 상향 추세이면 상승을 예고하는 신호이다.

3   ROC(Rate Of Change)

(1) 개요

ROC는 금일 주가와 n일 전 주가 사이의 차이(difference)를 나타내는 지표이다. 이 차이는 수치(points) 또는 퍼센트(percentage)로 표시할 수 있지만 일반적으로 비율(ratio)로 표시하고 있다.

(2) 계산

$$ROC = \frac{금일\ 종가 - n일\ 전\ 종가}{n일\ 전\ 종가} \times 100(\%)$$

(3) 설명

ROC를 이용한 투자전략은 기본적으로 0선을 상향 돌파하면 매수하고, 0선을 하향 돌파하면 매도하는 전략이다. 이는 0선을 중심으로 상승추세와 하락추세가 전환되기 때문이다. 보다

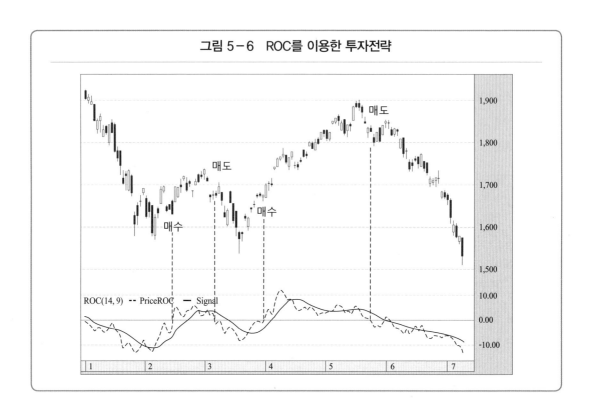

그림 5-6 ROC를 이용한 투자전략

단기적인 전략은 ROC를 이동평균한 시그널곡선과의 교차를 이용한 전략이다. 그러나 이 전략은 보다 빠른 매매 시그널을 얻을 수 있는 반면 니무 잦은 매매신호로 오히려 추세적 이득을 놓칠 수 있다는 단점이 있다.

section 03 **거래량 지표**

기술적 분석은 주가와 함께 거래량을 매우 중요시한다. 거래량의 존재가 시장참여자들의 서로 다른 이견 표출의 결과로 보았기 때문이다. 일반적으로 거래량이 증가한다는 것은 주식시장에 혹은 해당 기업에 투자자들의 관심도가 집중된 결과라는 점에서 거래량은 주식시장의 변화를 보여주는 의미 있는 지표이다.

(1) 의의

OBV선은 그랜빌(J. E. Granville)이 만든 거래량 지표로서 거래량은 주가에 선행한다는 전제하에 주가가 전일에 비해 상승한 날의 거래량 누계에서 하락한 날의 거래량 누계를 차감하여 이를 매일 누적적으로 집계, 도표화한 것이다. OBV선은 특히 주가가 뚜렷한 등락을 보이지 않고 정체되어 있을 때 거래량 동향에 의하여 향후 주가의 방향을 예측하는데 유용하게 활용되는 기술적 지표의 하나로서 시장이 매집단계에 있는지 아니면 분산단계에 있는지를 나타내준다.

(2) 작성방법

❶ 주가가 전일에 비하여 상승한 날의 거래량은 전일의 OBV에 가산
❷ 주가가 전일에 비하여 하락한 날의 거래량은 전일의 OBV에서 차감
❸ 변동이 없는 날의 거래량은 무시

표 5-1 OBV 산출 예

일자	지수	전일 대비	거래량	상승일 누계	하락일 누계	OBV
12. 1	808.75	하락	3,189		3,189	−3,189
2	801.17	하락	3,226		6,415	−6,415
3	806.86	상승	2,836	2,836	6,415	−3,579
4	821.59	상승	2,837	5,673	6,415	−742
6	826.49	상승	5,106	10,779	6,415	4,364
7	823.17	하락	4,187	10,779	10,602	177

(3) 분석방법

OBV선 분석의 기본법칙은 다음과 같다.

❶ 강세장에서는 OBV선의 고점이 이전의 고점보다 높게 형성되고 약세장에서 OBV선의 저점이 이전의 저점보다 낮게 형성. 이때 전자의 경우 U마크(Up)로 표시하고 후자의 경우에는 D마크(Down)로 표시

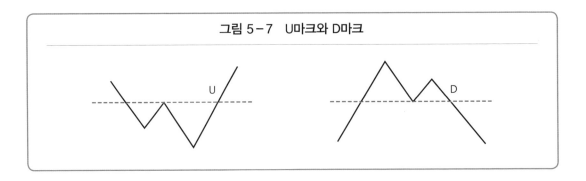

그림 5-7   U마크와 D마크

❷ OBV선의 상승은 매입세력의 집중을, 하락은 분산을 나타냄

❸ OBV선의 장기적 상향 추세선이 진행되는 가운데 저항선을 상향 돌파하는 경우 강세장을, 장기적 하향 추세선을 하회하면 약세장을 예고

❹ OBV선이 상승함에도 불구하고 주가가 하락하면 조만간 주가 상승이 예상되고 OBV선이 하락함에도 불구하고 주가가 상승하면 조만간 주가 하락이 예상

(4) 한계점

❶ 주가 상승일에는 보편적으로 거래량이 급증함으로 OBV선은 급격히 올라가고 주가 하락일에는 거래량이 상승 때보다는 감소하는 등 OBV가 거래량의 누적차수여서 우상향하는 경향이 있음. 즉, 상승일과 하락일에 있어서 심리적인 요인이 작용하기 때문에 상승일의 거래량 증가 비율만큼 하락일에 같은 비율의 거래량이 이루어지지 않는 경향이 있음. 따라서 주가가 이틀에 걸쳐 같은 폭의 등락을 보였다 하더라도 거래량 차이가 발생되기 때문에 주가 하락 시 OBV 하락 폭이 시장 상황보다 축소됨으로 분석에 오류가 발생할 수 있음

❷ OBV는 거래량을 중심으로 하는 지표이므로 특정 종목이 자전거래가 발생하는 경우 비정상적 거래량의 급증으로 분석의 유용성을 줄어들 수 있음

❸ KOSPI 등 주가지수의 OBV의 경우 저가주들의 대량거래가 시장 전체의 거래량을 왜곡하는 경우가 있어 유의할 필요가 있으며, 이 경우에는 거래량 대신 거래대금으로 OBV를 산출하는 보조적인 방법을 사용할 수 있음

❹ 기산일을 활황장세에서 잡으면 주가가 하락으로 돌아설 때 매매신호가 뒤늦게 발생되어 정확한 분석을 하지 못함

❺ 주가의 선행성에 대한 거래량 지표이기는 하지만 현실적으로 OBV지표는 주가가 전환

된 후 주가 방향으로 움직이므로 매매신호가 늦게 나타나기 때문에 조기신호 지표라기보다 오히려 추세확인으로 그치는 경우가 많음

❻ OBV는 누적 거래량에 대한 산출 기준일 선정에 따라서 과대평가되고 과소평가될 수 있기 때문에 주가와 비교분석이 없이 단독적으로 추세전환을 파악하는 데는 어려움이 있음

OBV선이 누적차수이기 때문에 시세를 판단할 때 과거의 수치와 비교하는 것이 불가능하다는 결점을 보완하기 위하여 거래량의 누적차가 아닌 비율로 분석한 것이 *VR*이다. *VR*은 일정기간(주로 20거래일) 동안의 주가 상승일의 거래량과 주가 하락일의 거래량의 비율을 백분비로 나타낸 것이다. 따라서 *VR*이 200%라면 대체로 주가 상승 시의 거래량이 주가 하락 시의 거래량의 2배라는 것을 나타낸다.

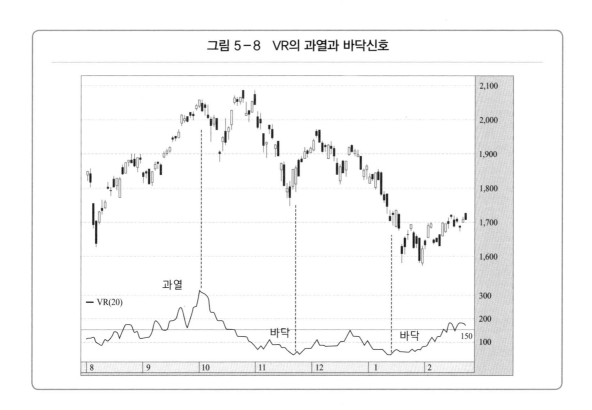

그림 5-8   VR의 과열과 바닥신호

$$VR = \frac{주가\ 상승일의\ 거래량\ 합계 + 변동이\ 없는\ 날의\ 거래량\ 합계}{주가\ 하락일의\ 거래량\ 합계 + 변동이\ 없는\ 날의\ 거래량\ 합계} \times 100$$

일반적으로 주가가 하락하는 경우보다 상승 시 거래량이 많기 때문에 VR의 일반적인 수준은 100%가 아닌, 이보다 조금 높은 150%를 보통 수준으로 산정한다. 450%를 초과하면 단기적으로 주가의 경계신호가 되고 70% 이하이면 단기 매입 시점으로 본다. 이 지표는 시세의 천장권에서 일률적으로 적용하기 어렵지만 바닥권을 판단하는데 신뢰도가 매우 높은 투자지표로 알려져 있다.

3 역시계 곡선(주가 – 거래량 상관곡선)

(1) 개요

주가와 거래량이 서로 밀접한 상관성을 가지고 있다는 전제하에 거래량은 X축에, 주가는 Y축에 나타내며 주가와 거래량의 n일 이동평균(주로 20일)에 의한 매일 매일의 교차점을 선으로 연결한 지표이다. 주가와 거래량의 상관관계가 높다는 원리를 이용한 지표로서 시계열의 흐름이 나타나지 않으며, 차트상에서 보면 시계의 반대 방향으로 회전하는 경우가 많다고 해서 역시계 곡선(Counterclockwise Curve)이라고 한다.

(2) 작성방법

❶ X축에 거래량을, Y축에 주가(주가지수)를 나타냄
❷ 주가와 거래량의 n일 이동평균값을 산출
❸ ❷에 의해 생긴 교차점을 연결

(3) 설명

❶ 주가는 바닥인데 거래량이 증가하기 시작하면 하락으로부터 상승으로 전환이 예상되는 신호
❷ 거래량이 더욱 증가하고 주가도 상승하기 시작하면 매입 신호
❸ 거래량은 더 이상 증가하지 않지만 주가가 계속해서 상승하고 있으면 매입 지속 신호
❹ 거래량은 감소하기 시작하는데 주가만 계속해서 상승하고 있으면 매입 보류 신호

⑤ 거래량이 더욱 감소하고 주가도 더 이상 상승하지 못하면 하락으로 전환이 예상되는
신호

⑥ 거래량이 더욱 감소하고 주가도 하락하기 시작하면 매도 신호

⑦ 거래량이 더 이상 감소하지 않지만 주가만 계속해서 하락하고 있으면 매도 지속 신호

⑧ 주가는 계속해서 하락하고 있는데 거래량이 증가하기 시작하면 매도 보류 신호

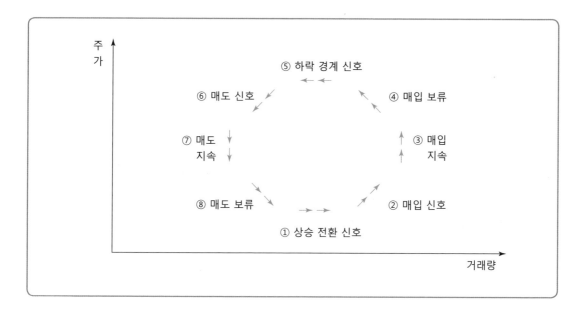

chapter 06

엘리어트 파동이론

section 01 | 엘리어트 파동의 개념

엘리어트는 1939년 파이낸셜 월드지를 통해 '주가는 상승 5파와 하락 3파에 의해 끝없이 순환한다'는 가격 순환 법칙을 주장하였다.

이 법칙의 요점은 주가는 연속적인 파동에 의해 상승하고 다시 하락함으로써 상승 5파와 하락 3파의 8개 파동으로 구성된 하나의 사이클을 형성하며, 이후에는 새로운 상승 5파와 하락 3파에 의해 또 다른 사이클을 형성한다는 것이다. 큰 사이클인 주순환파를 완성하기까지는 보통 3년 정도가 소요된다.

충격 파동은 5개 파동으로, 조정 파동은 3개 파동으로 세분되며 다시 8개 파동은 모두 21개의 작은 파동으로 구성됨을 알 수 있다.

❶ 상승5파 : 〈그림 6-1〉에서 1번, 3번, 5번은 상승 파동으로 충격 파동(impulse wave)이며 2번, 4번은 하락 파동으로 조정 파동(corrective wave). 충격 파동이라 부르는 이유는 1번, 3번, 5번 파동이 주가의 진행 방향과 같은 방향으로 움직이기 때문이고 조정 파동은 주가의 진행 방향과 반대 방향으로 움직이기 때문임

❷ 하락3파 : 〈그림 6-1〉에서 1번에서 5번까지의 상승국면이 끝나면 하락국면이 시작되는

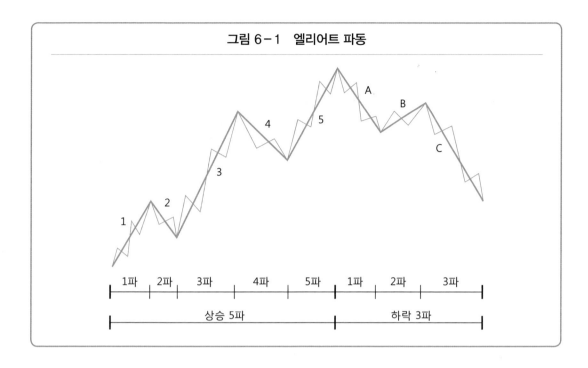

그림 6-1 엘리어트 파동

데, 하락국면은 다시 3개 파동으로 나누어짐. 이 파동들은 각각 A번, B번, C번 파동으로 불리어짐

엘리어트 파동의 특징

1 **상승파동**

❶ 1번 파동 : 〈그림 6-1〉에서 1번 파동은 추세가 전환되는 시점으로서 이제까지의 추세가 일단 끝나고 다시 새로운 추세가 시작되는 출발점. 일반적으로 1번 파동은 5개의 파동 중 가장 짧으며, 보통의 경우는 바닥 수준에서의 단순한 반등 정도로 간주되는 경우가 많아 알아내기가 힘듦. 그리고 1번 파동은 충격 파동이므로 반드시 5개의 파동으로 구성되어야 함

❷ 2번 파동 : 〈그림 6-1〉에서 1번 파동의 방향과는 반대 방향으로 형성되므로 1번 파동으로 인하여 새로운 추세가 시작되었다고 생각하던 기술적 분석가들을 과연 새로운 추세가 시작되었는지 의심하게 만듦. 보통 2번 파동은 1번 파동을 38.2% 또는 61.8% 비율만큼 되돌리는 경향이 높고, 1번 파동을 100% 이상 되돌리는 경우는 없음. 그리고 2번 파동은 성격상 조정파동이므로 반드시 3개의 파동으로 구성되어야 함

❸ 3번 파동 : 〈그림 6-1〉에서 3번 파동은 5개의 파동 중에서 가장 강력하고 가격 변동도 활발하게 일어나는 파동으로 5개의 파동 중 가장 긴 것이 일반적. 또한 거래량도 최고에 이르게 되며 가격의 움직임 가운데서 갭이 나타나는 예도 많음. 이때 나타나는 갭은 돌파 갭이거나 급진 갭이며 소멸 갭은 나타나지 않음

　3번 파동은 1번 파동에 비해서 길이가 길어야 하는데, 일반적으로 1번 파동의 1.618배의 길이가 됨. 다만 3번 파동이 1번 파동의 1.618배가 된다고 하여 그 수준에서 3번 파동이 끝나리라고 생각하는 것은 성급한 생각이며 또한 그 수준에서 4번 파동으로의 조정이 있을 것으로 기대하여 추세와 반대되는 포지션을 만드는 것도 위험한 일임

❹ 4번 파동 : 〈그림 6-1〉에서 4번 파동은 어떤 의미로는 예측하기 용이한 파동으로 일반적으로 3번 파동을 38.2% 되돌리는 경우가 많으며 또는 3번 파동을 5개의 작은 파동으로 나누었을 때 그 중에서의 네 번째 파동만큼 되돌아가는 경향이 높음

❺ 5번 파동 : 〈그림 6-1〉에서 5번 파동은 이제까지 진행되어온 추세가 막바지에 이르는 국면으로 가격의 움직임도 3번 파동과 비교하여 그리 활발하지 못하며 거래량도 3번 파동에 비하여 적게 형성. 또한, 일반적으로 1번 파동과 똑같은 길이로 형성되거나 또는 1번에서 3번 파동까지 길이의 61.8%만큼 형성되는 경향이 높음

2 　하락 파동

❶ A파동 : 〈그림 6-1〉에서 1번 파동에서 시작된 가격 움직임의 추세가 5번 파동에 이르러 끝나고 A파동부터는 이제까지의 추세와는 반대 방향의 새로운 추세가 시작. 그리고 A파동은 새로운 추세가 시작되는 충격 파동이므로 반드시 5개의 파동으로 구성되어야 함

❷ B파동 : 〈그림 6-1〉에서 B파동은 새로이 시작되는 하락 추세에 반발하는 매입세력이 시장에 나타나면서 형성되며 보통의 경우 거래는 그리 활발하지 못함. 이 파동은 1번

파동에서 비롯된 상승 추세가 잠깐 동안의 조정기 A파동을 거친 이후에 다시 상승 움직임을 재개하는 것으로 사람들이 믿기 쉬운 파동이며 B파동이야말로 이제까지의 상승 국면에서 가지고 있던 매입 포지션을 정리할 마지막 기회

❸ C파동 : 〈그림 6-1〉에서 C파동은 세 번째 파동이라는 점에서 어떤 의미로는 3번 파동의 성격과 유사한 점이 많은데 거래는 활발하게 이루어지며 도중에 갭이 나타나는 등 가격의 변동폭도 큼. 또한 이 파동에서는 실망감과 두려움에서 비롯된 투매의 영향으로 가격의 하락폭도 빨라지게 됨

section 03 엘리어트 파동의 법칙

1 절대불가침의 법칙

엘리어트 파동이론에는 절대적으로 예외란 있을 수 없는 법칙이 세 가지 있다. 그것은 2번 파동 저점이 1번 파동 저점보다 반드시 높아야 된다는 것, 3번 파동이 상승 파동 중 제일 짧은 파동이 될 수 없다는 것 그리고 4번 파동의 저점은 1번 파동의 고점과 겹칠 수 없다는 것이다.

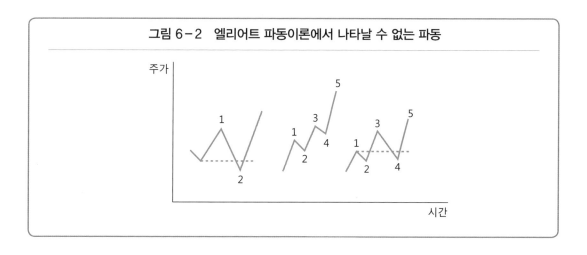

그림 6-2 엘리어트 파동이론에서 나타날 수 없는 파동

2　4번 파동의 법칙

4번 파동은 3번 파동의 하위파동인 (4)번 파동과 일치하거나 3번 파동을 38.2%만큼 되돌리는 경향이 있다.

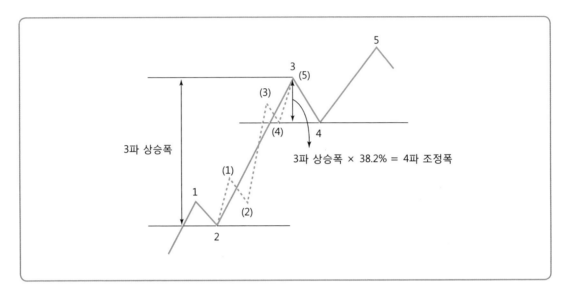

3　파동 변화의 법칙

❶ 2번 파동과 4번 파동은 서로 다른 모양을 형성한다. 또 a파동과 b파동이 지그재그나 플랫 중 교대로 올 가능성이 큼

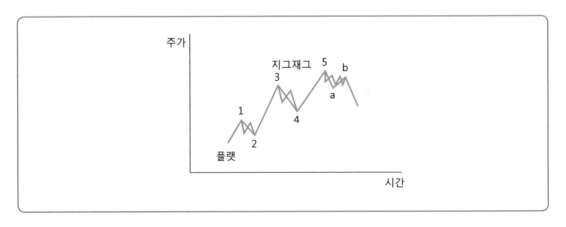

❷ 2번 파동과 4번 파동은 복잡과 단순의 다른 구성을 보임

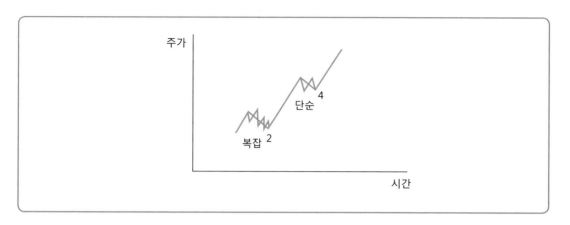

❸ 1번 파동이나 3번 파동이 연장 안되면 5번 파동이 연장될 가능성이 높고, 1번이나 3번 중 하나가 연장되면 5번은 연장이 안 됨

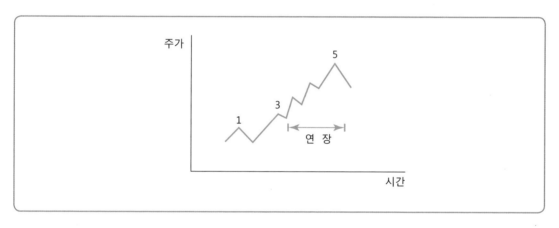

4 파동 균등의 법칙

3번 파동이 연장될 경우 5번 파동은 1번 파동과 같거나 1번의 61.8%를 형성한다.

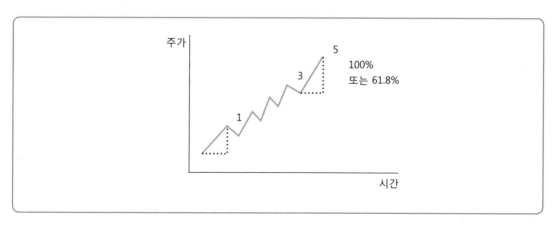

파동의 연장은 3번이나 5번 파동에서 주로 발생한다.
연장의 연장은 일반적으로 3번 파동에서 발생한다.

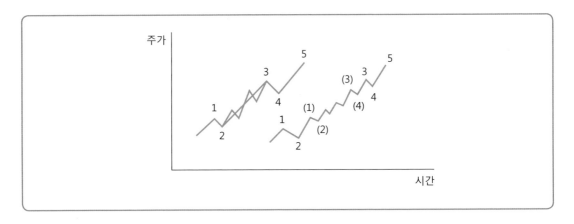

section 04 엘리어트 파동이론의 한계

　엘리어트 파동이론의 가장 큰 약점은 너무나 융통성이 많다는 점이다. 즉, 거의 모든 법칙이 예외를 가지고 있고 또한 전형적인 파동이 있는 반면에 파동이 변형되는 경우도 허다하므로 파동을 해석하는 것이 분석가에 따라 달라질 수밖에 없고 똑같은 이론을 적용하더라도 어떤 하나의 공통된 의견으로 집결하는 것이 힘든 경우가 많다. 둘째로, 엘리어트 이론은 파동이 전부라고 해도 과언이 아닌데 엘리어트조차도 파동이라는 용어에 대해서 명확한 정의를 내리지 않았다는 점이다.

실전예상문제

01 다음 중 기술적 분석에 대한 설명으로 옳지 않은 것은?

① 기술적 분석은 주식시장에서 가치가 아니라 가격으로 거래되는 것이라고 믿기 때문에 모든 정보는 가격에 포함되었다고 판단한다.

② 기술적 분석의 목적은 과거 시세흐름과 패턴을 파악해서 정형화하고 이를 분석하여 주가예측을 하고자 함이다.

③ 기술적 분석 종류에는 추세분석, 패턴 분석, 지표 분석, 시장 구조 이론 등 4가지가 있다.

④ 기술적 분석은 수요와 공급을 변동시키는 원인을 분석한다.

02 다음 중 반전형 패턴이 아닌 것은?

① 선형 패턴   ② 확대형

③ 깃발형   ④ 헤드 앤 숄더 패턴

03 다음 중 다우 이론에서 제시한 강세국면과 약세국면에 대한 설명으로 옳지 않은 것은?

① 매집국면을 축적단계라고도 한다.

② 경제여건과 기업의 영업이익이 좋아지며 주가가 상승하고 거래량이 늘어나는 마크업 국면이 강세 제2국면이다.

③ 침체국면은 투매가 나타남에 따라 주가가 계속 하락하지만 시간이 경과할수록 주가의 낙폭이 작아진다.

④ 기술적 분석을 이용한 투자자들이 가장 높은 수익을 내는 시기는 강세 3국면이다.

해설

01　④ 주가의 매매시점을 파악할 수 있도록 과거의 시세흐름과 그 패턴을 파악해서 정형화하고 이를 분석하여 향후 주가를 예측한다.

02　③ 지속형에 속하는 패턴이다.

03　④ 강세 2 국면이다.

04 다음 중 다우 이론에서 강세국면과 약세국면에서의 투자심리와 투자방법에 대한 설명으로 옳지 않은 것은?

① 대중투자자들은 강세 제2국면에서 공포심을 갖는다.

② 대중투자자들은 강세 제3국면에서 확신을 가진다.

③ 전문투자자들이 점차매수 하기 시작하는 시기는 약세 제2국면이다.

④ 대중투자자들이 약세 제1국면까지 확신을 가지만 약세 제2국면부터 공포심을 갖는다.

05 다음 중 저항선과 지지선이 가지는 의미 중에 옳지 않은 것은?

① 주가의 최소, 최대 목표치를 설정하는데 유용하다.

② 최근에 형성된 것일수록 신뢰도가 높다.

③ 장기간에 걸쳐 형성된 것일수록 신뢰도가 낮다.

④ 정액의 가격대에서 심리적인 지지선이나 저항으로 작용할 수 있다.

06 다음 중 이동평균선을 이용한 분석방법이 아닌 것은?

① 방향성 분석　　　　　　　　② 목표치 분석

③ 크로스 분석　　　　　　　　④ 밀집도 분석

해설

04　④ 약세 제1, 2국면에서 확신을 갖는다.

05　③ 신뢰도가 높다.

06　② 이동평균선을 이용한 분석방법은 아직도 방향성, 배열도, 크로스, 밀집도 분석 등이 있다.

정답 01 ④ | 02 ③ | 03 ④ | 04 ④ | 05 ③ | 06 ②

part 05

투자분석기법
— 산업분석

certified investment manager

chapter 01

산업분석 개요

경제 전반의 움직임을 나타내는 거시경제환경(경제분석)이나 해당 산업의 현재 상황과 미래 비전(산업분석)에 대한 분식은 개별 기업분석에 대하여 중요한 출발점을 제공한다. 그리고 일견 기업성과에 직접적인 관련이 없을 것으로 보이는 국내외 정치, 경제, 사회, 문화적 요인 등도 기업분석에 도움이 될 수 있다. 여기서 얻게 되는 정보들을 활용하여 기업이나 프로젝트의 성장성이나 수익성 전망의 정확도를 높일 수 있다면 투자 성과 극대화라는 목표에 한 발짝 더 다가설 수 있게 되는 것이다.

산업분석은 분석대상이 되는 기업이나 프로젝트가 속한 산업의 성과가 그 기업의 미래 성과 및 프로젝트의 미래 수익률에 상당한 영향을 미치게 된다는 전제에서 출발하는 것이다. 동일 산업 내에서는 사용하는 원료나 인력, 기술 등의 수준이 비슷하고 물류, 유통체계나 판매 시장에서도 유사성이 많은 만큼 이러한 전제는 상당히 현실적이라고 할 수 있다.

중장기적으로는 산업의 성쇠가 곧바로 그 산업 내에서 영업활동을 하는 기업의 부침으로 이어진다. 특히 우리나라와 같이 산업구조의 변화가 빠르게 진행되는 국가에서는 산업발전의 행태와 산업구조 변화방향 등에 의해 특정 산업 전체의 성장 또는 쇠퇴가 뚜렷이 나타나며, 이 과정에서 산업에 포함된 기업들의 수익성과 성장성도 크게 영향을 받게 된다.

우리나라의 산업구조는 1970년대 노동집약적인 산업 중심에서 1980년대 이후에는 자본집약적인 산업 중심으로, 그리고 2000년대 들어서는 지식과 기술집약적인 산업 중심으로 변해오고 있다. 또한 경제위기 이후 진행되고 있는 산업구조의 지식기반화, 기업구조조정 및 경제개혁 등은 각 산업별로 서로 다른 영향을 미치게 될 것이며, 이는 산업 간의 성장률 격차로 이어질 가능성이 크다.

이처럼 산업 간의 성장패턴이 다를 경우 각 산업에 속한 기업들도 이러한 변화에서 자유로울 수 없다. 다시 말하면 쇠퇴하는 산업에 속한 기업들이 높은 수익을 얻을 가능성은 적을 수밖에 없는 것이다.

이런 점에서 산업분석은 개별 기업에 대한 투자분석에 중요한 참고자료를 제공한다. 산업분석에서는 어떤 특정 기업이 아니라 특정 산업 전체를 분석대상으로 한다. 엄밀한 산업분석을 위해서는 해당 산업의 현재 수익성, 성장성 등을 포함한 미래 비전, 산업의 경쟁구도 등 산업 조직적 특성, 생산 및 기술개발 등에서의 국제적인 분업관계, 자국 산업의 글로벌 시장 경쟁력 수준, 산업정책의 방향과 해당 산업의 중요성 등 다양한 측면들을 검토할 필요가 있다. 이러한 분석의 결과는 해당 산업에서 경제활동을 하고 있는 기업들의 평균적인 성과와 비전에 대한 정보를 제공함으로써 기업분석에 유용하게 활용될 수 있다.

section 02 산업의 정의와 분류

우리나라 통계청에 의하면 산업은 '유사한 성질을 갖는 산업활동에 주로 종사하는 생산단위의 집합'으로 정의되며, 산업활동이란 '각 생산단위가 노동, 자본, 원료 등 자원을 투입하여, 재화 또는 서비스를 생산 또는 제공하는 일련의 활동과정'으로 정의된다. 산업활동의 범위에는 영리적, 비영리적 활동이 모두 포함되나, 가정 내의 가사 활동은 제외되고 있다.

산업은 다양한 형태로 분류될 수 있다. 먼저 산업의 특성에 의한 분류를 보면, 우리가 흔히 일컫는 1차 산업, 2차 산업, 3차 산업 등의 구분, 농림어업, 제조업, 서비스업 등의 구분, 그리고 제조업과 비제조업의 구분 등이 있다. 또한 제조업 내에서도 기초소재산업(석유석탄, 화학, 비금속광물, 일차금속, 금속제품 등), 조립가공산업(일반기계, 전기전자, 정밀기기, 자동차, 조선 등), 소비재산업(음식료품, 섬유, 가구 등) 등으로 분류하는 것이 가능하다.

산업의 특성을 경기변동과 관련하여 구분할 수도 있다. 즉 산업활동이 경기변동에 얼마나 민감하게 영향을 받느냐에 따라서 경기민감 산업과 경기방어적 산업으로 구분된다. 경기민감 산업은 호경기에는 매출과 이익이 크게 신장되지만 불경기에는 매출과 이익이 격감하는 산업으로 자동차, 에어컨 등과 같은 고가의 내구소비재와 산업기계와 같은 내구생산재를 만드는 산업, 건설업 및 건설 관련업 등이 포함된다. 경기방어적 산업은 경기침체기에도 큰 영향을 받지 않는 산업으로 음식료산업과 같은 생활필수품에 관련된 소비재산업과 전력·가스산업 등을 들 수 있다.

또한 개별 산업에서 일어나는 경기변동이 경제 전반의 경기변동과 어떤 시차를 가지느냐에 따라 산업을 구분할 수도 있다. 산업의 경기변동이 경제 전체의 경기변동보다 빨리 변하는 것은 경기선행산업, 경제 전체와 함께 변하는 것은 경기동행산업, 그리고 경제 전체의 경기변동보다 늦게 경기가 변하는 것은 경기후행산업이라고 한다. 이는 산업의 특성과 밀접히 연관되어 있다. 일반적으로 소비와 관련성이 큰 산업은 경기에 후행하는 경향이 있으며, 투자와 관련성이 큰 산업은 경기에 선행하는 경향을 가지고 있다. 그러나 개별 산업의 특성에 따라 또는 그때그때의 경제 및 산업 환경에 따라 다른 움직임을 보이기도 한다. 통계청에서 발표하는 경기선행지수, 경기동행지수, 경기후행지수를 구성하는 요소들은 각각 경기에 선행, 동행, 후행하는 대표적인 경제지표라고 할 수 있다.

통계청 경기종합지수의 구성 지표(2019년 변경 후)

① 경기선행지수 구성요소(7개) : 재고순환지표, 경제심리지수, 기계류내수출하지수, 건설수주액(실질), 수출입물가비율, 코스피, 장단기금리차
② 경기동행지수 구성요소(7개) : 비농림어업취업자수, 광공업생산지수, 서비스업생산지수, 소매판매액지수, 내수출하지수, 건설기성액(실질), 수입액(실질)
③ 경기후행지수 구성요소(5개) : 취업자수, 생산자제품재고지수, 소비자물가지수변화율(서비스), 소비재수입액(실질), CP유통수익률

한편 통계적으로 산업을 분류하는 방법으로는 국제표준산업분류(ISIC : International Standard Industrial Classification), 국제표준무역분류(SITC Rev.3 : Standard International Trade Classification), HS분류(Harmonized Commodity Description and Coding System) 등을 대표적으로 들 수 있다. 산업분류는 생산단위가 주로 수행하고 있는 산업 활동을 그 유사성에 따라 유형화한 것으로 이는 다음과 같은 기준에 의하여 분류된다.

❶ 산출물(생산된 재화 또는 제공된 서비스)의 특성 : 산출물의 물리적 구성 및 가공단계 산출물의 수요처, 산출물의 기능
❷ 투입물의 특성 : 원재료, 생산 공정, 생산기술 및 시설 등
❸ 생산 활동의 일반적인 결합형태

한국표준산업분류는 산업관련 통계자료에서 가장 기본이 되는 것으로서, 1963년 작성된 이후 산업구조의 변화 추세와 국제표준산업분류의 개편에 맞추어 지금까지 10차례 개정되었다. 현재의 분류표는 2017년 7월 1일부터 시행된 것이다. 한국표준산업분류의 구조는 대분류(알파벳 문자 사용/Sections), 중분류(2자리 숫자 사용/ Divisions), 소분류(3자리 숫자 사용/Groups), 세분류(4자리 숫자 사용/Classes). 세세분류(5자리 숫자 사용/Sub-Classes)의 5단계로 구성된다.

한편, 표준국제무역상품분류(SITC)와 HS분류는 대외무역거래의 대상이 되는 상품에 대한 분류체계이다. 국제무역에 대한 분류를 별도로 하는 이유는 국제 거래가 주로 이루어지는 상품은 국가 내에서 생산되는 상품 중에서 제조업 제품을 중심으로 한 일부 상품과 서비스에서만 이루어지기 때문이다.

표 1-1　한국표준산업분류

A 농업, 임업 및 어업
　01 농업
　02 임업
　03 어업
B 광업
　05 석탄, 원유 및 천연가스 광업
　06 금속 광업
　07 비금속광물 광업 ; 연료용 제외
　08 광업 지원 서비스업
C 제조업
　10 식료품 제조업
　11 음료 제조업
　12 담배 제조업
　13 섬유제품 제조업 ; 의복 제외
　14 의복, 의복액세서리 및 모피제품 제조업
　15 가죽, 가방 및 신발 제조업
　16 목재 및 나무제품 제조업 ; 가구 제외
　17 펄프, 종이 및 종이제품 제조업
　18 인쇄 및 기록매체 복제업
　19 코크스, 연탄 및 석유정제품 제조업
　20 화합물질 및 화학제품 제조업 ; 의약품 제외
　21 의료용 물질 및 의약품 제조업
　22 고무 및 플라스틱제품 제조업
　23 비금속 광물제품 제조업
　24 1차 금속 제조업
　25 금속가공제품 제조업 ; 기계 및 가구 제외
　26 전자부품, 컴퓨터, 영상, 음향 및 통신장비 제
　　 조업
　27 의료, 정밀 광학기기 및 시계 제조업
　28 전기장비 제조업
　29 기타 기계 및 장비 제조업
　30 자동차 및 트레일러 제조업
　31 기타 운송장비 제조업
　32 가구 제조업
　33 기타 제품 제조업
　34 산업용 기계 및 장비수리업
D 전기, 가스, 증기 및 수도사업
　35 전기, 가스, 증기 및 공기조절 공급업
E 수도, 하수 및 폐기물처리, 원료재생업
　36 수도업
　37 하수, 폐수 및 분뇨 처리업
　38 폐기물 수집운반, 처리 및 원료재생업
　39 환경 정화 및 복원업
F 건설업
　41 종합 건설업
　42 전문직별 공사업
G 도매업 및 소매업
　45 자동차 및 부품 판매업
　46 도매 및 상품중개업
　47 소매업 ; 자동차 제외

H 운수업 및 창고업
　49 육상 운송 및 파이프라인 운송업
　50 수상 운송업
　51 항공 운송업
　52 창고 및 운송관련 서비스업
I 숙박 및 음식점업
　55 숙박업
　56 음식점 및 주점업
J 정보통신업
　58 출판업
　59 영상ㆍ오디오 기록물 제작 및 배급업
　60 방송업
　61 우편 및 통신업
　62 컴퓨터 프로그래밍, 시스템 통합 및 관리업
　63 정보서비스업
K 금융 및 보험업
　64 금융업
　65 보험 및 연금업
　66 금융 및 보험 관련 서비스업
L 부동산업
　68 부동산업
M 전문, 과학 및 기술서비스업
　70 연구개발업
　71 전문서비스업
　72 건축기술, 엔지니어링 및 기타 과학기술
　　 서비스업
　73 기타 전문, 과학 및 기술 서비스업
N 사업시설관리, 사업지원 및 임대서비스업
　74 사업시설 관리 및 조경 서비스업
　75 사업지원 서비스업
　76 임대업: 부동산 제외
O 공공행정, 국방 및 사회보장행정
　84 공공행정, 국방 및 사회보장행정
P 교육서비스업
　85 교육 서비스업
Q 보건업 및 사회복지 서비스업
　86 보건업
　87 사회복지 서비스업
R 예술, 스포츠 및 여가 관련 서비스업
　90 창작, 예술 및 여가 관련 서비스업
　91 스포츠 및 오락 관련 서비스업
S 협회 및 단체, 수리 및 기타 개인서비스업
　94 협회 및 단체
　95 개인 및 소비용품 수리업
　96 기타 개인 서비스업
T 가구 내 고용활동 및 자가 소비생산활동
　97 가구 내 고용활동
　98 달리 분류되지 않은 자가소비를 위한 가구의
　　 재화 및 서비스 생산활동
U 국제 및 외국기관
　99 국제 및 외국기관

산업분석의 방법은 크게 산업구조 변화에 대한 분석과 개별 산업에 대한 분석, 그리고 산업정책에 대한 분석으로 나눌 수 있다.

산업구조 변화 분석은 경제가 발전함에 따라 산업구조가 어떻게 바뀌어 나갈 것인지를 파악함으로써 각 산업의 미래비전을 분석하는 것이다. 산업구조 변화는 산업 간의 성장률에 차이로 인해 나타나게 된다. 다시 말하면 산업구조 변화를 관찰하고 전망하는 것이 곧바로 개별 산업들의 미래 성장성과 수익성을 예상해 볼 수 있는 한 수단이 될 수 있는 것이다.

개별 산업에 대한 분석은 다양한 분석기법을 통해 관심이 있는 특정 산업을 직접 분석하는 것이다. 여기에는 해당 산업에서의 수요와 공급, 시장에서의 가격결정 메커니즘 등 시장 상황에 대한 검토뿐만 아니라 원자재나 인력공급, 기술개발, 연관산업, 경쟁구도 등을 통해 산업 전반 또는 그 산업 내에서 영업활동을 하는 기업들의 경쟁기반을 분석하는 것도 포함된다. 또한 최근 수년간의 성장률 등을 직접적으로 파악하는 것도 개별 산업분석에 도움이 될 수 있다.

마지막으로 산업정책 분석은 특정 산업에 대한 정부의 정책 방향이 각 산업에 미치는 영향을 분석하는 것이다. 최근 시장경제의 중요성이 부각되면서 산업분석에서도 정부의 역할이 다소 소홀히 취급되는 경우가 많다. 그러나 산업정책은 국민경제의 경쟁력을 높이는 정책으로서 대부분의 국가에서 시행되고 있으며 산업정책의 방향에 따라 개별 산업들은 상당한 영향을 받는다. 따라서 산업정책의 방향을 가늠해보는 것은 산업분석에서 매우 중요한 위치를 점하게 된다.

chapter 02

산업구조 변화 분석

산업구조 변화의 의미

1 산업 간 성장률 격차

각 개별 산업의 발전은 국가 경제 전반의 산업구조 변화에 의해 직접적인 영향을 받게 된다. 아무리 우수한 경영능력을 갖추고 있는 기업이라도 산업 전반이 쇠퇴하면 높은 성과를 얻을 수 없다. 따라서 산업구조 변화에 대한 이해는 개별 산업분석의 가장 우선적인 전제가 된다고 할 수 있다.

산업구조가 변화한다는 것은 산업 간에 성장속도가 일정하지 않고 다르다는 것을 의미한다. 과거의 경험에 의하면 농업, 공업, 서비스업 간은 물론 제조업 내에서도 산업 간의 성장속도는 다르게 나타났다.

산업 간의 불균형 성장은 오랫동안 학자들의 관심이 되어 왔다. 그동안의 경험분석을 통하여 발견된 법칙성으로는 경제발전에 따라 산업구조가 1차 산업에서 2차 산업으로, 그리고 다시 3차 산업 중심으로 변한다는 Petty의 법칙, 그리고 2차 산업 내에서 소비재부문보다 생산재부문의 생산비중이 높아진다는 Hoffman의 법칙 등이 있다. Petty의 법칙은 소득 수준이 상승함에 따라 1차 산업에 종사하는 노동력의 구성비가 점차 감소하고 2차 및 3차 산업의 노동력 구성비는 계속 상승한다는 것이다. 1940년 Clark는 이 법칙을 실증적으로 분석하였고 이후 쿠즈네츠는 노동력뿐만 아니라 생산 및 자본에서도 이 법칙이 성립한다는 것을 입증하였다. Hoffman의 법칙은 경제발전에 따라 공업부문 내에서 소비재산업의 생산재산업에 대한 비중이 점차 하락한다는 법칙이다. 이러한 호프만의 법칙은 소득 수준이 상승함에 따라 총생산액에 대한 중간재 수요의 비중이 증가한다는 소위 '생산의 우회화론(Böhm Bawerk 등)'과 비슷한 논리이다.

그렇다면 산업 간에 성장속도의 차이를 초래하는 원인은 무엇인가? 이 원인에 대한 이해는 산업구조의 변화 방향을 예측하는 데에 매우 중요한 의미를 지닌다. 산업 간 불균형 성장의 원인은 수요와 공급 양 측면에서 찾을 수 있다.

수요 측면에서 보면, 각 산업에서 생산되는 제품에 대한 수요의 변화가 균등하지 않다. 어떤 산업의 제품에 대한 수요는 매우 크지만, 다른 어떤 산업의 제품에 대한 수요는 그리 크지 않다. 또 어떤 산업의 제품은 소득이 증가함에 따라 그 수요가 빠르게 늘어나는 반면 다른 산업에서는 그렇지 않다. 다시 말하면 수요의 규모와 소득탄력성에 차이가 있다는 것이다.

공급 측면의 요인들도 산업별 성장률 격차를 초래한다. 혁신을 통해 신기술 및 신제품의 개발이 이루어지면 이에 대한 수요가 급속히 증가할 수 있다. 또한 생산공정상의 혁신이 일어나 생산비가 낮아지면 이 제품의 상대 가격이 하락하여 새로운 수요를 창출할 수도 있다. 따라서 각 산업의 혁신역량 또는 공급능력 등에서의 차이로 인해 산업구조의 변화가 일어나게 되는 것이다.

이 밖에 각국의 경제정책, 국내외 경제여건 변화, 각 산업 내에서 이루어지는 국가 간의 경쟁관계 등도 산업 간 성장률에 영향을 미쳐 산업구조 변화를 초래할 수 있을 것이다.

또한 산업구조의 변화가 당연한 현상인 만큼 이와 관련하여 다양한 정책과제들이 제기될 수 있다. 먼저 경제발전과정에서 최적 산업구조의 흐름은 무엇인가 하는 것이다. 최적 산업구조가 국민경제적인 관점에서 장기적인 후생을 극대화시킬 수 있는 가장 바람직한 산업의 구성이라고 한다면 이는 경제발전단계 및 경쟁력 구조의 변화에 따라 달라질 것이다. 따라서 한 국가로서는 주어진 자원하에서 국민후생을 극대화시킬 수 있는 산업구조를 형성하는 것이 중요한 과제가 된다.

좀 더 현실적인 문제로서 성장산업과 사양산업의 문제를 들 수 있다. 경쟁력을 상실하여 나타나게 되는 사양산업은 대량 실업의 발생 등 정치·사회적인 부담으로 작용하기 때문에 매우 민감한 이슈로 대두하게 된다. 특히 1997년 외환위기 이후 경제 분야뿐 아니라 사회 전반에 걸쳐 확산된 성장격차는 지속성장을 저해하는 양극화(polarization)로 이어지고 있다. 즉 수출은 호황을 보이는 반면 투자와 소비 등 내수는 상당기간 침체상태를 벗어나지 못하고 있으며, 제조업은 수출호황을 바탕으로 높은 성장세를 보이는 데 반해, 자영업자 위주의 서비스업은 과잉공급 상태에서 경쟁이 격화되는 가운데 극심한 침체상태가 지속되고 있다.

한편 정부가 산업구조의 변화에 개입할 필요가 있느냐, 개입한다면 어떤 방향이어야 하느냐 하는 점도 중요하다. 전통적인 경제이론에 의하면 국가 간의 거래가 없는 폐쇄경제에서 시장이 모든 면에서 완전하다면 산업구조는 생산요소의 부존 정도와 개별산업의 기술적 특성, 그리고 수요의 산업별 분포에 의해 결정되고, 이는 국민후생을 극대화시키게 된다. 이러한 결론은 국제무역을 상정하더라도 동태적 비교우위의 개념을 이용해 쉽게 도출된다. 그러나 산업정책의 필요성을 뒷받침하는 많은 주장들(유치산업보호론 등)에서 알 수 있듯이 시장기구가 반드시 최적 산업구조를 보장하지는 않는다. 이러한 의문에 대한 해답을 얻기 위해서는 경제발전에 따른 비교우위 변화의 근본 원인과 이것이 한 국가의 동태적 산업구조 변화와 국제분업구조의 변화에서 갖는 의미에 대한 체계적인 접근이 필요할 것이다.

2 산업구조 변화에 대한 경제이론

앞서 살펴본 바와 같이 산업 간 성장률 격차에 의한 산업구조의 변화는 기본적으로 수요와 공급 측면에서의 요인에 의해 결정되며 그 밖에 정책이나 경제여건 등의 요인들이 부수적으로 영향을 미치게 된다. 이는 국제거래가 없는 자급자족경제에서는 대체로 그대로 적용되게 될 것이다.

그러나 국가 간 무역이 일반화된 현대 경제에서 수요의 변화는 한 국가의 산업구조에 미치는 영향에 한계를 보인다. 예를 들면 A국에서 어떤 산업에 대한 수요가 급속히 늘어날 경우 A국이 공급능력을 충분히 갖추지 못한 상태라면 A국의 해당 산업이 발전하는 것이 아니라 공급능력이 있는 B국으로부터의 수입이 늘어 B국의 해당 산업이 발전하게 되는 것이다. 물론 그렇다고 해서 수요 변화가 산업구조 변화에서 중요하지 않은 것은 아니지만 그 영향력은 국제무역이 없을 때와 비교할 때 상대적으로 낮다고 하겠다.

이렇게 본다면 산업 간 성장률 격차 또는 산업구조 변화를 설명하는 경제이론을 국제무역이론에서 찾을 수 있다. 국제무역이론에서 규명하고자 하는 중요한 부분의 하나가 '어떤 국가가 어떤 산업에서 경쟁력을 가지는가', 다시 말하면 무역패턴이기 때문이다. 국제무역이 이루어지는 과정에서 A국이 a산업에서 경쟁력을 갖는다면 A국에서 a산업은 빠르게 성장하는 산업이 되는 것이다.

전통적 국제무역이론에서는 비교생산비나 요소부존도, 제품 수명주기 등 공급측면에서의 국가 간 차이를 통해 무역패턴을 설명한다. 먼저 리카도(D. Ricardo)의 비교우위론에서는 국가 간에 각 제품생산에 필요한 노동투입량, 다시 말하면 상대적 생산비가 다르므로 각 국은 상대적으로 생산비가 낮은(비교우위가 있는) 제품의 생산에 특화하여 이를 수출하는 것이 이익이다. 이 경우 수출산업은 빠르게 성장하여 산업구조 변화를 초래하게 될 것이다. 다음으로 헥셔-올린 모형(Heckscher-Ohlin Model)은 생산요소를 노동과 자본으로 확대하여 생산요소의 상대적 부존도에서의 차이가 무역패턴을 결정한다는 것이다. 간단히 설명하면, 노동이 상대적으로 풍부한 국가는 노동의 상대 가격이 싸므로 노동을 상대적으로 많이 사용하는 노동집약적인 제품에서 비교우위를 갖는다. 따라서 한 국가의 경제가 발전함에 따라 자본의 상대적인 부존도가 상승하게 되면 산업구조도 노동집약적인 산업 중심에서 자본집약적인 산업 중심으로 변화하게 될 것이다. 이 경우 생산요소를 지식이나 정보까지 확대시키면 지식집약적인 산업으로의 구조 변화도 설명이 가능하다.

이러한 전통이론들은 완전경쟁시장이라는 비현실적인 가정에 입각하고 있고 서로 다른 산업 간에 이루어지는 무역패턴만을 분석대상으로 하고 있다는 점에서 현실 설명에 한계를 갖는다. 하지만 이러한 이론들은 국제무역 패턴을 통해 산업 간 성장률 격차, 그리고 이로 인한 산업구조 변화를 설명하는 중요한 출발점을 제공한다.

전통적 무역이론이 설명하지 못하는 부분들은 이후의 새로운 이론들에 의해 보완되고 있다. 제품 수명주기 이론은 한 국가의 공급능력 변화에서 기술혁신 또는 신제품 개발이 갖는 중요성을 분석하였다. 전략적 무역정책(strategic trade policy)을 포함하는 신무역이론에서는 규모의 경제와 불완전경쟁 등 시장실패를 상정하여 산업 내 무역과 정부개입의 필요성을 보이고 있다. 내생적 성장이론(endogenous growth theory)은 경제성장을 인적자본 등 요소의 내생적 축적에 의해서 이루어진다고 보고 있으며, 이를 국제무역에 응용하면 동태적 비교우위와 산업구조의 변화에서 요소부존보다 요소창출이 더욱 중요해진다. 한편 기업의 경쟁전략 분석에서 출발하여 산업경쟁력 분석까지 확장된 경쟁우위론에서는 경쟁력의 결정요인으로서 요소의 창출·개량·전문화의 속도와 산업구조를 강조하고 있다.

이상과 같은 이론들이 산업구조 변화에 대해 함축하고 있는 내용들은 다음과 같이 정리할 수 있다.

첫째, 어떤 시점에서 한 국가의 산업구조는 기본적으로 그 국가가 갖고 있는 생산요소의 상

대적인 부존량과 각 산업의 생산함수에 의해 결정되는 비교우위에 의해 정해진다. 둘째, 생산
요소의 부존량은 동태적으로 변화하며, 이는 그 국가의 현 산업구조와 요소축적을 위한 노력
의 정도에 의해 내생적으로 결정된다. 셋째, 시장실패가 있는 상태에서 국제무역을 통한 국가
간 경쟁이 이루어지면 정부의 전략적 개입이 사회후생을 증대시킬 수 있다.

section 02 | 경제발전과 산업구조 변화

앞에 살펴본 산업구조 변화에 대한 경제이론들은 그 자체로서 이론체계를 갖추고 있지만
현실을 설명하는 데에는 모두가 일정한 한계를 갖는다. 실제 산업의 경쟁력은 각 이론에서 제
시하는 한 가지 요인이 아니라 다양한 요인들이 복합적으로 작용하여 결정되는 것이기 때문
이다. 여기서는 이러한 측면을 감안하여 경제발전과 산업구조 변화 간의 관계를 경쟁력 창출
요인의 관점에서 설명해 본다.

1 | 산업구조 변화의 근본 원인 : 경쟁력 창출 요인

산업구조의 동태적 변화는 수요, 공급의 양 측면에서의 변화에 기인한다. 그러나 한 국가의
산업구조 변화에서 중요한 것은 공급측면에서의 능력이라고 할 수 있다. 물론 이때 국내 수요
의 양과 질도 국내 산업이 경쟁력을 갖출 수 있는 가장 기초적인 기반으로서 매우 중요한 의
미를 가진다. 공급 측면에서 산업구조 변화를 초래하는 것은 혁신을 통한 신기술 및 신제품의
개발과 생산요소의 축적이다. 이들은 그 성격이 전혀 다르기는 하지만 경쟁력과 생산능력 확
충의 원천이 된다는 점에서 공통점을 지니고 있다.

노동, 토지, 천연자원 등 부존요소뿐만 아니라 물적자본, 인적자본, 기술, 인프라 등 경쟁력
의 원천이 되는 모든 요소들을 경쟁력 창출요인으로 정의할 경우 각 개별 경쟁력 창출 요인의
중요성은 개별 산업 또는 제품의 기술적·경제적 특성에 따라 다르다. 즉, 각 요인은 정도의
차이는 있지만 모든 산업에 영향을 미치는 부분과 개별 산업 또는 제품에 따라 미치는 영향의
정도가 다른 특성을 갖고 있다. 이 중 전자는 경제 또는 산업의 전반적인 성장에만 기여를 하

게 되지만 후자는 산업 간 성장률의 차이를 초래하여 산업구조의 동태적인 변화를 초래하게 된다.

경쟁력 창출 요인은 고부가가치산업 및 제품의 경쟁력에 중요한 고급 요소와 저부가가치 산업 및 제품의 경쟁력에 중요한 단순 요소로 구분된다. 이 경우 단순 요소는 천연자원, 단순 인력 및 임금 수준, 물적 자본 및 금리 수준, 토지 가격, 도로·항만 등 전통적인 사회간접자본 등을, 그리고 고급 요소는 기술 수준, 인적 자본, 국내 수요의 질, 통신·항공 등 현대적인 사회간접자본, 유통·금융 등 제조업관련 서비스의 수준 등을 포함한다고 할 수 있다.

2 산업구조와 국제 분업

경쟁력 창출 요인은 상호 유기적으로 작용하여 산업구조를 형성하게 된다. 한 시점에서 어느 국가가 특정 산업에서 경쟁력을 가지고 있다면 이는 그 국가의 경쟁력 창출 요인들의 구성이 경쟁력 확보에 유리하였기 때문이다.

산업을 〈그림 2-1〉과 같이 평면 위의 한 점으로 표시할 경우 가로축은 고급 요소 경쟁력을, 세로축은 단순 요소 경쟁력을 나타낸다. 개별 산업은 그 산업에서 경쟁력을 확보하기 위해 필요한 최소한의 고급 요소 경쟁력(α)과 최소한의 단순 요소 경쟁력(β)으로 정의한다. 이 경우 산업 i는 $i = i(\alpha, \beta)$로 표시할 수 있고, 각 산업들의 α와 β의 값을 알면 이 평면 위에 산업들의 경쟁력 분포도를 그릴 수 있다. 산업이 첨단·고도산업이고 고부가가치 산업일수록 α의 값은 높고 β의 값은 낮다고 볼 수 있을 것이다.

다음으로 어떤 국가 N의 경쟁력 수준 역시 고급 요소와 단순 요소의 경쟁력으로 평가할 수

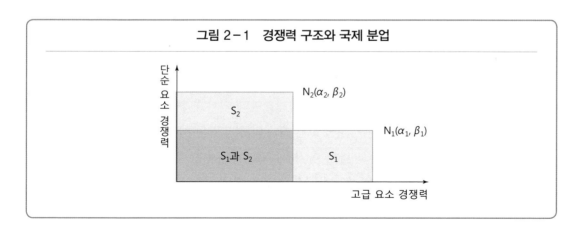

그림 2-1 경쟁력 구조와 국제 분업

있다. 이를 각각 α, β라고 한다면 상기한 평면 위에서 그 국가의 경쟁력 수준을 점 $N(\alpha, \beta)$으로 나타낼 수 있을 것이다. 그러면 이 국가가 경쟁력을 가질 수 있는 산업은 원점과 점 $N(\alpha, \beta)$으로 이루어지는 사각형 안에 있는 산업들의 집합 S가 된다. 하지만 국가 N이 실제로 집합 S의 모든 산업에서 경쟁력을 갖는 산업구조를 가지지는 않는다. 그 국가가 가지고 있는 자원에는 한계가 있기 때문이다. 이런 의미에서 집합 S는 그 국가가 경쟁력을 가질 수 있는 잠재적 산업군이라고 할 수 있다.

이 모형에서 국제 분업의 형태는 고급 요소 경쟁력과 단순 요소 경쟁력의 국가간 차이로 설명될 수 있다. 예를 들어 국가 N_1은 고급 요소 경쟁력이, 그리고 국가 N_2는 단순 요소 경쟁력이 상대적으로 높으면, 산업경쟁력 분포도 상에서 각국이 경쟁력을 가질 수 있는 산업의 집합 S_1과 S_2가 정해지고, S_1만의 영역, S_2만의 영역, 그리고 S_1과 S_2의 교집합이 나타난다. 여기서 첫 번째와 두 번째 산업군은 각각 N_1과 N_2가 비교우위를 갖게 되고 교집합에 포함되는 산업군에서는 두 국가가 모두 경쟁력을 가질 수 있으므로 산업 내 무역이 이루어질 수 있다.

3　경제발전과 산업구조 변화

경제발전은 소득 증가를 의미하며 이는 경쟁력 창출요인의 축적에 따른 요소의 경쟁력 변화로 나타난다. 하지만 고급 요소와 단순 요소가 서로 다른 특성을 갖는 만큼 경제발전에 따른 각 요소의 경쟁력 변화도 상이한 모습을 나타낸다.

고급 요소의 경쟁력은 경제가 발전하면 꾸준히 상승한다고 할 수 있다. 그 이유는 고급 요소가 주어진 부존자원이 아니고 미래를 위한 투자에 의해 결정되는 것이 대부분이기 때문이다. 다시 말하면, 경제개발의 초기단계에는 투자규모가 크지 않지만 선진국 기술의 모방, 도입 등을 통해 후발자의 이익을 누리는 반면, 경제가 어느 정도 발전하면 고급 요소에 대한 투자가 증가하게 된다. 이는 지식기반경제에서 경제성장을 설명하는 가장 핵심적인 부분이다. 기술개발을 위한 R&D 투자, 인적자본에 대한 투자, 통신·금융 등 고급 사회간접자본들은 투자규모가 커질수록 효율이 높아지는 규모의 경제효과와 외부효과를 갖는 경우가 많으며, 따라서 경제가 발전하여 투자여력이 커지면 고급 요소의 경쟁력은 체증적으로 높아지게 된다.

반면 단순 요소의 경쟁력은 다소 다른 움직임을 보이게 된다. 경제개발의 초기단계에서는 잉여노동력의 존재로 인해 낮은 임금에 풍부한 노동력을 공급받을 수 있고, 전통적인 사회간접자본 등 단순 요소의 축적을 위한 투자도 빠르게 이루어져 단순 요소 경쟁력이 상승한다.

그러나 경제가 일정 수준에 도달하면 임금이 상승하게 되고 이것이 다른 단순 요소의 축적에 의한 경쟁력 상승을 상쇄하게 되어 단순 요소 경쟁력은 하락하게 된다. 이때 하락의 속도는 각국의 경제상황과 국민의식, 그리고 여타 요소의 축적 정도에 따라 달라지겠지만, 일반적으로 처음에는 천천히 하락하다가 속도가 빨라진 후 다시 완만한 하락의 과정을 나타내는 과정을 따르게 된다.

경제발전에 따른 고급 요소 및 단순 요소의 경쟁력 변화를 종합하면, 산업 경쟁력 분포도 상에서 한 국가의 경쟁력 수준을 나타내는 $N(\alpha, \beta)$가 시간이 흐름에 따라 〈그림 2-2〉와 같이 움직인다는 것을 의미한다. 이를 경제발전단계별로 정리하면 다음과 같다.

❶ 성장기 : 경제개발이 본격화되어 요소창출을 위한 투자는 모든 면에서 광범위하게 이루어지지만 잉여 노동력이 여전히 임금 상승을 억제하여 고급 요소 및 단순 요소의 경쟁력이 모두 상승하는 시기

❷ 1차 전환점 : 요소 창출을 위한 투자가 확대되지만 잉여 노동의 해소로 인한 임금 상승이 단순 요소의 경쟁력 증대를 상쇄하는 시기

❸ 구조조정기 : 경제가 발전하여 고급 요소 경쟁력의 상승이 두드러지게 나타나기 시작하지만 국민들의 욕구가 높아지고 임금 상승이 급속히 이루어져 단순 요소 경쟁력이 빠르게 하락하는 시기

❹ 2차 전환점 : 경제가 어느 정도 성숙하여 단순 요소 경쟁력의 하락속도가 완만해지는 가운데 고급 요소 경쟁력의 상승이 가속화되는 시기

❺ 성숙기 : 안정적인 성장궤도에 진입하여 단순 요소 경쟁력의 하락이 멈추고 고급 요소

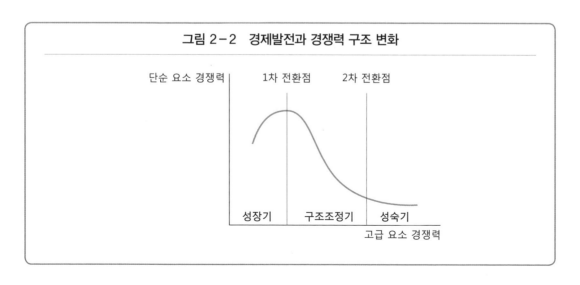

그림 2-2 경제발전과 경쟁력 구조 변화

경쟁력은 계속 상승하여 높은 경제성과를 얻고 이것이 다시 경쟁력 창출요인의 축적으로 연결되는 선순환이 이루어지는 시기

경쟁력 창출 요인의 이러한 변화는 산업구조의 동태적 변화에도 그대로 반영될 것이다. 즉, 경제가 발전함에 따라 경쟁력을 확보할 수 있는 산업군이 고부가가치 산업으로 이동하게 되고, 실제의 산업구조도 이 방향으로 변할 가능성이 크다. 다만 이러한 변화의 정도와 속도는 경쟁력 창출 요인의 축적을 위한 각국의 투자 정도, 그리고 정책방향에 따라 달라질 것이다.

chapter 03

산업연관분석
(Input-Output Analysis)

산업연관분석 개요

한 산업의 생산품은 최종 소비재로만 사용되는 것이 아니라 그 산업 내에서 또는 다른 산업에서도 소비된다. 또한 원재료는 대부분 타 산업에서 조달된다. 이와 같이 각 산업은 직·간접으로 밀접한 연관관계를 가지고 있는데 이러한 산업과 산업 간의 연관관계를 수량적으로 파악하고자 하는 분석기법이 산업연관분석(産業聯關分析, input-output analysis, inter-industry analysis)이다. 이는 한 나라에서 생산되는 모든 재화와 서비스의 산업 간 거래관계를 체계적으로 기록한 통계표인 산업연관표(産業聯關表)의 분석을 통해 이루어진다.

이러한 산업연관분석은 소비, 지출, 투자 및 수출 등 거시적 총량지표와 임금, 환율 및 원자재가격 등 가격 변수의 변동이 국민경제에 미치는 파급효과를 분석할 수 있게 해주며, 또한 전·후방 산업의 수요와 공급 및 가격의 변화가 개별 산업에 영향을 주는 파급효과도 예측할 수 있게 해주는 매우 중요한 분석방법이다.

미국의 레온티에프(W. W. Leontief) 교수는 1936년에 '미국 경제체계에서의 수량적인 투입산출관계'라는 논문을 발표하여 미국 경제를 대상으로 모든 재화와 서비스의 흐름을 나타내는 경제표의 작성을 시도하였는데 이것이 산업연관 분석의 효시이다.

국민경제를 구성하고 있는 각 산업부문은 서로 다른 산업부문으로부터 원재료, 원료 등의 중간재를 구입하고 여기에 노동, 자본 등 본원적 생산요소를 결합함으로써 새로운 재화와 서비스를 생산하여, 이를 다른 산업부문에 중간재로 판매하거나 최종 소비자에게 소비재나 자본재 등으로 판매하게 된다.

산업연관표는 국민소득 통계와 마찬가지로 국민경제의 순환을 나타내는 통계이다. 국민소득통계는 일정기간(보통 1년) 동안 국민경제 내에서의 재화와 서비스의 생산 및 처분과정에서 발생하는 모든 거래를 일정한 형식에 따라 기록한 종합적인 통계표이다.

산업연관표도 기본적으로 국민소득 통계와 동일하게 국민경제를 대상으로 작성되므로 양자는 서로 밀접한 관련을 가지고 있으나 산업연관표는 국민소득 통계에서 제외된 중간 생산물의 산업 간 거래도 포괄한다는 점에서 차이가 있다. 즉 국민경제의 순환과정에서 소득순환만을 대상으로 하여 소득이 어떻게 발생되고 분배되며 소비재나 투자재의 구입을 통해 어떻게 처분되는지를 나타내는 것이 국민소득 통계라면 이러한 소득순환과 함께 산업 상호 간에 이루어지는 중간재 거래인 산업 간 순환까지 포함하는 것이 산업연관표라고 할 수 있다. 따라서 산업 간의 거래관계까지 고려한 분석이 가능하며 산업분석 과정에서 광범위하게 활용되는 기본통계이다.

section 02   산업연관표의 구조와 주요 지표

산업연관표에서는 재화와 서비스의 거래를 첫째, 산업 상호 간의 중간재 거래부문, 둘째, 각 산업부문에서의 노동, 자본 등 본원적 생산요소의 구입부문, 셋째, 각 산업부문 생산물의 최종 소비자에게로의 판매부분의 세 가지로 구분하여 기록한다.

산업연관표에서는 원재료 등의 투입을 나타내는 중간재 투입과 노동이나 자본 투입을 나타내는 부가가치의 두 부분으로 나누어지며 그 합계를 총투입이라 한다. 그리고 각 산업부문의 생산물 판매, 즉 배분구조를 나타내는 것으로 중간재로 판매되는 중간 수요와 소비재, 자본재, 수출상품 등으로 판매되는 최종 수요의 두 부분으로 나누어진다. 중간 수요와 최종 수요를 합한 것이 총수요액이며, 여기서 수입을 뺀 것은 총산출이다. 이때 각 산업부문의 총산출액과 이에 대응되는 총투입액은 항상 일치한다.

산업연관표를 이용하여 경제구조를 분석하기 위해서는 실제 거래금액으로 표시되어 있는

표 3-1 2019년 우리나라의 경제구조 (%)

구분		2015년	2016년	2017년	2018년	2019년
총공급 및 총수요	총공급액(총수요액, 조원)	4,457.6	4,533.4	4,861.0	5,074.2	5,097.5
	총공급 구성비(%) 국내총산출	86.0	86.6	85.8	85.5	85.6
	수입(A)	14.0	13.4	14.2	14.5	14.4
	총수요 구성비(%) 국내수요	83.9	84.5	84.4	84.3	85.1
	수출(B)	16.1	15.5	15.6	15.7	14.9
	대외거래 비중[1](A+B, %)	30.1	28.9	29.8	30.2	29.3
산업구조	산출액 구성비(%) 공산품	44.5	43.3	43.4	43.1	41.7
	서비스	44.9	45.9	45.6	46.2	47.6
	부가가치 구성비(%) 공산품	29.5	29.4	29.9	29.5	28.0
	서비스	59.9	59.7	59.3	60.2	61.7
투입구조	중간투입률[2]	57.3	56.2	56.5	56.8	56.5
	부가가치율[3]	42.7	43.8	43.5	43.2	43.5
	수입의존도[4]	12.4	11.5	12.2	12.7	12.3
	중간재 국산화율[5]	78.3	79.5	78.3	77.7	78.2
최종수요 구성	소비	46.6	47.3	46.1	46.6	48.1
	투자	21.6	22.5	23.7	22.9	23.0
	수출	31.7	30.2	30.2	30.5	28.9
대외거래	수출률[6]	18.7	17.9	18.1	18.4	17.4
	수입률[7]	14.0	13.4	14.2	14.5	14.4

주 : 1) 총거래액(총공급액 또는 총수요액)에서 수출과 수입이 차지하는 비중
　2) 중간투입/총산출액　　　　　　　3) 부가가치/총산출액
　4) 중간재 수입액/총산출액　　　　　5) 국산품 투입액/중간투입액
　6) 수출액/총산출액　　　　　　　　7) 수입액/총공급액

거래표를 토대로 여러 가지 형태의 분석 계수를 산출하게 된다. 이 중 가장 기본적인 것이 투입 계수이다. 투입 계수는 각 산업이 재화와 서비스의 생산에 사용하기 위하여 다른 산업으로부터 구입한 중간 투입액과 부가가치액을 총투입액(또는 총산출액)으로 나눈 것으로 중간 투입 계수와 부가가치 계수로 나누어진다. 이러한 투입 계수는 각 산업 생산물 1단위 생산에 필요한 중간재와 생산요소의 투입비중을 나타내므로 이를 통해 산업별 또는 상품별 생산기술 구조를 파악할 수 있다.

　투입 계수가 상품의 생산기술 구조를 표현한다면 산업 간 상호의존관계를 분석하는데 중요하게 이용되는 계수가 바로 투입 계수를 기초로 산출되는 생산유발 계수이다. 생산유발 계수는 소비, 투자, 수출과 같은 최종 수요가 한 단위 증가할 때 각 산업에서 직·간접적으로 유발

표 3-2 | 2019년 산업연관효과

			2015년	2016년	2017년	2018년	2019년
부문별 유발계수[1]	생산유발계수	전산업	1.813	1.807	1.795	1.790	1.791
	부가가치유발계수	전산업	0.774	0.791	0.780	0.773	0.780
	수입유발계수	전산업	0.226	0.209	0.220	0.227	0.220
최종수요 유발효과[2]	생산유발 비중(%)	소비	42.7	43.3	42.7	43.2	44.5
		투자	21.7	23.0	24.1	23.5	23.5
		수출	35.6	33.7	33.2	33.4	32.0
	부가가치유발 비중(%)	소비	50.5	50.5	49.7	50.1	51.4
		투자	21.3	22.3	23.2	22.7	22.8
		수출	28.2	27.2	27.1	27.2	25.8
	수입유발 비중(%)	소비	36.5	38.1	36.9	37.7	39.2
		투자	22.5	23.2	24.8	23.4	23.6
		수출	41.0	38.7	38.3	39.0	37.2

주 : 1) 국산품 수요 1단위당 생산·부가가치·수입 유발 크기
2) 최종수요를 충족하기 위해 유발기 산출된·부가가치·수입액 비중

되는 산출물의 단위를 나타내는 계수이다. 투입 계수를 매개로 무한히 계속되는 생산파급효과는 역행열(inverse matrix)이라는 수학적인 방법으로 간단하게 도출할 수 있는데 이러한 이유로 생산유발 계수를 역행렬 계수(레온티에프 계수)라고도 한다.

또한 생산유발 계수를 이용하여 각 산업 간의 상호의존관계의 정도를 나타낸 것으로 전·후방 연쇄효과가 있다. 후방 연쇄효과는 특정 산업제품에 대한 최종 수요 1단위의 증가가 모든 산업의 생산에 미치는 영향을 의미하며, 전방 연쇄효과는 모든 산업제품에 대한 최종 수요가 각각 1단위씩 증가하는 경우 특정 산업의 생산에 미치는 영향을 말한다.

생산유발 계수 외에 많이 이용되는 분석계수로는 수입유발 계수, 부가가치 유발계수, 그리고 고용 유발계수 등이 있다. 수입 유발계수는 어떤 산업의 최종 수요가 1단위 증가할 경우 각 산업에서 직·간접적으로 유발되는 수입의 단위를 나타내고, 부가가치 유발계수는 어떤 산업의 최종 수요가 1단위 증가할 경우 각 산업에서 직·간접적으로 유발되는 부가가치 단위를 나타낸다. 그리고 고용유발 계수는 어떤 산업의 최종 수요가 일정 금액(보통 10억 원) 증가할 경우 각 산업에서 직·간접적으로 유발되는 고용자수를 의미한다.

과거 산업연관표의 활용은 당해연도의 경제구조를 분석하는데 주로 사용되었다. 그러나 그 후 경제예측이나 정책효과 분석도구로 그 활용 범위가 넓어졌으며 최근에는 수요예측 등에도 많이 이용되고 있다.

산업연관표에는 당해 연도의 모든 재화와 서비스에 대한 총공급(총산출＋수입)과 총수요(중간 수요＋최종 수요)가 각 산업별로 나타나 있어 국민경제 전체의 공급과 수요구조뿐만 아니라 각 산업의 공급과 수요구조도 한눈에 파악할 수 있다.

산업연관표는 최종 수요 증가에 따른 생산 유발효과와 수입 유발효과, 부가가치 유발효과 및 고용 유발효과를 계량적으로 측정하는 수단을 제공해 준다. 또한 산업연관표는 경제예측 이나 경제정책수립 등에도 널리 활용되는데 우리나라에서도 경제개발계획 수립에 중요한 기 초자료로 활용된 바 있다. 산업연관표를 이용한 경제예측은 미래의 예상되는 최종 수요를 충 족시키기 위한 각 산업의 총산출액 등을 예측하는 방식으로 이루어진다. 예를 들어 자동차 수 출이 10% 증가할 때 자동차 산업은 물론 다른 산업의 생산 유발효과까지 감안하여 경제 전체 적으로 또는 각 산업별로 얼마만큼의 생산을 필요로 하는지를 측정할 수 있다. 또한 생산 공 정에 쓰이는 에너지원을 석유에서 전력으로 바꾸는 경우 산업구조는 어떻게 변화할 것인가 하는 것도 예측할 수 있다.

산업연관표의 가장 중요한 용도 중의 하나는 장래 특정 연도에 대한 경제 전체의 공급과 수 요를 산업별로 세분하여 예측함으로써 중장기 경제개발계획 수립에 필요한 기초자료를 제공 하는 것이다. 즉 계획기간 중의 최종 수요항목에 대한 목표가 주어지면 산업연관표를 이용하 여 필요한 생산규모가 얼마나 되어야 하는지 예측할 수 있다. 그리고 이러한 생산증가를 위하 여 수입은 얼마만큼 해야 하고 이러한 목표를 달성하였을 때 새로운 일자리는 얼마만큼 창출 될 것인가 하는 것도 예측할 수 있다.

한편 산업연관표는 투입된 원재료나 임금 등의 가격 변화에 따른 가격 파급효과를 측정하 는 도구로도 활용된다. 산업연관표의 투입 계수는 각 산업의 투입구조, 즉 비용구성을 나타내 므로 각 투입요소의 가격 변화(원유 가격, 임금, 간접세, 환율 등)가 각 산업의 생산물 가격에 얼마만 큼 영향을 주는가를 분석할 수 있다. 이밖에도 산업연관표는 원자력발전소 건설, 공업단지 및 신도시 조성, 도로 및 교량 건설 등 공공투자를 실시할 경우의 효과분석 등에 널리 이용되고 있다.

chapter 04

라이프사이클 분석
(Life Cycle Analysis)

---

section 01 라이프사이클 분석의 개념

산업의 라이프사이클 분석이란 산업도 생명체의 수명과 같이 생성, 성장, 쇠퇴, 소멸해간다는 제품 수명주기 이론을 산업분석에 응용한 것이다. 제품 수명 이론은 버논(R. Vernon) 등에 의해 개발된 이론으로 신제품이 나오면 성장곡선(S자형)을 따라 확산 보급되고 그것보다 더 나은 또 다른 신제품이 출현하면 쇠퇴, 소멸된다는 이론이다.

section 02 라이프사이클의 단계별 특징

1   도입기

도입기는 제품이 처음 시장에 도입되는 단계이다. 신제품이 제품으로서 수요를 불러일으키기까지는 상당히 시간이 걸리므로 이 단계에서는 매출증가율이 낮으며, 이익은 과도한 고정비, 판매비, 시장 선점 경쟁 등으로 적자를 보이거나 저조한 것이 보통이다. 또한 적자를 견디지 못한 기업들은 시장을 이탈하기도 한다. 이 시기에는 사업 성공 여부가 불투명하므로 뛰어난 판매능력이 필요하며, 이 단계 마지막까지 살아남은 모험기업들은 신성장 기업군으로 주목을 받게 된다.

2　성장기

성장기는 매출액과 이익이 급증하는 단계이다. 도입기에서 살아남은 소수의 생존자가 늘어나는 수요에 맞추어 공급능력을 대폭 확충하면서 매출액은 급증하게 된다. 또한 시장경쟁도 약하여 이익의 증가가 매출액의 증가보다 빨라 수익성이 높아지게 된다. 그러나 성장기의 후반에 들면 시장경쟁이 격화되어 이익은 늘어나더라도 이익률은 정점에 도달한 이후 차츰 하락하게 된다.

3　성숙기

성숙기는 산업 내의 기업들이 안정적인 시장점유율을 유지하면서 매출은 완만하게 늘어나는 단계이다. 이익률은 시장점유율 유지를 위한 가격 경쟁과 판촉 경쟁 등으로 하락하고 기업별로 경영능력에 따른 영업실적의 차이가 크게 나타난다. 기업들은 원가절감이나 철저한 생산관리로 이윤의 하락 추세를 만회하려 하기도 한다. 또한 제품 수명주기를 연장하기 위한 노력 또는 새로운 제품을 개발하기 위한 연구개발비 지출 증가가 필요하다.

4　쇠퇴기

쇠퇴기는 수요 감소 등으로 매출액 증가율이 시장 평균보다 낮게 되거나 감소하게 된다. 이익률은 더욱 하락하여 적자기업이 다수 발생하게 된다. 따라서 많은 기업들은 이 산업에서 철수하거나 업종 다각화를 적극적으로 실시하며 쇠퇴기에 있는 산업은 사양산업으로 분류된다.

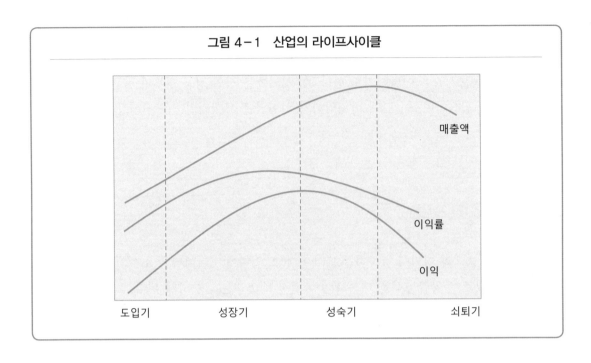

그림 4-1 산업의 라이프사이클

매출액

이익률

이익

도입기   성장기   성숙기   쇠퇴기

라이프사이클 분석의 한계점

라이프사이클 분석은 산업의 개략적인 발전방향을 설명해주므로 특정 시점에서의 산업의 성장성, 수익성 등을 평가하는 데 유용한 분석틀이다. 그러나 이를 주식투자결정에 바로 적용하기에는 한계가 있다. 성장산업은 경제의 기본여건과 발전단계에 따라 나라별로 다르다. 선진국에서 성숙기나 쇠퇴기에 속한 산업이 개발도상국에서는 도입기나 성장기에 속한 산업이 될 수 있는 것이다. 또한 산업이 성숙기에 도달한 이후 반드시 쇠퇴기에 돌입하는 것은 아니며, 신제품 개발 등을 통해 다시 성장기로 갈 수도 있다. 이렇게 본다면 라이프사이클 분석은 산업의 성장성과 수익성 분석을 통해 투자 유망산업을 고르는 데 유용하나 적정 주가 평가 등에는 일정한 한계를 갖는다고 할 수 있다.

chapter 05

경기순환 분석
(Business Cycle Analysis)

경기순환 분석의 의의

경기는 국민경제의 전체적인 활동 수준을 나타내는 것으로써 시간의 경과에 따라 확장과 수축을 반복하면서 변동해 나가는데 이를 경기순환(business cycle)이라고 한다. 각 산업 역시 경기변동을 겪게 되는데, 앞에서 살펴보았듯이 산업에 따라 경제 전체의 경기변동에 선행, 동행, 후행하는 특성을 갖게 된다. 따라서 각 산업의 경기변동을 경제 전체의 경기변동과 연계하여 분석함으로써 투자성과를 높일 수 있게 된다.

또한 경제 전반의 경기순환에 따라 대부분 기업들의 영업실적이 변동하고 또한 주가도 변동하게 되어 주식시장도 순환을 하게 되는데, 보통 주가의 변동이 경기변동을 6개월 정도 선행하는 것으로 나타나고 있다. 이때 모든 산업의 경영성과가 경제 전체의 경기변동과 일치하지 않고 산업의 특성에 따라 시차를 두고 나타나게 되는 것이다.

Merrill Lynch사의 경기순환 분석(예시)

　주식시장 강세의 초기국면에서는 금리에 민감한 모기지업(mortgage : 주택저당부채권)과 내구소비재 산업인 전자산업, 자동차산업, 가구업, 섬유의류업 등이 좋은 투자성과를 나타낸다. 또한 주식시장의 강세국면에서는 베타가 큰 경기순환 주식이 좋은 투자성과를 나타낸다.

　주식시장 강세의 중기국면에서는 자본재 산업인 기계, 조선, 상용차, 건설업 등이 좋은 투자성과를 나타낸다. 주식시장 강세의 후기국면에서는 금융, 보험업이 좋은 투자성과를 나타낸다. 주식시장 약세의 초기국면에서는 석유화학, 일차금속 등 소재산업이 좋은 투자성과를 나타낸다. 주식시장의 약세 국면에서는 제약, 음료, 화장품 등 소비재 산업과 전력, 가스산업, 정유산업 등 베타가 작은 주식들의 상대적인 투자성과가 좋다.

그림 5-1　경기순환과 국면별 투자성과가 좋은 유망산업

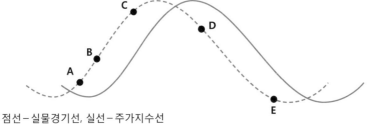

점선－실물경기선, 실선－주가지수선

A : 강세초기국면
　　가구, 자동차, 소매, 섬유, 의복
　　모기지(MORTGAGE: 주택저당부채권)
　　항공, 전기전자, 컴퓨터, 통신, 반도체, 에너지

B : 강세중기국면
　　중전기, 농기계, 건설장비, 일반기계, 공장기계,
　　상용차, 건설

C : 강세후기국면
　　금융

D : 약세초기국면
　　석유화학, 일차금속, 시멘트

E : 약세후기국면
　　화장품, 청량음료, 제약, 에너지, 식품
　　통신서비스, 전기가스업

자료 : Jerome B. Cohen, Investment Analysis And Portfolio Management, 1987

chapter 06

산업경쟁력 분석

section 01   산업경쟁력의 개념

현실적으로 경쟁은 구체적인 제품을 중심으로 이루어진다. 산업경쟁력은 한 국가의 특정 산업에서의 경쟁력으로서 해당 산업에서 생산되는 제품들의 경쟁력 또는 그 산업에 속하는 기업들의 경쟁력을 종합적으로 나타내는 것이라고 할 수 있다. 이런 점에서 본다면 산업경쟁력은 기본적으로 국가의 개념을 포함하고 있다. 즉, 산업경쟁력은 한 국가의 특정 산업이 다른 국가와의 경쟁에서 어느 정도의 성과를 얻을 수 있느냐를 나타내는 것으로 정의할 수 있고, 그 이면에는 국가의 전반적인 경쟁력 수준이 중요한 작용을 하게 된다고 하겠다.

그런데 경쟁력이 국가 단위로 확장되면 그 개념의 모호성이 더욱 커지게 된다. 기업활동이 급속히 세계화됨에 따라 그 국가 내에서 활동하는 기업과 국적기업의 역할이 서로 뒤섞이고 있기 때문이다. 예를 들어 국내에 진출한 외국기업과 해외로 이전한 국내기업 중 어느 쪽의 경쟁력이 그 국가의 경쟁력을 나타내느냐를 가늠하기가 어려워지는 것이다. 이런 이유로 인해 국가경쟁력에 대해서는 다양한 견해와 서로 다른 분석 및 평가방법들이 제시되고 있다.

산업경쟁력을 분석하는 데에는 IMD나 WEF가 수행하는 기업 차원의 접근이 한계를 가질 수밖에 없다. 그 국가의 기업 경영환경이 좋다고 하더라도 모든 산업에서 경쟁력을 갖출 수는 없고, 그 결과 개별 산업에 따라 서로 다른 경쟁력 수준을 가지게 될 것이기 때문이다. 따라서

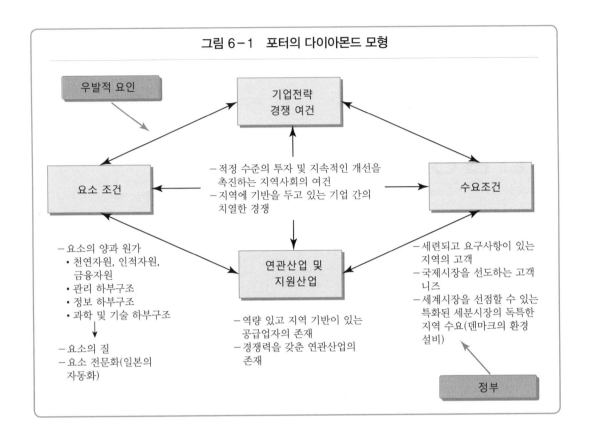

그림 6-1　포터의 다이아몬드 모형

우발적 요인

기업전략
경쟁 여건

요소 조건

－적정 수준의 투자 및 지속적인 개선을
　촉진하는 지역사회의 여건
－지역에 기반을 두고 있는 기업 간의
　치열한 경쟁

수요조건

－요소의 양과 원가
　• 천연자원, 인적자원,
　　금융자원
　• 관리 하부구조
　• 정보 하부구조
　• 과학 및 기술 하부구조

－요소의 질
－요소 전문화(일본의
　자동화)

연관산업 및
지원산업

－역량 있고 지역 기반이 있는
　공급업자의 존재
－경쟁력을 갖춘 연관산업의
　존재

－세련되고 요구사항이 있는
　지역의 고객
－국제시장을 선도하는 고객
　니즈
－세계시장을 선점할 수 있는
　특화된 세분시장의 독특한
　지역 수요(덴마크의 환경
　설비)

정부

산업경쟁력 분석에서는 기업 차원보다 국가 차원에서의 접근이 중요한 의미를 갖는다고 할 수 있다. 이 경우 한 국가가 경쟁력을 갖는 산업과 이들 개별 산업들이 경쟁력을 갖게 되는 요인이 구체적으로 드러나게 된다. 이러한 접근의 대표적인 이론으로는 전통적인 비교우위론에 입각한 국제무역이론과 최근 새로이 부각된 경쟁우위론, 그리고 경쟁우위론에 입각한 경쟁력 분석 등을 들 수 있다. 국제무역이론에서 제시하는 산업경쟁력 개념은 다음과 같다. 전통적 국제무역이론은 각 국가가 경쟁력을 갖는 산업에 특화하여 이를 서로 교환함으로써 모든 국가들의 사회후생을 높일 수 있다는 것이다.

따라서 각 국가의 개별 산업에서의 경쟁력 수준이 국제무역의 전제가 되며, 이러한 산업경쟁력의 차이를 국가 간의 비교우위구조로 설명하고 있다. 신무역이론(new trade theory) 및 전략적 무역정책론(strategic trade policy)은 전통적 무역이론이 가정하는 완전경쟁과 수확불변 생산함수의 비현실성을 지적하고 보다 현실에 가까운 모형을 설정하여 국제무역과 산업경쟁력의 원천, 그리고 효율적인 무역 및 산업정책을 설명하고 있다. 산업경쟁력과 관련하여 신무역이론에서 얻을 수 있는 시사점으로는 첫째, 시장의 선점 등 전략적 행동의 결과가 산업경쟁력 확보에 중요하다는 것, 둘째, 동일 산업 내에서의 산업 내 무역이 이루어지는 상황에서 산업경쟁력은 반드시 승자와 패자로만 설명되는 것이 아니고 여러 국가들이 산업경쟁력의 수준에 따라 시장을 분점할 수 있다는 것, 셋째, 국가의 전략적 개입이 산업경쟁력의 확보에 중요하다는 것 등을 들 수 있다.

한편, 산업경쟁력 분석에 중요한 개념이 Porter의 경쟁우위론이다. 현재와 같이 복잡다기한 국제경쟁과 급속한 기술혁신 속에서 한 국가의 산업경쟁력은 혁신과 요소 축적 등을 통해 경쟁우위(competitive advantage)를 확충함으로써 얻을 수 있다는 것이다. 즉, 국제무역이론이 중요시하는 생산비 및 요소부존도에 근거한 비교우위(comparative advantage)는 기술변화가 급격히 이루어지고 생산활동의 세계화가 광범위하게 나타나는 상황에서는 현실을 제대로 설명할 수 있는 여지가 줄어들게 된다.

따라서 혁신, 요소축적 등을 통해 비교우위를 창출함으로써 스스로 경쟁우위를 증진시키는 것이 중요해진다는 것이다. Porter는 산업경쟁력의 결정요인을 요소 조건, 수요조건, 연관산업 및 지원산업, 기업전략과 경쟁여건 등 4가지의 직접적인 요인과 정부 및 우발적 요인의 2가지 간접적 요인으로 구분하고 이들을 종합적으로 고려하는 다이아몬드 모형으로 산업경쟁력을 설명하고 있다.

section 02 산업경쟁력 분석모형

1 기본구조

이상의 논의를 종합해 볼 때, 한 국가의 산업경쟁력은 기본적으로 산업 및 국가 차원에서 접근하는 경쟁 우위론의 분석에 입각하여 분석하는 것이 바람직하며 이러한 방식이 산업발전 비전에 대한 많은 시사점을 얻을 수 있는 방법이다.

이 경우 각 개별 산업의 경쟁력은 '경쟁자산 → 산업구조 → 산업성과'의 기본 틀과 이 과정의 효율성을 결정짓는 경제주체로서의 정부와 기업 역량으로 이해할 수 있다. 또한 외부여건으로는 대내외 산업환경의 변화와 주요국 또는 경쟁국의 전략을 들 수 있다.

이러한 분석은 산업경쟁력을 단순히 가격경쟁력 또는 품질경쟁력으로 파악하거나, 성장률, 수출 신장률 등과 같은 결과만으로 평가하는 것에 비해 미래의 수익성과 관련하여 훨씬 많은 시사점을 얻을 수 있다. 물론 이러한 기본모형을 구체적인 산업에 적용할 경우에는 해당 산업의 특성을 감안하여 조정할 필요가 있다.

(1) 경쟁자산

경쟁자산은 산업의 경쟁력을 뒷받침하는, 즉 경쟁력 확보를 가능하게 만들어 주는 가장 기본적인 요소이다. 경쟁자산으로는 기술력, 인적자본, 물적자본, 인프라, 수요조건과 국가경쟁력 등을 들 수 있다. 경쟁자산이 충분히 축적되어 있으면 그 국가가 경쟁력을 가질 수 있는 가능성이 있지만 이것이 곧바로 높은 산업성과를 의미하지는 않는다. 즉 경쟁자산은 잠재적인 산업경쟁력을 나타낸다고 하겠다. 경쟁자산 중 중요한 것은 대부분 기업과 정부의 노력에 의해 축적될 수 있다. 따라서 현재의 수준뿐만 아니라 증가율 등도 중요한 의미를 가진다.

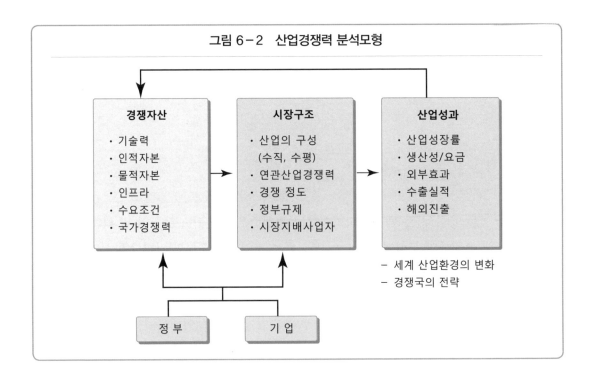

그림 6-2 산업경쟁력 분석모형

경쟁자산	시장구조	산업성과
• 기술력 • 인적자본 • 물적자본 • 인프라 • 수요조건 • 국가경쟁력	• 산업의 구성 (수직, 수평) • 연관산업경쟁력 • 경쟁 정도 • 정부규제 • 시장지배사업자	• 산업성장률 • 생산성/요금 • 외부효과 • 수출실적 • 해외진출

- 세계 산업환경의 변화
- 경쟁국의 전략

정부　　기업

(2) 시장구조

각 산업은 해당 산업 내부의 다양한 생산활동들이 상호 연계되어 이루어질 뿐만 아니라 타 산업과의 연관관계도 여러 가지 형태로 이루어지게 된다.

따라서 한 산업이 경쟁력을 갖기 위해서는 산업 내부에서 수평적 분업과 협력이 효율적으로 이루어질 필요가 있으며, 관련되는 타 산업들도 경쟁력 있는 제품을 제공하여 상호 시너지 효과를 발휘할 수 있어야 한다. 이와 함께 해당 산업을 주도하는 기업이 대기업 중심인지 혹은 중소벤처기업 중심인지도 산업의 특성과 함께 작용하여 경쟁력에 영향을 미치게 될 것이다. 정부의 규제와 정책의 방향 역시 산업경쟁력에 중요한 역할을 하게 된다.

(3) 산업성과

산업성과는 경쟁자산과 시장구조 측면의 경쟁력이 실제로 발현된 것이므로 현재의 경쟁력 수준을 나타낸다. 산업성과가 높을 경우 경쟁자산 축적을 위한 투자재원을 확보할 수 있어 높은 산업성과는 미래 경쟁력을 높이는 피드백 효과를 가지게 된다. 현재의 산업성과는 주로 산업성장률, 생산성 향상 정도, 수출 신장률 등을 통해 파악할 수 있다.

(4) 기업의 역할

기업활동이 세계화되고 정부의 산업정책 수단이 제약되고 있는 국제경제환경 속에서는 기업의 역할은 더욱 중요해지고 있다. 기업은 자신들의 기술개발을 위한 R&D투자, 인력 개발, 설비투자 등 경쟁자산 확충을 직접적으로 담당한다. 시장구조는 정부의 규제 또는 정책에 의해 좌우되는 측면이 많지만 주체는 역시 기업이다. 즉 민간기업들 간의 M&A와 전략적 제휴, 신규 진입, 해외진출 등에 따라 수직적, 수평적 시장구조가 결정된다. 주어진 경쟁자산과 시장구조 하에서 어느 정도의 산업성과를 얻을 수 있느냐는 경영능력 등 기업의 경쟁력에 의해 좌우된다.

(5) 정부의 역할

정부 역시 경쟁자산의 축적과 경쟁력 발현과정의 효율성 측면에서 중요한 역할을 수행하게 된다. 특히 연구개발과 인력개발, 인프라 확충 등은 산업경쟁력에 매우 중요한 영향을 미치게 된다.

(6) 대내외 산업환경의 변화와 경쟁국의 전략

주요국의 경제정책 변화, 주요 교역국의 경쟁력 강화, 자원/에너지로 인한 글로벌 경쟁 심화 등 세계경제환경 변화, 신제품 및 신기술의 급속한 개발 추세 등 대내외 산업환경의 변화는 모든 산업에 영향을 미치게 된다. 하지만 산업의 특성에 따라 받게 되는 영향의 정도, 그리고 특히 많은 영향을 받게 되는 변화 등이 서로 다른 만큼 이들에 대한 분석도 경쟁력 분석에서 중요한 의미를 갖는다. 또한 경쟁국의 전략이 경쟁력에 영향을 미치는 점은 두말할 필요가 없을 것이다.

3 분석방법

이상의 모형으로 산업경쟁력을 분석하기 위해서는 먼저 경쟁자산, 시장구조, 산업성과의 3가지 측면에서 각각 경쟁력 수준을 평가하고 이들 간의 연관관계 하에서 미래의 성장성과 수익성을 파악할 필요가 있다. 이 경우에는 산업성과 부문에서 얻어진 결과가 경쟁자산의 축적으로 얼마나 피드백되는지가 미래의 경쟁력을 결정하는 데에 특히 중요한 의미를 갖게 될 것이다.

예컨대 현재 경쟁자산 측면에서 경쟁력이 약하고 산업성과 측면에서는 경쟁력이 강한 산업은 기초가 약하기 때문에 중기적으로 높은 성과를 지속하기 어렵다. 하지만 현재의 높은 산업성과는 경쟁자산에 대한 투자재원을 제공하기 때문에 이러한 피드백이 실제로 활발히 이루어지면(즉, 연구나 인력 등에 대한 투자가 높은 수준이면) 중장기적으로 경쟁자산이 축적되어 이 부문에서의 경쟁력이 높아질 수 있다. 따라서 장기적으로는 경쟁력이 높아질 수 있게 된다. 반대로 경쟁자산 측면에서 경쟁력이 높으나 현재의 산업성과가 낮은 산업의 경우 조만간 성과가 높아질 가능성이 크다. 하지만 이 경우에도 낮은 산업성과로 인해 경쟁자산에 대한 축적이 제대로 이루어지지 않고 있으면 장기적으로는 경쟁력을 유지할 수 없게 된다.

따라서 산업경쟁력 분석에서는 단순히 경쟁자산 혹은 산업성과만을 보고 판단해서는 오류를 범하기 쉬우며, 산업성과에서 경쟁자산의 축적으로 이어지는 피드백 과정까지 포함하여 종합적이고 체계적인 분석을 행할 필요가 있다. 물론 산업 외부에서 주어지는 재원을 활용한 경쟁자산의 축적도 같은 시각에서 파악되어야 할 것이다.

chapter 07

산업정책 분석

산업정책의 개요

1   산업분석과 산업정책

산업분석에 있어서 정부의 산업정책은 반드시 고려되어야 할 요인이다. 특히 우리나라와 같이 광범위한 산업정책을 실시해 온 국가에서는 경제 전반의 산업구조 변화뿐만 아니라 개별 산업의 경쟁력 분석에서도 산업정책에 대한 이해가 선행되어야 한다.

따라서 산업구조의 장기적인 발전방향과 이를 위한 효율적인 정책수단 개발의 필요성은 더욱 커지고 있다.

2   산업정책의 정의

산업정책은 경우에 따라 다음과 같은 다양한 방법으로 정의될 수 있다.

❶ 자원, 노동공급 및 자본축적의 증가, 기술의 개발, 산업발전의 촉진, 생산요소 이동의

개선 및 적응능력의 개선 등을 통해 경제의 잠재적 공급능력을 증대시키는 정부의 명시적 정책

❷ 거시경제정책의 보조적 수단으로서 산업의 효율성 제고와 성장을 도모하는 제반 정책적 조치

❸ 총체적 국제경쟁력을 유지하기 위하여 국민경제 내의 여러 산업을 발전 또는 축소시킴을 의도하는 정부의 정책

❹ 경쟁적 시장구조가 갖는 결함(시장실패) 때문에 자유경쟁에 의해서는 자원배분 혹은 소득분배 상에 어떤 문제가 발생할 경우, 산업 또는 부문 간의 자원배분 또는 개별 산업의 산업조직에 개입함으로써 국민경제의 후생 수준을 높이기 위해 실시되는 정책

❺ 산업발전을 목표로 하여 생산자원의 총량을 증가시키거나 부문 간 자원배분의 개선을 의도하는 경제정책

❻ 경제성장, 국제경쟁력 강화를 위해 산업에 대한 지원, 조정, 규제를 통해 산업 일반 또는 특정산업의 생산, 투자, 거래활동에 개입하는 경제정책

결국 산업정책은 시장이 효율적으로 작동하지 않을 경우 정부가 직접 개입하여 이를 보전하고 자원배분의 효율성을 높이는 정책을 일컫는 상당히 포괄적인 개념이라고 할 수 있다.

3 산업정책의 특징

산업정책은 다음과 같은 특징을 가지고 있다.

첫째, 산업정책은 공급지향적 정책이다. 즉 경제성장을 직접적인 목적으로 하여 총공급관리에 초점을 맞추는 것이다. 이는 재정 및 금융수단을 통하여 총수요를 관리함으로써 단기적인 경제안정을 직접적 목표로 하는 케인즈적 거시경제정책과 구별되는 점이다. 거시경제정책으로 추진되는 총수요관리정책은 국민경제의 실제 생산수준을 잠재적 생산 수준에 접근시켜 실업을 해소하거나 인플레이션 압력을 완화하고자 하는 것으로서 잠재적 생산수준을 주어진 제약조건으로 파악하는 데 비해 산업정책은 잠재적 생산 수준 자체의 확충을 시도하는 것이다.

둘째, 산업정책은 생산자원의 공급과 배분에 정부가 개입함으로써 산업활동을 지원, 조정 또는 규제하여 그 효과가 발생하게 된다. 이 경우 정부 개입의 정당성을 확보하여 주는 근거는 이른바 시장실패, 즉 시장 가격기구를 통한 최적 자원배분이 이루어지지 않는 현상이 발생

할 수 있다는 것이다. 따라서 산업정책의 범위와 내용은 시장실패의 범위 및 내용과 긴밀히 연결되어 있다.

셋째, 산업정책은 역사적으로 볼 때 경제발전이 뒤떨어진 후발국에서 강조되었다. 또한 어떤 이유에서든 국민경제의 성장잠재력이 훼손되는 상황에서도 강조되는 경향이 있다.

넷째, 산업정책은 각 국가가 처한 경제상황에 따라 구체적인 모습이 달라지며 동일한 국가에서도 경제발전 단계에 따라 효율적인 정책의 방향과 수단이 달라진다.

section 02 │ 산업정책의 종류

1 │ 산업구조정책

산업구조정책은 몇 가지 기준(소득탄력성, 동태적 비교우위, 고용흡수력, 경쟁력구조 변화)에 입각하여 바람직한 최적 산업구조를 상정하고, 현재의 산업구조를 그러한 구조로 전환하기 위해 의도적으로 산업 간 자원배분의 변화를 도모하는 정책을 의미한다.

❶ 적극적 산업구조정책 : 유망산업 육성, 사양산업 합리화
❷ 소극적 산업구조정책 : 사양산업 또는 구조불황 산업 보호

(1) 정책범위에 따른 분류

산업정책은 그 정책행위가 미치는 효과의 범위가 일반적인가 혹은 선별적인가에 따라 다음과 같이 구분된다.

❶ 일반적 정책(general industrial policy) : 이 정책은 경제 내의 모든 산업들에 대해 동등한 조건을 부여하게 됨. 즉, 특정 산업이나 특정 행위를 촉진 또는 억제하는 차별적 효과를 의도하는 것이 아니고 모든 산업과 행위에 대해 무차별적이고 일반적인 효과를 미치고자 하는 정책. 이 범주에 드는 대표적인 정책 사례로는 도로, 항만, 정보통신 등 사회간접자본(SOC)을 구축하는 것. 또한 생산활동의 핵심 요소인 토지, 노동, 자본의 공급

량과 질을 개선하는 것도 여기에 포함

② 기능별 또는 행위별 정책(activity specific policy) : 이 정책은 특정 부문에 선별적은 아니지만 생산과정 상의 특정 행위 혹은 판매과정 상의 특정 행위를 지원하는 것. 예컨대 연구개발이나 설비투자 촉진, 수출진흥 등을 들 수 있다. 기업활동 중의 특정 행위를 정부가 지원하는 것은 정부의 의지를 반영한 것

③ 지역별 정책(region specific policy) : 지역별 정책은 각 지역이 구비하고 있는 입지여건을 고려하여 어느 지역에 어떤 산업을 배치시키는 것이 가장 효율적인가 하는 산업배치 정책, 혹은 지역균형발전에 정책의 역점을 두는 국토균형개발정책 등의 형태로 이루어짐. 전자는 급속한 공업화를 추구하는 개발도상국에서, 그리고 후자는 사양산업의 출현으로 실업이나 소득배분의 지역 간 불균형이 확대되는 등 사회적 조정비용을 치르고 있는 선진국에서 흔히 볼 수 있음

④ 산업별 정책(industry specific policy) : 산업별 정책은 특정 산업을 대상으로 하는 정책. 일본이 60년대와 70년대에 기계 및 전자산업을 중점 육성한 것이나 우리나라가 70년대 중반부터 중화학공업을 우선적으로 지원한 것, 그리고 80년대 들어 선진국들이 첨단산업을 선점하기 위해 첨단기술부문의 연구개발을 집중 지원한 것 등을 들 수 있음

⑤ 기업별 정책(firm specific policy) : 기업별 정책은 특정 기업을 대상으로 한 정책. 유망산업의 경우 규모의 경제 등의 이유로 해당 산업에 1개 또는 소수의 기업만이 있으면 유망산업 지원은 결과적으로 특정 기업에 대한 지원이 됨

(2) 정책수단에 따른 분류

① 유인정책 : 민간기업에 대해 금전적 또는 비금전적 인센티브를 부여함으로써 정부가 의도하는 정책목적과 부합되는 행동을 자발적으로 취하도록 유도하는 것. 각종 조세감면, 금융지원의 수단을 통하여 부문 간의 비용 또는 수익률의 상대적 크기를 변화시킴으로써 기업의 이윤추구 행위의 방향과 구성에 영향을 미치는 것. 이는 시장 메커니즘을 인정하면서 그 기능상의 결함을 한계적으로 수정함으로써 자원배분의 효율성을 높이는 것임

② 규제정책 : 정부가 인허가권이나 행정지도, 규제제도 등을 통해 민간기업의 행위를 직접적으로 규율하는 것. 규제정책은 기업 간의 자유로운 경쟁이 자원의 효율적 배분을 보장한다는 정통 경제이론에 직접 배치되는 것. 그러나 통신, 가스, 전력, 수도 등 산업 자체가 규모의 경제, 공공성, 자원의 한계 등의 이유로 시장실패가 일어날 가능성이 있

을 경우에는 규제정책이 타당성을 갖기도 함

❸ 비전 제시정책 : 이는 정부가 가지고 있는 정보와 분석능력을 민간에 제공함으로써 민간부문이 당면하고 있는 불확실성을 완화하여 민간부문의 의사결정이 보다 합리적이고 효율적이 되도록 하는 것. 산업구조의 중장기전망, 국민경제의 장기 비전, 정부정책의 방향 등에 관한 정부의 구상 마련이 그 사례임

2 산업조직정책

산업조직정책은 기업행동의 규칙, 규범과 시장경제 질서를 정비하여 기업 간의 경쟁형태 및 시장구조에 영향을 미침으로써 산업의 효율과 성과를 증진시키는 정책을 의미한다. 산업구조정책과 산업조직정책의 차이점 및 상호 연관성을 알기 위해서는 우선 산업구조가 지니는 두 가지 의미를 구별할 필요가 있다. 산업구조의 개념 중 일반적으로 사용되는 것은 각 산업 간의 구성비율이라는 의미이다. 1, 2, 3차 산업이라든지 경공업, 중화학공업 등으로 구분한 산업 간 구성비인 것이다. 산업구조가 갖는 다른 개념은 동일 산업 내 구조라는 의미이다. 특정 산업에서 기업체의 수, 집중도, 진입장벽, 제품 수요의 가격 탄력성, 수요의 크기와 성장률 등인 것이다. 이는 동일 산업 내에서 기업 간의 경쟁관계를 규정하고 개별 기업들의 행태에 영향을 미치는 시장환경을 의미한다고 볼 수 있으며, 산업조직은 바로 이러한 의미로 사용되고 있다. 산업구조를 이와 같이 두 가지로 구분할 때 산업구조정책은 산업 간의 구조를 대상으로 하는 것이고 산업조직정책은 산업 내의 구조, 즉 산업조직을 대상으로 하는 정책이다.

(1) 산업조직과 시장경쟁

산업조직(혹은 시장구조)은 한 시장 내의 수요자와 공급자의 수 및 상대적 규모로써 결정된다. 그러나 일반적으로 수요자의 수는 매우 많으며 수요자 상호 간에 규모의 격차가 거의 없으므로, 시장규모는 공급측면에 의해서 정의되고 따라서 시장구조의 형태는 통상 기업수와 기업 간 규모격차라는 두 가지 변수를 기준으로 분류된다.

시장구조의 기본적 유형을 완전경쟁, 독점, 과점, 독점적 경쟁 등으로 분류하는 목적은 각각의 유형에 따라 기업의 시장행동, 나아가서 시장성과가 다르게 된다는 논리에서 시장구조의 유형별 속성을 사회적 관점에서 평가하고 이에 입각한 공공정책의 방향을 제시하려는 데 있다. 그러나 현실 경제에서는 이론적인 순수경쟁시장 혹은 완전독점시장의 존재가 불가능하

며 정도의 차이는 있지만 독점의 요소를 갖기 마련이다. 그러므로 특정 시장에 대해 구조적 측면에서 경쟁도를 비교 분석함으로써 그 시장의 유형이 완전경쟁시장과 순수 독점시장이라는 양극단 중 어디에 위치하는지를 규명할 수 있다. 이러한 관점에서 시장구조를 계측함으로써 모든 시장을 경쟁도에 따라 독점에서 과점, 그리고 경쟁으로 이어지는 단일 차원에 나타낼 수 있다.

산업조직론에서는 집중지수를 이용한 시장구조의 측정과 분석이 주요 관심사 중의 하나가 되어 왔으며, 또한 독점규제정책의 확립과 집행에 있어서도 중요한 정책자료로 이용된다. 따라서 시장구조에 관한 실증적 분석을 위해서는 시장집중도의 계측이 필수적이며 이를 다각적인 관점에서 수량적 척도로서 수치화한 것이 집중도지수이다.

그러나 시장구조를 수치화한다는 것은 시장구조의 다원적 측면을 단일 차원으로 표현하는 것에 불과하며 따라서 기업행동 및 시장성과의 차이를 나타내지는 않으나 이를 통해 시장의 경쟁도와 균등도를 평가할 수는 있다. 실제 분석에서 사용되는 집중지수의 종류는 약 10여 가지 정도가 되며, 이들 지수는 각각 그 특성과 장단점을 달리하고 있지만, 대별하면 특정 시장 내에서의 집중도를 측정하는 절대적 지수와 기업간 규모의 불균등에 중점을 두는 상대적 지수로 분류할 수 있다.

(2) 시장 경쟁강도의 측정방법

❶ 집중 곡선과 집중률 : 시장 내 기업의 수와 분포를 말해주는 시장구조는 집중 곡선(concentration curve)을 그림으로써 쉽게 알 수 있다. 〈그림 7-1〉은 가상적 산업 A, B, C의 집중 곡선을 보여준다. 이 그림의 수평축은 시장점유율의 서열규모(rank size)이며 수직축은 누적 시장점유율이다. 예를 들어 산업 A에는 10개의 기업이 있고, 각 기업은 10%의 점유율을 갖는다. 산업 B에는 21개의 기업이 있고, 최대 기업의 시장점유율은 55%이며 나머지 20개의 기업은 각각 2.25%의 시장점유율을 갖는다. 상위 3개의 기업의 누적 시장점유율은 59.5%이다. 마지막으로 산업 C는 상위 3개의 기업이 각 30%의 시장점유율을 갖고, 나머지 5개 기업의 시장점유율은 각각 2%이다. 상위 3개 기업의 누적 시장점유율은 90%이다.

집중 곡선을 통하여 산업의 생산이 기업 간에 어떻게 분포되어 있는가를 쉽게 파악할 수 있지만, 시장구조를 하나의 숫자로 요약해 주는 지수가 필요하게 된다. 이러한 목적으로 사용하는 시장구조 지수 중 하나가 집중률(concentration rate)이다. 집중률 CR_k는 상위 k개 기업의 시장점유율의 합계로 정의되며 시장점유율은 일반적으로 매출액을 기준

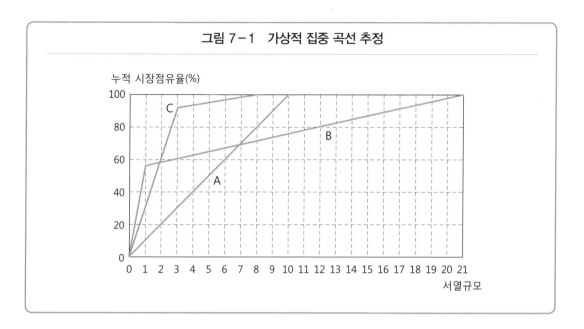

그림 7-1 가상적 집중 곡선 추정

으로 한다.

　같은 시장 내 n개의 기업들을 매출액 기준으로 최대 기업으로부터 최소 기업의 방향으로 배열하고, S_i를 기업 i의 매출액, S를 시장의 총매출액, $CR_i = S_i/S$를 기업 i의 시장점유율이라고 하면, 상위 k기업집중률은 $CR_k = \sum_{i=1}^{k} S_i$로 정의된다. CR_k는 k에 해당하는 집중곡선상의 점이 된다.

　시장집중률 지수는 측정이 간단할 뿐만 아니라 소수 대기업의 시장점유율을 직접 표시해 주기 때문에 시장집중도를 측정하는 수단으로 널리 사용된다. 우리나라의 독과점 규제정책은 경쟁을 저해할 가능성이 있는 기업결합의 판단 또는 시장지배적 사업자의 지정에 있어 CR_k를 시장구조 측정지표로 사용한다.

　그러나 이 지수는 두 가지 결정적인 결점을 갖고 있다. 첫번째는 k개 이외의 기업들의 점유율이 지수치에 전혀 영향을 미치지 못하고 있다는 점이고 두번째는 k의 설정 역시 자의적일 수 밖에 없는데, k를 어떻게 설정하는가에 따라 시장 간 집중도가 달라질 수 있다. k값을 크게 설정하면 지수치에 반영되는 기업수가 많아지는 장점이 있는 반면 상위기업의 비중이 상대적으로 무시되며, 모든 지수치가 1에 접근하게 되어 집중 정도를 명확하게 측정할 수 없다는 결함이 있다. 앞의 예에서 산업 A는 산업 B보다 CR_8을 사용한 때 더 집중되지만, CR_3를 사용하여 평가하면 덜 집중된 것으로 나타난다.

❷ 허핀달(Herfindahl)지수 : 집중 곡선상의 정보를 좀 더 완전하게 반영하기 위하여 사용되

는 또 하나의 지수는 Herfindahl-Hirschman지수(HHI)이다. 산업 내 n개의 기업에 대하여 이 지수는 다음과 같이 정의된다. 여기서 S_i는 매출액이 아닌 i번째 기업의 시장점유율이다.

$$HHI = \sum_{i=1}^{n} S_i^2$$

다음 〈표 7-1〉은 가상적 산업 C의 HHI 계산을 예시하고 있다. 시장점유율을 소수점으로 측정하면, 시장점유율이 30%인 기업은 $S_i = 0.3$이 되고, 산업이 순수 독점이면 HHI는 최대치 1이 된다. 이 경우 산업 C의 HHI는 0.272이고 이것은 순수 독점일 때의 HHI값의 최대치인 1과 비교하면 된다. 산업 A와 산업 B의 HHI는 각각 0.1과 0.312625이다.

표 7-1 산업 C의 HHI계산

기업 순위	시장점유율(%)	S_i	S_i의 제곱
1	30	0.3	0.09
2	30	0.3	0.09
3	30	0.3	0.09
4	2	0.02	0.0004
5	2	0.02	0.0004
6	2	0.02	0.0004
7	2	0.02	0.0004
8	2	0.02	0.0004
합계	100	1	0.272

HHI지수는 집중률과 달리 산업 내 모든 기업의 시장점유율을 포함하므로 기업분포에 관한 정보를 정확히 내포하고 있다. 또한 산업 내 기업의 수가 일정할 경우에는 HHI가 커질수록 기업규모의 불균등도가 더 크다는 것을 나타낸다. 즉 HHI는 기업규모 간의 불균등도와 대규모 소수기업 집중도의 복합된 영향을 반영하는 것으로, 집중 곡선상의 하나의 점을 반영하는 것이 아니라 하나의 숫자로서 집중 곡선의 모양을 좀 더 완전하게 이해 할 수 있게 한다.

HHI지수는 경제학적으로 중요한 의미를 내포하고 있다. 만일 한 시장 내 모든 기업의 시장점유율이 같다면, $HHI = N(S_i^2) = N(S_i/NS_i)^2 = 1/N$, 즉 $1/HHI = N$이 됨. 따라서 HHI는 '동등 규모 기업수(numbers equivalent)'로 해석될 수 있다. 즉 HHI지수의 역수는

그 *HHI*지수의 값을 가질 수 있는 가상적인 동등 규모의 기업체 수를 나타낸다. 예컨대 *HHI*=0.5인 시장에서는 N=2이므로, 이 시장에서 실제로 다수의 기업이 불균등한 규모로 존재하더라도 마치 두 개의 동등 규모 기업이 있는 것으로 가정할 수 있다는 것이다. 또 다른 예로 한 시장에 4개의 기업이 있고, S_i가 각각 0.4, 0.3, 0.2, 0.1 이라면 *HHI*=0.3이며, 따라서 N=3.33으로 이 시장의 집중 상태는 동등 규모의 기업이 3.33개 있는 것과 같다.

대기업의 규모가 변화할 때 집중률 CR_k는 불변이지만 *HHI*는 이러한 분포 변화를 반영한다. 〈표 7-1〉 예에서 CR_3=0.9인데 최대 기업의 규모가 확대되어 S_i의 분포가 0.6, 0.2, 0.1, 0.1로 되었다고 하면 CR_3는 여전히 0.9이지만 *HHI*는 0.42로 증가한다. 따라서 대기업의 상대적 규모가 기업행동과 시장성과의 중요한 결정요인이라면 CR_k보다 *HHI*가 더 많은 정보를 전달할 것이다. *HHI*는 과점이론에서 제시하는 여러 가지 속성을 내포하므로 이론적 분석과 실증적 연구에서 많이 적용된다.

01 다음 중 산업분석에 대한 의미와 활용, 산업분류 등에 대한 설명으로 적절하지 않은 것은?

① 산업분석은 분석대상이 되는 기업이 속한 산업의 성과가 그 기업의 미래 성과에 상당한 영향을 미친다는 전제에서 출발한다.

② 산업분석은 경제변수 또는 정치, 사회적 변화가 경제에 미치는 영향을 산업별로 구분하여 분석하는데 활용될 수 있다.

③ 산업분석의 가장 중요한 목표는 개별 기업의 수익성과 성장성을 분석하는 것이다.

④ 산업 간에는 가치사슬의 각 단계에서 일정한 차이가 있기 때문에 경제변수의 변화가 있을 경우 그 영향은 산업별로 다르게 나타날 가능성이 크다.

02 다음 중 산업별 성장 속도의 차이를 초래하는 공급측면의 요인이 아닌 것은?

① 신기술 및 신제품 개발　　　　　② 생산공정에서의 혁신

③ 수요규모의 차이　　　　　　　　④ 각 산업의 공급능력 차이

03 시장 경쟁강도의 측정방법으로, 기업규모 간의 불균등도와 대규모 소수기업의 집중도의 복합된 영향을 반영한 것은?

① 시장집중률 지수　　　　　　　　② 허핀달 지수

③ 엔트로피 지수　　　　　　　　　④ 지니 지수

해설

01 ③ 개별산업보다는 산업 전체의 평균적인 수익성과 성장성을 분석하는 것이 중요

02 ③ 수요규모의 차이는 수요측면의 요인임

03 ② 집중 곡선상의 정보를 완벽하게 반영하는 지수(HHI)

04   다음 중 '경쟁력 구조와 국제 분업' 관계를 설명한 그림에 대해 옳지 않은 것은?

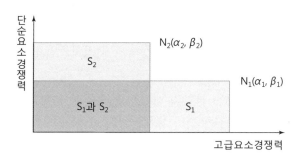

① 종축은 천연자원, 단순 인력, 금리 수준 등 단순 요소의 경쟁력을 나타내며, 횡축은 기술 수준, 인적자본, 국내 수요의 질 등 고급 요소의 경쟁력을 나타낸다.

② N_1과 N_2를 한 국가의 서로 다른 두 산업으로 보았을 경우, N_1이 N_2보다 고부가가치 산업으로 볼 수 있다.

③ N_1과 N_2를 두 개의 국가로 보았을 경우, S_1은 N_1국이 비교우위가 있는 산업군이다.

④ N_1과 N_2를 두 개의 국가로 보았을 경우, 'S_1과 S_2'으로 표시된 교집합 부문은 양국 간에 무역이 일어나지 않는 산업군이다.

05   다음 중 산업연관분석과 관련된 설명으로 옳은 것은?

① 산업연관분석은 소비, 지출, 투자 및 수출 등 거시적 총량지표와 임금, 환율 및 원자재 가격 등 가격 변수의 변동이 국민경제에 미치는 파급효과를 분석할 수 있게 한다.

② 산업연관표에서 아래로 향하는 세로방향은 상품의 배분구조를 나타낸다.

③ 생산 유발계수는 역행렬 계수를 사용하여 도출할 수 있는데, 중간 수요가 한 단위 증가할 때 각 산업에서 유발되는 산출물의 단위를 나타낸다.

④ 생산 유발계수를 이용하여 각 산업의존관계의 정도를 나타낸 것이 전·후방 연쇄효과이며, 전방 연쇄효과는 특정 산업 제품에 대한 최종 수요 1단위의 증가가 모든 산업생산에 미치는 영향을 의미한다.

해설

04 ④ 교집합에 포함되는 산업군에서는 두 국가가 모두 경쟁력을 가질 수 있으므로 산업 내 무역이 이루어질 수 있음

05 ① ② 세로방향은 상품의 투입구조를 나타냄, ③ 중간 수요가 아니라 최종 수요임, ④ 후방 연쇄효과가 특정 산업 제품에 대한 최종수요 1단위의 증가가 모든 산업생산에 미치는 영향을 의미함

06   다음 중 산업분석 방법론 중 라이프사이클 분석에 대한 설명으로 적절하지 않은 것은?

① 라이프사이클 분석은 산업도 생명체의 수명과 같이 생성, 성장, 쇠퇴, 소멸해 간다는 제품 수명주기 이론을 응용한 것이다.

② 라이프사이클 분석에서 성장기에는 매출액과 이익이 급증하지만 성장기 후반에는 이익률이 정점에 도달한 후 점차 하락한다.

③ 라이프사이클 분석에서 산업이 성숙기에 접어들면 많은 기업들이 업종 다각화를 적극적으로 실시한다.

④ 라이프사이클 분석은 산업의 성장성과 수익성 분석을 통해 투자유망 산업을 고르는 데 유용하나, 적정 주가 평가 등에는 일정한 한계를 가진다.

07   다음 중 산업정책에 대한 설명으로 옳은 것은?

① 산업정책은 단기적인 경제안정을 직접적 목표로 실시하는 공급지향적 정책이다.

② 산업정책은 역사적으로 볼 때 경제발전이 뒤떨어진 후발국에서 강조되었다.

③ 지역별 정책으로서 국토균형개발 정책은 선진국보다 급속한 공업화를 추구하는 개발도상국에서 흔히 볼 수 있다.

④ 기업별 정책은 특정 기업을 대상으로 한 정책으로 선택과 집중을 통한 효율적인 산업발전 전략이다.

해설

06 ③ 쇠퇴기에 접어들면 많은 기업들이 업종 다각화를 적극적으로 실시함

07 ② ① 산업정책은 경제성장을 직접적인 목표로 하여 총공급관리에 초점을 맞추는 공급지향적인 정책임, ③ 산업배치정책이 급속한 공업화를 추구하는 개발도상국에서 흔히 볼 수 있음, ④ 해당 내용은 산업별 정책에 대한 설명임

※ 다음 가상적 집중 곡선을 보고, 시장 경쟁강도를 계산하시오(08~09).

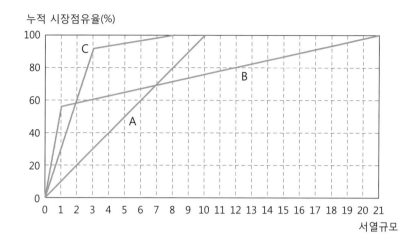

08 B산업과 C산업에서 상위 5개 기업의 시장 집중률 지수는?

09 B산업과 C산업의 HHI(Herfindahl-Hirschman Index)는?

08   64, 94(상위 k기업집중률 $CR_k = \sum_{i=1}^{k} S_i$ 을 활용하여, 계산함)

09   3,126.25, 2,720($HHI = \sum_{i=1}^{n} S_i^2$ 을 활용하여, 계산함)

정답 01 ③ | 02 ③ | 03 ② | 04 ④ | 05 ① | 06 ③ | 07 ②

part 06

리스크 관리

certified investment manager

chapter 01

리스크와 리스크 관리의 필요성

section 01 **리스크의 정의**

리스크는 미래 수익의 불확실성으로 정의되고 있는데 이보다는 회사를 경영함에 있어서 미래에 발생할 손실 가능성이란 표현이 더 구체직이라 할 수 있다. 특히 금융기관의 경영에 있어 손실 가능성은 여러 가지 요인에 의해 발생하게 되는데 이를 유형별로 정리하면 다음과 같다.

표 1-1 재무위험의 종류

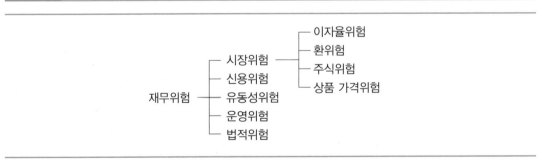

재무위험(financial risk)이란 금융시장(financial market)에서의 손실 가능성과 관련되어 있는 위험으로서, 이는 시장위험, 신용위험, 유동성위험, 운영위험 그리고 법적위험으로 분류된다.

시장위험(market risk)이란 시장 가격의 변동으로부터 발생하는 위험으로서 주식위험(equity risk), 이자율위험(interest rate risk), 환위험(foreign exchange risk), 상품 가격 위험(commodity price risk) 등이 포함된다.

신용위험(credit risk)은 거래상대방(counterpart)이 약속한 금액을 지불하지 못하는 경우에 발생하는 손실에 대한 위험이다.

유동성위험(liquidity risk)은 포지션을 마감하는 데에서 발생하는 비용에 대한 위험이다. 기업이 소유하고 있는 자산을 매각하고자 하는 경우 매입자가 없어 매우 불리한 조건으로 자산을 매각해야만 할 때 유동성위험에 노출된다.

운영위험(operational risk)이란 부적절한 내부시스템, 관리 실패, 잘못된 통제, 사기, 인간의 오류 등으로 인해 발생하는 손실에 대한 위험이다.

법적위험(legal risk)이란 계약을 집행하지 못함(unenforceability)으로 인해 발생하는 손실에 대한 위험이다.

section 02 | 리스크 관리의 실패사례

1 베어링은행 파산사건

베어링은행(Barings Brothers and Co Ltd.)은 영국에서 역사가 가장 오래된 종합금융회사이며 매우 보수적인 은행이었다. 그런데 베어링은행은 자회사인 베어링증권의 해외자회사인 베어링선물(싱가포르)의 종업원이었던 닉 리슨(Nicholas Leeson)의 파생금융상품의 불법거래에 따른 막대한 손실로 인하여 1995년 2월에 파산하였다. 닉 리슨은 선물거래 책임자로서 그의 업무권한은 고객주문의 위탁거래로 제한되고, 자기상품 거래시에는 리스크 부담이 없는 차익거래로 제한되었다. 그러므로 일별로 리스크 부담이 없는 SIMEX와 OSE 간 차익거래를 제외한 overnight open position은 허용되지 않았다.

이러한 차익거래에서 리슨은 1994년에 28.5백만 파운드의 이익을 실현했다고 보고되었다. 그러나 무위험 차익거래에서 큰 이익을 얻는다는 것은 비현실적인 주장이다. 실제로는 리슨은 가공계좌(계좌 88888)를 통한 불법적인 투기거래에서 1994년에 29,470백만 엔의 손실을 입었다. 가공거래와 가격 조작을 통해 손실은 가공계좌에 남기고 가공된 이익을 보고한 것이었다.

실제로 리슨은 주어진 권한의 범위를 초과하는 투기적인 불법거래에서 막대한 손실을 기록하였다. 리슨은 주가가 상승할 것이라는 예상하에 주가지수선물과 옵션에서 투기적인 포지션을 유지하였다. 그러나 예상과 달리 주가가 하락하였다. 특히 1995년 1월 17일 고베 지진 이후 니케이 주가지수가 18,000 이하로 하락하고 주가 변동성이 증가하여 옵션 가격이 상승함에 따라 주가지수선물 매입과 스트래들 매도 포지션에서 막대한 손실이 발생하였다. 니케이 주가지수 선물 43,000계약(77억 달러 상당, SIMEX의 open interest의 30%) 매입 포지션에서 3억 파운드의 손실이 발생하였고, 160억 달러 상당의 일본 국채선물 매도 포지션에서 1.9억 파운드의 손실을 입었다. 또한, 니케이주가지수 선물에 대한 콜옵션과 풋옵션 35,000계약 매도 포지션(스트래들 매도 포지션)에서도 1.2억 파운드의 손실이 발생하였다. 결국, 1995년 2월 27일에 니케이 주가지수가 17,000 이하로 더욱 하락하자 베어링은행은 13억 달러(8.6억 파운드)의 손해를 입고 파산하게 되었다.

베어링은행의 파산사례는 다음과 같은 운용방법상의 문제점을 제시하고 있다. 일반적으로 금리 하락 시 주식과 채권의 가격이 함께 상승하므로 주가지수선물 매입과 국채선물 매도 전략은 헤지 포지션으로 간주할 수 있다. 그러나 베어링은행 사례에서는 금리 하락시 일본의 채권 가격은 상승하였지만 주식 가격은 하락하여 니케이 주가지수선물 매입 포지션과 일본 국채선물 매도 포지션에서 막대한 손실이 발생하였다. 또한 주가지수에 대한 스트래들 매도전략은 주가지수가 안정적인 경우에는 이익을 얻지만 주가지수가 급등하거나 급락하는 경우에는 큰 손실을 입게 되는 극히 투기적인 거래임에도 불구하고 이에 대한 관리감독이 미비하였다.

이러한 베어링은행의 사례는 다음과 같은 교훈을 우리에게 주고 있다. 첫째, 불법적인 거래를 사전에 방지하기 위한 내부관리통제제도와 감독당국의 적절한 감독의 중요성이 강조되었다. 베어링은행의 파산에 따라 장부조작이나 불법거래를 방지하기 위한 내부관리통제체제, 외부감사, 감독당국의 감사 등의 문제점이 노출되었다. 특히 영업부서와 후선부서 업무의 격리미비 및 불분명한 감독체계의 문제점이 대두되었으며 베어링은행과 베어링증권에 대한 이원적인 감독체계와 국제화에 따른 국가 간 감독업무의 협조 미비 등으로 인하여 사태가 더욱 악화되었다. 둘째로 파생상품의 특성에 대한 경영진의 인식 부족이 문제점으로 인식되었다. 리스크 부담이 없는 차익거래에서 막대한 이익을 실현한다는 것은 비현실적이지만 이러한 현상 발생 시 이에 대한 원인 파악을 소홀히 하였다. 파생금융상품 거래에서 막대한 이익은 큰 위험부담 없이는 불가능하지만, 은행 중심의 경영에서는 이러한 문제점이 간과되었다. 또한,

은행업무와 증권업무의 겸영에 따라 은행의 예금이 리스크가 큰 증권회사의 파생금융상품 투자에 운용되는 것을 막기 위한 제도적 장치가 미비하였다는 문제점도 노출되었다. 마지막으로 파생금융상품을 이용한 헤지전략 이용 시 금융상품 가격 변동 등에 대한 정밀한 통계적 분석이 필요하다는 사실이다. 예로서, 금리 하락 시 채권 가격의 상승과 주가 상승이 예상되나, 단기적으로는 주가 하락도 가능하므로 최근의 금융상품 간 가격 변동관계에 대한 정확한 분석의 필요성이 제기되었다.

2   메탈게젤샤프트사 파산사건

독일의 14번째 기업집단인 메탈게젤샤프트사의 미국 내 자회사인 메탈게젤샤프트 정유 및 판매회사(MG Refining and Marketing : MGRM)는 1993년 여름에 미국 내 석유류 구매업자에게 향후 10년간 고정 가격으로 160백만 배럴의[1] 석유제품을 공급한다는 장기 선도 공급계약을 체결하였다. 선도 공급계약 시 약정된 장기공급 가격은 계약 당시의 현물 가격보다 배럴당 3~5달러 높은 가격으로 수익성이 있는 계약으로 판단되었다.

선도 공급계약 시 석유제품의 시장 가격이 과거에 비해 낮아 주유소, 대형 제조업체, 그리고 정부기관 등의 구매자는 저렴하고 안정된 가격으로 장기간 동안 석유제품을 공급받을 수 있고, MGRM은 고객을 확보함으로써 미국 시장에서 영업발판을 구축할 수 있는 기회가 되어, 선도 공급계약은 수요자와 공급자 모두에게 바람직한 계약으로 여겨졌다. 이러한 선도 공급계약에 의한 석유제품의 고정가격부 장기공급은 원유 가격 하락 시 이익이 증가하지만, 원유 가격 상승 시에는 막대한 손해가 초래되므로 가격 상승에 따른 손해를 방지하기 위하여 MGRM은 55,000계약의 석유선물(Oil Futures)과 1억 내지 1억 1천만 계약의 스왑을 매입하였다. 즉, 가격 상승 시 장기 선도 공급계약에 따른 손해를 보전하기 위하여 단기선물계약과 스왑을 정기적으로 갱신하는 Rolling Hedge방법을 채택하고, 리스크 헤지비율은 1 대 1을 유지하였다.

이론상 고정 가격부 장기공급계약에 따른 손실은 Rolling Hedge시 선물거래의 이익에 의해 보전될 수 있으나 MGRM이 사용한 헤지전략에는 결함이 있었다. 더구나 선물에 의한 헤지전략은 리스크를 완전히 배제하는 것이 아니라 현물 가격 변동 위험을 베이시스 리스크로 대체하는 것이므로 가격 변동 위험이 완전히 제거된 것은 아니다.

1 대 1 비율의 헤지전략에 따라 MGRM은 매월마다 선물 포지션을 조정하였다. Rolling

---

1   160만 배럴은 쿠웨이트의 원유 생산량 85일분에 해당되는 분량이다.

Hedge 전략 사용 시에 단기 선물 가격이 장기 선물 가격보다 높으면(Backwardation) 이익이지만, 낮다면(Contango) 손해가 발생한다. 즉, 높은 가격으로 선물을 매입한 후 만기가 도래하면 낮은 가격으로 매입한 선물을 매각하고 다시 높은 가격으로 새로운 선물을 매입하여야 하므로 손실이 발생한다.

MGRM이 계약을 한 직후에 석유 가격이 배럴당 19달러에서 15달러 이하로 더욱 하락하여 MGRM은 선물계약에서 평가손실을 입고 만기도래시 손실이 실현되어, 평가손실에 따라 약 10억 달러에 달하는 추가 증거금의 누적적 지출과 손실 발생에 따른 자금 부담으로 1993년 하반기에 자금사정이 악화되었다. 또한, 예상과 달리 지속적으로 단기 선물 가격이 장기 선물 가격보다 낮게 형성되어 선물계약 갱신 시 추가 자금이 필요하였다. 이러한 결과로 인하여 MGRM은 1993년 12월에 유동성 부족 현상이 발생하고 경영진을 교체하였다. 신 경영진은 선물 포지션과 장기 현물공급계약을 정리하였고, 이에 따라 13억 달러의 손실이 발생하여 메탈게젤샤프트사는 파산하였다. 이러한 정리계획을 지원하기 위하여 대주주인 도이치은행 등 거래은행들은 24억 달러의 구제 금융을 실시하였다.

장기 현물공급계약에 따른 리스크를 단기 선물계약에 의해 헤지하려는 전략은 갱신리스크(Rollover Risk), 자금조달 리스크(Funding Risk), 신용리스크(Credit Risk) 등의 리스크를 내포하고 있다. 갱신리스크는 선물계약 갱신시 손해가 발생할 가능성이고, 자금조달 리스크는 선물계약의 추가 증거금 납부에 소요되는 자금조달에 따른 리스크다. 신용리스크는 현물 가격 하락시 현물 장기공급계약의 거래상대방이 계약을 이행하지 않을 가능성을 뜻한다.

과거 10년간 선물 가격 추이를 분석한 결과 단기 선물 가격이 장기 선물 가격보다 높아 Rolling Hedge 시 이익이 발생하는 것으로 예상되었다. 따라서 갱신리스크는 매우 적은 것으로 판단되었으나, 1993년 하반기 이후 1년 동안에는 과거 10년간 추세와 달리 단기 선물 가격이 장기 선물 가격보다 낮은 Contango 현상이 지속되어 단기선물계약 갱신 시 거액의 손실이 발생하게 되었다. 즉, 과거 10년간 추세에 의존한 Rolling Hedge 전략은 선물시장의 가격구조가 안정적이고 과거 추세를 답습하리라는 가정과 추세분석 기간으로서 10년간이 충분하다는 가정을 전제로 하고 있으나, 현실은 이러한 가정들이 적절하지 못하여 막대한 손실이 발생하였다.

또한 유류 가격의 하락과 단기 선물 가격이 장기 선물 가격보다 낮은 현상이 지속되어 손실보전과 추가 증거금 유지를 위하여 막대한 자금이 필요하게 되었다. 1993년 6월에서 12월 사이에 원유 가격은 배럴당 6달러가 하락하여 약 9억 달러의 추가 증거금이 필요하게 되었고, Contango 현상에 따라 선물계약 갱신 시 손해보전을 위한 자금이 추가로 필요하게 되었다.

1 대 1 비율의 헤지전략은 단기 선물 가격과 장기 선물 가격의 변화율이 일치하는 경우에 유효한 전략이다. 그러나 일반적으로 장기 선물 가격은 단기 선물 가격에 비해 가격 탄력성이 낮으므로 헤지비율의 조정이 필요하다. 메탈게젤샤프트사의 경우에 최소분산(Minimum Variance) 헤지 시 적정 헤지비율은 0.5로 추정되었다. 즉, 현물 가격의 1달러 변화에 대한 10년 만기 선도계약 가치의 변화는 2달러로 계산되었다. 따라서 헤지전략에 의한 선물 포지션이 과도하여[2] 현물 가격 하락 시 손실이 증폭되었으며, 추가 증거금 충당을 위한 자금소요가 증가하였다.[3]

메탈게젤샤프트사의 사례는 다음과 같은 교훈을 준다. 첫째, 영업 전략상의 문제로 회사규모에 비해 과도한 장기공급계약을 체결하여 일관성 있는 전략을 유지할 수 없었다. 둘째, 선물시장에 대한 이해가 부족하였다. 장기 현물공급계약에 대한 완벽한 헤지방법은 없으며, 단기선물을 이용하여 헤지하는 경우에도 베이시스 리스크가 남는다. 또한, 헤지비율을 1 대 1로 책정하여 리스크 헤지 비중에 비해 투기비중이 과도하게 유지되었다. 셋째, 과거 자료에 대한 지나친 신뢰와 불운이 파국을 초래하였다. 과거 자료를 이용한 통계분석 결과에 지나치게 의존하여 단기 선물 가격에 비해 장기 선물 가격이 높을 가능성에 대한 대비가 부족하였다. 또한, MGRM은 불운하여 장기공급계약과 선물 등 헤지계약을 체결한 직후 유가가 하락하여 선물계약에서 큰 손실이 발생하고, 예상과 달리 단기 선물 가격이 장기 선물 가격보다 낮아 선물계약 갱신시 손해가 누적되고 막대한 자금 부담이 발생하였다. 마지막으로 일관성있는 정책이 유지되지 않았다. 최악의 상황에서 최악의 방법으로 현물 및 선물 포지션을 정리하여 손실이 극대화되었다. 일관성 있게 헤지정책을 유지하면서 헤지비율 등을 조정하였다면 13억 달러 손실이라는 최악의 사태는 방지할 수 있었으며, 회사 전체의 파산도 막을 수 있었을 것이다.

3 오렌지카운티의 파산사건

오렌지카운티의 파산은 지방정부기금이 통제되지 않을 경우에 가질 수 있는 시장 리스크의 극단적인 예이다. 당시 재정담당관이었던 Bob Citron은 카운티 소속의 학교, 시, 특별자치구, 그리고 카운티 자체의 자산 포트폴리오 75억 달러의 운용을 담당하고 있었다. 보다 큰 이익을 얻을 목적으로 Citron은 reverse repurchase agreement를 이용하여 125억 달러를 추가로 차입

---

2 1 대 1 비율의 헤지전략에서 투기비중은 헤지 부분의 비중과 비슷하다.
3 만약 선물 가격이 상승하였다면 MGRM은 막대한 이익을 얻을 수 있었을 것이다.

하여 총 200억 달러를 만든 다음 평균 4년 만기의 agency note에 투자하였다. 당시에는 차입 이자율인 단기이자율이 낮고 투자이자율인 장기이자율이 높아서 높은 레버리지 전략으로 많은 이익을 얻을 수 있는 상황이었다. 특히 이자율이 떨어지는 상황에서 단기로 조달하여 장기로 투자하는 것은 이익이었던 것이다.

그러나 1994년 2월부터 이자율이 오르기 시작하자 이러한 레버리지 전략은 대규모의 손실을 보이기 시작하였다. 기금에 대한 서류상의 손실로 인하여 단기금융을 제공한 월스트리트의 브로커들은 마진콜을 1년 내내 요구하였고 그 해 12월에 손실에 대한 소식이 퍼지게 되자 투자자들이 환불을 요구하였다. 또한 자금이 없어서 단기자금 공급자들에게 이자지급을 중단하자 이들이 담보로 제공된 채권을 매각하기 시작하였다. 이에 오렌지카운티는 파산을 선언하였고 다음 달인 1995년 1월 나머지 증권들도 모두 현금화한 결과 16억4천만 달러의 손실이 발생하게 되었다.

어쨌거나 Citron의 실수는 포지션을 만기까지 보유하므로 손해가 없다고 주장한 점이다. 즉 정부의 회계규정에 의하면 회계상의 손실을 보고하지 않아도 되므로 포지션의 시장 가격을 보고하지 않음에 따라 손실이 누적되게 된 것이다. 바로 이러한 점 때문에 손실이 누적되어 17억 달러에 이르게 되었으며 투자자들도 기금의 손실을 늦게 알게 된 것이다.

만약 정기적으로 (예를 들어 매월 말마다) 포지션의 크기뿐만 아니라 시장 가격까지 공표되었더라면 투자자들뿐만 아니라 Citron 자신도 구제되었을 것이다. 즉 시장 가격에 의하여 평가가 계속 이루어졌더라면 Citron 자신도 투자의 리스크를 곧바로 인식할 수 있었을 것이고 그에 따른 조치를 취할 수 있었을 것이기 때문이다. 투자자들도 가치가 변한다는 것을 매달 보고받았더라면 1994년 12월의 'bank run'이 일어나지 않았을 것이다. 만약 한 걸음 더 나아가서 VaR이 매달 공표되었더라면 투자자들도 자신의 투자자금이 가지는 리스크를 보다 쉽게 이해할 수 있었을 것이고 자신의 투자행위에 대해서 좀 더 신중을 기하였을 것이다.

chapter 02

시장 리스크(Market Risk)의 측정

위험가치(Value at Risk)의 개념

1 VaR개념의 필요성

금융시장의 급속한 발달과 통합화 및 새로운 금융상품의 출현은 금융기관의 리스크에 대한 노출을 확대시키면서 다차원적으로 복잡하게 만들고 있다. 과거에는 주식이나 채권과 같이 리스크 구조가 단순한 상품이 거래의 대부분이었으나 최근에는 선물, 옵션 및 이를 이용한 복잡한 파생상품들의 거래가 급격히 늘어나고 있다. 또한 증권회사들의 업무영역이 계속 확대되면서 전체 리스크를 일괄 관리하는 것이 어려워졌다. 이와 같이 리스크의 파악이나 평가가 점점 어려워짐에 따라 각 금융기관들은 리스크를 좀 더 잘 이해하고 측정하고 관리할 필요성을 느끼게 되어 VaR개념을 탄생시켰다.

세계적 투자은행인 J. P. Morgan의 경우, 그룹별 거래부문으로 나뉘어져 있는데 그들 각각은 독립적으로 리스크를 떠안고 거래하는 단위로 구성되어 하루에도 엄청난 건수와 금액의 거래를 하고 있다. 이러한 경우 회사 전체의 입장에서 통합적으로 리스크를 파악하는 시스템이 없다면 각 부서별로는 나름대로 리스크를 관리하고 있다 하더라도, 최고경영자는 회사의 거래 및 보유상품의 시장 리스크에 내해 불안감을 느낄 것이다.

J. P. Morgan의 전 회장이었던 Dennis Weatherstone은 회사가 직면하고 있는 시장 리스크 및 24시간 내에 발생 가능한 손실 가능액에 관한 한 페이지의 간략한 보고서를 매일 업무가 끝날 무렵에 제출하도록 하였다. 이 보고서는 매일 오후 4시15분에 Weatherstone회장에게 전달되었는데 이로 인해 이 보고서는 '4시 15분 보고서'라고 불리었다.

이에 따라 실무자들은 각 거래부서에서 추정한 그들 보유포지션의 예상되는 손익과 24시간 내에 발생할 리스크를 통합할 필요성을 느끼게 되었으며, VaR개념은 이와 같은 다양한 포지션 리스크가 하나의 일관성 있는 척도에 의해 통합될 필요성에 따라 구체화되었다. 즉, VaR은 옵션과 같은 새로운 개념의 상품들이 도입되면서 과거에 행하던 리스크 측정방법으로는 회사가 보유한 전체 포트폴리오의 리스크 측정이 어려워지자 다양한 포트폴리오의 리스크를 동일한 지표로 측정할 필요성에 의해 제시된 구체적인 수치(simple one number)이자 방법론이라 할 수 있다.

2 VaR의 정의

VaR은 리스크에 대한 구체적인 수치를 말한다. 즉, VaR은 시장이 불리한 방향으로 움직일 경우 보유한 포트폴리오에서 일정기간 동안에 발생하는 최대 손실 가능액을 주어진 신뢰구간 하에서 통계적 방법을 이용하여 추정한 수치이다. 예를 들어 특정 회사의 거래 포지션의 1일 동안 VaR이 신뢰구간 95%에서 10억이라면, 이는 회사가 이 포트폴리오를 보유함으로써 향후

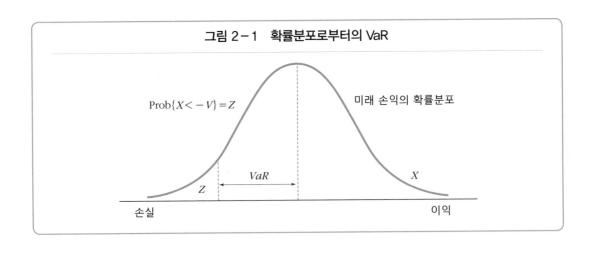

그림 2−1 확률분포로부터의 VaR

$Prob\{X < -V\} = Z$

미래 손익의 확률분포

VaR

Z

X

손실

이익

1일 동안에 10억을 초과하여 손실을 보게 될 확률이 5%임을 의미한다. 즉, 하루 동안에 10억을 초과하여 손실이 발생할 확률은 20일에 한 번 정도 일어날 것이라는 것을 의미한다.

section 02 **VaR의 측정방법**

일반적으로 VaR을 측정하는 방법에는 부분가치 평가법인 델타분석법(delta analysis method)과 완전가치 평가법인 역사적 시뮬레이션법(historical simulation), 스트레스 검증법(stress testing), 몬테카를로법(Monte Carlo simulation) 등이 있다.

1 델타-노말 분석법(Delta-Normal Analysis Method)

1) 델타-노말 방법에 의한 VaR 측정방법

VaR은 기본적으로 모든 형태의 리스크를 하나의 요약된 수치로 나타내는 것이다. 그런데 금융자산별로 리스크의 형태는 매우 다양하여 이를 통합하는 것이 쉽지 않다. 즉, 포지션에 포함된 금융자산이 주식과 같이 단순하다면 이는 주가의 변동만 추정하면 되지만 스왑이나 옵션과 같은 파생상품 등이 포함되는 복잡한 포지션의 경우에는 각 개별 상품의 향후 가치를 평가하는 것이 어렵게 된다. 이에 따라 대규모의 복잡한 포지션에 대해서는 이를 리스크 요인(risk factor)별로 나누고 이 요인에 대한 민감도(이를 '델타'라고 한다)를 이용하여 포지션의 가치 변동을 추정하는 것이 일반적인데 이것이 델타-노말 분석법 또는 델타분석법이다.

이 델타분석법은 다음과 같은 세 과정을 통하여 VaR을 측정한다.

첫째, 포지션에 포함된 각 금융자산의 리스크 요인을 결정하는 과정

둘째, 각 리스크 요인의 변동성과 리스크 요인 간의 상관관계를 추정하는 과정

셋째, 델타를 이용하여 포지션의 가치 변동을 추정하는 과정

(1) 포지션에 포함된 각 금융자산의 리스크 요인을 결정하는 과정

이는 여러 상품의 리스크가 복합되어 있는 금융상품(예를 들면 금리통화 스왑 등의 장외파생상품이나, 옵션)을 리스크 측정이 용이한 표준화된 상품으로 나누는 과정이다. 이때 리스크 측정이 용이한 표준화된 상품을 리스크 요인 또는 시장요인이라 한다. 예를 들어 우리나라의 증권회사가 미국의 재정증권을 보유하고 있다면 이 재정증권의 리스크 요인은 미국 금리와 환율의 두가지로 나누어질 것이다.

또한 옵션의 경우에도 옵션 자체를 리스크 요인으로 결정할 경우 그 측정이 어려워 옵션의 기초자산(underlying asset)을 리스크 요인으로 이용하는 것이 일반적이다. 일반적으로 다양한 리스크 요인을 잘 분석함에 따라 리스크의 측정은 더 정확해지는 것으로 알려져 있다. 그러나 리스크 요인이 많아질수록 상관계수의 추정이 어려워지며 VaR의 측정이 복잡해지므로 리스크 요인을 결정할 때 이들의 상반관계(trade-off)를 고려해야 한다. 예를 들어 세계 10개국의 200종목의 주식을 보유하는 경우라면 리스크 요인을 200개 종목의 개별 주식으로 할 수도 있으나, 각국의 주가지수를 리스크 요인으로 할 경우 그 수는 10개로 줄어들 수 있다.

(2) 리스크 요인의 변동성 및 리스크 요인 간의 상관관계를 추정하는 과정

리스크 요인이 결정되면 이들 요인의 변동성과 요인 간의 상관관계를 추정해야 한다. 변동성과 상관계수의 추정에는 과거의 수익률 자료를 이용할 수 있는데 이때 이 자료를 어떻게 이용하는가에 따라 변동성과 상관계수의 추정치가 달라진다. 즉 과거 얼마동안의 자료를 이용할 것인가 또는 똑같은 기간의 자료를 이용한다 하더라도 최근의 자료와 오래된 자료의 비중을 어떻게 달리할 것인가 등에 따라 추정치는 달라질 수 있다.

각각의 추정방법이 장단점을 가지고 있으므로 보유한 포지션의 성격과 리스크 요인에 따라 적절한 방법을 선택해야 한다. 널리 알려진 J. P. Morgan의 RiskMetrics는 국제적으로 널리 이용되는 리스크 요인 400개를 선택하여 이들에 대한 변동성 및 상관계수의 추정치를 나름대로의 방법으로 제공하여 인터넷에서 이용이 가능하도록 한 데이터세트(data set)이다.

(3) 델타를 이용하여 포지션의 가치 변동을 추정하는 과정

리스크 요인에 대한 변동성과 상관계수의 추정치를 얻은 다음 실제로 이들 리스크 요인이 얼마나 변동할 것인가를 통계적으로 측정하기 위해서는 이들 분포에 대한 가정이 필요하다. J. P. Morgan의 RiskMetrics를 포함하여 대부분의 경우, 정규분포를 가정하는 것이 일반적인데 이와 같이 정규분포를 가정하면 리스크 요인이 한 쪽 방향으로 표준편차의 1.65배 이상 벗어날 확률은 5% 미만이고 2.33배 이상 벗어날 확률은 1% 미만임을 의미하므로 리스크 요인의 변동 가능성을 확률로 표현할 수 있게 된다.

모든 리스크 요인이 정규분포를 가진다고 가정하면 이들의 선형결합으로 구성되는 포트폴리오의 변동 또한 정규분포를 가지게 된다. 따라서 이들 각 상품의 리스크 요인에 대한 민감도(델타)를 추정하면 포트폴리오의 가치 변동을 일정한 신뢰구간 아래서 추정이 가능하게 된다. 따라서 포트폴리오의 VaR은 개별 리스크 요인의 변동성과 상관계수를 델타로 조정한 후 계산된 포트폴리오의 변동성(표준편차)에 의해 측정된다.

리스크 요인이 변할 때 상품의 가치가 얼마나 변할 것인가를 나타내는 민감도는 각 상품의 성격에 따라 조금씩 다른 방법으로 정의된다. 리스크 요인과 상품이 일치하는 경우의 민감도는 1이고, 옵션의 경우에는 델타 값으로 얻어진다. 또한 채권의 경우에는 듀레이션(duration)으로 정의되며, 주식의 경우 그 리스크 요인이 주가지수라면 이때에는 베타를 이용할 수 있을 것이다. 이러한 민감도들은 옵션의 경우가 널리 알려져 있어서 통칭하여 델타라고 불리며 이에 따라 이러한 측정방법을 델타분석법 또는 분산－공분산 방법이라고 부른다.

이 델타분석법은 각 자산의 가치를 평가하는 가격 모형을 요구하지 않는다는 장점과, RiskMetrics와 같이 손쉽게 이용할 수 있는 데이터와 이 방법에 따른 패키지화된 소프트웨어들이 존재한다는 장점 때문에 비교적 많이 이용되고 있다.

그러나 이 델타분석법에서는 델타에 의존하여 시장 리스크를 측정하기 때문에, 옵션과 같이 비선형 수익구조를 가진 상품이 포트폴리오에 포함되어 있는 경우에는 측정된 시장 리스크가 오차가 커지는 단점이 있다. 이에 따라 이러한 단점을 보완하기 위해 델타 외에 감마(델타의 민감도)까지 감안하여 시장 리스크를 측정하는 방법이 제시되고 있다.

지금까지 설명한 과정을 수식으로 표현하면 다음과 같다. 일반적으로 포지션(V)의 VaR을 측정하기 위해서는 포지션의 가치변화 ΔV의 분포를 알아야 하지만 델타분석법은 ΔV의 분포를 몰라도 된다. 델타분석법은 ΔV를 리스크 요인의 변화 Δx의 선형 함수로 나타내고 포지션 가치(V)의 변화에 영향을 주는 리스크 요인(X)이 일반적으로 정규분포를 한다는 점을 이용하기 때문이다. 따라서 델타분석법의 VaR은 리스크 요인의 표준편차만 알면 측정할 수 있다.

델타분석방법은 부분가치 평가방법에 의해 VaR을 측정한다. 이를 완전가치 평가법과 비교하면 다음과 같다. 포지션의 가치를 $V = f(x)$로 나타내면 가치변화는 $\Delta V = V_1 - V_0 = f(x_0 + \Delta x) - f(x_0)$로 측정할 수 있다.

예를 들면 주식옵션의 경우 주가가 변화했을 때 옵션의 가치변화가 얼마나 될 것인가를 측정하기 위해 Black-Scholes 옵션 모형에 주가 변동분(Δx)을 대입하면 ΔV를 정확하게 측정할 수 있다. 이와 같은 방법을 완전가치법(Full Valuation)이라 한다. 그러나 델타분석방법은 정규분포를 이용하기 위해 ΔV를 Δx의 선형 함수로 표시하는 부분가치 평가법(Partial Valuation)을 이용한다. 즉 ΔV가 Δx의 선형 함수로 표시되면 Δx가 정규분포를 하면 ΔV도 정규분포를 하게 된다. ΔV를 Δx의 선형 함수로 나타내기 위해서는 테일러 확장(Taylor expansion)을 이용한다. ΔV를 Taylor expansion하면 식 (2-1)과 나타낼 수 있다.

$$\Delta V = f' \Delta x + \frac{1}{2!} f'' (\Delta x)^2 + \frac{1}{3!} f''' (\Delta x)^3 + \cdots \tag{2-1}$$

식 (2-1)에서 이차항($(\Delta x)^2$) 이상을 무시하고 일차항으로 근사치(linear approximation)를 계산하면 $\Delta V = f' \Delta x$로 나타낼 수 있다. 따라서 개별 포지션에 대한 델타분석방법의 VaR은 식 (2-2)와 같이 표현된다.

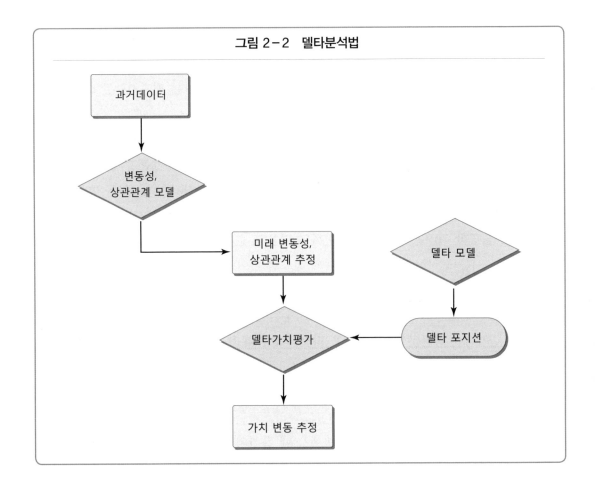

그림 2-2   델타분석법

$$\sigma(\Delta V) \cdot z = \sigma(f'\Delta x) \cdot z = \sigma(\Delta x) \cdot z \cdot f' \tag{2-2}$$

이때 $f' = \dfrac{\Delta V}{\Delta x}$ 로서 델타를 의미한다.

델타분석법은 정규분포를 가정하여 VaR을 계산하는 것으로 95% 신뢰 수준 하에서의 VaR은 1.65σ, 97.5% 신뢰 수준 하에서는 1.96σ, 그리고 99%신뢰 수준 하에서는 2.33σ를 사용한다.

이에 따라

$z = 1.65(95\%$ 신뢰수준$)$

$z = 2.33(99\%$ 신뢰수준$)$

이다.

한편 포트폴리오에 대한 VaR을 측정하기 위해서는 리스크 요인들 간의 상관관계를 이용한다. 즉, N개의 리스크 요인으로 구성된 포트폴리오의 VaR은 각 리스크 요인에 대한 노출된 포지션에 대해 VaR을 측정하고 리스크 요인 간의 상관관계를 이용하여 식 (2-3)에 의하여 계산한다.

$$VaR_P = \sqrt{VaR'\, R\, VaR} \tag{2-3}$$

여기서

$$VaR = \begin{bmatrix} VaR_1 \\ VaR_2 \\ \vdots \\ VaR_N \end{bmatrix} \text{이고, } R = \begin{bmatrix} 1 & \rho_{12} & \cdots & \rho_{1N} \\ \rho_{21} & 1 & \cdots & \rho_{2N} \\ \cdots & & \cdots & \\ \rho_{N1} & \rho_{N2} & \cdots & 1 \end{bmatrix} \text{이다.}$$

단, VaR_i는 리스크 요인 i의 VaR이며, ρ_{ij}는 리스크 요인 i와 j의 상관계수이다.

2) VaR 측정의 예

(1) 개별 자산에 대한 VaR 측정의 예

❶ 주식의 경우 : 포지션의 가치(S), risk factor는 주가수익률 ($\Delta S/S$)이므로 식 (2-2)에 의하면 주식 포지션의 VaR은 다음 식에 의해 계산된다.

$\sigma(\Delta S) \cdot z = \sigma(S \cdot \Delta S/S) \cdot z = S \cdot \sigma(\Delta S/S) \cdot z$

예시

어느 투자자가 A주식에 100억을 투자한다고 하자. 이 주식의 1일 수익률이 정규분포를 하고 1일 수익률의 표준편차가 3%라면, 95% 신뢰도 1일 VaR과 99% 신뢰도 1일 VaR은 다음과 같이 계산된다.

$$95\% \text{ 신뢰도 1일 VaR} : 100억 \times 1.65 \times 3\% = 4.95억$$
$$99\% \text{ 신뢰도 1일 VaR} : 100억 \times 2.33 \times 3\% = 6.99억$$

위의 예는 델타가 1인, 즉 risk factor가 포지션의 수익률인 특수한 경우이다.

❷ 채권의 경우 : 포지션의 가치(B), risk factor는 채권의 만기수익률(y)로 포지션의 가치는 식 (2-4)와 같이 표현된다.[1]

$$B = f(y) = \frac{CF_1}{(1+y)} + \frac{CF_2}{(1+y)^2} + \cdots + \frac{CF_n}{(1+y)^n} \qquad (2\text{-}4)$$

식 (2-4)를 선형 근사치로 표현하면 식 (2-5)와 같다.

$$-\Delta B \sim f'\Delta y \sim B \times \Delta y \times D^* \qquad (2\text{-}5)$$

여기서 $D^* \sim \dfrac{-\Delta B/B}{\Delta y}$ 이고 modified duration이다.

따라서 식 (2-2)에 의하면 채권 포지션의 VaR은 식 (2-6)과 같이 계산될 수 있다.

$$\sigma(\Delta B) \cdot z \sim \sigma(B \cdot D^* \cdot \Delta y) \cdot z \sim B \cdot \sigma(\Delta y) \cdot z \cdot D^* \qquad (2\text{-}6)$$

리스크 요인을 만기수익률의 %변화율($\Delta y/y$)로 표현한다면 식 (2-7)로 계산된다.

$$\sigma(\Delta B) \cdot z \sim B \cdot \sigma(\Delta y) \cdot z \cdot D^* \sim B \cdot \sigma(\Delta y/y) \cdot y \cdot z \cdot D^* \qquad (2\text{-}7)$$

예시 1

3년 만기 국채 100억을 보유한 경우, 이 채권의 만기수익률(YTM) 증감 (Δy)의 1일 기준 σ가 0.07%이고 수정 듀레이션이 2.7년이라면, 95% 신뢰도 1일 VaR과 99% 신뢰도 1일 VaR은 다음과 같

---

1 좀 더 정확하게 측정하기 위해서는 채권 가치평가모형을 식 (2-4) 대신 다음 식을 이용해야 한다.

$$B = \frac{CF_1}{(1+y_1)} + \frac{CF_2}{(1+y_2)^2} + \cdots + \frac{CF_n}{(1+y_n)^n}$$

이때 할인율은 각각의 현금흐름의 만기에 해당하는 현물이자율이다. 따라서 이 경우에는 위험요인이 모든 현금흐름의 만기에 상응하는 만기의 현물 이자율이 되어 단순히 YTM만을 이용하는 경우와 비교하면 위험요인이 늘어난다. 이에 대한 자세한 설명은 Jorion의 'Value at Risk' 참조.

이 계산된다.

$$95\% \ \text{신뢰도 1일 VaR} : 100억 \times 1.65 \times 0.07\% \times 2.7 = 0.31억$$
$$99\% \ \text{신뢰도 1일 VaR} : 100억 \times 2.33 \times 0.07\% \times 2.7 = 0.44억$$

예시 2

5년 만기 국채 200억을 보유한 경우, 이 채권의 만기수익률(YTM) 증감(Δy)의 1일 기준 σ가 0.05%이고 수정 듀레이션이 3.5년이라면, 95% 신뢰도 1일 VaR과 99% 신뢰도 1일 VaR은 다음과 같이 계산된다.

$$95\% \ \text{신뢰도 1일 VaR} : 200억 \times 1.65 \times 0.05\% \times 3.5 = 0.58억$$
$$99\% \ \text{신뢰도 1일 VaR} : 200억 \times 2.33 \times 0.05\% \times 3.5 = 0.82억$$

❸ 옵션의 경우 : Black-Scholes 옵션 가격모형에 의하면 옵션 가격은 기초자산의 가격(S), 행사 가격(K), 기초자산 수익률의 변동성(σ), 무위험이자율(r), 만기까지의 잔존기간(t) 등에 의하여 결정된다.

$$C = f(S, K, r, \sigma, t) \tag{2-8}$$

옵션 가격의 변동에 가장 영향을 많이 주는 요인은 기초자산의 가격이다. 여기서는 S의 변동에 따른 옵션 가격의 VaR을 계산한다.

옵션 가격의 변동을 기초자산 가격의 변동에 대한 선형 근사치로 표기하면 식 (2-9)와 같다.

$$\Delta C \sim f' \cdot \Delta S \tag{2-9}$$

여기서 f'는 옵션의 델타이다.

따라서 식 (2-2)에 의하면 옵션 포지션의 VaR은 식 (2-10)과 같이 계산된다.

$$\sigma(\Delta C) \cdot z \sim \sigma(f' \cdot \Delta S) \cdot z \sim \sigma(f' \cdot S \cdot \Delta S/S) \cdot z \sim S \cdot \sigma(\Delta S/S) \cdot z \cdot f' \tag{2-10}$$

예시 1

주가지수 옵션의 가격이 5point인 경우, KOSPI 200이 100pt이고 주가지수 수익률의 1일 기준 σ가 1.7%(금액 기준 1.7포인트), 옵션의 델타가 0.6이라면, 95% 신뢰도 1일 VaR과 99% 신뢰도 1일 VaR은 다음과 같이 계산된다.

$$95\% \text{ 신뢰도 } 1\text{일 VaR} : 100\text{point} \times 1.65 \times 1.7\% \times 0.6 = 1.683\text{point}$$

$$(\text{또는 } 95\% \text{ 신뢰도 } 1\text{일 VaR} : 1.7\text{point} \times 1.65 \times 0.6 = 1.683\text{point})$$

$$99\% \text{ 신뢰도 } 1\text{일 VaR} : 100\text{point} \times 2.33 \times 1.7\% \times 0.6 = 2.377\text{point}$$

$$(\text{또는 } 99\% \text{ 신뢰도 } 1\text{일 VaR} : 1.7\text{point} \times 2.33 \times 0.6 = 2.377\text{point})$$

델타분석법의 한계는 델타 리스크를 제외한 모든 종류의 리스크를 고려하지 않는다는 점이다. 이러한 리스크 측정 방법의 특성으로 인해 옵션과 같은 비선형 증권의 리스크를 적절히 반영되지 않는다. 즉, 옵션 포지션이 기초 리스크 요인의 비선형 함수이므로 델타만을 이용하여 계산한 옵션 포지션의 VaR은 신뢰성이 떨어진다. 더욱이 등가격에 가까운 콜옵션과 풋옵션을 동시에 매도한 스트래들 매도 포지션의 경우, 콜옵션의 (+)의 델타가 풋옵션의 (−)의 델타에 의하여 상쇄되기 때문에 델타중립에 가까운 상태가 될 수 있다. 이렇게 델타중립에 가까운 포지션을 취한 경우의 델타분석법에 의한 VaR은 0에 가깝게 된다.

그러나 지수 움직임에 따라 상당한 손실이 발생할 수 있는 가능성이 높은 포지션이기 때문에, 실질적으로 VaR이 0에 가깝다고 하기는 어렵다. 이러한 옵션의 비선형적 특성을 고려하여 VaR 측정의 이론적 정확성을 향상시키는 방법으로 제시되고 있는 것이 델타−감마방법이다.

이를 고려하여 옵션의 가격 변화를 ΔS에 대하여 정리하면 식 (2-11)과 같다.

$$\Delta C \sim \frac{dC}{dS}\Delta S + \frac{1}{2}\frac{d^2 C}{dS^2}(\Delta S)^2$$

$$\sim \delta \Delta S + \frac{1}{2}\Gamma(\Delta S)^2 \tag{2-11}$$

옵션은 기초 리스크 요소에 대한 비선형 함수이므로 옵션의 VaR은 델타만 가지고 계산하면 오차가 발생한다. 따라서 오차를 줄이기 위하여 옵션에 대해서는 델타−감마 근사치에 근거한 VaR을 구한다. VaR을 구하기 위하여 옵션의 분산을 먼저 구하면 식 (2-12)와 같다.

$$\sigma^2(\Delta C) = \delta^2 \sigma^2(\Delta S) + \left(\frac{1}{2}\Gamma\right)^2 \sigma^2((\Delta S)^2) + 2\left(\delta\frac{1}{2}\Gamma\right)Cov(\Delta S, (\Delta S)^2)\cdots \tag{2-12}$$

ΔS가 정규분포를 이루면 홀수의 모멘트는 모두 0의 값을 가지므로 마지막 항의 값은 0이다. 또한 $\sigma^2((\Delta S)^2) = 2(\sigma^2(\Delta S))^2$인 것이 알려져 있으므로 이를 이용하면 콜옵션의 분산은 식 (2-13)과 같이 간단하게 쓸 수 있다.

$$\sigma^2(\Delta C) \sim \delta^2 \sigma^2(\Delta S) + \frac{1}{2}[\Gamma \sigma^2(\Delta S)]^2 \tag{2-13}$$

따라서 VaR은 식 (2-14)와 같이 쓸 수 있다.

$$z \cdot \sigma(\Delta C) = z \sqrt{\delta^2 \sigma^2(\Delta S) + \frac{1}{2}[\Gamma \sigma^2(\Delta S)]^2} \tag{2-14}$$

감마까지 고려한 옵션의 VaR은 식 (2-14)에 의해 계산할 수 있다. 그러나 옵션 포지션에서 감마가 (+)라면 기초자산의 가격 변화가 감마를 통해 손해를 야기하지는 않는다. 따라서 감마가 (+)인 옵션 포지션에 대해 식 (2-14)를 적용하면 VaR값이 과대 측정된다.

옵션의 VaR을 계산할 때 감마 포지션의 부호가 (−)이면 델타분석법 대비 리스크가 증대하지만 감마가 (+)라면 델타분석법 대비 리스크가 작아지므로 이를 감안하여 VaR값이 작아지게 계산되도록 조정하는 것이 일반적이다.

즉 옵션의 각 포지션에 대한 VaR은 다음과 같이 계산한다.

옵션 매입 포지션

$$z \cdot \sigma(\Delta C) \sim z \sqrt{\delta^2 \sigma^2(\Delta S) - \frac{1}{2}[\Gamma \sigma^2(\Delta S)]^2}$$

옵션 매도 포지션

$$z \cdot \sigma(\Delta C) \sim z \sqrt{\delta^2 \sigma^2(\Delta S) + \frac{1}{2}[\Gamma \sigma^2(\Delta S)]^2}$$

예시 2

주가지수 옵션의 가격이 5point인 경우, KOSPI 200이 100pt이고 주가지수 수익률의 1일 기준 σ가 1.7%(금액 기준 1.7포인트), 옵션의 델타가 0.6이고 감마가 0.4라면, 콜옵션 매도 포지션의 95% 신뢰도 1일 VaR과 99% 신뢰도 1일 VaR은 다음과 같이 계산된다.

$$95\% \text{ 신뢰도 1일 VaR} : 1.65 \times \sqrt{(0.6)^2(1.7)^2 + \frac{1}{2}[(0.4)(1.7)^2]^2} = 2.16\text{point}$$

$$99\% \text{ 신뢰도 1일 VaR} : 2.33 \times \sqrt{(0.6)^2(1.7)^2 + \frac{1}{2}[(0.4)(1.7)^2]^2} = 3.05\text{point}$$

(2) 포트폴리오의 VaR 계산 예

예시

주식에 5,000억을 투자하고 채권에 4,000억을 투자한 포트폴리오의 VaR을 구하여 보자. 이때는 두 자산수익률의 상관관계를 고려하여 VaR을 계산한다.

주 식 : 5,000억의 VaR = 825억

채 권 : 4,000억의 VaR = 500억

양 자산수익률의 상관계수가 0.7이라면 VaR값은 다음과 같이 계산된다.

$$VaR = \sqrt{VaR_1^2 + VaR_2^2 + 2\rho VaR_1 VaR_2}$$
$$= \sqrt{825^2 + 500^2 + 2 \times 0.7 \times 825 \times 500} = 1,228$$

이 값은 상관계수가 1이라고 가정하고 구한 VaR값인 1,325억보다 훨씬 작다.

(3) 보유기간별 VaR

지금까지는 보유기간이 1일인 경우의 VaR을 측정했다. 그러나 경우에 따라 장기의 VaR을 측정할 필요가 있다. 이를 테면 감독규제기관에서는 2주일 VaR을 측정할 것을 요구하고 있으며 연기금 등과 같이 자산운용이 장기인 경우에는 1개월 VaR 또는 1년 VaR값의 측정치를 필요로 한다. 이 경우, 이들의 VaR은 주로 1일 VaR을 측정한 후 여기에 $\sqrt{trading\ days}$를 곱하는 방법으로 측정한다.

이는 risk factor들의 I. I. D.(identically & independently distributed)를 가정하는 것이다. 즉, 수익률의 분포가 시간에 따라 동일하고 또한 시간에 따른 상관관계도 존재하지 않는 것을 가정한다.

2주일 VaR = 1일 $VaR\sqrt{10}$

1개월 VaR = 1일 $VaR\sqrt{22}$

1년 VaR = 1일 $VaR\sqrt{260}$

! 예시

어느 투자자가 A주식에 100억을 투자한다고 하자. 이 주식의 1일 수익률이 정규분포를 하고 1일 수익률의 표준편차가 3%이며, 95% 신뢰도 1일 VaR이 4.95억이다. 95% 신뢰도 10일 VaR과 99% 신뢰도 1일 VaR 및 99% 신뢰도 10일 VaR은 다음과 같이 계산된다.

95% 신뢰도 10일 VaR : 4.95억 × $\sqrt{10}$ = 15.65억

$$99\% \text{ 신뢰도 1일 VaR} : 4.95\text{억} \times \frac{2.33}{1.65} = 6.99\text{억}$$

$$99\% \text{ 신뢰도 10일 VaR} : 4.95\text{억} \times \frac{2.33}{1.65} \times \sqrt{10} = 22.1\text{억}$$

2 역사적 시뮬레이션 방법(Historical Simulation Method)

(1) 역사적 시뮬레이션 측정 과정

이 방법은 과거 일정기간 동안의 위험요인의 변동을 향후에 나타날 변동으로 가정하여 현재 보유하고 있는 포지션의 가치 변동분을 측정한 후 그 분포로부터 VaR을 계산하는 방법이다. 이때 포지션의 가치 변동을 측정할 때 델타-노말 방법에서는 linear approximation을 통한 부분가치 평가(partial valuation)방법으로 측정하였지만 여기서는 완전가치 평가(full valuation) 방법으로 측정한다. 따라서 위험요인이 변동할 때 포지션의 가치 변동을 측정하기 위한 가치평가모형(valuation model)이 필요하다.

역사적 시뮬레이션의 방법으로 1일 VaR값을 측정하는 과정을 설명하면 다음과 같다.

우선 n개의 포지션으로 구성된 포트폴리오의 가치를 식 (2-15)와 같이 나타내기로 한다.

$$V_0 = \sum_{i=1}^{n} f_i(x_1, x_2, \cdots, x_{m_i}) \tag{2-15}$$

여기서 f_i는 i번째 포지션의 가치평가모형이며 각 포지션은 m_i개의 위험요인(x)을 가지고 있다고 하자. 즉, 주식의 경우라면 위험요인은 주가수익률 1개이지만 옵션의 경우에는 옵션기준물의 가격, 이자율, 만기까지의 잔존기간, 기준물의 가격 변동성이 모두 포지션의 가치에 영향을 주는 위험요인으로 m_i는 4이다.

이제 각 포지션의 가치에 영향을 주는 위험요인을 파악한 후, 이 위험요인이 변할 때, 즉 Δx에 대하여 포지션의 가치가 얼마나 변하는가, 즉 ΔV를 측정한다. 이때 ΔV 측정에 사용되는 Δx는 과거에 실제 위험요인이 변동했던 수치를 이용한다. 즉, 과거에 1일 동안 일어났던 위험요인의 변동이 현재의 포지션에 대해 오늘과 내일 사이(1일 VaR 측정 시)에 발생한다면 포지션의 가치가 어떻게 될 것인가를 시뮬레이션하는 것이다.

이제 i번째 포지션에 대해 과거 t일의 위험요인 변동을 이용하여 시뮬레이션된 1일 후의 포지션의 가치를 f_i^t라 하면 이는 식 (2-16)과 측정할 수 있다.

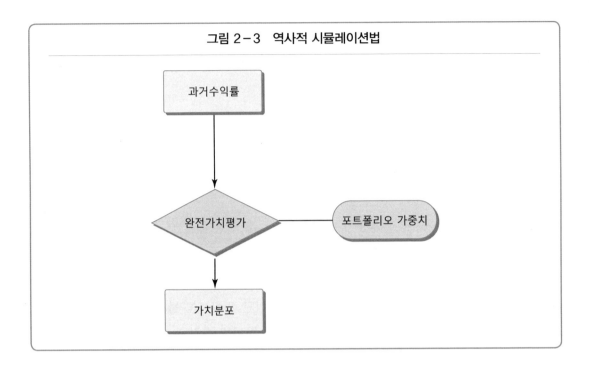

그림 2-3 역사적 시뮬레이션법

과거수익률

완전가치평가 — 포트폴리오 가중치

가치분포

$$f_i^t = f_i(x_1 + \Delta x_i^t, \ x_2 + \Delta x_2^t, \ \cdots, \ x_{m_1} + \Delta x_m^t) \tag{2-16}$$

따라서 오늘 보유한 포지션의 가치에 영향을 주는 위험요인의 변동이 과거 t일과 동일하게 일어난다면 n개의 포지션으로 구성된 포트폴리오의 1일 후의 가치 변동은 식 (2-17)과 같이 얻을 수 있다.

$$\Delta V_t = \sum_{i=1}^{n} f_i^t - V_0 \tag{2-17}$$

1일 VaR값은 1일 동안의 포트폴리오의 가치 변동에 대한 분포로부터 얻어진다. 과거 t일에 일어났던 일이 오늘과 내일 사이에 그대로 일어난다는 가정 아래 얻어진 포트폴리오의 가치 변동 ΔV_t는 시뮬레이션에 사용되는 날(t)의 개수만큼을 얻을 수 있게 된다. 따라서 $t=1, 2,$ $\cdots, T$로 T일 동안의 위험요인 변화분(Δx^t)을 이용한다면 T개의 포트폴리오의 가치 변동 ΔV_t로부터 ΔV_t의 분포를 얻을 수 있고 이로부터 VaR을 계산해 낼 수 있다.

예를 들어 포트폴리오에 포함된 금융자산의 과거 100일 동안의 일일 수익률 또는 가격자료를 이용하여 현재 포트폴리오의 가치를 평가하면 100개의 다른 포트폴리오 가치를 얻을 수 있게 된다. 이렇게 계산된 100개의 포트폴리오 가치와 현재의 포트폴리오 가치와의 차이가 포트폴리오의 가능한 일별 손익에 대한 분포이다. 이 분포로부터 VaR을 구하면 된다. 손실이 가장 큰 경우로부터 가장 이익이 많이 난 경우까지를 순서대로 나열하면 주어진 신뢰구간에서 VaR을 계산할 수 있다. 95% 신뢰구간에서의 1일 VaR은 100개 중에서 95번째로 나쁜 수익률, 즉 100개 중에서 6번째 큰 손실로 측정된다.

이 방법은 그 개념의 이해가 쉬울 뿐더러 과거의 가격 데이터만 있으면 비교적 쉽게 VaR을 측정할 수 있는 방법이다. 또한 분산, 공분산 등과 같은 모수(parameter)에 대한 추정을 요구하지 않을 뿐 아니라 수익률의 정규분포와 같은 가정이 필요 없고, 옵션과 같은 비선형의 수익구조를 가진 상품이 포함된 경우에도 문제없이 사용할 수 있는 장점이 있다. 그러나 이 방법은 한 개의 표본구간만이 사용되므로 변동성이 증가한 경우에 측정치가 부정확하며, 결과의 질이 표본기간의 길이에 지나치게 의존한다는 단점을 가지고 있다. 또한 자료가 존재하지 않는 자산(예를 들면 상장된 지 1개월밖에 안된 기업의 주식)에 대한 추정이 어렵고 자료의 수가 작을 경우에는 추정치의 정확도가 떨어지게 된다.

(2) 역사적 시뮬레이션에 의한 VaR 측정의 예

〈표 2-1〉과 같이 채권 102.7억, 옵션 39억, 주식 50억을 보유한 191.7억의 포트폴리오에 대한 VaR을 과거 200일 동안의 자료를 이용하여 historical simulation방법으로 측정하는 예를 살펴보기로 한다.

이때 채권은 3개월마다 쿠폰을 지급하는 만기 3년의 채권으로 신용위험은 없다고 가정하기로 한다.[2] 쿠폰이자율이 8%이고 만기수익률(YTM)이 7%라면 이 채권의 가치는 식 (2-18)과 같다.

표 2-1 보유 포지션 정보

채권 정보		옵션 정보(put)		포트폴리오 포지션	
쿠폰이자율	8%	KOSPI 200	98.9	채권 포지션	102.7억
만기	3년	행사 가격	100	옵션 매입 10,000계약	39억
이자지급 횟수	4	금리	9.50%	주식 포지션	50억
만기수익률	7%	잔존기간	5일	포트폴리오	191.7억
채권가치	102.7	옵션 가격	3.90		

---

2 여기서는 시장위험만을 측정한다.

$$B = \frac{CF_1}{(1+y)} + \frac{CF_2}{(1+y)^2} + \cdots + \frac{CF_n}{(1+y)^n} \text{의 식에 의해}$$

$$\frac{2}{(1+0.07/4)} + \frac{2}{(1+0.07/4)^2} + \cdots + \frac{102}{(1+0.07/4)^{12}}$$

$$= 102.7 \tag{2-18}$$

옵션은 KOSPI 200옵션으로 KOSPI200의 현재 가격 98.9, 금리 9.5%일 때 만기가 5일 남은 행사 가격 100의 풋옵션으로 10,000계약을 보유하고 있다고 하자. 이 옵션의 가격은 3.90으로서 옵션의 포지션은 39억이다.

3   **구조화된 몬테카를로 분석법(Structured Monte Carlo)**

이 방법은 향후 위험요인의 변동을 몬테카를로 시뮬레이션을 이용하여 구한 후, 보유하고 있는 포지션의 가치 변동의 분포로부터 VaR을 측정하는 방법이다. 이때 포지션의 가치 변동은 역사적 시뮬레이션 방법에서와 마찬가지로 완전가치 평가(full valuation)방법으로 측정한다. 따라서 위험요인이 변동할 때 포지션의 가치 변동을 측정하기 위한 가치평가모형(valuation model)이 필요하다.

몬테카를로 시뮬레이션의 방법으로 VaR값을 측정하는 과정은 위험요인을 얻는 방법이 다를 뿐 그 이외의 과정은 역사적 시뮬레이션 방법과 동일하다. 이를 설명하면 식 (2-19)와 같다.

우선 역사적 시뮬레이션 방법에서 정의한 식 (2-19)를 이용한다.

$$V_0 = \sum_{i=1}^{n} f_i(x_1, x_2, \cdots, x_{m_i}) \tag{2-19}$$

이제 각 포지션의 가치에 영향을 주는 위험요인을 파악한 후, 이 위험요인이 변할 때, 즉 Δx에 대하여 포지션의 가치가 얼마나 변하는가 ΔV를 측정한다. 이때 역사적 시뮬레이션 방법과 다른 점은 ΔV 측정에 사용되는 Δx가 과거 실제 일어났던 수치가 아니라 위험요인의 확률 모형으로부터 몬테카를로 시뮬레이션으로 얻은 수치라는 점이다. 이후의 과정은 역사적 시뮬레이션 방법과 동일하다. 따라서 이 방법에서 가장 중요한 과정은 위험요인에 대한 몬테카를로 시뮬레이션의 과정이다.

이는 각 리스크 요인에 대한 확률 과정(stochastic process)을 도출하는 것으로부터 시작한다.

대부분의 경우 리스크 요인의 분포는 정규분포(또는 로그 정규분포)를 가정하는 것이 일반적이지만 몬테카를로 방법에서는 어떠한 분포를 가정하든지 분석이 가능하다. 일단 분포를 가정하면 그 분포를 특징짓는 파라미터(정규분포의 경우 평균과 분산(공분산 포함))를 추정해야 한다. 이는 과거 데이터나 옵션 데이터로부터 계산될 수 있다. 이 분포로부터 몬테카를로 시뮬레이션을 통하여 원하는 수만큼의 리스크 요인의 변동에 대한 가상수치를 얻을 수 있게 된다. 다음은 리스크 요인의 하나인 주가에 대한 몬테카를로 시뮬레이션을 보여준다.

(1) 주가 시뮬레이션

주가의 움직임에 대한 확률 모형으로 가장 흔히 사용되는 것이 기하학적 브라운운동(GBM : Geometric Brownian Motion)모형이다. 이 모형은 자산의 가격의 변화는 시간에 독립적이고 가격의 작은 움직임은 식 (2-20)의 형태를 따른다고 가정한다.

$$dS_t = \mu S_t dt + \sigma S_t dz \tag{2-20}$$

dz는 확률변수로서 평균이 0이고 분산이 dt인 정규분포를 따르며 시간과는 독립이다($dz \sim N(0, dt)$). '브라운운동'이란 말은 바로 dz의 분산이 시간이 줄어듦에 따라 비례적으로 줄어드는 특성을 가진다는 의미이다($V(dz) = dt$). 이렇게 함으로써 가격의 변화 과정에서 점프가 일어날 가능성은 배제한다. '기하학적'이란 말은 모든 모수가 현재의 가격 S_t에 비례한다는 의미이다. μ_t는 순간적 평균 변화율 σ_t는 평균 변화율의 표준편차이다.

현실적으로 순간적인 시간의 변화인 'dt'는 이산적인 변화인 Δt로 근사할 수 밖에 없다. 만기 시점을 T라 하고 현재의 시점을 t라 하면 현재 시점과 만기 시점 사이의 기간은 $\tau = T - t$로 정의할 수 있다. 기간 $\tau = T - t$ 동안에 대하여 가격의 시리즈 S_{t+1}를 얻는 것에 대하여 생각해보자. 이를 위해서는 먼저 기간 τ를 n개의 구간으로 나눈다. 그러면 짧은 기간인 Δt의 길이는 $\Delta t = \frac{\tau}{n}$으로 정의된다.

주어진 기간인 Δt에 대하여 식 (2-20)을 근사하면 다음과 같은 식 (2-21)을 얻을 수 있다.

$$\Delta S_t = S_{t-1}(\mu \Delta t + \sigma \varepsilon \sqrt{\Delta t}) \tag{2-21}$$

여기서 $\varepsilon \sim N(0, 1)$이다. 따라서 주가 변화율의 기대치와 분산은 각각 $E\left(\frac{\Delta S}{S}\right) = \mu \Delta t$, $V\left(\frac{dS}{S}\right) = \sigma^2 \Delta t$이다. 실제로 가격의 경로를 구하는 과정은 다음과 같다.

1단계 : 확률변수 ε 시리즈를 구한다($i = 1, 2, \cdots, n$).
2단계 : S 시리즈를 다음의 식에 의하여 구한다($i = 1, 2, \cdots, n$).

$$S_{t+1} = S_t + S_t(\mu \Delta t + \sigma \varepsilon_1 \sqrt{\Delta t})$$

$$S_{t+2} = S_{t+1} + S_{t+1}(\mu \Delta t + \sigma \varepsilon_2 \sqrt{\Delta t})$$

$$\vdots$$

$$S_{t+n} = S_{t+(n-1)} + S_{t+(n-1)}(\mu \Delta t + \sigma \varepsilon_n \sqrt{\Delta t})$$

〈표 2-2〉는 주가의 수익률이 연율 20%, 변동성이 연율 30%이고 초기의 가격이 100인 주식을 100개의 구간으로 나누어 몬테카를로 시뮬레이션을 행한 결과이다. Δt기간 동안의 주가 증가분은

$$평균 = 0.2 \times 1/100 = 0.002 = 0.2\%$$

$$표준편차 = 0.3 \times \sqrt{\frac{1}{100}} = 0.03$$

인 정규분포를 하게 된다.

〈그림 2-4〉는 3개의 주가에 대한 시뮬레이션의 결과를 보여주고 있다.

표 2-2 몬테카를로 시뮬레이션 결과

Step	난수	주가 증가분	주가 경로
0	NA	NA	100
1	0.192094	0.007763	100.7763
2	−1.304524	−0.037136	97.03388
3	0.118416	0.005552	97.57266
4	1.202637	0.038079	101.2881
5	1.278198	0.040346	105.3747
6	1.206137	0.038184	109.3983
·	·	·	·
·	·	·	·
·	·	·	·
95	0.736755	0.024103	130.1379
96	0.716334	0.023490	133.1948
97	−0.987670	−0.027630	129.5146
98	0.931820	0.029955	133.3942
99	0.229088	0.008873	134.5778
100	0.293929	0.010818	136.0336

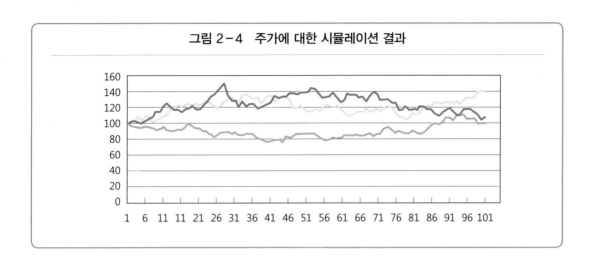

그림 2-4 주가에 대한 시뮬레이션 결과

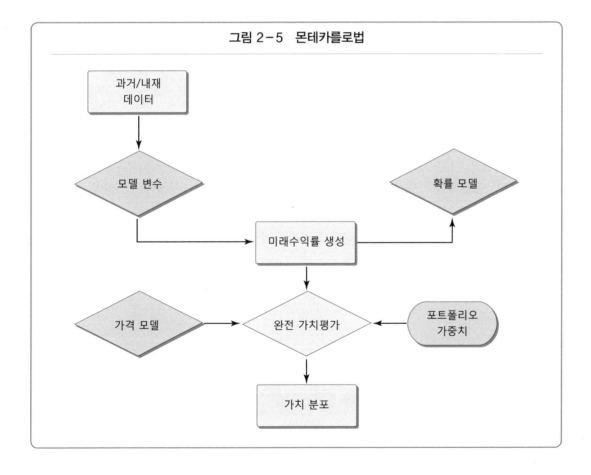

그림 2-5 몬테카를로법

이와 같이 몬테카를로 시뮬레이션을 이용하면 위험요인에 대한 미래 특정 시점의 수치를 얻을 수 있다. 이렇게 얻어진 수치를 이용하여 포지션의 새로운 가치를 계산할 수 있다. 1번의 시뮬레이션으로 위험요인의 수치를 1개 얻을 수 있으므로 새로운 포지션의 분포를 얻기 위해서는 많은 횟수의 시뮬레이션을 요구한다. 역사적 시뮬레이션에서는 위험요인의 변동분을 과거 실제 일어났던 자료로부터 얻으므로 자료의 수가 제한적이라는 단점이 있다.

그러나 몬테카를로 시뮬레이션 방법에서는 컴퓨터에서 random number를 무한히 생성할 수 있기 때문에 위험요인도 원하는 개수만큼을 생성해 낼 수 있다. 이는 새로운 포지션의 분포도 많은 관찰치로부터 얻을 수 있게 되는 것을 의미하며 결국 VaR값의 확률적인 신뢰성이 높아지게 된다. 따라서 위험요인에 대한 확률 모형이 적절하다면 VaR을 측정하는 방법으로 가장 적절한 방법으로 알려져 있다.

다만 이 분석법의 단점은 계산비용이 많이 든다는 것이다. 시스템 시설과 데이터 처리능력을 개발시키는데 많은 비용이 든다. 또한 이 방법은 옵션 가격결정 모형과 같은 가격 모형뿐만 아니라 기초 리스크 요인들에 대한 구체적인 확률 과정에 의존하고 있다는 단점이 있다.

(2) 몬테카를로 시뮬레이션에 의한 VaR 측정의 실례

앞의 historical simulation방법에서 이용한 동일한 채권, 옵션, 주식을 보유한 191.7억의 포트폴리오에 대한 VaR을 Monte Carlo simulation방법으로 측정한다.

여러 개의 위험요인이 필요한 포트폴리오의 VaR을 몬테카를로 시뮬레이션 방법으로 측정할 때 중요한 것은 각 위험요인들 간의 상관계수를 감안하여 시뮬레이션을 행해야 한다는 점이다. 따라서 각각의 리스크 요인에 대한 표준편차와 상관계수에 대한 추정치가 필요한데 이는 〈표 2-3〉과 같이 추정했다고 하자.

이제 이들 각 위험요인들 간의 상관관계를 유지하는 위험요인을 시뮬레이션하는 과정은 다음과 같다.

표 2-3 **표준편차와 상관계수 추정치**

	채권	주식	K200	내재변동성
채권	1	−0.103	−0.213	0.093
주식	−0.103	1	0.732	0.040
K200	−0.213	0.732	1	0.019
내재변동성	0.093	0.040	0.019	1

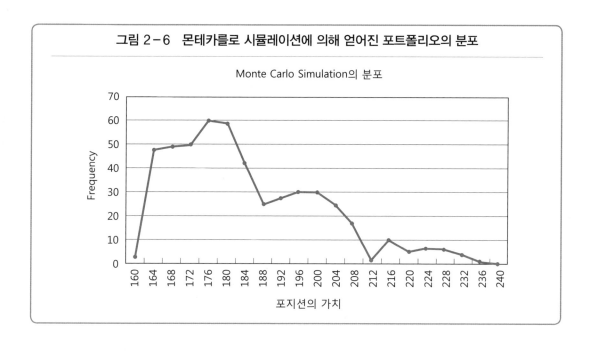

그림 2-6 몬테카를로 시뮬레이션에 의해 얻어진 포트폴리오의 분포

각 리스크 요인에 대한 확률 과정은 다음과 같이 가장 단순한 형태를 가정한다.

주식 : $dS_t = \mu_1 S_t dt + \sigma_1 S_t dz_1$

채권[3] : $dr = \mu_2 dt + \sigma_2 dz_2$

KOSPI 200 : $dX_t = \mu_3 X_t dt + \sigma_3 X_t dz_3$

내재변동성 : $d\Theta_t = \mu_4 \Theta_t dt + \sigma_4 \Theta_t dz_4$

각 리스크 요인에 대한 확률 모형은 얼마든지 다르게 설정할 수 있다. 그리고 확률 과정을 어떻게 설정하는가에 따라 μ, σ 등의 파라미터에 대한 추정치도 달라질 것이다.

위에 가정한 확률 모형을 이용하여 한 번의 시뮬레이션에서 주가, 이자율, KOSPI 200지수, 내재변동성의 4개 위험요인이 생성된다. 위험요인이 생성된 이후에 각 포지션 및 포트폴리오의 가치를 평가하는 것은 역사적 시뮬레이션 방법과 같다.

역사적 시뮬레이션 방법에서와 동일한 방법으로 새로운 가치의 분포로부터 95% 신뢰 수준의 VaR을 측정한 결과가 〈표 2-4〉에 나타나 있다.

---

3 이자율에 대한 확률 과정으로는 Vasicek모형이나 Cox-Ingersol-Ross(CIR)모형 등이 많이 이용된다. 이는 drift항이 평균회귀(mean reversion)를 모형화하고 있는 것이 특징이며 분산항이 이자율의 함수로 나타내지는 점이 다르다.
Vasicek모형 : $dr = \chi(\theta - r_t)dt + \sigma r_t dz$
CIR모형 : $dr = \chi(\theta - r_t)dt + \sigma \sqrt{r_t} dz$

| 표 2-4 | Monte Carlo Simulation으로 측정한 95% 신뢰 수준의 VaR |

시뮬레이션 횟수	채권 VaR	주식 VaR	옵션 VaR	전체 VaR
100	0.48791	4.09212	27.1679	26.385
200	0.42157	3.02089	32.1367	29.579
500	0.43171	3.69014	32.1671	29.576

4 스트레스 검증(Stress Testing)

이 방법은 포트폴리오의 주요 변수들에 큰 변화가 발생했을 때 포트폴리오의 가치가 얼마나 변할 것인지를 측정하기 위해 주로 이용되며 시나리오 분석(scenario analysis)이라고도 한다. 금융시장에는 예기치 못한 사건으로 인해 금융자산의 가격이 급변하는 경우가 종종 있다.

예를 들면 전쟁이나 금융구조의 변혁 등으로 인해 주식시장의 붕괴나, 환율의 폭락 등과 같은 비정상적이고 극단적인 상황이 일어났었으며 향후에도 그런 가능성을 전혀 배제할 수는 없다. 스트레스 검증법은 주로 이런 상황과 같은 최악의 경우(worst case)에 사용된다.

그러나 굳이 극단적인 상황이 아니라도 가능성이 있음직한 시장 상황의 변화에 대한 구체적인 몇 가지 시나리오들을 만들어서 각 시나리오에 따른 포트폴리오의 가치 변화를 측정하는 것은 유용하다. 예를 들면 주가지수나 환율이 하루에 10% 하락한 경우라든지, 또는 수익률 곡선이 100베이시스 포인트 상승한 경우 등의 시장 상황을 가정하고 VaR을 측정하는 것이다.

이 경우에 포트폴리오의 가치는 각 시나리오 아래서 가격 모형들을 통해 얻어지는 가상 수익으로부터 계산된다. 이러한 계산을 여러 번 시행하여 다양한 포트폴리오 수익분포를 만들어 내며 그 분포로부터 VaR을 측정한다.

이 방법의 장점은 과거 데이터가 없는 경우에도 사용할 수 있다는 것이다. 예를 들어 1992년 여름에 새로운 유럽통화체제인 EMS(European Monetary System)이 출범하였지만 새로 출범하는 체제라서 과거 유럽통화의 자료는 거의 쓸모가 없었다. 이러한 경우에 스트레스 검증은 유용하다.

그러나 스트레스 검증은 다른 방법과 같이 과학적으로 VaR을 계산하지 못한다. 왜냐하면 가정하는 시나리오가 주관적이기 때문인데 만약 시나리오가 잘못 설정되었다면 이에 따른 VaR 측정치도 잘못된 정보를 제공하게 될 것이기 때문이다. 그런데 무엇보다도 이 방법의 큰 단점은 포트폴리오 리스크의 기본적인 구성요소인 상관관계를 제대로 계산해 내지 못한다.

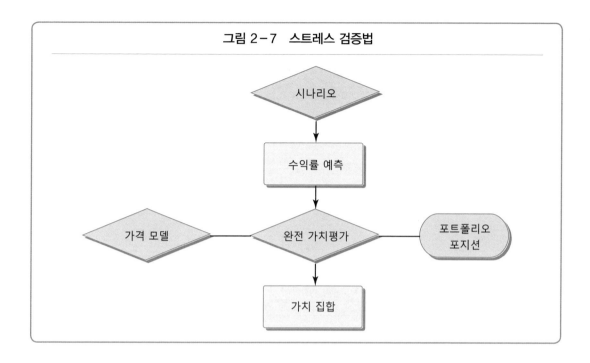

그림 2-7　스트레스 검증법

시나리오

수익률 예측

가격 모델 ── 완전 가치평가 ── 포트폴리오 포지션

가치 집합

이러한 단점에도 불구하고 포트폴리오가 단 한 개의 리스크 요소에 주로 의존하는 경우에는 이 분석법이 적절히 사용될 수 있다. 따라서 이 스트레스 검증방법은 다른 VaR 측정법의 대체 방법이라기보다는 보완적인 방법으로 최악의 경우의 변화를 측정하는 데 유용하다.

5 　각 측정방법의 비교

앞에 설명한 바와 같이 VaR을 측정하는 데는 여러 가지 방법이 있다. 따라서 어떤 방법으로 VaR를 측정하는 것이 가장 좋을 것인가란 질문에 봉착하게 된다.

〈표 2-5〉에 각 방법의 특징에 대한 내용들이 정리되어 있다. 우선 어떤 방법을 선택할 것인가의 가장 큰 기준은 포트폴리오에 옵션의 성격을 지닌 상품이 얼마나 포함되어 있는가이다. 역사적 시뮬레이션이나 몬테카를로 시뮬레이션은 옵션의 가치를 가격 모형을 이용하여 평가하지만, 델타분석법(델타-노말 분석법)에서는 옵션 가치 평가 시 델타를 이용하여 선형으로 근사치(linear approximation)를 계산하기 때문에 기초자산(리스크 요인)의 가격 변동이 큰 경우에는 오차가 크게 된다.

옵션이 포함되지 않는 포트폴리오의 경우에는 델타분석방법이 VaR측정 시 좋은 선택이 될

표 2-5 VaR측정 방법 비교

	델타분석법	역사적 시뮬레이션	시나리오	
			스트레스 검증	몬테카를로
Valuation	×	○	○	○
특정 분포의 가정 여부	×	○	△	○
Measure extreme events	×	×	○	△
모델 리스크 회피 정도	△	○	×	×
계산 용이성	○	△	△	×
전달성(Communicability)	×	○	△	×
주요 단점(Major pitfalls)	• 옵션 포지션 포함 시 왜곡 우려 • 극단적 사건 발생 시 왜곡 우려	• 극단적 사건 발생 시 왜곡 우려 • 과거 데이터에 너무 의존	• 정상적인 상황에서 이용 어려움	• 모델의 정확성에 지나치게 의존

주) ○ : Good, △ : Moderate, × : Bad

수 있다. 그러나 옵션 포지션을 포함하는 경우에는 델타분석법보다는 역사적 시뮬레이션이나 몬테카를로 시뮬레이션이 유용한 방법이다.

역사적 시뮬레이션법도 측정하기 쉽고, 모든 상품들의 완전가치 측정을 가능하게 해준다. 그러나 과거 한 기간의 표본에만 의존하기 때문에 시간이 지남에 따라 바뀔 수 있는 리스크 요인의 변동을 감안하는 데 취약하다는 단점을 지니고 있다.

스트레스 검증법은 최악의 상황을 나타내는 시나리오의 효과를 잘 설명해주며 비선형 포지션을 가지는 경우에도 계산할 수 있으며 비교적 계산하기도 쉽다. 그러나 이 방법은 항상 몇몇 변수의 경우만 설명하며 변수 간 상관관계는 무시한다는 단점이 있다. 또 결과가 최초 투입된 정보, 즉 시나리오의 설정에 따라 결정된다는 점에서 너무 주관적이다.

몬테카를로 분석법은 위의 모든 기술적인 어려움들을 완화시켜줄 수 있다. 비선형 포지션, 비정규분포 그리고 심지어는 사용자 임의로 정한 시나리오까지 포함하여 모든 경우에 VaR측정을 가능하게 해 주는 방법이다.

행사 가격이 72.5인 콜옵션과 풋옵션 각각 100계약씩 매도한 스트래들 매도 포지션에 대한 VaR을 부분 가치평가방법인 델타-노말방법(delta-normal method)과 델타-감마방법(delta-gamma method), 그리고 완전 가치평가방법의 하나인 역사적 시뮬레이션(historical simulation)의 세 가지 방법을 이용하여 측정하고 이를 비교해 보고자 한다.

옵션 정보							
KOSPI 200	잔존만기	행사 가격	옵션 가격		계약수		포지션 손익
			call	put	call	put	
71.46	20일	72.5	2.03	3.55	매도 100계약	매도 100계약	55.8백만 원

주) KOSPI 200의 변동성 = 2%
     포지션의 델타 = 4.33(콜의 델타 : 0.4694, 풋의 델타 : -0.5127)
     포지션의 감마 = 12.438

세 방법으로 측정한 옵션 포지션의 VaR은 다음과 같다.

VaR 모형	Delta-Normal VaR	Delta-Gamma VaR	Historical Simulation VaR
95%	1,021,092원	3,135,128원	8,275,763원
99%	1,441,906원	4,427,181원	16,055,509원

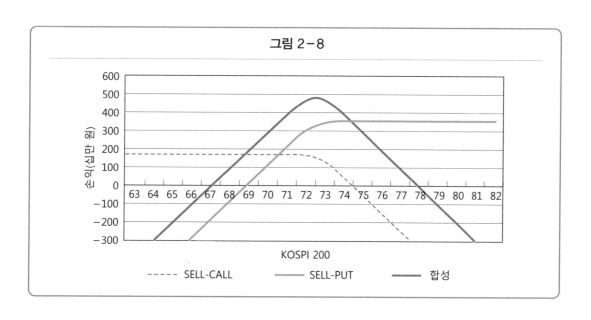

그림 2-8

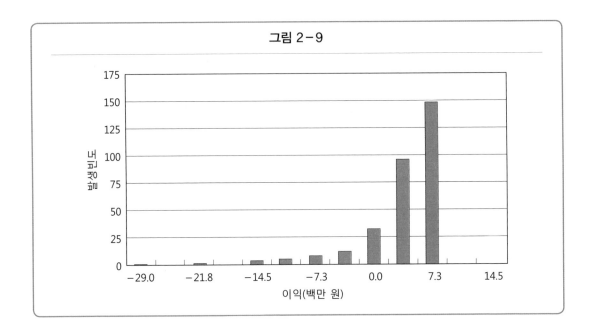

그림 2-9

한편 과거 300일의 자료를 이용하여 역사적 시뮬레이션 방법으로 계산한 스트래들 매도 포지션의 손익 발생빈도 분포는 〈그림 2-9〉와 같다.

이익 분포는 7.3백만 원 부분에 거의 대부분의 값이 몰려 있고 왼쪽으로 상당히 치우쳐져 있음을 알 수 있다. 이는 잠재적 손실이 매우 클 수 있음을 보여주며, 결과적으로 델타−노말 방법에 의하여 추정되었던 95%의 신뢰 수준에서의 VaR 1,021,092원은 적절치 못한 추정치라고 판단할 수 있다. 델타−감마방법을 이용하여 옵션의 비선형 특성까지 고려한 경우의 측정치는 95% 신뢰 수준에서 3,135,128원으로 커져 비선형성을 어느 정도 반영한 것으로 볼 수 있다. 역사적 시뮬레이션을 통하여 측정한 추정치 8,275,763원은 델타−노말방법이나 델타−감마방법에 비해 훨씬 크게 나타나고 있다.

VaR은 리스크에 대한 공용 언어로 인식이 확산됨에 따라 기존의 회계자료가 제공하지 못한 리스크에 대한 정보를 제공한다는 점에서 그 유용성이 매우 높다.

파생상품 거래의 급속한 증가에 따라 현재 사용되는 회계제도는 자산 및 부채에 대한 가치를 정확하게 표현하는 데 부적절하다는 인식이 널리 확산되어 왔다. 특히 국경을 초월한 국제적인 금융거래가 급속히 증가하면서 각국 간의 파생상품에 대한 통일된 회계 처리기준이 마련되지 않은 것도 현행 회계자료의 정보로서의 가치를 감소시키는 요인이 되고 있다. 이와 같이 현행 회계제도가 시장 리스크에 대한 정보를 제대로 제공하지 못한다는 사실은 규제 감독기관뿐 아니라 투자자들을 포함한 시장참여자들에게도 우려의 대상이 되어 왔다. 이에 따라 회계자료 및 공시의 정보효율성을 제고시키기 위한 회계기준의 개선방안이 꾸준히 논의되고 제기되고 있다.

이러한 노력의 일환으로 미국에서는 헤지 목적의 파생상품과 거래목적의 파생상품 보유를 구별해서 공시하도록 하고 거래목적의 보유분에 대해서는 그 가치의 변화에 대한 정보를 공시할 것을 요구하고 있다. 이러한 미국의 회계기준은 국제적인 보고기준으로 확산되고 있는데, 특히 파생상품 보유가 많은 금융기관들을 중심으로 이 기준이 적극적으로 이용되는 추세에 있다. 한편 BIS도 시장참여자들이 금융기관의 리스크를 제대로 판단할 수 있도록 충분한 정보를 공시할 것을 권고하는 보고서를 1994년에 냈다. 이 보고서는 시장 리스크와 신용 리스크 등에 대한 정보를 제공할 때, 거래량이나 보유현황과 같은 막연한 내용 설명보다는 리스크에 대한 구체적인 수치를 제공할 것을 강조하고 있다. 이러한 권고나 회계기준이 의의를 가지기 위해서는 리스크의 구체적인 측정치가 공통적으로 인정받을 수 있어야 한다.

이런 의미에서 VaR은 수치로 표시되기 때문에 현재 회사의 리스크에 대한 측정이 구체적일 뿐 아니라 다른 회사와의 비교가 어려웠던 리스크 간의 비교를 가능하게 하는 공용 언어로 정보로서의 가치가 높다고 할 수 있다.

1995년에 미국 SEC는 금융기관뿐 아니라 상장기업에 대해서도 시장 리스크에 대한 공시자료의 정보성을 높이기 위한 방안의 하나로 기업이 보유하고 있는 금융자산의 시장 리스크에 대한 정보를 공시할 때 VaR을 이용하도록 권고하고 있다.

거래 관련 의사결정의 효율성 제고

VaR은 제한된 투자자원을 어떻게 효율적으로 배분할 것인가를 결정하는 데에도 유용하다. 즉 투자대상을 선정하는 과정에서 VaR에의 영향을 계산함으로써 리스크 대비 수익의 개념을 감안한 자산운용의 의사결정이 가능하다.

실제로 1994년 초에 이자율의 변동성 증대로 회사의 VaR이 크게 증대되자, 회사는 채권의 규모를 크게 줄여왔는데, 이때 얼마나 줄여야 할지와 같은 자산운용의 의사결정은 각 상품의 리스크에 대한 노출이 어느 정도인지를 측정할 수 있게 해주는 VaR이 있기에 가능하였다. 이때 이용되는 개념은 Marginal VaR이다. 이는 특정한 포지션을 기존의 포트폴리오에 편입시키거나 또는 제거시킬 때 추가적으로 증가 또는 감소하는 VaR을 말한다. 이는 투자대안을 선택할 때에도 유용하다.

〈그림 2-10〉은 VaR을 이용하여 우월한 투자대안을 선택하는 기준을 보여주고 있다. 그림에서 투자대안 A와 B를 비교하면 기대수익률은 동일하지만 투자대안 B의 VaR이 A보다 작아 B가 우월한 투자대안이 된다. 그러나 기존에 가지고 있는 포지션을 감안한다면 투자대안 A를 편입한 경우의 위험이 더 작다. 이는 투자대안 A가 투자대안 B보다 기존 포지션과의 분산효

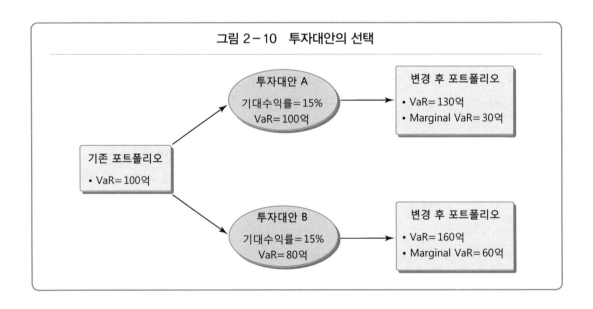

그림 2-10 투자대안의 선택

과가 더 크기 때문에 나타나는 현상이다. 이와 같이 특정한 투자대안을 기존의 포트폴리오에 편입시킬 때 추가되는 위험을 Marginal VaR라고 한다.[4] 투자대안을 선택할 때에는 Marginal VaR을 비교하여 이 값이 작은 투자대안 A가 우월한 투자대안으로 선택될 수 있다.

3 한도관리

VaR을 이용하면 성격이 다른 상품 간의 포지션 리스크를 동일한 척도로 나타내기 때문에 리스크 비교가 가능하여 각 거래 부문 또는 딜러별로 거래한도를 설정할 때 총량규제보다 훨씬 효율적이다. 전통적으로 감독기관이나 금융기관들 자신이 건전성규제와 관련하여 거래한도를 제한할 때 이용한 것은 각 상품별로 총량을 규제하는 것이었다.

즉, 단순히 A딜러는 주식을 5억 이상 보유하지 못하고, B딜러는 채권 포지션을 10억 이상 보유하지 못하도록 하는 형태로 포지션 한도가 설정되어 있었다. 이러한 방법은 각 상품 가격 간의 상관관계를 고려하지 않았기 때문에 포트폴리오 관리 시 리스크를 서로 상쇄시키면서 수익성을 높일 수 있는 기회를 제한한다는 단점이 있다. 리스크가 계속 변하는 동태적인 경영 환경하에서는 단순히 상품별 거래한도를 설정하는 것보다는 VaR을 이용하여 리스크 한도를 설정하는 것이 자산운용의 자율성을 제고시키고 각 딜러의 자산운용능력을 극대화시키는 데

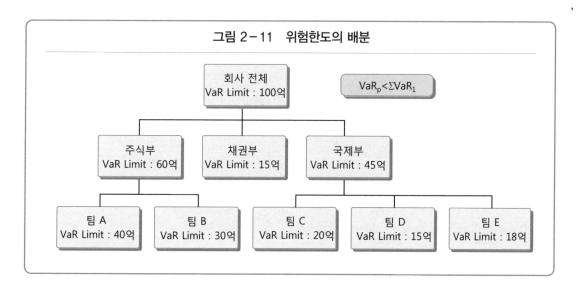

그림 2-11 위험한도의 배분

---

[4] Incremental VaR이라고도 한다. 이 두 개념은 서로 혼용된다. 흔히 투자 한 단위당 추가되는 VaR값으로 정의되기도 한다.

효율적이다.

　VaR 사용의 또 다른 장점은 VaR이 각 상품 간의 상관관계를 고려할 수 있기 때문에 거래한도 설정 시에 포트폴리오 효과(portfolio effect) 또는 분산효과(diversification effect)를 가져다준다는 점이다. 이에 따라 특정 부서의 리스크 한도는 그 부서 안의 개인별 리스크 한도의 합보다 작게 계산될 수 있는 계층적 구조를 가지게 되어, 분산투자가 잘 이루어진 부서의 경우에는 거래규모를 더 늘릴 수 있는 유연성을 가질 수 있다. 즉, 회사 입장에서는 각 부서별로 리스크 한도만 할당하면 이에 따른 거래한도는 보유 포지션의 분산효과에 따라 각 부서별, 각 딜러별로 효율적으로 결정된다.

4 RAPM(Risk Adjusted Performance Measurement)에의 이용

　VaR은 위험에 대한 구체적인 수치를 제공하기 때문에 위험 대비 수익률을 측정할 수 있고, 이에 따라 자산운용 성과를 측정함으로써 위험 여부에 관계없이 고수익률만을 추구하는 자산운용행태를 지양할 수 있다. 지금까지 각 거래 부문의 성과측정은 주로 총수익률에 의존하여 거래실무자로 하여금 과도한 위험을 지게 하는 유인이 되었다. 성과측정에서 위험이 적절히 고려되지 않는다면 과도한 위험을 부담하려는 매우 공격적인 딜러에 의해 기업 또는 주주가 불이익을 보게 된다. 이러한 이유로 일반적으로 여러 가지 다양한 금융상품을 운용하는 금융기관에서는 딜러들의 자산운용능력을 평가할 때 그들이 얻은 자산운용의 수익만을 단순비교하는 것보다는 위험 대비 수익성을 이용하는 것이 자산배분의 효율성을 높이는 것으로 알려져 있다. 그러나 각기 다른 시장에서 각각 다른 상품을 운용하는 딜러들의 위험을 비교하는 것이 어려웠기 때문에 이러한 성과측정은 적절히 이루어지지 못하였다. VaR의 출현은 각기 다른 위험을 가진 상품의 비교를 가능하게 하기 때문에 위험 대비 성과측정이 적절하게 이루어질 수 있게 되었다.

　RAPM에는 위험조정 수익률의 개념인 RAROC(Risk Adjusted Return on Capital)가 이용되고 있다. RAROC는 투자에서 얻은 수익을 그 수익을 얻기 위해 사용한 risk로 조정한 것으로 가장 간단한 예는 순수익을 VaR 수치로 나눈 값이다.

　〈표 2-6〉은 각각 투자에 대한 RAROC를 보여주고 있는데 사후적으로 수익만을 비교한다면 BB등급의 채권에 투자한 경우의 수익이 AA등급 채권에 대한 투자에 비해 항상 높을 것이다. 그러나 이는 BB등급 채권에 대한 투자에서 손해를 볼 가능성을 감안하지 않았기 때문이다.

이를 감안한 RAROC는 AA등급 채권에 대한 투자가 더 우월하다.

표 2-6 투자대안별 RAROC 비교

	AA등급 채권	BB등급 채권
투자금액	100억	100억
순수익	0.8%	3%
VaR	2억	15억
RAROC	0.8억/2억=40%	3억/15억=20%

section 04 VaR의 한계

VaR이 금융 리스크를 측정하는 데 매우 유용한 지표라 하더라도 이를 계산하거나 사용하는 방법에 대한 논란이 있다. 즉 VaR의 측정치는 사용하는 데이터, 방법론 및 가정에 따라 계산된 VaR의 값이 큰 차이를 보이므로 그 한계를 인식하고 사용하여야 한다.

VaR의 사용 시 유의해야 할 점은 VaR 측정이 과거의 데이터에 의존하여 추정된다는 사실이다. 따라서 VaR 추정치의 신뢰성은 과거의 역사적 자료를 이용하여 추정한 측정치가 얼마나 안정적(stable)인가에 달려 있다. 즉, 최근의 자료가 미래를 잘 설명하지 못하는 경우에는 그 신뢰성이 떨어지게 된다. 그러나 과거에 발생되지 않았던 심한 변화가 미래에 나타날 가능성은 항상 존재한다. 이와 같이 예기치 못한 구조적인 변화(이를 테면 화폐의 평가절하, 주식거래 시스템의 변화, 신상품의 도입 등)가 발생한다면 과거 자료에 의해 얻어진 추정치는 큰 오차를 발생시킬 것이므로 VaR 역시 잘못된 정보를 제공하게 된다. 따라서 이러한 경우에는 과거 자료에 의존하여 VaR을 추정하는 것보다는 stress test의 방법으로 VaR을 추정하는 것이 유용할 것이다.

또한 VaR의 측정은 보유하고 있는 모든 상품의 가격 자료를 필요로 하지만 이용에 제한이 있는 경우가 종종 있다. 예를 들어 거래가 활발하지 않거나 의미 있는 정산 가격이 없는 경우에는 역사적 자료를 이용하여 접근할 수 없어 잠재적 손실에 대한 계량화가 어려울 것이다.

VaR을 어떤 모형에 사용하는가에 따라 그 측정치가 차이가 난다. 현재 사용이 가장 용이한 델타분석법이 가장 흔히 사용되고 있으나 이 방법과 몬테카를로 시뮬레이션 방법에 의한 VaR

은 다르다. 특히 옵션 포지션이 많은 경우에는 그 차가 더욱 커지며, 같은 모형을 사용한다 하더라도 분포의 가정에 따라서도 다르게 계산된다.

VaR은 설정하는 보유기간에 따라서도 달라지게 된다. 보유기간이란 포트폴리오의 가치변동을 계산할 때 이용되는 시간을 의미한다. 일반적으로 트레이딩 목적의 포트폴리오의 경우에는 하루 사이에 발생하는 손실액에 관심이 많기 때문에 보유기간을 1일로 선택한다. 그러나 투자기간이 상이하거나 감독, 규제목적상 보다 장기의 보유기간이 선택되는 경우도 있다. 그런데 이와 같이 보유기간이 길어지면 단기의 경우에는 무시해도 되는 리스크의 영향력이 커지게 되는데, VaR에서는 비선형적인 리스크 요인이나 옵션의 리스크 요인을 제대로 고려하기 어렵기 때문에 보유기간을 어떻게 정하는가에 따라 VaR의 측정치가 달라지게 된다. 따라서 10일의 VaR을 단순히 1일 VaR의 $\sqrt{10}$ 배로 계산하여 사용할 경우에는 그 해석에 조심해야 한다.

chapter 03

신용 리스크(Credit Risk)의 측정

신용 리스크의 정의

신용 리스크는 거래상대방이 계약상의 의무를 이행하지 않으려고 하거나 이행할 수 없을 때 발생한다. 이러한 신용 리스크의 측정하는 데에는 여러 가지 방법이 이용되고 있다. 우선 전통적인 접근방법은 거래상대방의 부도 여부를 판별하는 방법이다.

이를 위해 신용분석모형, 신용평점모형, 신경망분석모형 등 다양한 형태의 신용평가모형이 제시되고 있다. 또 다른 접근방법은 거래상대방의 부도율을 측정하는 데 초점을 맞추고 있는 모형이다. 세 번째는 신용손실 분포로부터 신용 리스크를 측정하는 접근방법이다. 이러한 세 가지 접근방법이 모두 신용 리스크의 측정방법으로 제시되고 있다. 그러나 각각 정의하는 신용 리스크는 다르다는 점을 인식해야 한다.

따라서 신용 리스크를 측정한다고 할 때에는 어떤 리스크를 측정하는 것인지를 명확히 하는 것이 중요하다. 여기서는 각 신용 리스크 추정방법의 자세한 내용을 소개하기보다는 그 개념을 위주로 간단히 살펴본다.

신용 리스크를 관리하는 데 있어 기업의 부도 가능성을 적절히 예측하는 것만큼 중요한 것은 없다. 그리고 기업의 부도 가능성에 대한 예측은 기업의 재무정보나 분석가의 질적인 판단에 의존하는 기법들이 주로 사용되었다.

그러나 재무정보의 투명성, 적시성 등의 한계 때문에 이를 극복하기 위한 노력의 하나로 자본시장에서 관찰되는 투자자들의 기대에 근거한 부도 예측모형들이 개발되기 시작하였다. 이 가운데 하나가 주가의 옵션적 성격을 이용하여 미래 특정 시점의 기업의 도산 가능성을 예측하는 모형으로 KMV에 의해 개발된 EDF모형이다.

KMV의 채무불이행 예측모형은 Black-Scholes의 옵션 가격결정 모형을 이용하여 기업의 부채가치를 평가하고자 한 1974년 Merton의 연구에 이론적 기반을 두고 있다. 이 모형은 기업의 주식가치를 자산가치가 기초자산(underlying asset)이고, 부채금액이 행사 가격인 콜옵션으로 간주한다. 블랙-숄즈 옵션모형에서 기업의 시장가치는 확률변수로 간주한다. 즉, 기업의 자산가치는 미래에 대한 새로운 정보가 나타남에 따라 랜덤하게 움직이는 것으로 보고, 미래에 자산가치가 부채를 감당할 수 없을 정도로 낮아질 때 채무불이행이 나타난다고 본다.

따라서 KMV는 특정 기간 내에 기업의 자산가치가 상환해야 할 부채규모 이하로 떨어질 확률을 계산하고 이 확률과 실제 부도율과의 관계를 파악하여 기대 채무불이행 빈도(EDF : Expected Default Frequencies)를 계산한다.

Merton에 의하면 기업의 자산가치, 자기자본가치, 부채가치 사이에는 식 (3-1)과 같은 관계가 성립한다.

$$E = A \cdot N(d_1) - \exp(-r\tau) \cdot D \cdot N(d_2) \tag{3-1}$$

단, E : 자기자본의 시장가치(주식 시가총액)

A : 자산의 시장가치

D : 부채의 장부가치

r : 무위험이자율

τ : 부채의 만기

σ_A : 자산가치의 변동성

$N(\cdot)$: 누적 표준 정규분포 값

$$d_1 = \frac{\ln\left(\frac{A}{D}\right) + \left(r + \frac{\sigma_A^2}{2}\right) \cdot \tau}{\sigma_A \cdot \sqrt{\tau}}$$

$$d_2 = d_1 - \sigma_A \cdot \sqrt{\tau}$$

식 (3-1)에서 $1 - N(d_2)$ 또는 $N(-d_2)$는 미래 일정 시점에 기업의 자산가치가 부채가치보다 작을 확률로 기업의 채무불이행 가능성을 나타내는 지표로 사용된다. 그러나 $N(-d_2)$를 구하기 위해서는 하나의 식이 더 필요하다.

왜냐하면 식 (3-1)은 자산의 시장가치인 A와 자산가치의 변동성 σ_A의 두 개의 미지수를 가지고 있기 때문이다. KMV는 시장에서 관찰 가능한 주식의 가격 변동성 자료를 이용하여 σ_E와 σ_A 간의 이론적인 관계로부터 얻어지는 또 하나의 식을 이용한다.

$$\sigma_E^2 = var\left(\frac{\Delta E}{E}\right) \text{이고 Black-Scholes모형에서 } \Delta E / \Delta A = N(d_1)$$

이므로

$$\sigma_E^2 = var\left(\frac{N(d_1)\Delta A}{E}\right) = var\left(N(d_1)\frac{\Delta A}{A} - \frac{A}{E}\right)$$

$$= \left(N(d_1)\frac{A}{E}\right)^2 \cdot var\left(\frac{\Delta A}{A}\right) = \left(N(d_1)\frac{A}{E}\right)^2 \sigma_A^2$$

따라서 추가로 다음의 식 (3-2)를 얻을 수 있다.

$$\sigma_E = N(d_1)\frac{A}{E}\sigma_A \tag{3-2}$$

식 (3-1)과 식 (3-2)를 이용하여 두 개의 미지수 A와 σ_A를 구할 수 있으며 $N(-d_2)$를 구해서 기업의 부도확률을 예측하는 데 이용한다. 실제로 기업의 부도확률을 예측함에 있어 $N(-d_2)$를 그대로 사용하는 것은 바람직하지 않다. 왜냐하면 자산가치가 부채가치보다 작아진다고 해서 곧 부도가 나는 것은 아니기 때문이다. 실제로 일부 기업들은 자본잠식 상태에서도 영업활동을 지속하고 있다.

이에 따라 KMV에서는 두 가지 방법으로 조정하여 EDF를 구하고 있다. 우선 자산의 시장가치를 부채총액과 비교하는 대신 미래 특정 시점 이내에 실제로 상환이 요구되는 채권만으로 한정하여 옵션 가격결정 모형에서 행사 가격을 조정한 다음 $N(-d_2)$를 구하는 방법이 제시되고 있다. 예를 들어 식 (3-1)에서 행사 가격 D는 장부상의 상환기간이 1년 미만인 단기부채에 만기가 1년이 넘는 장기부채의 50%를 더하여 사용한다. 이렇게 조정하여 구한 $N(-d_2)$가 이론적인 EDF(Expected Default Frequency)이다.

KMV는 실제로는 이론적 EDF를 사용하는 것이 아니고 실증적 EDF를 사용한다. 즉, 식 (3-1)과 식 (3-2)로부터 구한 A와 σ_A를 이용하여 부도거리(Distance to Default : DD)를 구하고 이 부도거리를 실제 부도율과 대응시켜 EDF를 구한다.

부도거리 DD는 기업의 자산가치가 채무 불이행점으로부터 떨어진 거리를 표준화하여 구한다.

$$DD = \frac{A - D}{\sigma_A} \tag{3-3}$$

! 예시

어느 기업의 1년 후 기대 기업가치가 100억이고, 표준편차는 10억이다. 이 기업의 1년 후 기업가치는 정규분포를 이룬다. 그리고 이 기업의 부채가치는 70억이다. 부도거리(DD)와 부도율을 계산해 보기로 하자.

부도거리(DD) $= \dfrac{A - D}{\sigma_A} = \dfrac{100억 - 70억}{10억} = 3$이고, 따라서 부도율은 3 이상일 확률이므로 0.5%이다.

이론적 EDF는 DD가 표준 정규분포를 따른다는 가정에서 구해진 값이다. 그러나 실제 시장에서 DD의 분포는 표준 정규분포가 아닐 가능성이 크다. 따라서 KMV는 DD가 x인 경우의 실증적 EDF를 식 (3-4)와 같이 구한다.

$$실증적\ EDF = \frac{DD가\ x보다\ 큰\ 기업\ 중\ 실제로\ 부도가\ 난\ 기업의\ 수}{DD가\ x보다\ 큰\ 기업의\ 수} \tag{3-4}$$

이론적 EDF와 실증적 EDF는 차이가 난다. KMV는 방대한 데이터베이스를 가지고 있어 실증적 EDF를 계산할 수 있으며 여타 신용평가기관보다 예측력이 높다고 주장한다. 일반적으로 신용평가기관들은 신용평가 시에 주로 시간이 지난 회계자료에 대한 의존도가 높다. 반면에 KMV는 현재의 기업에 대한 정보를 반영하고 있는 주가를 이용하고 있다는 점이 장점이다. 그러나 주가에 잡음(noise)이 너무 많기 때문에 주가 정보를 이용한 부도예측모형이 기존의 재무정보에 근거한 모형에 비해 확실히 우월한 예측정보를 제공하는지에 대해서는 아직 분명하지 않다.

1 신용 리스크와 신용손실 분포 특징

신용 리스크는 신용손실 분포로부터 예상외 손실(Unexpected Loss : UL)로서 정의된다. 즉, 예상되는 손실(Expected Loss : EL)은 risk라고 하지 않는다. 이는 EL은 일반적으로 대손충당금 등으로 대비하고 있어 risk라기보다는 비용으로 인식되고 있기 때문이다. 따라서 신용 risk의 측정치는 신용 리스크에 따른 손실의 불확실성, 즉 신용손실 분포에 의해 결정된다.

시장 리스크의 경우에는 포트폴리오의 가치분포가 대체적으로 대칭적이어서 정규분포에 의하여 근사할 수 있다. 따라서 평균과 분산의 두 가지 척도만으로도 수익률의 분포를 거의 정확하게 얻을 수 있다. 반면 신용수익률은 시장수익률에 비하여 비대칭성이 매우 강하여 한쪽으로 두꺼우면서도 긴 꼬리를 가진 분포를 한다. 따라서 이러한 포트폴리오의 분포를 완전히 이해하기 위해서는 단순한 평균과 분산 이상의 것을 알아야 할 필요가 있다.

이렇게 한 쪽으로 길면서도 두꺼운 꼬리를 갖는 이유는 채무불이행 리스크 때문이다. 채권의 경우 신용수익률은 아주 높은 확률로 작은 크기의 순이자율수익(NIE : Net Interest Earnings)을 얻고 아주 낮은 확률로 투자금액의 상당 부분을 잃는다. 따라서 채권으로 포트폴리오를 구성하면 〈그림 3-1〉에서와 같은 비대칭분포를 얻는 것이다.

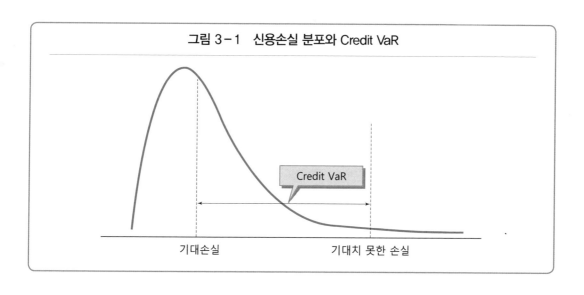

그림 3-1 신용손실 분포와 Credit VaR

Credit VaR

기대손실   기대치 못한 손실

금융기관들은 〈그림 3-1〉에서 기대손실은 충당금으로 대비하고, 기대치 못한 손실에서 기대손실의 차이는 자기자본으로 대비한다.

이론적으로 손실 분포에 대한 정형화된 모양은 없으나 일반적으로 정규분포와 비교하여 한쪽으로 치우친 skewed의 특성과 꼬리가 두꺼운 fat-tail의 특성을 가지고 있다. 따라서 평균과 분산을 이용하여 모수적 방법(parametric method)으로 credit 리스크를 측정하는 것보다는 percentile을 통하여 측정되는 것이 바람직하다.

2 Default Mode와 MTM Mode

신용 리스크의 측정을 위한 신용손실 분포를 추정할 때 default의 경우에만 손실이 발생한 것으로 추정하느냐 아니면 신용등급의 변화에 의한 손실까지도 고려하느냐에 따라 두 mode로 나눈다.

(1) 부도모형(Default Mode)

부도가 발생한 경우에만 신용손실이 발생한 것으로 간주하여 리스크를 추정하는 모형을 말한다. 따라서 신용손실은 EAD(Exposure at default), 부도율(default probability)과 부도 시의 손실률(Loss Given Default : LGD)에 의해 결정된다. 신용 리스크에 따른 손실을 예상손실(Expected Loss : EL)과 예상치 못한 손실(Unexpected Loss : UL)로 구분할 때 예상손실은 다음 식 (3-5)와 같이 계산된다.

$$EL = EAD \times 부도율 \times LGD \qquad (3\text{-}5)$$

부도모형에서 신용 리스크는 EL의 불확실성으로 측정되며 이는 식 (3-6)에서 EAD, 부도율, LGD의 불확실성에 의해 결정된다.

> **예시**
>
> 어느 은행이 100억의 대출을 하고 있다. 대출의 부도율은 1%이고, 손실률은 30%이다. 기대손실을 계산해 보기로 하자.
>
> $$\begin{aligned} 기대손실(EL) &= EAD \times 부도율 \times LGD \\ &= 100억 \times 1\% \times 30\% \\ &= 0.3억 \end{aligned}$$

EAD는 신용 리스크에 노출된 금액(exposure)으로 채권이나 여신의 경우에는 확정되지만 장외파생상품의 경우에는 확정되지 않는다. 일반적으로 EAD는 차주의 부도 시 동 차주에게 노출되어 있는 여신의 경제적 가치(exposure)로서, 미래 특정 시점(예를 들어 신용 리스크 측정기간이 1년인 경우 현재부터 1년 내의 시점)에 차주에게 노출될 여신의 기대가치로 정의한다.

부도율은 신용 상대방이 일정기간 동안에 부도가 날 확률로서 측정은 내부자료를 이용하거나, 외부신용평가기관의 신용등급자료를 이용하여 산출한다. 그러나 이들 자료는 통계적 수치로서 신용손실의 측정 시 불확실성의 주요 원천이 된다. 따라서 신용 리스크를 측정하는 데 가장 중요한 요소이다.

손실률은 특정 포지션에 부도가 발생할 경우 입을 수 있는 '경제적 손실'의 크기로 정의된다. 일반적으로 손실률은 '1−회수율'로 계산한다. 회수율(recovery rate)이란 부도발생 시 회수대상 잔액(exposure) 대비 회수된 금액의 비율인데 이 역시 확정된 수치는 아니다. 일반적으로 은행대출의 경우가 채권에 비해 높은 회수율을 보이며, 변제우선순위가 높을수록 회수율이 높다.

EL의 불확실성은 EL의 변동성으로 측정한다. 따라서 부도모형에서 신용 리스크의 측정은 EL의 변동성을 측정하는 것이 된다.

여기서는 EAD와 LGD가 확정된 상품에 대한 신용 리스크를 측정하는 방법을 소개하고자 한다. 만약 회수율과 EAD의 불확실성이 없다고 가정하면 예상손실의 변동성은 부도율의 표준편차에 의해 추정될 수 있다. 부도율은 베르누이 분포를 하므로 신용 리스크는 식 (3-6)과 같이 나타낼 수 있다.

$$\sigma_{EL} = \sqrt{p(1-p)} \times EAD \times LGD \qquad (3\text{-}6)$$

단, p는 부도율이다.

(2) MTM모형(Marking-to-Market Mode)

이 경우에는 부도발생뿐 아니라 신용등급의 변화에 따른 손실 리스크까지도 신용 리스크에 포함시키는 모형이다. 따라서 부도모형과는 달리 한 기간 후의 가치 변화에 대한 분포를 도출한 뒤 예상치 못한 가치 변화를 VaR의 개념으로 추정하며 이를 신용 VaR이라고 한다.

신용 VaR이란 거래상대방의 신용의 하락이나 상승(파산 가능성 포함)에 따른 포트폴리오의 가치의 변화를 VaR로 평가하는 수단이라고 정의할 수 있다. 예를 들어 채권의 경우 주어진 기간 동안에 발행자의 신용상태의 변화에 따라 가치가 변할 수 있다. 발행자의 신용상태가 나빠지면 채권의 가치는 하락하고 발행자의 신용상태가 좋아지면 채권의 가치는 상승한다. 물론 신용상태가 약간만 변하면 그 변화의 정도에 따라 채권의 가치도 약간만 변하겠지만 채무불이행이 있을 경우에는 가치가 50% 내지 90%까지 변한다. 이렇게 신용의 상태의 변화에 따른 채권의 가치 변화의 크기를 일정한 보유기간 동안 주어진 신뢰 수준 하에서 측정한 값을 신용 VaR이라고 한다. 대표적인 리스크 측정 모델로는 CreditMetrics모형이 있다.

CreditMetrics란 신용 리스크를 VaR의 개념을 사용하여 측정하는 방법론으로서 J. P. Morgan이 개발하였다. 신용 리스크를 평가하는 전통적인 방법은 개별 자산의 특성을 파악하는 것이었다. 즉, 각 자산의 채무불이행률은 얼마나 되고 회수율은 얼마나 될까가 주요한 관심사였고 채무불이행에서의 손실을 추정하는 것이었다. 그러나 CreditMetrics 방법의 특징은 채무불이행의 경우뿐 아니라 신용등급의 변화에 따른 손실 리스크까지도 신용 리스크에 포함시킨다는 점이다. 따라서 부도모형과는 달리 한 기간 후의 가치변화에 대한 분포를 도출한 뒤 예상치 못한 가치 변화를 VaR의 개념으로 추정한다. 또한 CreditMetrics 방법은 보유자산의 신용등급 간의 상관관계를 고려하여 포트폴리오의 신용 리스크를 측정하는 일관성 있는 방법론을 제공한다는 점에서도 평가를 받고 있다.

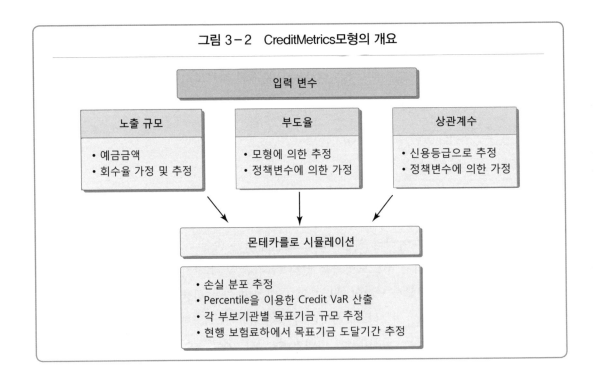

그림 3-2 CreditMetrics모형의 개요

신용 리스크 시스템 구축 목적은 신용 리스크 요인 및 신용 리스크량의 측정을 통하여 보유 자산의 부도 및 금융환경의 변화에 따른 신용등급의 변화로 인해 발생할 수 있는 손실의 크기를 측정하고, 이를 관리, 통제할 수 있도록 하는 데 있다. 또한 신용 리스크량의 측정과정에서 산출되는 리스크 요인 및 리스크량 등을 통해 기존의 자산관리시스템, 한도관리시스템 및 성과평가관리시스템에 대한 적합성 및 신뢰성에 대한 검증을 하고, 새로운 지표들을 통하여 자산의 건전성을 확보하는 데 목적이 있다.

신용 리스크의 관리는 주로 엄격한 인수기준을 적용한다던가, 거래한도를 설정한다던가, 아니면 차입자를 보다 면밀하게 감시한다든가 하는 방법에 의존해 왔다. 그러나 최근의 경향은 시장 리스크, 신용등급 변화 리스크, 그리고 채무불이행 리스크 등의 신용 리스크에 대한 노출을 모두 망라할 수 있는 VaR이라는 하나의 측정치로서 계량화하여 시장 리스크와 통합하여 관리하는 추세에 있다. 신용 리스크를 하나의 수치로 나타내게 되면 신용 리스크가 집중되는 곳(pockets of concentration)을 보다 쉽게 파악할 수 있고 분산의 기회도 보다 잘 파악할 수 있어서 리스크 관리자들이 리스크 부담능력을 고려하여 자산배분을 수행할 수 있게 된다.

신용집중 리스크(concentration risk)란 포트폴리오가 하나의 차입자나 동일한 성격을 가진 차입자 집단(동일한 산업 또는 지역)에 대한 노출이 증가됨으로써 부담하는 추가적인 신용 리스크를 지칭한다. 전통적으로 포트폴리오가 가지는 신용집중 리스크는 관리자가 경험과 직관 또는 일정한 규칙에 의하여 신용한도를 결정하고 그 한도를 넘지 않도록 관리한다. 그러나 이런 식으로 노출의 크기를 고정시키게 되면 리스크와 수익의 관계를 고려하지 못하는 단점이 있다.

반면 신용 VaR은 포트폴리오를 구성하는 각 자산의 한계 변동성을 기준으로 신용한도를 결정하므로 신용한도를 보다 쉽게 결정할 수 있을 뿐만 아니라 어떤 부문(산업, 국가, 상품 등)에 신용 리스크를 집중시킬 것인지도 쉽게 결정할 수 있다.

포트폴리오의 관점에서 신용 리스크를 파악하는 또 다른 이유는 한 차입자에 대한 노출의 크기가 커지면 한계 리스크가 커지므로 그에 대한 신용 리스크는 기하급수적으로 증가한다. 그러나 동일한 신용등급을 가진 다른 차입자에게 대출을 분산하면 신용 리스크가 줄어든다. 즉, 신용 리스크도 가격 리스크와 마찬가지로 개별 차입자로 보면 상당히 큰 경우에도 포트폴리오의 관점에서 보면 상당히 줄어드는 분산효과를 얻을 수 있는 것이다.

01 다음 중 일본 국채선물과 주가지수선물에 과잉 투자함으로써 발생한 리스크관리 실패사례인 것은?

① 오렌지카운티 사건　　　　　　② 베어링은행 사건

③ 메탈게젤샤프트 사건　　　　　④ AIG 사건

02 다음 중 신용위험에 속하는 것은?

① 운용위험　　　　　　　　　　② 규제위험

③ 결제위험　　　　　　　　　　④ 이자율위험

03 다음 중 역사적 시뮬레이션 방법에 의한 VaR 측정방법으로 옳은 것은?

① 부분 가치평가법　　　　　　　② 과거분포 사용

③ 선형성 가정　　　　　　　　　④ 정규분포 가정

04 다음 중 옵션의 비선형적 특성은 델타 외에도 무엇을 감안해야 조정될 수 있는가?

① 감마　　　　　　　　　　　　② 베타

③ 세타　　　　　　　　　　　　④ 로

05 다음 중 대손충당금으로 대비하는 손실은?

① 예상외 손실　　　　　　　　　② 크레디트VaR

③ 최대 손실금액　　　　　　　　④ 예상 손실

해설

01 ② 베어링은행 사건은 일본 국채선물과 주가지수선물에 과잉 투자함으로써 발생한 리스크 관리 실패사례이다.

02 ③ 결제위험은 신용위험에 속한 위험이다.

03 ② 역사적 시뮬레이션 방법에 의한 VaR 측정방법의 특징은 완전 가치평가법, 과거분포 사용, 선형성과 비선형성 상품 모두에 적용, 특정 분포를 가정하지 않는 데 있다.

04 ① 옵션의 비선형적 특성은 델타 외에 감마를 감안해야 조정될 수 있다.

05 ④ 예상손실(기대손실)은 대손충당금으로 대비하는 손실이다.

06 다음 중 통상적으로 부도율은 어떤 분포의 형태인가?

① 베르누이분포   ② 정규분포

③ 로그 정규분포   ④ 표준 정규분포

07 어느 투자자가 A주식에 500억 원을 투자한다고 하자. 이 주식의 10일 수익률의 표준편차가 5%이다. 95% 신뢰도 10일 VaR은?

① 54.35억 원   ② 49.95억 원

③ 41.25억 원   ④ 36.58억 원

08 10년 만기 국채 10억 원을 보유한 경우, 이 채권의 만기수익률(YTM) 증감 (Δy)의 1일 기준 σ가 0.02%이고 수정 듀레이션이 6년이라면, 95% 신뢰도 1일 VaR?

① 0.0345억 원   ② 0.0198억 원

③ 0.0098억 원   ④ 0.0079억 원

09 주가지수 옵션의 가격이 7point인 경우, KOSPI 200이 150point이고 주가지수 수익률의 1일 기준 σ가 2.5%, 옵션의 델타가 0.4라면, 99% 신뢰도 1일 VaR은?

① 0.495point   ② 1.495point

③ 2.495point   ④ 3.495point

10 주가지수 옵션의 가격이 10point인 경우, KOSPI 200이 100point이고 주가지수 수익률의 1일 기준 σ가 2%(금액 기준 2포인트), 옵션의 델타가 0.30이고 감마가 0.2라면, 콜옵션 매도 포지션의 95% 신뢰도 1일 VaR에 가장 가까운 값은?

① 1.36point   ② 1.46point

③ 2.96point   ④ 3.46point

해설

06 ① 통상적으로 부도율은 베르누이 분포의 형태를 갖는다.

07 ③ 95% 신뢰도 1일 VaR: 500억 원 × 1.65 × 5% = 41.25억 원

08 ② 95% 신뢰도 1일 VaR: 10억 원 × 1.65 × 0.02% × 6 = 0.0198억 원

09 ④ 99% 신뢰도 1일 VaR: 150point × 2.33 × 2.5% × 0.4 = 3.495point

10 ① 95% 신뢰도 1일 VaR: $1.65 \times \sqrt{(0.3)^2(2)^2 + \frac{1}{2}[(0.2)(2)^2]^2} = 1.36$point

11 A자산의 VaR=20억 원, B자산의 VaR=10억 원이다. 두 자산수익률의 상관관계는 0.5이다.
    두 자산으로 구성된 포트폴리오의 VaR에 가장 가까운 값은?

    ① 34.5억 원   ② 29.5억 원
    ③ 26.5억 원   ④ 35.8억 원

12 95% 신뢰도 10일 VaR이 20억 원이다. 이를 99% 신뢰도 10일 VaR로 전환했을 때, 가장
    가까운 값은?

    ① 36.52억 원   ② 34.52억 원
    ③ 31.54억 원   ④ 28.24억 원

13 A자산의 VaR=100억 원, B자산의 VaR=50억 원이다. 분산효과가 없을 때, 두 자산으로 구
    성된 포트폴리오의 VaR은?

    ① 130억 원   ② 140억 원
    ③ 150억 원   ④ 160억 원

14 95% 신뢰도 10일 VaR이 10억 원이다. 이를 95% 신뢰도 1일 VaR로 전환했을 때, 가장 가
    까운 값은?

    ① 2.26억 원   ② 3.16억 원
    ③ 3.87억 원   ④ 4.12억 원

해설

11 ③ $VaR = \sqrt{VaR_1^2 + VaR_2^2 + 2\rho VaR_1 VaR_2} = \sqrt{20^2 + 10^2 + 2 \times 0.5 \times 20 \times 10} = 26.5$억 원

12 ④ 99% 신뢰도 10일 VaR=20억 원$\times 2.33/1.65 = 28.24$억 원

13 ③ $VaR = \sqrt{VaR_1^2 + VaR_2^2 + 2\rho VaR_1 VaR_2} = \sqrt{100^2 + 50^2 + 2 \times 1 \times 100 \times 50} = 150$억 원

14 ② 95% 신뢰도 1일 VaR=10억 원$/\sqrt{10} = 3.16$억 원

15 95% 신뢰도 1일 VaR이 100억 원이다. 이를 99% 신뢰도 10일 VaR로 전환했을 때, 가장 가까운 값은?

① 232억 원

② 345억 원

③ 446억 원

④ 478억 원

16 어느 기업의 1년 후 기대 기업가치가 10억 원이고, 표준편차는 2억 원이다. 이 기업의 1년 후 기업가치는 정규분포를 이룬다. 그리고 이 기업의 부채가치는 2억 원이다. 부도거리(DD)는?

① 1 표준편차

② 2 표준편차

③ 3 표준편차

④ 4 표준편차

17 어느 은행이 50억 원의 대출을 하고 있다. 대출의 부도율은 5%이고, 손실률은 70%이다. 예상손실(기대손실)은?

① 1.75억 원

② 2.16억 원

③ 2.87억 원

④ 3.23억 원

18 어느 은행이 100억 원의 대출을 하고 있다. 예상손실(기대손실)이 1.05억 원이고 회수율이 65%이다. 대출의 부도율은?

① 2%   ② 3%   ③ 4%   ④ 5%

19 어느 기업의 1년 후 기대 기업가치가 300억 원이고, 표준편차는 40억 원이다. 또한 이 기업의 1년 후 부채가치는 100억 원이다. 부도거리(DD)는?

해설

15 ③ 99% 신뢰도 10일 VaR = 100억 원 × (2.33/1.65) × $\sqrt{10}$ = 446억 원

16 ④ 부도거리(DD) = $\dfrac{A-D}{\sigma_A}$ = $\dfrac{10억\ 원 - 2억\ 원}{2억\ 원}$ = 4표준편차

17 ① 기대손실(EL) = EAD × 부도율 × LGD = 50억 원 × 5% × 70% = 1.75억 원

18 ② 기대손실(EL) = EAD × 부도율 × LGD = 100억 원 × 부도율 × 35% = 1.05억 원. 따라서 부도율 = 3%

19 부도거리(DD) = $\dfrac{A-D}{\sigma_A}$ = $\dfrac{300억\ 원 - 100억\ 원}{40억\ 원}$ = 5표준편차

20 어느 은행이 10억 원의 대출을 하고 있다. 대출의 부도율은 3%이고, 손실률은 40%이다. 예상손실은?

21 손실률이 60%인 경우 회수율은?

22 어느 투자자가 A주식에 300억 원을 투자한다고 하자. 1일 수익률의 표준편차가 2%라면, 99% 신뢰도 1일 VaR은?

23 5년 만기 국채 200억 원을 보유한 경우, 이 채권의 만기수익률(YTM) 증감 (Δy)의 1일 기준 σ가 0.04%이고 수정 듀레이션이 2년이라면, 95% 신뢰도 1일 VaR은?

24 주가지수 옵션의 가격이 7point인 경우, KOSPI 200이 100point이고 주가지수 수익률의 1일 기준 σ가 0.9%(금액 기준 0.9point), 옵션의 델타가 0.2라면, 95% 신뢰도 1일 VaR은?

해설

20 예상손실(EL)＝EAD×부도율×LGD＝10억 원×3%×40%＝0.12억 원

21 회수율＝1－손실률＝1－0.6＝40%

22 99% 신뢰도 1일 VaR：300억 원×2.33×2%＝13.98억 원

23 95% 신뢰도 1일 VaR：200억 원×1.65×0.04%×2＝0.264억 원

24 95% 신뢰도 1일 VaR：100point×1.65×0.9%×0.2＝0.297point

정답 01 ② | 02 ③ | 03 ② | 04 ① | 05 ④ | 06 ① | 07 ③ | 08 ② | 09 ④ | 10 ① | 11 ③ | 12 ④ | 13 ③ | 14 ② | 15 ③ | 16 ④ | 17 ① | 18 ②

투자자산운용사 II

금융투자전문인력 표준교재
투자자산운용사 2

2024년판 발행 2024년 1월 31일

편저 금융투자교육원
발행처 한국금융투자협회
  서울시 영등포구 의사당대로 143 전화(02)2003-9000 FAX(02)780-3483
발행인 서유석
제작 및 총판대행 (주)**박영사**
  서울특별시 금천구 가산디지털2로 53, 210호(가산동, 한라시그마밸리) 전화(02)733-6771 FAX(02)736-4818
등록 1959. 3. 11. 제300-1959-1호(倫)
홈페이지 한국금융투자협회 자격시험접수센터(https://license.kofia.or.kr)

정가 23,000원

ISBN 978-89-6050-734-0 14320
  978-89-6050-732-6(세트)